大夏教育文存

刘佛年卷

主　　编　杜成宪
本卷主编　孙丽丽

华东师范大学出版社

《大夏教育文存》编委会、顾问名单

编委会
顾问　孙培青　陈桂生
主任　袁振国
委员　叶　澜　钟启泉　陈玉琨　丁　钢
　　　任友群　汪海萍　范国睿　阎光才

刘佛年先生(1914年—2001年)

前言

一

　　1951年10月华东师范大学建校时，也成立了教育系，这是华东师范大学教育学科之源。当时教育系的教师来自大夏大学、复旦大学、圣约翰大学、光华大学、沪江大学等高校教育系科，汇聚了一批享誉全国的著名学者，堪为当时中国教育理论界代表。如：国民政府在20世纪40年代曾实施部聘教授制度，先后评聘两批，各二三十人，集中了当时中国学术界各个学科的顶尖学者。两批部聘教授里均只有一位教育学教授，分别是孟宪承、常道直，后来都在华东师范大学教育系任教，孟宪承还为华东师范大学建校校长；抗日战争期间，国民政府出于"抗战建国"、保证中学师资培养的考虑，建立了六所师范学院，其中五所附设于大学，一所独立设置，独立设置的即为建于湖南蓝田的国立师范学院，院长为廖世承，后来成为华东师范大学副校长、上海师范学院（后为上海师范大学）院长；中国第一代社会学家、奠定中国社会事业研究的基础的言心哲，曾为复旦大学社会学系系主任，后转入华东师范大学教育系从事翻译工作；华东师范大学成立后教育系第一任系主任曹孚，后为支持中央政府成立中央教育科学研究所和人民教育出版社奉调入京；主持撰写新中国第一本《教育学》、后出任华东师范大学校长的刘佛年……就是他们，共同奠定了中国现、当代教育理论发展的基础，也奠定了华东师范大学教育学科60多年的发展基础。

　　然而，由于历史的原因，这批著名学者当年藉以成名并影响中国现、当代教育学科发展的代表性成果大多未能流传于世，他们中的很多人及其著作甚至湮没不闻，以至今天的人们对中国教育学科的由来与发展中的诸多重要环节所知不详，尤其是对华东师范大学教育学科对于中国现、当代教育理论和实践发展的重要性知之甚少，而这些成果中的相当部分实际上又可以看成是教育理论和实践中国化探索的代表作。因此，重新研究、整理、出版这些学术成果，对于华东师范大学教育学科的学术传承、对于中国的教育学术传承，都具有十分重要的意义。

二

　　华东师范大学建校之初，在教育系教师名册上的教授共有27位，包括教育学和心理学两个学科。当时身任复旦大学副教务长的曹孚被任命为教育系主任,但由于工作原因晚一年到职,实际上教育系就有教授28位。除个人信息未详的二位外,建系教授简况见下表。

出生年代	姓名(生卒年)	建校时年岁	学历、学位
1890—1899	赵迺传(1890—1958)	61	大学肄业
	廖世承(1892—1970)	59	博士
	张耀翔(1893—1964)	58	硕士
	高君珊(1893—1964)	58	硕士
	欧元怀(1893—1978)	58	硕士
	孟宪承(1894—1967)	57	硕士
	谢循初(1895—1984)	56	学士
	黄觉民(1897—1956)	54	硕士
	萧孝嵘(1897—1963)	54	博士
	黄敬思(1897—1982)	54	博士
	常道直(1897—1992)	54	硕士
	沈百英(1897—1992)	54	五年制中师
	言心哲(1898—1984)	53	硕士
	陈科美(1898—1998)	53	硕士
	方同源(1899—1999)	52	博士
1900—1909	赵廷为(1900—2001)	51	大学预科
	左任侠(1901—1997)	50	博士
	谭书麟(1903—?)	48	博士
	萧承慎(1905—1970)	46	硕士
	胡寄南(1905—1989)	46	博士
	赵祥麟(1906—2001)	45	硕士
	沈灌群(1908—1989)	43	硕士
	朱有瓛(1909—1994)	42	学士
1910—1919	曹孚(1911—1968)	40	博士
	刘佛年(1914—2001)	37	学士
	张文郁(1915—1990)	36	学士

(本表参考了陈桂生《华东师范大学初期教育学习纪事(1951—1965)》一文)

可见华东师范大学教育系初建、教育学科初创时的教授们,出生于19世纪90年代的15人,20世纪00年代的8人,10年代的3人;60岁以上1人,50—59岁16人,40—49岁7人,40岁以下2人,平均年龄50.73岁,应属春秋旺盛之年。他们绝大部分都有留学国外的经历,有不少美国哥伦比亚大学学生。其中博士8人,硕士11人,学士4人,大学肄业1人,高中2人。他们大体上属于两代学者,即出生在19世纪90年代、成名于20世纪二三十年代的一代(五六十岁),出生在20世纪、于二三十年代完成学业的一代(三四十岁)。对于前一代学者而言,他们大多早已享有声誉且尚未老去;对于后一代学者而言,他们也已崭露头角且年富力强。相比较而言,前一代学者的力量又更为强大。任何一个高等院校教育系,如能拥有这样一支学术队伍都会令人感到自豪!

三

令后人感到敬佩的还在于这些前辈教授们所取得的业绩。试举其代表论之,以观全豹。

1923年,将及而立之年的孟宪承撰文与人讨论教育哲学的取向与方法问题,提出:教育哲学研究是拿现成的哲学体系加于教育,而将教育的事实纳入哲学范畴?还是依据哲学的观点去分析教育过程,批评现实教育进而指出其应有价值?他认为后者才是可取的。理由是:教育哲学是一种应用哲学,应用对象是教育;教育哲学研究导源于实际教育需要,是对现实教育的反思与批评,而其结论也需要经过社会生活的检验。这样就倡导了以实际教育问题为出发点的教育哲学,为中国的教育理念和教育理论的转型,即从以学科为出发点转向以问题为出发点,转向更为关注社会、关注生活、关注儿童,从哲学层面作出了说明。之后,不刻意追求体系化知识,而以问题研究为主、从儿童发展出发思考教育问题成为一时潮流。1933年,孟宪承出版《教育概论》,就破除了从解释教育和教育概念出发的教育学理论体系,而代之以从"儿童的发展"和"社会的适应"为起点的教育学叙述体系。在中国,以儿童发展为教育学理论的起点,其首倡者很可能就是孟宪承。1934年,教育部颁布《师范学校课程标准》,其中的《教育概论》纲目与孟宪承著《教育概论》目录几乎相同。而孟著自1933年出版至1946年的13年里共印行50版,是民国时期发行量最大的教育学教科书之一。可以看出孟宪承教育学思想对中国教育学理论转型、教育学学科建设、课程建设、专业人才培养和理论研究的深刻影响。

1921年，创始于美国、流行于欧美国家的一种新教学组织形式和方法道尔顿制传入中国，因其注重个别需要、自主学习、调和教学矛盾、协调个体与群体等特点，而受到中国教育理论界和中小学界的欢迎，一时间，诸多中小学校纷纷试行道尔顿制，声势浩大。东南大学附中的道尔顿制实验是其中的典范。当时主持东南大学附中实验的正是廖世承。东南大学附中的道尔顿制实验与众不同之处就在于严格按照教育科学实验研究方法与程序要求进行，从实验的提出、实验的设计、实验的实施、实验结果分析各个环节都做得十分规范，保证了实验的信度和效度，在当时独树一帜。尤其是实验设计者是将实验设计为一个与传统的班级授课制进行比较的对比实验，以期验证两种教学组织形式的长短优劣。在实验基础上，廖世承撰写了《东大附中道尔顿制实验报告》，报告依据实验年级各科实验统计数据、实验班与比较班及学生、教师的问卷调查结果，分析了实施道尔顿制的优点与缺点，得出了十分明确的结论：道尔顿制的特色"在自由与合作"，但在中国的现实条件下很难实行；"班级教学虽然有缺点，但也有它的特色"。廖世承和东南大学附中的实验及报告，不仅澄清了人们对道尔顿制传统教学制度的认识，还倡导了以科学研究解决教育问题的风气，树立了科学运用教育研究方法的楷模，尤其是帮助人们正确认识了如何对待和学习国外先进教育经验，深刻影响了中国教育的发展。此外，廖世承参与创办南京高师心理实验室首开心理测验，所著《教育心理学》和《中学教育》，在中国都具有开创性。

1952年曹孚离开复旦大学到任华东师范大学教育系主任，是教育系第一任系主任。1951年，在其博士学位论文基础上撰成的《杜威批判引论》出版。书中，曹孚将杜威教育思想归纳为"生长论"、"进步论"、"无定论"、"智慧论"、"知识论"和"经验论"，逐一进行分析批判。这一分析框架并非人云亦云之说，而是显示出他对杜威教育思想的深刻理解和独到把握，超越了众多杜威教育思想研究者。他当时就指出杜威教育思想的主要缺陷，即片面强调活动中心与学生中心，忽视系统知识的传授和教师的主导作用。对杜威教育思想有深入研究的孟宪承曾称道："曹孚是真正懂得杜威的！"后来，刘佛年在为《曹孚教育论稿》一书所做的序中也评价说："这是我国学者对杜威思想的第一次最系统、最详尽的批判。"曹孚长于理论，每每有独到之论。50年代的中国教育理论和实践界，先是亦步亦趋地照搬苏联教育学，又对包括教育学在内的社会学科大加挞伐，少有人真正思考教育学的中国化和构建中国的教育学问题。曹孚在其一系列论文中提出了自己的主张。他认为，教育学的学科基础包括哲学、国家的教育方针政策、教育工作经验、中国教育遗产和心理学五方面；针对当时否定教育继承性的观点，他提出继承性适用于教育，因为教育既是上层建筑，也是永恒范畴；对教育历史人物评价问题，他批评以唯物主义或唯心主义为标准，从哲学、政治立场出发的评价原则，主张将哲学思想、政治立场和教育主张区别而论，主要依据教育思想来评价教育人物；他认为，即使是资产阶级教育思想也不是一无是处，不能"一棍子打死"，也有可以吸取和改造的。在当时环境下，曹孚之言可谓震聋发聩。

1979年，刘佛年主编的《教育学》（讨论稿）由人民教育出版社正式出版。这是"新时期"全国正式出版的第一本教育学教材。之前，从1962年至1964年曾四度内部印刷使用，四度修改。"文革"中还被作为"大毒草"受到严厉批判。1961年初，刘佛年正式接受中宣部编写文科教材教育学的任务。当年即撰写出讲授提纲，翌年完成讨论稿。虽然这本教育学教材在结构上留下明显的凯洛夫《教育学》痕迹，但也处处体现出作者对建设中国教育学的思考。教材编写体现了对六方面关系的思考和兼顾，即政策与理论、共同规律与特殊规律、阶级观点与历史观点、历史与理论、正面论述与批判、共性与特性。事实上这也可以作为教育研究的一般方法论原则。在教材编写之初，第二部分原拟按德育、智育、体育分章，但牵涉到与学校教学工作的关系，出现重复。经斟酌，决定按学校工作逻辑列章，即分为教学、思想教育、生产劳动、体育卫生等章，由此形成了从探索教育的一般规律到研究学校具体工作的理论逻辑，不失为独特的理论建构。1979年教材出版至1981年的两年间，印数近50万册，就在教材使用势头正好之时，是编者主动商请出版社停止继续印行。但这本教育学教材的历史地位却并未因其辍印而受到影响，因为它起到了重建"新时期"中国的教育学理论和教材体系的启蒙教材作用。

不只是以上几位，华东师范大学教育系的创系教授在各自所从事的研究领域都有开风气之先的贡献。如，常道直对比较教育学科的探索与开拓，萧承慎对教学法和教师历史及理论的独到研究，赵廷为、沈百英对小学各科教学法的深入探讨，沈灌群对中国教育史叙述体系的重新建构，赵祥麟对当代西方教育思想的开创性研究，等等，对各自所在的学科都产生了重要影响而被载入学科发展的史册。还有像欧元怀，苦心经营大夏大学二十多年，造就出一所颇有社会影响的著名私立高等学府，为后来华东师范大学办学创造了重要的空间条件。所有前辈学者们的学术与事业，都值得我们铭记不忘。

四

基于以上认识,我们将此次编纂《大夏教育文存》视为一次重新整理和承继华东师范大学教育学科优良学术传统的重要契机。

我们的宗旨是:保存学粹,延续学脉,光大学术。即,将华东师范大学教育学科历史上最具有代表性的学术精华加以保存,使这些学术成果中所体现的学术传统得以延续,并为更多年轻一代的学生和学者能有机会观览、了解和研究前辈学者的学术、思想和人生,激发起继承和发扬传统的自豪感和使命感。希望通过我们的工作实现我们的宗旨。

就我们的愿望而言,我们很希望能够将华东师范大学教育学科一代代前辈学者的代表作逐步予以整理、刊布,然而工程浩大,可行的方案是分批进行。分批的原则是:依据前辈学者学术成果的代表性、当时代的影响和对后世影响的实际情况。据此,先确定了第一辑入选的11位学者,他们是:孟宪承、廖世承、刘佛年、曹孚、萧承慎、欧元怀、常道直、沈灌群、赵祥麟、赵廷为、沈百英。

《大夏教育文存》实际上是一部华东师范大学建校后曾经在教育学科任教过和任职过的著名学者的代表作选集。所选入的著作以能够代表作者的学术造诣、能够代表著作撰写和出版(发表)时代的学术水平、能够为当下的教育理论建设和教育实践发展提供借鉴为原则。也有一些作品,我们希望能为中国的教育学术事业的历程留下前进的脚步。

《大夏教育文存》入选者一人一卷。所收录的,可以是作者的一部书,也可以是若干部书合为一卷,特殊情况下也可以是代表性论文的选集,还包括由作者担任主编的著述,但必须是学术论著。一般不选译著。每一卷的选文,先由此卷整理者提出方案,再经与文存总主编共同研究商定选文篇目。

每一卷所选入著述,在不改变原著面貌前提下,按照现代出版要求进行整理。整理的内容包括:字词和标点符号的校订,讹误的订正,专用名称(人名、地名、专门术语等)的校订,所引用文献资料的核实及注明出处,等等。

每一卷由整理者撰写出编校前言,内容包括:作者生平、学术贡献、对所选代表作的说明、对所作整理的说明。每一卷后附录作者主要著作目录。

五

编纂《大夏教育文存》的设想是由时任华东师范大学教育科学学院院长的范国睿教授提出的。他认为,作为中国教育学科的一家代表性学府,理应将自己的历史和传统整理清楚,告诉后来者,并使之世世代代传递下去。实现这一愿望的重要载体就是我们的前辈们的代表性著述,我们有责任将前辈的著述整理和保护下来。他报请华东师范大学校长办公会议批准,将此项目立项为"华东师范大学优势学科建设项目",获得资助。还商得华东师范大学出版社支持和资助,立项为出版社重点出版项目。可以说,范国睿教授是《大夏教育文存》的催生人。

承蒙范国睿教授和时任教育科学学院党委书记汪海萍教授的信任,将《大夏教育文存》(第一辑)的编纂交由本人来承担,能与中国现、当代教育史上的这些响亮名字相伴随,自是莫大荣耀之事。要感谢这份信任!

为使整理工作能够顺利进行,我们恳请孙培青、陈桂生两位先生能够担任文存的顾问,得到他们的支持。两位先生与入选文存的多位前辈学者曾是师生,对他们的为人、为学、为师多有了解,确实给了我们很多十分有价值的指点,如第一辑入选名单的确定就是得到了他们的首肯。对两位先生我们要表示诚挚的感谢!

文存选编的团队是由教育学系的部分教师和博士、硕士生所组成。各卷选编、整理工作的承担者分别是:孟宪承卷,屈博;廖世承卷,张晓阳;刘佛年卷,孙丽丽;曹孚卷,穆树航;萧承慎卷,王耀祖;欧元怀卷,蒋纯焦、常国玲;常道直卷,杨来恩;沈灌群卷,宋爽、刘秀春;赵祥麟卷,李娟;赵廷为卷,王伦信、汪海清、龚文浩;沈百英卷,郭红。感谢他们在选编和整理工作中所付出的辛劳和努力!研究生董洪担任项目秘书工作数年,一应大小事务都安排得井然有序,十分感谢!

尤其是要感谢入选文存的前辈学者的家属们!当我们需要了解前辈们的生平经历和事业成就,希望往访家属后人,我们从未受到推阻,得到的往往是意料之外的热心帮助。家属们不仅热情接待我们的访谈,还提供珍贵的手稿、书籍、照片,对我们完成整理工作至关重要。谢谢各位令人尊敬的家属!

感谢华东师范大学出版社对文存出版的大力支持!也感谢资深责任编辑金勇老师的耐心而富有智慧的工作,保证了文存的质量。

感谢所有为我们的工作提供过帮助的人们!

杜成宪
2017年初夏

编校前言

一、作者生平及贡献

刘佛年,1914年4月1日出生于湖南醴陵县大林乡。1929年从长沙明德中学毕业,考入武汉大学预科,两年后进入本科,1935年毕业,又考入广州学海书院。1937年出国留学,先后在英国伦敦大学、剑桥大学、法国巴黎大学学习,曾到德国柏林作短期考察。1940年初回国,先后在西北联合大学、湖南蓝田国立师范学院任教。1943—1946年先后在醴陵开明中学、攸县临时中学任英文教师。1946年8月,刘佛年被聘为暨南大学教育系教授,主授教育哲学和哲学概论。1949年5月上海新中国后,担任暨南大学校务委员会常委兼秘书长。不久,暨南大学停办,刘佛年又担任上海师范学校校长兼复旦大学教授,以及上海市教育工会副主席。1950年参加赴朝慰问团华东分团,任副秘书长。

1951年,中央决定在大夏大学和光华大学的基础上成立华东师范大学,刘佛年受命参加建校的筹备工作,任常务委员。1951年10月,华东师范大学正式成立,刘佛年被任命为教务长兼教育系代系主任。1956年加入中国共产党。1957年任华东师范大学副校长。"文化大革命"中受到批斗,下放到嘉定县马陆公社劳动改造。1978年平反昭雪后,刘佛年被任命为上海师范大学("文革"期间,华东师范大学曾与上海其他几所高校合并成立"上海师范大学",后分别复校)校长。1984年,任华东师范大学名誉校长、教授、博士生导师。曾担任第五、六届全国人大代表,国务院学位委员会第一、二届学科评议组成员,中国教育学会第一、二届副会长,全国马克思主义毛泽东教育思想研究会会长、全国比较教育学会理事长、全国教育史研究会理事长、上海市教育学会会长、上海市高等教育研究会会长、上海哲学学会第一届副会长、上海教育工会名誉主席、《中国教育大辞书》编委会总顾问及《中国大百科全书·教育卷》编委会副主任等。2001年5月12日在上海逝世。2008年被评为改革开放30年"中国教育风云人物"。

刘佛年长期从事教育理论研究和教育实验,在他的倡导与努力下,华东师范大学于1980年率先在全国成立了教育科学学院,积极推进人才培养和学科建设,促使华东师范大学的教育学科走在全国前沿。刘佛年不仅关注华东师范大学教育学科的建设与发展,还关注教育改革的动态、发展教育理论,在中国教育学理论突破凯洛夫《教育学》框架、走向独立发展之路上影响重大。最具有代表性的是他主持编写《教育学(讨论稿)》,为教育学理论"中国化"的推进做出了重要贡献,形成了影响中国教育学人数十年的教育学思考方式与研究方式。从1978年起,刘佛年先后在《红旗》、《光明日报》、《文汇报》、《教育研究》等报刊杂志上发表论文20多篇。除《教育学(讨论稿)》外,另有《杜威思想的再认识》、《唯物论与教育》等数部著作问世。

二、对所选代表作的说明

本卷所选刘佛年主编的《教育学(讨论稿)》,是中华人民共和国成立后具有重要意义的马克思主义中国化的教育学专业教材,在中国探索自身教育学独立地位的过程中影响深远,具有重要的教育学学科意义、理论价值与时代价值。

(一) 刘佛年与《教育学(讨论稿)》

刘佛年主编的《教育学(讨论稿)》,其原稿形成于20世纪60年代初,它是中国特殊历史条件下、寻求教育学理论"中国化"的初步尝试,对当代中国教育学理论的发展产生了重要影响。

新中国成立后,凯洛夫的《教育学》在中国流行广泛,在"大跃进"、"人民公社化"运动的激发下,突破苏联教育学框架、建立中国自己的教育学理论被提上日程。编选大学文科教材的任务是1960年9、10月间在中央书记处的一次会议上确定的,中共中央决心加强文科各专业的理论建设,决定由中宣部负责,组织全国的力量编选中文、历史、哲学、经济、教育、政治教育、外语等14个专业的教材。1961年2月19日,周扬在上海召开的大学党委书记会议上,正式提出请刘佛年主编文科教材中的"教育学",并希望在半年内出书。之后,刘佛年决定教育学编写组第一步应于1961年6月底先编写出《教育学讲授提纲》,该提纲完成后,共分12章,每章1万余字。1961年8月,主持文科教材建设的周扬在审阅《教育学讲授提纲》后,明确要求编写组在1961年下半年将《教育学讲授提纲》印发,1962年上半年拿出《教育学》初稿,1962年下半年出版。到1963年,编写组完成了《教育学(讨论稿)》,全书共14章,另有绪论和美育各一章,篇幅也比此前的《教育学讲授提纲》扩大很多。为了作进一步修改,刘佛年将讨论稿在内部发行,在华东师范大学试用,先后"四次内部印刷试用,四度修改补充,历时三年许"。①

1964年,国内形势发生变化,《教育学(讨论稿)》的修改工作停顿下来。"文

---

① 郑金洲、瞿葆奎:《中国教育学百年》,教育科学出版社2002年版,第144页。

革"期间,刘佛年及其主编的《教育学(讨论稿)》受到严厉批判。"文革"结束后的1978年6月,应教育学教学的需要,人民教育出版社出版了由刘佛年主编的这本《教育学(讨论稿)》。这本编成于20世纪60年代初的教材,在时隔近20年后出版时,作了一些修改,如删除初稿书中强调阶级斗争等内容,另一方面加入"教育与经济发展"和"电化教育"两章,以适应20世纪70年代末教育发展的新形势。

经过修改,《教育学(讨论稿)》分上下册由人民教育出版社正式出版。其中上册第1版于1979年5月出版,下册第1版于1979年8月出版。同年,合订本又由人民教育出版社正式出版。到1981年停印,已累计印刷4次,近50万册。

刘佛年主编的《教育学(讨论稿)》,成为建国后影响重大的教育学教材之一,为中国教育学理论的推进以及中国教育学的学科建设奠定了基础。

刘佛年主编的《教育学(讨论稿)》是一项凝结着集体智慧的成果。尤其是当时的华东师范大学教育系教育学教研室的不少教师都参与其中。但也应当看到,此书也集中体现了刘佛年有关教育和教育学的基本认识,体现了他对教育学理论的思考和探索。此次华东师范大学编纂出版《大夏教育文存》,所编各人各卷采取的是代表作制。我们认为,刘佛年卷选入《教育学(讨论稿)》是十分恰当的。因为它留下了一位教育学家的教育学求索的足迹,也是一代教育学者的求索足迹。

(二)《教育学(讨论稿)》之特点

本卷所选的《教育学(讨论稿)》是由人民教育出版社1979年出版的合订本。全书分14章,30余万字,其主要特点如下:

第一,明确教育学的研究对象和研究任务,系统论述教育学的基本理论问题。在"大跃进"的"教育革命"期间,出现否定教育规律而以领袖的教育论述和党的教育方针政策代替教育理论的做法,《教育学(讨论稿)》则试图克服这一问题,从教育规律出发系统地阐述教育理论的基本问题。该书绪论即指出"教育学的研究对象是教育现象及其规律",教育学所要研究的是客观存在着的教育现象,其任务是"从客观的教育现象和实际的教育工作中去揭露它的规律。"就教育学的特殊性一面来说,"我国的教育学是马克思主义教育学,是社会主义教育学",我国的教育学是"以马克思列宁主义、毛泽东思想为指导",研究"我国社会主义教育中的问题,总结我国社会主义教育的经验,反映我国社会主义教育的规律",我国社会主义教育学"还必须批判地继承遗产","批判地继承具有人民性的、对我们有用的遗产,应当批判各种反动的教育思想,特别是现代资产阶级的和修正主义的教育思想"。明确教育学的研究对象和研究任务是进行教育学研究与理论思考的前提,《教育学(讨论稿)》在此基础上,将教育学的研究对象、研究任务、研究性质等与马列主义、毛泽东思想、社会主义建设的经验结合起来,将对教育客观规律的探索与对教育特殊性的考察联系起来。

其二,该书的章节安排,在继承凯洛夫《教育学》的基础上又有所突破,体现出自己的特色。从总体结构来看,刘佛年主编的《教育学(讨论稿)》基本上继承了凯洛夫主编的《教育学》的结构。① 绪论部分主要探讨教育学的研究对象、教育学的阶级性、教育学的内容、学习教育学的意义以及教育学的研究等。正文共十四章,可分为三个部分:第一部分是教育学的一般原理。即教育的本质(第一、二章)、教育的目的和方针(第三章)、学校教育制度(第四、五章)。第二部分讨论普通学校中的教学工作(第六、七章)、思想教育工作(第八、九、十章)、生产劳动(第十一章)、体育卫生工作(第十二章)等。第三部分讨论普通学校的教师(第十三章)以及学校行政(第十四章)。《教育学(讨论稿)》还有三个附录,即教育与经济发展、电化教育、美育,从三个附录的内容看,则可分别隶属于第一、第二部分。

不过,《教育学(讨论稿)》并不是简单模仿凯洛夫《教育学》,而是注意克服1958年以前学习凯洛夫《教育学》的教条主义倾向,充分体现中国教育学研究者独立的思考。据刘佛年回忆,在编写组最初编写的《教育学讲授提纲》中,第二部分规划了教育计划、德育、智育、体育四章,但在编写时遇到了具体困难:第一,德育、智育、体育的意义、任务、内容等虽然可以分别列出,但在讨论德育、智育、体育的途径时又会重复。第二,智育中要讲到"教学",德育、体育也要提到"教学",而《教育学讲授提纲》又将"教学"列在"智育"一章下讨论,造成了"智育"等同于"教学"的印象。第三,若按照德育、智育、体育分别独立来安排《教育学》教材的结构,又会使学校的教学等主要工作得不到充分反映。编写组经过再三斟酌,最后还是决定按照学校的主要工作来分列章目。② 全书的章节安排整体上是遵循从探索教育的一般规律到研究学校工作或教育的具体方面的逻辑而展开的。

---

① 周谷平主编:《马克思主义教育思想的中国化历程:选择·融合·发展》,浙江大学出版社2008年版,第219页。
② 刘佛年著,金一鸣整理:《刘佛年学述》,浙江人民出版社1999年版,第103页。

其三,在吸取外国(主要是苏联)教育学及其他研究成果的同时,注意结合中国实际情况,反映马克思主义教育理论中国化的发展过程。该书在编写过程中大量引用马克思、恩格斯、列宁、毛泽东等革命领袖的著作、语录作为书写材料,包括人民教育出版社出版的《毛泽东选集》(1953)、《列宁选集》(1962)、《资本论》(1968)、《马克思恩格斯全集》(1974)等,也充分利用了当时颁布的《关于教育工作的指示》(1958)、《教育部直属高等学校暂行工作条例(草案)》(1961)、《全日制中学暂行工作条例(草案)》(1963)、《全日制小学暂行工作条例(草案)》(1963)、《在全国教育工作会议上的讲话》(1978)等政策文件。同时还引用中外教育家的重要思想理论,如孔子、荀子、朱熹、王守仁、夸美纽斯、巴泽多、凯洛夫、克鲁普斯卡雅等,力求吸收人类教育文明的成果,体现出古与今、中与外、史与论的结合。

整体而言,《教育学(讨论稿)》实际上是中国社会主义建设经验的教育学之解,无论对教育学性质的判断与规律的找寻、对教育学具体研究内容的安排与设定、还是全书所引的材料,都与社会主义理论建设与马克思主义理论的中国化进程密切相关。实现教育学的"中国化"建构之路,突破以凯洛夫《教育学》为代表的苏联教育学框架,形成中国教育学独特的理论思考与表达,是刘佛年《教育学(讨论稿)》所承担的历史使命。

1961年2月—8月,周扬对《教育学》的编写工作提出了六点编写原则,对《教育学(讨论稿)》形成了直接影响,这六点编写原则体现了编写过程中应注重的关系式思维,分别是:"关于政策与理论的关系、关于共同规律与特殊规律的关系、关于阶级观点与历史观点的统一问题、关于史论结合问题、关于正面论述与批判问题、关于共性和特性问题。"[①]这六点编写原则不仅构成了《教育学(讨论稿)》的编写原则,也形成了对中国教育学发展具有重要影响的教育学思考方式与表达方式:通过政策与理论的结合,尝试改变凯洛夫教育学的说教方式,尝试重构教育经验与理论的表达方式,努力将理论思维融入到《教育学(讨论稿)》中;尝试在历史与现实的关联中进行教育学理论表述;对教育学普遍性问题和特殊性问题的找寻与探讨等。时至今日,这些方面仍旧是教育学研究中不可规避的基本问题。

作为特定时代环境下的产物,《教育学(讨论稿)》不可避免地留下了时代烙印。

---

① 陈桂生,刘佛年《教育学》述评,《江西教育科研》,1998年第3期,第9页。

首先,它是高等学校的教育学教材,这是它最基本的身份与角色。但它也不可避免地存在为政策文件做教育学式注解的明显痕迹。

其次,书中对教育问题的解释视角,多是从社会阶级关系出发。1979年该书出版时,编写组明确提出,应当"从社会生产力的发展方面去寻找联系"的视角取代阶级关系的视角。但因恢复高考后大学教育学专业教学的迫切需要,已不及全面深入地修改全书了。

刘佛年主持编写的《教育学(讨论稿)》,作为中华人民共和国建立后进行教育学"中国化"的初步尝试,对中国教育学理论的推进与发展具有重要影响。书中阐述了"教育学的一般原理、普通学校中的各项工作和普通学校的教师以及学校行政。在肯定现行政策的前提下又参照中央公布的中小学条例澄清了一些界限,以利于学校正常秩序的恢复。这也是该书在'文革'前试用时受到欢迎、'文革'后又得以大量发行的缘由"。① 同时,这本《教育学(讨论稿)》在"很大程度上撕破了政策方针教育学的大网,在努力探索教育学自身规律上迈出了一大步"②。

今日,再读刘佛年《教育学(讨论稿)》,我们能感受到它在教育学"中国化"探索之路上所付出的艰辛、努力,其理论研究情怀、思考方式与表达方式,时至今日仍旧在提醒我们立足中国教育学传统实现中国教育学自身的"突破",提醒我们不断找寻教育学"中国化"的合理路径。

三、对所做整理的说明

此次编校所选用的底本是1979年人民教育出版社出版的合订本。在编校中尝试保留该书具有时代特色的表述方式,着重进行了以下几方面工作:

1. 书中有若干处标点与现代出版要求不符,则予以改正。

2. 改正正文、注文中的错字以及语法错误。

3. 原引文注有出处,但只注书名或只注篇名,补全。原引文未注任何出处,补全。原引文出处注错,改正注明。对书中所引著作所缺的出版社、版次等,一并核实补全。

4. 对书中出现的特定词汇进行加注说明,此类注释主要包含三类:其一,对如"二部制"、"解剖麻雀"等词汇加注说明;其二,对所引中外教育家及

---

① 金一鸣著:《刘佛年教育文集》,江苏教育出版社2010年版,前言第5页。
② 郑金洲编著:《中国教育学60年 1949—2009》,华东师范大学出版社2009年版,第121页。

其主要思想加注介绍;其三,对特定会议、政策文件的形成及核心内容加注说明。

由于学识粗浅,编校中出现的错误缺点,敬请方家指正。

孙丽丽
2017年1月10日于江南大学

目录

教育学 ………………………………………………………… 1

刘佛年主要著述目录 ………………………………………… 299

教 育 学

（讨论稿）

上海师范大学《教育学》编写组

人民教育出版社

目 录

前言 7
绪论 11

第一章 教育与政治、经济的关系 ——————— 15
第一节 研究教育与社会的关系的基本观点 15
第二节 教育反映并作用于政治、经济 18
第三节 教育的相对独立性 29

第二章 教育与儿童身心发展的关系 ——————— 33
第一节 儿童身心发展的涵义 33
第二节 影响儿童身心发展的因素——遗传、环境与教育 ... 34
第三节 教育为儿童身心发展的特点所制约 40

第三章 教育目的和教育方针 ——————— 46
第一节 教育目的 46
第二节 教育方针 55

第四章 学校教育制度 ——————— 65
第一节 剥削阶级的学校教育制度 65
第二节 我国社会主义学制 71

第五章 课程与教材 ——————— 79
第一节 课程的设置和安排 79
第二节 教材的选择和组织 87

第六章 教学过程与教学原则 ——————— 94
第一节 教学的特点 94
第二节 教学过程 99

第三节　教学原则 ………………………………………… 112

第七章　教学方法与教学形式　　121
　　第一节　教学方法 ………………………………………… 121
　　第二节　教学形式 ………………………………………… 132

第八章　思想教育的意义、任务和内容　　145
　　第一节　思想教育的意义和任务 ………………………… 145
　　第二节　思想教育的内容 ………………………………… 150

第九章　思想教育的过程与原则　　161
　　第一节　思想教育的过程 ………………………………… 161
　　第二节　思想教育的原则 ………………………………… 167

第十章　思想教育的途径与方法　　173
　　第一节　思想教育的途径 ………………………………… 173
　　第二节　思想教育的方法 ………………………………… 190

第十一章　生产劳动　　198
　　第一节　学生参加生产劳动的目的 ……………………… 198
　　第二节　学生生产劳动的内容和形式 …………………… 199
　　第三节　生产劳动中的思想教育和生产知识教育 ……… 205

第十二章　体育与卫生　　211
　　第一节　体育 ……………………………………………… 211
　　第二节　卫生 ……………………………………………… 224

第十三章　教师　　231
　　第一节　教师的作用和地位 ……………………………… 231
　　第二节　教师的任务和基本要求 ………………………… 233
　　第三节　必须建立一支又红又专的教师队伍 …………… 238

第十四章　学校行政 —— 240
　　第一节　学校的行政组织及其工作 …………… 240
　　第二节　学校领导干部的工作方法 …………… 250

附录一　教育与经济发展 —— 256
　　第一节　教育与经济发展的相互关系 ………… 256
　　第二节　社会主义教育要与社会主义建设相适应 …… 260

附录二　电化教育 —— 268
　　第一节　电化教育的发展 ……………………… 268
　　第二节　电化教育与教育改革 ………………… 273

附录三　美育 —— 279
　　第一节　美育的意义和任务 …………………… 279
　　第二节　美育的内容和方法 …………………… 289

刘佛年主要著述目录 —— 299

前 言

编写教育学教材,是 1961 年高校文科教材编选计划会议决定的①。这本书,就是 1961 年至 1963 年间编写的高等师范学校教育学教材的讨论稿。

这个讨论稿,在文化大革命前没有来得及修改和出版。现在,人民教育出版社应教学的急需,把它印出来,作为教育学这门课程的参考教材。由于时间紧,我们只是在讨论稿上删去了一些明显不恰当的和重复的句、段;订正了一些文字上的错、漏;新加了两篇附录,其余如旧。讨论稿中所引用的在当时历史条件下提出的党的一些方针政策指示,例如对知识分子的估计等等,也一概未动。稿子是十多年以前写的,现在看来,许多内容已经陈旧,理论上也存在着不少缺点和错误。因此,在教学中,需要教师和学生在观点和材料上,作必要的分析、鉴别、修正和补充。

教育学作为一门科学,它的任务是反映教育的客观规律,并以这些规律的知识指导我们的教育实践。要探索社会主义的教育规律,就必须以马克思列宁主义、毛泽东思想为指导,认真总结中外古今的教育经验,吸取其中正确的、对我们有用的部分,剔除其中错误的、对我们无用的部分,特别要总结我国社会主义教育的经验教训,从中引出规律性的结论。1961 年以后,在党中央的领导和关怀下,教育部比较系统地总结了建国十几年以来教育工作的经验,先后制订了《中华人民共和国教育部直属高等学校暂行工作条例(草案)》②、《全日制中学暂行工作条例(草案)》③、《全日制小学暂行工作条例(草案)》④。这些大、中、小学的《暂行工作条例》,肯定了一些行之有效的基本经验,在《教育学》(讨论稿)中得到了反映。但是,《教育学》(讨论稿)的一些缺点、错误是明显的,下面举两个例子。

例如,教育和政治、经济的关系。当时我们说,一定的教育是为一定的政

---

① 1961 年 4 月,中共中央宣传部会同教育部、文化部在北京召开全国高校文科和艺术院校教材编选计划会议。会议总结了新中国成立后的教育经验,尤其是总结了 1958 年的反面教训。周扬在会上作了《关于高等学校文科教材编选的意见》的重要讲话,并在会后亲自领导文科教材编写工作,在高教部的具体部署下,有关专家学者对全国的文科教材进行了有组织、有计划的编写。——编校者
② 1961 年 9 月经中共中央批准试行,简称"高教六十条"。——编校者
③ 1963 年 3 月经中共中央批准试行,简称"中学五十条"。——编校者
④ 1963 年 3 月经中共中央批准试行,简称"小学四十条"。——编校者

治、经济所决定,并为一定的政治、经济服务的。我们所说的经济,是指经济基础,即生产关系。这样,就把教育说成是完全由阶级斗争和生产关系所决定的,是社会的上层建筑之一。尽管我们在讨论稿中也曾指出:"教育的发展与生产力的发展之间有很密切的关系",然而对许多教育问题的阐释,我们往往只从社会阶级关系方面去说明原因,而没有从社会生产力的发展方面去寻找联系。比如,说教学方法是由教学内容决定的,教学内容和教育制度是由教育目的决定的,而教育目的是由统治阶级的政治路线决定的,等等,至于它们同当时社会生产力发展之间的关系,则很少提到。

比较全面地、正确地阐明教育的本质,是一个需要认真探索的重要课题。教育作为社会现象,其重要特点之一,是它同社会生产力特别是同作为生产力的科学技术的密切联系。如教学内容中有关自然科学知识和生产技术的内容,一些教学方法和教学技术、教学设备的运用等等,都是反映了社会生产力的一定发展水平的。教育的许多现象,是既要从生产关系方面,又要从生产力方面去分析原因的。

又如,教育和儿童身心发展的关系。当时我们说,教育要使学生在德、智、体几方面都得到发展。但是,什么是发展的主要标志呢?我们往往强调了要使儿童和青少年掌握一定的文化科学知识和技能、无产阶级的政治观点和道德规范,但对发展他们的性格以至整个身心方面,对发展他们的能力方面,包括智力劳动和体力劳动的能力、一般和特殊的能力等,都反映得很不够。

就拿知识、技能的掌握同能力发展的关系来说,它们是相辅相成的。学生的能力,主要是在他们掌握知识、技能的学习活动过程中发展起来的。没有或者缺乏一定的知识、技能,就会阻碍他们能力的发展;掌握了一定的知识、技能,就能促进他们能力的发展。但是,如果只是靠注入式的教学、教育方法,使学生一味死记硬背,机械地操作和练习,那么,他们即使是背熟了、记住了、练会了,却并不一定就意味着他们的能力也发展了。事实证明,某些在考查、考试中成绩好的或比较好的学生,并不一定都具有高的或比较高的能力发展水平。同时,这也同我们用以测量的标准往往只在掌握知识、技能的成绩,而不在能力发展的水平这一点有关。毛泽东同志说:"要把精力集中在培养分析问题和解决问题的能力上。"[1]为了适应我国实现四个现代化的客观要求,人们将不断学习

---

[1] 毛泽东在1964年的一次主要针对学校教育问题的谈话。参见《建国以来毛泽东文稿》第11册,中央文献出版社1996年版,第96页。——编校者

新知识、研究新问题、创造新理论、发展新技术。为此,我们应当努力培养和发展儿童和青少年的观察能力、思维能力、自学能力、操作能力和独立工作能力等等。总之,发展学生的能力,在当前具有更加重要的意义。

这个讨论稿在表述上,从概念、从方针政策出发多,从实际出发,提出问题、分析问题少。在编写时,我们虽然注意到把历史的叙述和逻辑的证明结合起来,可是由于水平的限制,没有做到材料与观点的统一。有的地方,只作论断,缺乏材料;也有的地方,材料堆砌,分析不足。文字也写得呆板,读起来很不生动。此外,其他方面还存在着不少问题,我们不一一列举了。

我们殷切期待不久就有较好的教育学教材来代替这本旧作。我们也愿意在这方面作出努力,为提高高等师范学校教育学这门课程的教学质量,为加速发展我国的教育科学,贡献一点微薄的力量。

《教育学》(讨论稿)编写组
1979年4月

绪 论

教育学的对象 教育学的研究对象是教育现象及其规律。"教育"这一名词，可以用来泛指一切增进人们的知识、技能，改变人们的思想、意识的活动。在现代社会上有各种教育，但主要是对年轻一代的教育，而且主要是通过学校进行的有组织有计划的教育。这种教育是由教育者按照一定的目的，系统地对年轻一代施以影响，发展他们的体力和智力，使他们获得一定的知识、技能，养成一定的思想、品德。

教育学所研究的问题有：教育的本质，教育目的、方针，教育制度，教育中各项工作的任务、过程、内容、方法和组织形式，教师以及学校管理与领导等。教育学的任务是要从客观的教育现象和实际的教育工作中去揭露它的规律。概括说来，教育学主要是从教育与社会生活的关系，教育与儿童身心发展的关系等方面去研究教育工作的规律。

研究教育的客观规律，是为了指导我们的实践。因此教育学要根据这些规律的知识来阐明教育方针、政策，同时要论述教育工作中需要遵守的原则和方法。

教育学的阶级性 阶级社会中的教育是有阶级性的。教育学和其他的社会科学一样，不能脱离一定阶级的立场、观点、方法。例如运用资产阶级的立场、观点、方法研究教育的资产阶级教育学是维护资产阶级的利益的，是适应资产阶级教育事业的需要，从属于资产阶级的政治的。所以教育学是一门具有阶级性的科学，但是资产阶级一般都掩饰他们的教育学的阶级性。

无产阶级教育学是受马克思主义理论指导的，因此也称为马克思主义教育学。在社会主义社会中，马克思主义教育学主要研究社会主义教育的规律，又称为社会主义教育学。无产阶级教育学是站在无产阶级的立场，维护无产阶级和广大劳动人民的利益的；是推动无产阶级教育事业的发展，为无产阶级的政治服务的。马克思主义教育学公开承认自己的党性。

我国的教育学是马克思主义教育学，是社会主义教育学。我国社会主义教育学和过去的剥削阶级的教育学在性质上是根本不同的。它站在无产阶级的立场上，以马克思列宁主义、毛泽东思想为指导，来研究我国社会主义教育中的问题，总结我国社会主义教育的经验，反映我国社会主义教育的规律，它的教育观点是马克思列宁主义的。我国社会主义教育的历史虽然还不长,但已积累了不少的经验,应当很好地加以总结。同时也应总结新民主主义革命时期,党领导下的革命根据地的新民主主义教育的丰富经验。还需要从本国的客观实际出发,借鉴其他社会主义国家的教育学。我国社会主义教育学还是年轻的,随着我国社会主义教育的发展,它将日臻完善、成熟。

我国社会主义教育学还必须批判地继承遗产。在古代的奴隶社会和封建社会,教育学还没有从哲学中分化出来,成为独立的学科,但有不少哲学家和教育家,论述了当时的教育问题,概括了教育经验,提出了自己的看法。在我国长期的封建社会中,曾积累了丰富的遗产。在近代西方资本主义社会中,教育学逐步从哲学中分化出来,成为一门独立的学问。它有着比较完整的体系和比较丰富的内容。我国从十九世纪末革新的知识分子主张废科举、兴学校起,从西方资本主义国家和日本输入了这些资产阶级的教育学。在新中国前,它对我国的教育实践有过重大的影响。

几千年来的教育是剥削阶级手中的工具。剥削阶级的教育观点与主要规律和社会主义的教育观点与主要规律是不同的。不能把这些教育观点和规律原封不动地搬到社会主义教育学中来。但是在过去的教育思想中也有具有一定人民性的思想。同时,旧社会的教育在具体的内容、方法、形式等等方面也有某些经验,经过批判改造,在社会主义教育中还能应用。我国社会主义教育学应当批判地继承具有人民性的、对我们有用的教育遗产,批判各种反动的教育思想,特别是现代资产阶级的和修正主义的教育思想。

教育学的内容 教育学的研究范围是很广泛的。它涉及学前教育、普通学校教育、专业教育、特殊儿童教育(如聋哑儿童教育、盲童教育、智力落后儿童教育等)、少年先锋队和共产主义青年团的教育、工农业余教育,乃至家庭教育等。师范院校的任务是培养中小学师资,它所开设的教育学这门学科不涉及这样多的方面。本书是高等师范院校的教学用书,它的内容只涉及普通学校教育。

在各种专门的教育学中,通常有一个共同的构成部分,阐明教育的本质、教育的目的和方针、学校教育制度等。这部分称为教育学的一般原理。

本书包括以下几个方面的内容:

第一部分是教育学的一般原理。即教育的本质、教育的目的和方针、学校教育制度。

第二部分讨论普通学校中的教学工作、思想教育工作、生产劳动、体育卫生工作等。它涉及这些工作的任务、内容、过程、方法、组织形式等。

第三部分讨论普通学校的教师以及学校行政。

学习教育学的意义 学习理论是为了指导实践，学习教育理论是为了指导教育实践。在古代，教育工作比较简单，没有系统的理论的指导，人们也可以从事教育工作。但是在近代和现代，学校教育的内容、方法、组织形式等都有很大的发展，教育工作已经变得非常复杂细致，要把教育工作做得很有成效，非有理论的指导不可。所以在现代各国的师范院校中，差不多都设有教育学课程，都要求中小学教师学习教育理论。特别在社会主义国家中，教育工作受到很大的重视，对教育工作的质量要求正在不断提高，教师学习教育学就更为必要了。

教育学的学习能帮助教师自觉地掌握党和政府的教育方针、政策，理解教育工作中所应遵循的各种原则、方法。有了教育学的知识，教师就可以减少许多盲目摸索的工夫，在工作中能表现更大的自觉性和创造性，能比较容易地克服工作中的狭隘的经验主义，能更好地理解和总结自己的经验，学习别人的经验。

教育学对教育工作中的许多问题作了历史的叙述和比较的研究。它能扩大教师的眼界，使他们能用历史的、比较的眼光来分析问题；它能帮助教师接受历史的或外国的经验，以便有所借鉴，依照我国现在的情况，做好自己的工作。教育学批判了各种剥削阶级的，特别是资产阶级的反动的教育观点与做法，这就能帮助教师在复杂的阶级斗争中，认识阶级斗争在教育工作中的表现，识别资产阶级的毒草。

通过教育学的学习，能够增加对社会主义教育工作的兴趣、爱好，有助于树立为社会主义教育事业而奋斗的理想。

学习教育学的方法 学习教育学应当具有一定的马克思列宁主义理论和心理学知识，同时还应当具有各科教学法的知识，因为教育学中的教学论只研究教学的一般原理和方法，各科教学法则具体地研究各科教学的原理和方法。

在学习教育学时，一方面要认真学习理论知识，另一方面要进行一定的调查、见习、实习和其他了解实际情况的活动。在见习、实习中，做到初步地运用教育学、心理学和各科教学法的知识；还必须在参加实际工作以后，在多次的反复的实践中，自觉地用理论知识指导自己的实践，检查和总结自己的经验，学习旁人的经验。这样，才能实现理论与实践的统一。

教育学的研究 教师应当掌握教育理论知识。但理论知识不是停滞不变的，而是在实践中不断地充实发展的。客观的需要和条件在不断变化，教师也应当不断创造新的经验。这些新的经验被总结出来以后,就成了教育学的新的财富。教育学的内容正是这样丰富起来的。因此每个教师都负有促进教育实践、发展教育科学的责任。进行教育学的研究,应当运用马克思列宁主义的立场、观点、方法,运用心理学、各科教学法、教育史及其他有关学科的知识。研究的方法,可以采取观察、谈话、分析学生的作业和其他文件资料、进行实验等。对于从中掌握的大量资料要进行科学的分析和研究,得出必要的结论。

第一章　教育与政治、经济的关系

教育是一种社会现象。它是受政治、经济决定的，对政治、经济起一定的反作用，是社会的上层建筑之一。在阶级社会中，超阶级超政治的教育是不存在的。教育虽为政治、经济所决定，但又有它的相对独立性。研究教育和政治、经济以及其他社会现象之间的关系，是理解教育的规律的一个重要方面。

第一节　研究教育与社会的关系的基本观点

教育是社会现象　教育是一种社会现象。它是随同人类社会的产生而产生的。人类依靠生产劳动来维持生存，而生产又是在一定的生产关系中进行的。为了维持社会生活，人们必须和自然发生关系，人们互相之间也必然发生一定的关系。在阶级社会中，人们既要进行生产斗争，也要进行阶级斗争。在生产斗争和阶级斗争中所积累的知识、技能、思想、意识等，必须由前一代传给后一代，否则后一代就不能适应现有的社会生活，更谈不上推动社会的进一步发展。每一代人都必须培养自己的后代，把社会经验传授给他们。没有教育，社会就不可能延续和发展。所以，教育是一切社会所共同具有的现象，是社会生存和发展不可缺少的一个条件，是培养社会接班人的事业。有些资产阶级学者把教育现象说成是一种生物现象，和动物抚养其后代一样，这是完全错误的。

对教育这种社会现象，历史上进行过很多研究，也提出过各种各样的论点。研究教育这种社会现象，也和研究其他社会现象一样，都牵涉到一个基本观点问题。

马克思主义以前的观点　在马克思主义产生以前，许多思想家是运用唯心主义的观点来研究教育的。他们一般认为，人的行动是有意识、有目的的。人们的主观意识决定着社会上的一切现象。他们认为有些统治者，或者由于缺乏必要的知识和能力，或者由于缺乏统治者所应有的思想品德，把国家大事弄坏了，就使国家的政治经济陷入混乱或崩溃的状态。另一方面，被统治的人民也可能因为缺乏安分守己的思想意识，结果就起来犯上作乱，把原有的政治经济秩序破坏了。他们认为个别最高的统治者的思想意识对社会历史的发展，更具有决定性的作用。所以，国家的安危、社会的治乱，都决定于人们、特别是个别领袖人物的知识和思想状况。这种观点就是所谓意识决定存在的观点。

从这样的观点出发，就可以得出如下的结论：教育是非常重要的，必须把统治者教育好，使他们能把国家大事办好，也必须把被统治者教育好，使他们能安分守己地过日子。例如中国古代的大学是培养统治者的。据《礼记》的《大学》篇说，大学的教育，就在于使统治者格物、致知、诚意、正心，然后就可以修身、齐家、治国、平天下。对人民也应该进行教育。例如汉朝的董仲舒（约前179—前104年）就认为，人民中间所以"奸邪并出"，就是因为教化废了；教化废了，就好比防御洪水的堤防坏了，再用刑罚来镇压，也就很难生效了；只要教化立了，奸邪也就会止息的。① 当然，他们认为对统治者的教育更具有决定性的意义。所以从唯心主义的观点来看，教育不是由政治经济决定的，而政治经济却是由教育决定的。

在古代，也有些思想家在个别的社会问题上提出了唯物主义的观点。例如，孔子曾主张，治理国家首先要使人口众多，使人民生活富足，然后才能对人民进行教育。这就是他的"庶、富、教"②的理论。《管子》也说："仓廪实，则知礼节；衣食足，则知荣辱。"③按照这些意见，人们的思想意识和他们的物质生活是有关系的。但是他们并不真正理解，为什么人民的物质生活总是不好，他们的衣食总是不足。他们只是要求统治者，除了对人民进行教化以外，还要注意在一定程度内，缓和一下对人民的剥削。至于统治者是否这样做，他们认为还是决定于统治者的主观愿望。如果是圣君贤相，就会施行改善人民生活的仁政，如果是残酷贪暴的统治者，就会使人民生活更加恶化。可见社会的政治经济还是决定于统治者所受的教育。在这个问题上，古人的观点，在整体上说，总是唯心主义的。

在欧洲，资本主义上升时期，法国的唯物论者也提出过"环境决定意见"的唯物主义观点。他们认为，社会生活条件对形成人们的思想意识起着决定作用。例如法国唯物论者爱尔维修④（1715—1771）就认为，青年的主要教师是国

---

① 此处为译文。原句为"凡以教化不立而万民不正也。夫万民之从利也，如水之走下，不以教化堤防之，不能止也。是故，教化立而奸邪皆止者，其堤防完也；教化废而奸邪并出，刑罚不能胜者，其堤防坏也"。出自《汉书·董仲舒传》。——编校者
② 出自《论语·子路》，原句为"子适卫，冉有仆，子曰：'庶矣哉！'冉有曰：'既庶矣，又何加焉？'曰：'富之。'曰：'既富矣，又何加焉？'曰：'教之。'"——编校者
③ 《管子·牧民》。
④ 爱尔维修（Claude Adrien Helvétius, 1715 - 1771），法国启蒙思想家、哲学家、教育理论家。毕业于耶稣会办的专科学校，曾任总包税官，后专事著述。他是"教育万能论"的倡导者，重视学校教育，倡导民主、平等、世俗教育。著有《论精神》、《论人的理智能力和教育》等。——编校者

家的政体,和由此而产生的人民的习俗。从这种观点出发,改进教育,使青年人受到好的教育影响,就要从根本上改变社会的政治、宗教等。这种思想毫无疑问是有进步意义的。

但是,在社会如何才能改革的问题上,这些思想家又陷入人的思想意识在社会发展中起决定作用的唯心主义观点。他们认为政治、宗教等所以不好,是由于人们没有根据理性来处理问题,如果统治者和人民都是无知的,那么,在宗教、政治等方面,迷信、偏见、罪恶以及各种不合理现象当然会占统治地位。因此,改革社会,就必须根本改变人们的意识。在消灭了愚昧无知时,在人们对一切不合理现象不再盲目崇拜时,宗教迷信、专制政体和社会一切不合理现象都可以消除,社会的改造就能实现。因此,他们认为只要对人们进行说服、教育,就可以使社会获得根本的改变。这样,就过高地估计了教育的作用。欧洲19世纪的空想社会主义者甚至企图主要通过教育,把剥削社会改造成为没有剥削没有压迫的社会主义社会。所以旧唯物论者一方面提出了"环境决定意见"的唯物主义观点,另一方面,又仍然站在"意见支配世界"的唯心主义立场上。

马克思主义的观点 只有在历史唯物主义的指导下,才能对教育和政治经济以及其他社会现象的关系,作出科学的分析。

历史唯物主义认为,人的行动固然是有目的、有意识的,但社会历史的发展并不决定于人的主观意识。在社会上存在着各种各样的、而且常常是互相冲突、互相矛盾的目的和意图。在实际生活中,这些目的和意图很少能成为现实。即使依靠教育工作能培养出具有某些思想意识的人,这些人的意识也并不能决定社会的发展。

人们为什么会有各种各样的意图和目的呢?为什么有些意图和目的行不通呢?仅仅用教育是解释不通的。虽然受了封建的教育,但许多受封建压迫的人却产生了反对封建主义的思想。受了资本主义教育的人,在资本的压迫下,也会产生反对资本主义的思想。可见决定人们思想意识的,还有更根本的东西。许多人的主观意图和目的所以行不通,也不是因为他们所受的教育不够。历史上一些没落阶级的代表,他们在实际生活中,不断地犯着大的错误,而他们恰恰是受了较多的学校教育的人。

马克思主义认为,不是意识决定存在,而是存在决定意识。人们的物质生活资料的生产方式决定人们的思想意识。为什么不同社会的人有不同的思想意识?因为他们的物质生活资料的生产方式不同。为什么同一社会中不同社会集团的人会有不同的思想意识?因为他们在物质生活资料的生产方式中处于不同的地位。

决定社会历史发展的绝不是个人的行为，而是整个阶级、整个民族的行动。阶级斗争的胜败决定着社会的发展。为什么有些阶级在斗争中终于取得胜利，有些阶级最后归于失败？这是因为有些阶级的行动符合物质生活资料的生产方式发展的客观规律，而有些阶级的行动则违反了这种客观规律。

生产方式包含了生产力和生产关系两个方面，适应着一定的生产力的是一定的生产关系。生产关系的总和称为社会的经济基础，而政治法律制度和各种社会意识形态，则是它的上层建筑，其中政治又是经济的集中表现。生产力发展到一定程度，就会和原有的生产关系发生尖锐的矛盾。这时就会发生社会革命，就要变革原有的经济基础和它的上层建筑。阶级斗争是阶级社会发展的动力。这就是生产方式和整个社会发展的客观规律。可见，社会意识形态的变化决定于物质资料生产方式的变化，而不是生产方式的变化决定于社会意识形态的变化。

教育是一种培养思想品德、传递知识技能的工作。它属于社会意识形态的范围。为什么在这个社会培养这样一些思想品德，传递这样一些知识技能，而在另一个社会又培养那样一些思想品德，传递那样一些知识技能？为什么对这个社会集团进行这种教育，对那个社会集团又进行另一种教育？这一系列的问题都不能从人们的思想意识中找答案，而只有在社会的生产方式中，在社会的政治经济中才能找到它的答案。

毛泽东同志说："一定的文化（当作观念形态的文化）是一定社会的政治和经济的反映，又给予伟大影响和作用于一定社会的政治和经济；而经济是基础，政治则是经济的集中的表现。"[①] 这个马克思主义的观点就是我们分析教育这一社会现象的指南。

在下面两节中我们将依据这个观点来分析教育与社会的关系。

第二节 教育反映并作用于政治、经济

教育为政治、经济所决定 一定的生产关系适应一定的生产力。生产关系包括生产资料归谁所有，生产中各社会集团所处的地位和相互关系，产品的分配形式。这是社会的经济基础。在社会的上层建筑中，政治处于主导的地位。全部政治法律制度都是为了巩固、发展经济基础而存在的。在阶级社会

---

① 毛泽东：《新民主主义论》，《毛泽东选集》第2卷，人民出版社1966年版，第624页。

中,为了维持剥削制的生产关系,出现了保卫这种制度的国家机器。所以说,政治是经济的集中表现。教育掌握在谁手里和教育为谁服务,是由政治、经济决定的。

首先,政治、经济决定教育的领导权。哪一个社会集团支配了物质生产的资料,它也就支配了精神生产的资料。在生产资料公有制的社会中,教育事业由这个社会的全体成员管理。在生产资料私有制的社会中,剥削阶级不仅掌握了生产资料,掌握了政治法律机构,也掌握了文化教育机构。

剥削阶级通过确定教育的目的、方针、内容,控制教育的经费,任免教育行政人员及教师,控制学生毕业后的出路,监督师生的思想行动等方式,来掌握教育的领导权,使教育为剥削阶级的利益服务。

在许多情况下,剥削阶级利用自己在经济上和思想意识上的统治地位,通过一些个人的活动来实现它对教育的领导。例如我国过去地主设私塾、义学,经管学田,近代各国资本家开办私立学校,设置私人奖学金及科学研究基金,出版教科书与课外读物,对学校施加舆论的压力等等,在实际上控制学校工作的方向。

在更多的情况下,剥削阶级是通过它的国家机器来控制教育的。国家是掌握在统治阶级手中的暴力机构,它是镇压敌对阶级的工具。剥削制度只有依靠暴力才能维持,但仅仅依靠暴力也是不够的,还必须通过文化教育,发展和传播统治阶级的思想意识,培养符合统治阶级利益的人才。所以剥削阶级的国家政权,总是用文化教育工作来辅助暴力统治。国家是一种权力机构,它能发布命令,规定政策,强制人民执行,它也通过赋税控制着大量的经费。所以通过国家政权,统治阶级就能比较有效地控制教育,充分发挥文化教育的作用,有利于维持统治阶级的专政。

例如我国古代奴隶社会的"学在官府",就说明文化教育都掌握在政府手中。在古代希腊,斯巴达的男孩从七岁起就进入国家教育机关,受体育军事训练;雅典的男孩在十六岁以后,也要在公立的体育学校中,在国家教师的指导下,受体育的锻炼和专业的军事训练,十八岁至二十岁要服兵役,受严格的高级军事训练。这些教育都是掌握在政府手中的。

我国自汉代以后历代封建王朝都以"儒学独尊"在中央及地方设立国学及州县学养士等为文教政策。封建政权还通过选士制度控制教育:汉、魏、南北朝七百多年,行选举制;隋唐时为了压制强宗世族,改选举制为科举制,用考试选拔佐治臣仆。既然入仕要通过选举或科举考试,养士的学校,不论是官学、私学,无形中都要服从选士的要求。封建社会后期,君权更集中,对学校的控制也愈严格,如:在地方学校立卧碑,严禁学生干预政治,禁设书院;除运用奖励办法,提倡忠孝外,向人民宣讲《御制大诰》、本朝律令等政策法令;运用政权力量查禁进步书籍、戏剧等。欧洲封建社会的教育事业主要由教会控制。但在那里政权和教会是合一的。教会不仅控制了教区学校、僧院学校、大教堂学校(主教学校)等,实际上也控制着世俗的封建主教育,并努力去控制十二、三世纪出现的中世纪大学和市民所办的学校。可见封建政权是把教育严密控制在自己手里的。

资产阶级在取得政权以后,也利用政权来控制教育。从十九世纪起,各国资产阶级政府都动用公款,大批设立国民学校及其他公立学校。在中央集权的国家有高度集中的教育行政组织,统一规定课程、教材、教学方法,任免校长、教师,规定教师工资,进行教学视导等。在地方分权国家则由地方政府控制学校,而这些地方政府和它的教育行政机构都控制在资产阶级和资产阶级知识分子手中。在无产阶级的力量强大以后,资产阶级国家对学校的控制也愈严格。垄断资产阶级企图通过对文化教育的严格控制,来巩固它的政权和挽救社会制度的崩溃。

社会主义革命推翻了阶级剥削制度,也就推翻了剥削阶级对教育的控制权。但在社会主义社会中还存在阶级和阶级斗争。因此必须实行无产阶级专政。无产阶级的政党——共产党,和社会主义国家也就必须对教育实行领导。教育的控制权转到了无产阶级和广大劳动人民手中。对资产阶级争夺领导权的任何企图,都必须予以坚决的反击。党只有从政治上、思想上、业务上、组织上对教育实行坚强的领导,才能培养出坚强的革命后代,巩固无产阶级专政,发展社会主义制度。

其次,政治、经济决定着受教育的机会和权利。在原始共产主义社会中,所有的儿童差不多受同样的教育。只是由于男女在生产劳动上有一定的分工,男女儿童的教育才具有一定的差别。在生产资料私有制的社会中,有剥削阶级和被剥削阶级。剥削阶级处于统治地位,占有绝大部分的劳动果实;他们不劳动,而从事管理国家的工作和文化工作。因此,他们能受文化知识的教育,或者受到较多的文化知识教育,以便他们能够成为政治上、文化上的统治者。被剥削阶级处于被统治地位,所获得的劳动果实甚至难于活命,他们承担了全部生产劳动。因此,他们不可能受文化知识教育,或者只受到很少的、为从事生产劳动所必需的文化知识教育。脑力劳动与体力劳动的对立,是剥削制社会的共同现象。

例如，在奴隶社会中，奴隶主掌握了国家机器，独占了文化科学知识，只有他们能享受文化知识和军事体育的教育。我国商代的巫、史等奴隶主贵族，都是子就父学、世世相传。西周国学也是所谓国子和贵胄子弟入学之所，在那里受教育的只限于奴隶主贵族。在古代希腊的斯巴达，少数奴隶主斯巴达人统治着人数众多的奴隶希洛人。只有斯巴达人能受系统的、严格的军事体育教育。在前期雅典只有奴隶主贵族阶级，在后期也只有富有的奴隶主阶级，能受较多的文化、政治、体育、军事的教育。在奴隶社会中生产劳动主要压在奴隶身上，他们是根本受不到教育的。从事劳动的平民也很少能受教育。其中一部分因为要为奴隶主服兵役，或从事管理事务等，才能受到很少一点教育。

在封建社会中，只有封建地主阶级能享受较多的文化知识教育。我国封建时代，能受教育的主要是地主阶级。其中靠门阀和世袭、世荫出身的士族地主、贵族大官僚地主和依靠科举出身的庶族地主，又往往没有平等的受教育的权利。例如我国唐代的中央国学有国子学、太学、四门学、书学、算学、律学等，其入学资格都有严格的等级限制。农民、手工业者的子弟只能进所谓"冬学"，①受很少一点识字教育。事实上大多数农民是不识字的。在欧洲，在封建地主阶级中，僧侣受僧侣教育；世俗贵族受骑士教育。在封建社会末期，由于手工业和商业的发展，手工业者和商人才为自己的子弟开办了一些学校，进行读、写、算的初等教育。② 农奴是封建社会的主要生产劳动者，他们是根本受不到学校教育的。统治者只是通过宗教、文化、风俗、习惯等对他们进行思想上的教化。

在资本主义社会中，封建教育的等级性被打破了。表面上学校是向一切儿童开门的，教育机会是均等的。但在这里决定教育机会的是金钱的力量。劳动人民的子女由于经济上的困难，只能享受法定的义务教育，进水平较差的公立学校，受准备劳动就业的训练。资产阶级的子女则可以进收费的专为升大学做准备的私立中小学，或进准备升大学的公立中学。和以往的阶级社会一样，在这里，脑力劳动和体力劳动还是对立的。

在社会主义社会中，脑力劳动者和体力劳动者之间的阶级对立被打破了。广大劳动人民有了受教育的权利和机会。虽然在两种劳动者之间还存在着差别，但在社会主义社会中这种差别是在逐步缩小的。我们既要改变工农群众缺

---

① 中国旧时农村农闲时开办的季节性学塾。——编校者
② 例如 13—14 世纪欧洲新兴城市商人和手工业者创办的基尔特（即行会）学校。——编校者

少文化知识的现象,不断提高体力劳动者的知识水平,也要改变知识分子脱离体力劳动,脱离工农群众的现象,要求知识分子参加劳动,改造资产阶级思想。等到体力劳动和脑力劳动的本质差别消灭时,在其他条件都成熟的情况下,人类将进入共产主义社会。

第三,政治、经济决定教育的目的、内容等。在原始共产主义社会中,教育的目的是要培养未来的氏族成员,使他们都能从事生产劳动,在劳动中能互相合作;能保卫整个氏族的利益,在受到其他氏族或部落侵略时,能英勇地为氏族作战;能坚持氏族的传统信仰和风俗习惯。所以年轻一代需要学习的内容是维持氏族社会所必需的生产和军事的知识技能、传统的宗教、道德、风俗、习惯等。

阶级剥削社会则不然。教育是为了维护阶级的统治,是为了巩固和发展统治阶级的利益。统治阶级既需要培养能干的统治者,也需要培养驯服的被统治者。他们根据这种目的给受教育者以一定的思想品德和知识技能的教育。

例如,在中国西周奴隶社会中,为了维持社会上的等级制、宗法制,有一套礼乐制度,而为了镇压及掠夺奴隶,则有一套军事制度,所以奴隶主贵族子弟需要受礼、乐、射、御、书、数等所谓六艺教育。在斯巴达,为了对奴隶进行残酷的军事镇压和进行对外战争,奴隶主子弟须受严格的军事体育训练,培养轻视奴隶和效忠祖国的精神,教育方法中着重严格纪律和艰苦锻炼。雅典的情况与斯巴达不同,手工业和商业较发达,贵族与平民间的斗争较激烈,所以在奴隶主教育中比较重视文化政治方面的训练,但目的也在维持奴隶主的统治。

我国封建社会的学校教育目的主要是把地主阶级子弟培养成为国家政权中的士大夫,以及实际上掌握地方政权的士绅。他们所学习的是一套封建统治者的政治道德观念,主要是维持等级制、宗法制的三纲五常观念。在欧洲封建社会中,由于政教合一,学校教育的主要目的是培养教士。他们所学习的主要是维持封建秩序的基督教教义。封建教育中所用方法的特点是死背呆记,强迫纪律。封建社会中的农民和奴隶不完全一样:农民虽没有土地,但有某些生产工具;农民对地主有一定的人身依附关系,但是不像奴隶一样,可以任意加以杀戮;他除了交付地租以外,可以把剩下的少量产品作为自己所有。因此在封建的剥削关系上往往蒙上一层伦理的外衣。统治阶级要求农民对自己尽忠,就必须对农民进行封建的伦理观念的教育。我国历代统治者通过各种方式对农民进行忠孝节义、因果报应的教育,欧洲封建统治者也通过教会对农民进行恭顺、容忍的宗教教育。当时的教育目的,都在把被统治者教化成不犯上作乱的、恭顺的人。

在资本主义社会中,虽然资产阶级和劳动人民都受学校教育,但只有资产阶级子弟能受高等教育,他们被培养为资本主义社会的主人,如企业中的经理、工程师,政府中的官吏,军队中的军官,以及律师、医生、教授、科学家、艺术家等高级知识分子和无所事事的食利者。一切政治上的、经济上的、文化上的统治位置都掌握在资产阶级手中。它既需要具有一套资产阶级的政治道德观念,如"民主"、"自由"、个人主义等,也需要有掌握专门知识技能的某一方面的专家。所以资产阶级的子弟都在高等学校中受各种专业教育。劳动人民虽然能受到一定年限的义务教育,但这种教育的目的是使他们在政治上成为更温顺的公民与士兵,在生产上成为能掌握现代生产技术的劳动者,能使资本家赚取更多的利润。由于在资本主义社会中工人对资本家已没有人身依附关系,工人和资本家间的关系是买卖劳动力的关系,表面上是自由平等的,在政治上有选举权,表面上享有民主,所以资产阶级对他们进行虚伪的民主、自由教育。同时他们也学习一些从事现代生产所必需的文化科学技术知识。

为了资本主义生产的需要,资产阶级在学校中设置了自然科学的课程,但又害怕自然科学中一些和阶级利益相矛盾的结论。美国的某些州曾经禁止过学校讲授进化论。[①] 在自然科学教科书中,宣传唯心的、形而上学的世界观,以及沙文主义、种族主义等反动思想。

社会主义的教育目的和过去剥削阶级的教育目的根本不同。它不是为了维持剥削制度,而是为了推翻剥削制度,建立没有剥削的社会。这种教育还要逐步消灭脑力劳动和体力劳动之间的差别,培养有社会主义觉悟的有文化的劳动者:他们既要学习政治,又要学习文化;他们既要受文化教育,也要参加体力劳动。

由此可见,由于政治经济的性质不同,教育的目的、内容等也随着发生变化。教育性质的演变如何反映政治经济,主要表现在以上所谈的三个方面。

在阶级社会中,一般都存在几个阶级:除两个基本阶级外,还有其他非基本的阶级;存在着复杂的阶级斗争。经济上的阶级矛盾,在政治上表现为不同阶级的政治势力之间的斗争。为了维护自己的政治经济利益,统治阶级有它的文化教育,其他阶级为了巩固和发展自己的利益,也有自己的文化教育。所以

[①] 1921年,美国民主党总统候选人发起了"反对在公立学校讲授进化论"运动。1925年,田纳西州议会通过了禁止在公立学校教授进化论的《布特勒法》(The Butber law),直到1967年,田纳西州才取消此法案。——编校者

在阶级社会中往往有几个阶级的教育并存。当然,不是每个阶级都能发展自己的学校教育,而且统治阶级的教育总是占统治地位的。例如在奴隶社会中,有贵族和平民的教育。在封建社会中,除地主的教育外,农民在政治斗争中,也往往能发展自己的思想意识,如某些空想的、平均主义的社会主义思想,他们也进行这些观念的宣传教育。此外,还有市民教育,他们甚至设立了自己的学校。在资本主义社会中,除资产阶级教育外,无产阶级的政党、工会也经常为本阶级设立夜校、训练班、俱乐部、图书室等,宣传革命的思想。但一般说,学校教育总是掌握在统治阶级手中的。

此外,在阶级社会中往往同时存在几种生产关系,其中有一种是占主要地位的。所以在这个社会中,也会有几种性质的教育,而其中一种教育占统治地位。例如在封建社会后期,出现了资本主义生产关系,发展了资产阶级的政治势力,也就出现了资本主义教育。但由于封建的政治经济仍占统治地位,所以在教育中占统治地位的,仍是封建的教育。

政治、经济不仅决定教育的性质,也决定它发展的规模与速度。当然,教育的发展与生产力的发展之间有很密切的关系。生产力愈发达,需要受学校教育的劳动者愈多,需要培养的各科专家也愈多;另一方面,产品丰富以后,从事教育的人力,办学校的物力、财力都可以增加。自然科学和生产技术的知识会愈来愈多地充实到教学内容中去,与之相适应的一些教学方法和技术,如演示、实验、实习、电影等也会得到愈来愈广泛的运用。

但教育事业的发展仍须从人们的利益出发,在阶级社会中则决定于阶级的利益和阶级的斗争。我国封建社会剥削者倡设"冬学",在冬闲时对农民子弟进行教育。这决不是为了生产需要,而是为了向农民进行麻醉思想意识的教化。在资本主义社会初期,资产阶级害怕对工人进行开启民智的教育,而热衷于对他们进行宗教教育。在工人运动的压力下,才通过了让童工受少量教育的工厂法。[①] 在19世纪后半期,他们从经济竞争中认识到,有一定文化的工人能为他们赚取更多的利润;由于选举权逐步扩大,他们认为必须通过学校对劳动人民进行资产阶级政治思想教育;帝国主义间的战争,也要求培养更好的士兵。而且在这个时期工人运动又有了蓬勃的发展,工人要求扩大受教育的权利。所以

---

① 英国工业革命期间,资本主义生产中广泛使用廉价童工和女工,其劳动时间长达14—16小时/天,体力、智力、道德备受摧残。在工人阶级和开明人士的支持下,英国议会先后通过工厂法,规定若干保护童工的措施,并附有童工教育条款。——编校者

在工人阶级的压力下,在资产阶级的自身利益推动下,才实现了一定年限的义务教育。现代帝国主义国家中继续提高义务教育年限。他们这样做,一方面是出于生产的需要,而另一方面是为了加强对劳动人民子女的思想影响和控制。

资产阶级发展教育,决不是为了劳动人民的利益,而完全是为了自己的利益。他们把国家的财政收入主要用来扩充军备,维持庞大的国家机器,津贴资本家,支付官吏的优厚薪俸。他们需要发展国民教育,而他们对于国民教育的经费总是非常吝啬的:劳动人民所在地区的中小学校舍、设备往往是很陈旧简陋的,教师待遇往往是很低的。而对于有钱人子弟所进的中学和高等学校,却慷慨地花钱。资本主义社会的教育不能得到充分的发展,这是由资本主义政治经济决定的。

社会主义教育的发展也要适应生产发展的需要和生产力所提供的物质条件。但社会主义的生产力和生产关系是基本适应的。社会主义教育的发展既适应生产的需要,也符合劳动人民的利益。所以在社会主义制度下,教育事业能得到比较迅速的发展,这是社会主义的政治、经济决定的。

教育对政治、经济的反作用　教育并不只是消极地反映政治、经济,它对政治、经济起着积极的作用。教育是为巩固和发展一定的政治、经济制度服务的。教育的任务是培养适合某种政治、经济制度所需要的人,它是通过培养人为政治、经济服务的。

在公有制的生产关系中,教育所培养出来的人具有集体主义的思想习惯,并有维护集体生产和生活的知识技能,这种教育起着维护公有制的作用。阶级社会的历史是阶级斗争的历史。在阶级剥削的社会中,统治阶级的教育企图培养能干的统治者和驯服的被统治者,使教育起着维持私有制和剥削制的作用。而被剥削、被统治的阶级也往往把教育当成武器,培养具有新的思想品质和知识技能的人,这些人将要作为冲击旧制度、建立新社会的主要力量。

教育的作用具有怎样的性质,取决于它所服务的政治、经济的性质:当它为先进的政治、经济制度,为进步的阶级服务时,它就能推动社会进步,促进生产力发展,起着进步的作用;当它为落后的、腐朽的政治经济制度,为反动的阶级服务时,它就会阻碍社会进步,妨碍生产力发展,就起着反动的作用。

教育能对政治经济起一定的作用,但它对政治经济不起决定作用。新的经济制度的产生,是生产关系必须适应新的生产力的客观规律作用的结果,而不是教育工作的结果。

统治阶级的教育可以起一定的巩固本阶级政治、经济的作用。恩格斯就曾经指出过,梅特涅①的愚民政策影响了奥国人民的觉悟,使他们在革命中犯了较多的错误。但不能夸大这种作用。无论剥削阶级采用什么教育手段来毒害人民的思想,在尖锐的阶级矛盾中,革命阶级的觉悟总是要不断提高的,革命总是要爆发的。例如国民党反动政权采取了许多法西斯教育措施,如设训导处、导师制,建立三青团,进行军事管理,童子军管理,开设公民课,逮捕进步师生等,但所有这些措施终究不能挽救国民党反动政治、经济的崩溃。

进步的、革命的阶级也通过教育来促进新的政治、经济的形成和发展。我国奴隶社会末期,打破了"学在官府"②的传统,出现了培养新兴地主阶级的私学,它所培养的许多人材在当时成为各国推翻奴隶主贵族的统治,建立新的封建政治、经济的主要力量。在欧洲封建社会后期,从文艺复兴、宗教改革时期起,直到18世纪,新兴的资产阶级设立了拉丁学校、文科中学、新教教义学校、实科中学等。它所培养的具有新思想的人材也成为资产阶级革命的重要力量。我国早期的资产阶级也提倡废科举、兴学校,主张在中国普及教育,学习西方的自然科学和资产阶级的社会政治学说,企图为资产阶级专政准备条件。

无产阶级是历史上最进步最革命的阶级。在革命之前,无产阶级在教育上进行斗争,争取扩大受教育的权利,反对学校教育中宗教课程以及沙文主义教育等;无产阶级政党也在群众中进行革命的宣传教育,这些教育工作是革命的必要准备。在革命过程中,教育是很重要的一条战线。在我国新民主主义的长期的革命过程中,教育工作一直受着很大的重视,它培养着大批的革命干部与群众,因而有力地推进了革命。在无产阶级夺取政权以后,教育又是巩固无产阶级专政,进行社会主义革命和社会主义建设的重要的、不可缺少的力量。进步的教育是和社会发展的方向一致的,所以它能得到预期的结果,作用是巨大的。

进步的阶级可以利用教育为它的政治、经济服务,但在新的政治、经济尚未取得统治地位时,进步的教育也不可能取得领导地位。例如,我国资产阶级改良派。在百日维新时期,实行过废科举、兴学校的新政,但维新政权很快被推翻

---

① 克莱门斯·梅特涅(Klemens Wenzel von Metternich,1773－1859),奥地利首相,外交家。1809年起任奥地利外交大臣,1821年起兼任首相。梅特涅奉行"大国均势"的外交策略,积极维护欧洲旧有的封建专制统治秩序,扩大奥地利的影响。1848年欧洲革命后被迫下台。——编校者
② 夏、商、西周文化教育的基本特征。主要表现是政教合一、官师合一、学术世承。贵族垄断教育权利,庶人和平民难有受教育权利和机会。至春秋时期,贵族统治崩坏,学术下移,私学兴起,学术和教育垄断状况被打破。——编校者

了,实行资产阶级教育的计划也就未能实现。辛亥革命后,资产阶级革命派临时政府也颁布过一些进步的文化教育法令,但这个政府仅如昙花一现,这些法令也成为一纸空文。新中国前,我国政权掌握在封建、买办、官僚资产阶级手中,所以占统治地位的教育也始终是封建的、买办的、法西斯的。

进步的教育虽然能推动革命,但不能代替革命。新的政治、经济只有通过革命才能实现,不可能只通过教育就实现新的社会。我国过去有一些教育救国论者,认为通过普及教育,就可以使中国转弱为强,转贫为富。但在半封建半殖民地社会中,普及教育是不可能实现的。所以他们空唤"普及教育",唤来唤去还是一句空话。不改变反动的政治经济,生产力也就不可能顺利地发展。在旧中国,也有些人认为只要提倡科学教育、职业教育,生产就能顺利地发展,但在被帝国主义、封建势力、官僚资本统治的旧社会中,许多学了科学、学了技术的人,都不能不失业、挨饿。这就说明,夸大教育的作用,想用教育代替革命的理论是完全错误的。

综上所述,教育为政治、经济所决定,它反映政治、经济,对政治、经济起一定的反作用,为政治、经济服务。所以我们说,教育是社会的一种上层建筑。

现代资产阶级机会主义与修正主义者的理论　现代资产阶级的教育学者否认教育是为政治经济所决定的,因此也就否认现代社会的教育是有阶级性的。

有一些资产阶级学者认为:国家、民族是社会的基本单位,国家、民族的特点是它的传统的文化,个人的精神面貌是民族文化的反映,个人的一切都是从国家来的,国家和民族是至上的,个人只有绝对服从国家、忠于民族,才能发展自己,因而国民教育的任务就是培养爱国的公民,就是延续民族的文化。国家主义、军国主义、法西斯主义的教育学说,大多提出类似的主张。他们否认国家是阶级统治的工具。而事实上,他们所宣扬的国家不过是资产阶级的工具,是镇压劳动人民的工具;所谓服从国家,就是要劳动人民放弃阶级斗争,任资本家残酷剥削,甘心充当资产阶级掠夺战争的炮灰。他们否认形成民族的主要因素是物质生活,经济关系;也否认在资本主义社会中,实际上存在着两种文化传统,即资产阶级的民族文化传统和劳动人民的民族文化传统,他们企图把资产阶级的文化说成整个民族的文化。

另一些资产阶级学者认为:资本主义社会是民主社会,在民主社会中,国家社会的事务都是由人民的意志决定的,政府是由人民选举的,所以政府的决定代表了大多数人民的意志;在民主社会中,教育的机会是均等的,或者正在逐步实现机会均等,学术思想是自由的;反转来说,只要发展民主教育,就能使社会的政治和经济更加民主,通过民主的改革,就能逐渐消除阶级间、民族间的隔阂,因此革命是不必要的,也是应该反对的。许多打着"民主"、"自由"招牌的教育家大多有类似的主张。他们企图隐瞒一个真理,即:世界上没有抽象的民主,只有具体的民主,在阶级社会中,只有某个阶级的民主;资产阶级的民主,对劳动人民来说,就是资产阶级的专政,所谓民主教育,就是资产阶级教育。在资产阶级社会中,教育机会是不可能均等的,资产阶级和劳动人民必然受着不同的教育。资产阶级的学术自由有一个限度,即不能危害资产阶级的专政和它的根本利益,超过这个限度就会受到迫害。谈论抽象的民主教育,无非是要欺骗劳动人民,麻痹他们的革命精神。

但是,在资本主义国家的工人运动中,也有许多机会主义者、修正主义者受了资产阶级的影响,传播资产阶级的学说。例如机会主义拉萨尔派在《哥达纲领》①中,就提出了"通过国家来实施普遍的和人人平等的国民教育"的条文。马克思批评说,不应当指定国家为人民的教育者,应该使政府和教会一样对于学校不起任何影响,在普鲁士德意志帝国内,国家倒是需要从人民方面受到严格的教育。马克思认为这个纲领是浸透了拉萨尔派的对于国家的忠顺信仰。马克思还批评了所谓人人平等的国民教育的说法。他问道,是不是以为在现代社会中(也就是说,在资本主义社会中),教育对于一切阶级都可能是平等的呢?是否能要求上层阶级被迫降低到工农的教育水平呢?但是就在今天,在资本主义国家中也还有许多机会主义者、修正主义者,认为不改变社会制度,不实行无产阶级专政,资产阶级的国家也能实现所谓教育彻底民主化,也能消灭教育的阶级性。他们附和资产阶级"通过教育改造社会"的欺骗性论调,宣称教育彻底民主化能推动资本主义社会和平过渡到社会主义,他们把教育的双轨制形式的消灭看成教育阶级性的消灭,认为实现了统一学校,就实现了学校的彻底民主化。难道实行了所谓统一学校的国家,如美国的教育就已经没有阶级性了吗?难道资本主义国家的教育能够从资产阶级专政的工具,变成劳动人民的工

---

① 德国社会主义工人党的纲领。19世纪70年代初,基于要求工人阶级消除内部分裂状况、共同对敌的形势发展,德国社会民主工党(即爱森纳赫派)与全德工人联合会(即拉萨尔派)的合并问题提上议事日程,并由两派共同组成的起草计划委员会于1875年2月起草了纲领草案,阐述了合并后新党的奋斗目标、革命手段和道路、理想社会的标准等。——编校者

具吗?①

在社会主义国家中,教育是无产阶级专政的工具。但是现代修正主义者否定了这个根本原则。他们认为,在社会主义国家中没有阶级和阶级斗争了,所以也不需要无产阶级专政了,不需要教育为无产阶级专政服务了。事实上,在社会主义国家中还存在阶级和阶级斗争,必须巩固和发展无产阶级专政,必须加强党和国家对教育的领导。

第三节 教育的相对独立性

教育是受政治、经济决定的,但它又具有相对独立性。这种相对独立性主要表现在以下几个方面。

教育与其他社会意识形态的相互作用 首先,教育和各种社会意识形态是相互作用、相互影响的。教育是社会的上层建筑。教育观点属于意识形态的范围。教育观点一般受着其他意识形态的影响。教育的内容就是一定时代的一定阶级的政治思想、道德、宗教、艺术、哲学等社会意识,以及科学技术知识等的内容。教育方法的性质则又与教育观点及教育内容有关。撇开一个社会的各种意识形态,就很难理解那个社会教育的特点。

例如在我国奴隶社会中,诗、书、礼、乐就是教育的内容。政治思想从"天命"观念发展到"德"和"仁"的观念,也影响了教育的观念,因而出现了"明德、亲民"之类的教育目的。又如在古代希腊,代表奴隶主民主派的诡辩派思想家和另一些代表奴隶主贵族的唯心主义的思想家如柏拉图②等,都从他们不同的哲学及政治思想出发,发挥了不同的教育观点。

在我国封建社会中,汉代的教育是受了阴阳谶纬、天人感应的思想的影响的,董仲舒③就是最著名的代表。宋元明清各代,则以"理学"、"心学"为统治思想影响了近几百年的教育,使它具有反动保守的、禁欲主义的性质。但是我国封建社会也有另一个思想传统,例如汉代的王充④反对"天人感应"、"奉天法古"

---

① 此段论述可参见马克思:《哥达纲领批判》,《马克思恩格斯选集》第3卷,人民出版社1966年版,第80—100页。——编校者
② 柏拉图(Plato,前427—前347),古希腊哲学家、教育家,柏拉图学派创始人。著有《理想国》、《法律篇》等。——编校者
③ 董仲舒(前179—前104),西汉哲学家,今文经学大师。广川(治今河北景县西南)人。专治《公羊传》。曾任博士、江都王相和胶西王相。著有《春秋繁露》等。——编校者
④ 王充(27—97),东汉哲学家。字仲任,会稽上虞(今属浙江)人。历任郡功曹、治中等郡属吏,均因谏争不合而辞去。后家居,从事著述、授徒。著有《论衡》等。——编校者

等神秘保守思想,清代的颜元①反对宋明理学。在这些唯物思想影响下,产生了一些和正统的观念相反的教育观点,它们反对在教育中灌输宗教迷信和保守思想。欧洲封建教育的观点与内容则受基督教思想的影响,十一、十二世纪以后,又受经院哲学的影响。

资产阶级的教育观点和内容最早是受文艺复兴时期的人文主义,以及宗教改革、自然科学和唯物论哲学的影响。例如:夸美纽斯②的教育思想就表现了人文主义、宗教改革的精神,希腊罗马的文学作品成为拉丁学校、文科中学的主要教育内容,在新教所办的学习宗教教义的初等学校中,国语圣经是主要内容。进步教育家号召学习广博的百科知识,特别是自然科学知识,这些也列为许多学校的课程。在18世纪的启蒙运动思想影响下,产生的像爱尔维修那样崇拜理性,卢梭③那样主张遵循自然的进步的教育思想,也改变了教育的内容和方法。在18世纪末19世纪初,代表软弱的、妥协的德国资产阶级唯心主义哲学影响了赫尔巴特④的教育观点。在资本主义进入帝国主义阶段以后,资产阶级哲学上的反动观点,政治上的改良主义、法西斯主义思想等都影响着资产阶级教育的观点、内容和方法。

我国沦为半封建半殖民地社会以后,曾有过学校与科举之争,新学与旧学之争,西学与中学之争。所谓新学、西学基本上都是资产阶级代表们所需要的自然科学和资产阶级的社会政治学说,而学校则是传播这种新学、西学的机关。但中国资产阶级是软弱无力的,所谓新学终于失败。虽然清朝封建政权终于废除了科举,兴办了学校,但规定在学校中尊孔读经,所学的并非全是新学。封建军阀也恢复祀孔,强迫学生读经。五四运动以后,有了中国共产党人所领导的共产主义的文化思想,即共产主义的宇宙观和社会革命论。在这种思想指导下,逐步形成了无产阶级的教育思想,对封建的、买办的、法西斯的教育思想进行了斗争,取得了胜利。

---

① 颜元(1635—1704),清初思想家、教育家。字易直,又字浑然,号习斋。博野(今属河北)人。早年耕田灌园、行医赡家,亦设家塾、教村馆。晚年主讲肥乡漳南书院。著有《四书正误》、《四存编》等。——编校者

② 夸美纽斯(Johann Amos Comenius, 1592-1670),捷克教育家。构建了西方近代教育理论基本框架,著有《大教学论》、《母育学校》、《世界图解》等。——编校者

③ 卢梭(Jean-Jacques Ronsseau, 1712-1778),法国启蒙思想家、哲学家、教育思想家。在教育上主张"返归自然",提倡自然后果法。著有《社会契约论》、《爱弥儿》等。——编校者

④ 赫尔巴特(Johan Friedrich Herbart, 1776-1841),德国哲学家、心理学家、教育家。提出"教育性教学原则"、"五段教学法"等,主张教育学的发展要以伦理学和心理学为基础。著有《普通教育学》、《教育学讲授纲要》、《哲学概论》等。——编校者

社会主义教育是在马克思列宁主义的思想指导下进行的,不仅教育的观点是依据马克思列宁主义观点,而且教育的内容应该是共产主义的哲学、政治、文艺等社会意识和社会主义建设所需要的自然科学技术知识。社会意识和自然科学技术知识是不断发展的,教育内容也应适应这种发展而进行改革。

学校教育固然受各种社会意识形态和科学技术的影响,它对社会意识、科学技术的传播、巩固和发展也有重要的作用。学校把社会意识传播给后一代,就巩固了这些社会意识在社会上的地位。同时,学校,特别是高等学校培养着许多从事文化科学的人才,进行着科学研究,促进社会意识和科学技术的发展。

总之,由于教育受其他社会意识形态及科学技术的影响,它反映政治、经济的要求有时不是直接的,这就使它具有一定的独立性。但归根究底,各种社会意识形态的变化也决定于政治、经济的变化,教育的独立性只能是相对的。

教育与政治、经济间的不平衡现象 其次,某些旧的教育思想和内容、方法等,在新的政治、经济的条件下,也还能存在一个相当长的时期,对新社会的发展起一定的阻碍作用。这是因为人们的意识往往落后于存在。例如在资本主义经济已经占优势,资产阶级已建立了政权的社会中,也还会有一些人继续保存着封建思想。他们仍旧可能具有封建的教育观点,并用封建的教育内容和方法教育儿童。同样,在社会主义社会中,也还会有许多人保留了旧的教育思想。在我国的一部分家长和教师中,不仅还残留了资产阶级的教育观点,甚至还继续残存了一些封建的教育观点,有时也会用一些旧教育的内容和方法来教育儿童。所以在新社会中,和旧的教育观点、内容、方法的影响的斗争,在相当长的时期内还会存在。

反转来说,在旧的政治、经济未被推翻之前,新的教育观点就可能出现,它对新社会的产生起一定的促进作用。在资本主义的政治、经济制度下,就已经出现了马克思主义的教育观点,无产阶级运用这种教育观点来分析批判旧的教育,提出自己的教育要求,在教育战线上开展斗争。但是,在资本主义的物质基础中所以能够出现马克思主义教育观点,还是因为资本主义的经济本身就包含了阶级矛盾,这种阶级矛盾发展到一定的程度,就会出现与资产阶级教育观点相对立的无产阶级的教育观点。而在新的政治、经济确立以后,旧的教育观点、内容、方法的物质基础不存在了,它们也就不可能长久存在下去;最后必然归于消灭。所以说,教育的独立性是相对的。

无产阶级在掌握政权以后,必须对教育制度、内容、方法、组织领导等进行一系列的改革,同时,还必须改造教师的思想,改造教师的教育观点,也要和家庭中、社会环境中的旧教育思想残余进行斗争。在一般情况下，这是人民内部的意识形态的斗争。意识形态的问题只能通过批评、自我批评、自由讨论的方式解决。所以，教育改革是一个细致的、艰巨的过程。

教育的历史继承性 再次，教育的思想、制度、内容等在历史过程中逐步形成和发展，具有一定的历史继承性。一种社会文化总是在它以前的社会文化的基础上建立起来的。由于社会的性质不同，这些文化的性质也不同。但不同社会文化之间还是有联系的。各种剥削制的社会有它私有制剥削制的共同点，新的剥削阶级常常继承旧的剥削阶级的许多文化遗产。但在剥削制社会中，也有进步的阶级，它们发展了一些进步的文化，这些文化是无产阶级可以批判地吸收的。对待这些文化我们可以"把它分解为精华和糟粕两部分，然后排泄其糟粕，吸收其精华……决不能生吞活剥地毫无批判地吸收"[①]。

在教育的观点、内容方面，也需要批判地吸收进步的有益的遗产。列宁在揭露了旧教育崇尚书本、强迫纪律、呆读死记等做法的同时，指出"还要把旧学校中的坏东西同对我们有益的东西区别开来，要善于从旧学校中挑选出共产主义所必需的东西"[②]。

我们应当大量吸收中外过去的进步文化，作为建设社会主义教育的材料。但是社会主义教育的观点，它的主要规律，它的制度、内容、方法的基本精神都不能不是社会主义的政治、经济的反映，决不是从任何旧社会的遗产中得来的。所以夸大教育的继承性的作用是不正确的。

---

① 毛泽东：《新民主主义论》，《毛泽东选集》第2卷，人民出版社1966年版，第667页。
② 列宁：《青年团的任务》，《列宁选集》第4卷，人民出版社1960年版，第347页。

第二章 教育与儿童身心发展的关系

儿童的身心发展就是指他们在德育、智育、体育几方面的发展。身心发展的方向是由教育目的规定的。儿童的天赋特点是身心发展的物质前提,但是决定身心发展的则是儿童的环境和教育,其中起主导作用的是教育。社会主义教育工作既须符合社会主义教育目的的要求,又要遵循身心发展的一般规律和儿童身心发展的年龄特点、个别差异。所以,有关教育与儿童身心发展的关系的规律,是教育工作规律的一个重要方面。

第一节 儿童身心发展的涵义

儿童的发展,包括身体和心理两方面的发展。这两方面是密切相关的:身体的健康状况影响心理活动,如感觉、思维、情感、意志等;身体的发展,同时也受动机、情感、意志和性格等心理过程和特性的影响。

儿童身体的发展,是指机体的正常发育和体质的增强。两者是密切相关的:机体发育正常,有利于体质的增强;体质增强则又能助长机体的健全发育。

儿童心理的发展,包括两个方面:一是知识和技能的发展,一是思想品德的发展。儿童在教育过程中逐步掌握了许多文化科学、生产技术、艺术和体育卫生等方面的知识,以及读书、写字、计算、观察、实验、绘画、唱歌、体育锻炼、劳动、社会活动等方面的技能、技巧。

儿童不仅认识事物,而且对事物采取一定的态度;他不仅发展知识、技能,也发展思想品德。儿童在教育过程中逐步形成一定的道德品质、政治思想和世界观的基础,在阶级社会中总是形成一定阶级的思想品德。

知识、技能的发展和思想、品德的发展,又是分不开的。对于培养一个共产主义的新人来说,没有明确而坚定的无产阶级立场,没有正确的无产阶级思想意识,要彻底了解和真正掌握马克思列宁主义的理论和方法是不可能的。同时,如果不努力学习马克思列宁主义的理论和方法,不用它指导自己的思想和行动,要在任何情况下坚持无产阶级的立场,体现无产阶级的思想意识,也是不可能的。

学习知识、技能和培养思想、品德必须通过各种心理过程,例如必须进行感觉、知觉、注意、记忆、思维、想象等认识活动,激发一定的情感,从事一定的意志行动等。在这些过程中,儿童的认识能力、情感、意志、性格等心理特性也就得到了发展。反转来说,能力、情感、意志、性格等心理特性的发展也有助于知识、技能的学习和思想、品德的培养。心理活动的内容和形式是联系着的两个方面,我们既要使儿童获得一定的知识、技能和思想、品德,也要有意识地发展他们的心理特性。

总括起来说,所谓儿童的身心发展就是指儿童的身体的发展,知识、技能的获得,思想、品德的形成:也就是德、智、体几方面的发展。

至于如何使身心发展,是全面的,还是畸形的,是充分的,还是压抑的,是朝着什么方向发展等等,这都决定于一定的教育的性质和目的。我们社会主义的教育目的是要使年轻一代在德育、智育、体育几个方面都得到充分的发展,成为有社会主义觉悟的有文化的劳动者;在德育方面,对中小学生进行无产阶级的政治思想和道德品质教育,培养坚强的革命后代;在智育方面,使学生掌握文化科学的基础知识和基本技能,并具备一定的生产知识;在体育方面,使学生的身心得到正常的发展,具有健康的体魄,培养良好的卫生习惯和劳动习惯。

要说明教育是一种影响儿童身心发展的活动,就必须分析影响儿童身心发展的各种因素——遗传、环境和教育——的作用以及它们的相互关系。

第二节 影响儿童身心发展的因素——遗传、环境与教育

遗传素质是身心发展的物质前提 遗传素质是指儿童的机体从祖先所获得的一些天赋特点。儿童从遗传中继承了一定的解剖生理特点,这些特点是儿童身心发展的物质前提。没有这个前提,儿童的发展是不可能的。儿童的各种身体器官的构造和机能,在他初生时是非常不完备和孱弱无能的,远不如在初生时或生后不久就达到成熟、完备状态的动物,但是它却潜藏着巨大的发展的可能性。儿童的身体器官具有这样大的发展的可能性,是人类在几百万年漫长的历史时期中从事生产劳动的结果。这种可能性是任何动物所不能企及的。

儿童的神经系统,特别是大脑的构造和机能与他们的心理发展直接有关,因而具有特别重要的意义。儿童通过神经系统对环境变化所发生的反应活动,分为无条件反射和条件反射。儿童接受教育的可能性,主要依赖于条件反射。条件反射是在无条件反射的基础上形成的,它的神经联系是暂时性的。在人类,不仅物体,而且语词,也可以成为条件信号,即所谓第二信号系统。通过词可以获得人类历史上积累下来的丰富经验,而且任何词都是对具体事物的主要特征进行的抽象与概括,所以第二信号系统是人类思维的基础。人在生活过程

中逐步形成的复杂的、高级的社会需要也是一种暂时神经联系。神经系统的这个天赋特点,是儿童心理发展的前提。儿童所以具有接受教育的巨大可能性,就是因为具备了这些神经机制。

儿童的天赋特点是逐步成熟的。儿童的身体有一个成熟的过程,而且对多数儿童来说,在正常的生活条件下,成熟的时间大致是相同的。儿童的身长、体重、骨髓、肌肉和呼吸、循环、神经、泌尿、消化等系统在不同的年龄阶段都具有不同的特点。儿童的生理成熟是儿童身心发展的年龄特征的生理基础。

儿童的遗传素质是具有个别差异的。不同儿童的机体各部分的构造和机能具有不同的先天特点,儿童的神经系统也有先天的区别。例如人类的高级神经活动的基本类型就是属于有机体的先天的特点,它是构成儿童的气质、性格的个别差异的生理因素,每一个儿童的身心发展都不能不受这个因素的影响。

但是遗传素质在儿童的身心发展中并不起决定的作用。很明显,人只是生来具有能学习知识、技能、形成思想、品德的遗传素质,而不是生下来就有现成的知识、技能、思想、品德、能力和性格,这些都是后天获得的。遗传素质所提供的只是身心发展的可能性,没有一定的生活条件,这些可能性永远不会变为现实性。

儿童的身心发展表现为一定的年龄特征。他的天赋特点的成熟在这方面既提供了可能,又提供了限制。七八岁的小孩已能学算术,但不能学高等数学。这不仅和知识基础有关,也和大脑的成熟有关。但儿童在某个年龄阶段上实际上表现出那些特征,则决定于儿童的生活条件,如果不教六七岁的儿童学算术,他们并不会自然地发展算术的思维能力。

儿童具有各种天赋的差别,这种差别对每个儿童发展的可能和限制是有影响的。但儿童在成长中所表现的个别差异,主要不决定于他的天赋特点。神经活动的类型不是不变的东西,事实上它是在周围条件的影响下不断发展变化的,通过教育及其他条件可以发展或抑制某一类型的特征。个人的行为特点主要不是由神经类型决定的,而是由他的神经活动所形成的暂时联系系统决定的,这些联系系统又是在社会生活的影响下形成的。

环境与教育对身心发展起决定作用　在儿童的身心发展中,环境与教育起着决定性的作用,其中教育的影响又起着主导作用。

儿童从出生起就和他周围的环境发生关系,环境中的无数事物对他的感觉器官进行各种各样的刺激,引起大脑的活动,然后产生回答外部影响的行动。心理现象是同反射过程的中间环节——大脑的活动——联系着的。在大脑中形成的各种暂时的神经联系就是心理现象的生理机制。暂时神经联系主要是由外部的刺激物作用于脑而形成的，所以心理现象决定于外部的影响。这是就心理现象的生理机制而言的。从心理现象的内容来说，外界事物作用于感官以后，在人脑中产生了感觉、知觉、表象、思维、需要、兴趣、情感、意志等。感觉、知觉、表象都是对事物的感性的反映，反映着事物的现象。思维是对事物的理性的反映，它反映事物的本质。思维是在感知的基础上进行的，脱离了对外界事物的感知，不可能有任何思维。不仅认识活动的内容是外界现实的反映，人们对事物的态度也是现实的反映。人们对事物的需要、兴趣、情感、意志等既决定于事物的特点，也决定于他们的个性特点，但个性特点也是在外部生活条件的影响下形成的。所以人的全部心理内容都是现实的反映，是由外部条件决定的。这就说明了，儿童的社会生活条件，即环境与教育，决定儿童的知识、技能、思想、品德等的发展。历史上的关于"狼孩子"的故事都指出，由动物抚养大的孩子，几乎和动物一样，既没有语言，又不能劳动，也不能思维。这也可以说明，人的身心特征是在社会环境和教育的影响下形成的。

历来的教育家大多数是重视关于教育和环境的作用的。《学记》说："玉不琢，不成器；人不学，不知道。"夸美纽斯也说："有人说，人是一个'可教的动物'，这是一个不坏的定义。实际上，只有受过一种合适的教育之后，人才能成为一个人。"[①]他认为不管各人的天性有什么差别，每个人都是可以受教育的。因为每个人"心性上的每种过与不及之点，如果不是积习已深，它们都是可以互相抵消的"。[②] 这些话都强调了教育的作用。但也有些人夸大了环境与教育的作用。例如十八世纪有些唯物论者甚至完全否认人有天性的差别。爱尔维修就认为，人的智力生下来都是平等的，人成为怎样的人，完全是由环境与教育造成的。这种完全否认天赋作用的说法当然是不正确的。

但是人们并不是消极地、被动地接受外部环境的影响。人是积极的活动者，他从事各种改变环境的实践活动。环境对人的影响是通过人和环境的相互作用实现的。人有自己的需要和兴趣，他接受或追求自己所需要的东西，厌弃或拒绝自己所不需要的东西，同样的环境对于不同的人，可以产生不同的影响。所以，那种忽视儿童的主观能动作用，认为在某种环境中的儿童，必然会向某个方向发展的"环境宿命论"是错误的，那种认为儿童是被动地接受教育的影响的

---

① 夸美纽斯：《大教学论》，人民教育出版社 1957 年版，第 36 页。
② 同上，第 70 页。

理论也是错误的。十八世纪机械唯物论者强调环境和教育的决定作用,这是正确的,但它忽视人的主观能动性,认为人是被动地接受环境和教育的影响,则是不正确的。有些教育家认识到儿童的需要、兴趣、倾向的重要性,却又把它看成天赋的、潜伏在儿童身上的东西,这也是不正确的。

环境有直接的环境和间接的环境之分,也有广义的环境和狭义的环境之分。在儿童的生活中对他直接发生影响的人和事物都是他的直接环境。许多社会现象间接地影响儿童,这是他的间接环境。广义的环境包括学校教育以及学校以外对儿童直接间接有影响的一切环境。狭义的环境则仅指学校以外的环境,即指儿童的家庭、校外教育机构、文化娱乐场所、儿童在校外劳动的场所、亲戚朋友、左邻右舍以及风俗习惯等对儿童有影响的因素。这里所说的是狭义的环境。

环境这个因素的特点是它对儿童的影响具有比较自发的、偶然的性质,它不是很有目的、很有计划的。但不能低估它的作用。儿童有相当一部分时间生活在家庭中,并与家庭有关的亲戚朋友、左邻右舍发生接触,不可能不受到家庭的影响。有许多儿童也受到家庭以外的一些社会势力的巨大影响。这些因素的影响具有耳濡目染、潜移默化的性质。

在社会主义社会中,阶级影响仍是复杂的:有已经没落的一些阶级的影响,有无产阶级的影响。在一般情况下,由于共产党的正确领导,由于胜利地进行着社会主义革命和建设,无产阶级的影响占着主导的地位。但儿童的生活经验少,分析批判能力差,抵抗各种坏的思想意识侵蚀的能力也差,如果放松了思想教育工作,他们就容易从家庭及其他环境中受到资产阶级思想和其他反动思想的影响。如果学校、校外教育机构和家庭,重视了政治思想和道德品质的教育,给儿童树立正确的立场、观点,培养他们对剥削阶级和小私有者的思想行为的憎恨,他们就会比较自觉地抵抗和反对环境中的那些不良影响。

教育起主导作用 与狭义的环境比较起来,教育在儿童的身心发展中起主导作用。这是因为教育对儿童的影响是比较有计划、有系统的。这就和一般家庭及儿童周围的社会环境的那种比较自发的、偶然的、零碎的影响不同。因此教育的影响比较深刻、巨大、系统。如果要使儿童得到比较系统的知识、技能和形成一定的思想、品德,那只有在学校中才是可能的。

但是对一个儿童的身心发展起决定作用的是他的全部生活条件,因此学校的影响必须和整个社会的影响一致,必须争取家庭、校外教育机关等的配合,才能发挥主导作用。这几方面的影响如果是一致的,教育的效果就大;如果几方面的影响是相互矛盾的,学校教育的影响就容易为家庭、校外环境的影响所削弱,以至抵消,在这种情况下,教育很难发挥主导作用。所以,教育并不是在任何时候都是起主导作用的。例如在新中国前,我国旧社会正在崩溃的时候,革命运动影响着许多青年,青年在旧社会中没有出路,对他们来说,反动教育在学生的政治态度的培养方面就不起主导的作用。但在社会主义制度下,整个社会制度、社会上各种力量的影响和教育的影响基本上是一致的,因此教育能够起主导的作用。

在社会主义制度下,还有复杂的阶级影响。学校的影响和家庭以及社会环境中某些因素的影响,有时也会发生矛盾。教师如果能够做好自己的工作,教育是能起主导作用的,但是假如工作做得不好,教育也不能起主导作用。因此教师对于教育的作用,应有充分的估计,而且要尽最大的努力去发挥教育的作用。教师在教育学生收不到好的效果时,应当首先检查自己的教育工作是否做好了、做够了,不能轻率地归罪于儿童的天性或社会环境与家庭的影响。

教育的影响虽然很大,但教师的工作不可能要求处处有立竿见影的功效。对儿童的教育是一个长期的、复杂的过程,知识是一点一滴地积累的,能力是在千锤百炼中成长的,思想品质、行为习惯是在长期的熏陶中培养起来的。对旧的不好的思想意识、行为习惯的克服,要经过长期的一系列的艰苦工作,经过许多次的反复,不可能一蹴而就。如果各种影响配合得不好,或教育工作做得不正确,教育的结果往往还会与预期的适得其反。要求速效是不符合人的发展的规律的。

现代资产阶级关于遗传、环境、教育的反动理论 一部分现代资产阶级教育家与心理学家发展了所谓儿童学①、实验教育学②等。他们宣称要从遗传、环境等方面对儿童的发展进行科学的研究。在遗传对发展的影响方面,他们提倡遗传决定论:认为儿童的发展是由天赋的能力决定的;儿童如果学习不好,一定是由于他们的天生的智力很低。

他们还利用一种所谓智力测验来证明这种理论。智力测验是在二十世纪发展起来的,它的任务是要测验人的所谓天赋的智力。它所选择的一些测验天赋智力的题目,据说是与儿童的知识经验无关的。这种智力测验在英美以及其

---

① 19世纪末20世纪初产生并流行于西方的一门有关儿童教育发展的生理学和心理学的交叉学科。代表人物有美国的霍尔、比利时的德克乐利等。——编校者
② 19世纪末20世纪初兴起的教育思潮。强调在教育研究中使用自然科学的实验研究法,代表人物有德国的梅伊曼和拉伊。——编校者

他许多资本主义国家中得到广泛的应用。这种测验当然不能测量所谓天赋的智力，因为测验的内容是不可能和儿童的知识经验无关的。大城市的资产阶级家庭的儿童在家庭中所受到的文化教育比一般儿童多，他们在智力测验中就能得到较高的"智商"。如果根据智力测验来鉴别儿童，那么能进入准备升学的中学的儿童，自然以资产阶级和资产阶级知识分子的子女为多。从理论上说，智力的发展是天赋的素质和环境、教育交互作用的结果，不可能脱离环境和教育的影响，来测验所谓天赋智力。天赋素质并不就是能力，能力是在一定的生活条件下，是在掌握知识技能的过程中发展起来的。儿童的天赋素质虽有差别，只要有良好的环境和教育，儿童自己又努力学习，大多数儿童都能在学习上取得一定的成功。

资产阶级的儿童学在环境对发展的影响的问题上，则又认为：儿童的体力、智力、品德的发展主要是受他们的家庭境遇所制约的，他们的发展前途是宿命地被家庭影响所决定的；儿童在学校中成绩不好，是因为他们的家庭环境不好，是因为他们受的是农民、工人的家庭影响；而在资产阶级及资产阶级知识分子的家庭影响下，儿童却可以学习得很好。从这种理论出发，就可以得出这样的结论：为资产阶级的儿童和劳动人民的儿童设立不同的学校是合理的。

在社会主义教育中，我们不否认家庭和社会环境对儿童的身心发展的影响，但它的影响是带有偶然性、自发性的。有计划、有组织、有系统的教育在儿童的身心发展中起着主导的作用。对学生的成绩和品性负主要责任的应该是学校教育。儿童学者把一些学生在学业成绩或行为习惯上的缺点都委罪于他们的遗传或环境，认为他们不能受正常的学校教育，应该送到特殊的学校或教养机关去。这种做法贬抑了教育的主导作用。这种伪科学的儿童学曾经在苏联发生过一定的坏的影响。1936年联共（布）中央在《关于教育人民委员部系统中的儿童学曲解的决定》中对它进行了揭露和抨击。

另一种否定教育起主导作用的理论是所谓"学校消亡论"。它认为：在社会主义社会中，学校会逐渐自然衰亡，学校的作用要被工厂、农场等所代替；儿童应当在实际工作中受教育。它企图以自发的、偶然的环境影响，来代替有目的、有计划的学校教育。这种理论也是有害的。苏联在二十年代中，由于受了资产阶级思想的影响，也出现过这样的理论，1931年它受到联共中央的驳斥。①

---

① 1931年9月5日，联共（布）中央作出的《关于小学和中学的决定》，以行政命令的方式对"学校消亡论"加以取缔和制止。——编校者

第三节 教育为儿童身心发展的特点所制约

教育要根据儿童身心发展的特点 儿童的身心发展有它的年龄特点。教育工作必须按照儿童发展的年龄特点来进行，才能收到积极的效果。儿童身心发展的年龄特点制约着教育内容、教育方法等。

进行教育工作还应该注意儿童身心发展的个别差异。尽管同一年龄阶段儿童之间有很大的共性，但每个儿童又都有它的个性。因此，除了对儿童进行共同的教育外，还必须因材施教，根据各人特点来进行教育。

事实证明，任何教育工作，凡是顾及了儿童年龄特点的，就有效果，否则就没有效果。例如我国古代蒙学的教材，那些采用简短整齐的韵语，或使用对偶，便于儿童记忆的，就比较适合儿童的年龄特征，这类教材就能长期流行。反之，那些不用整齐韵语和对偶的教材，不论统治阶级如何提倡，还是不能推行。朱熹所编的《小学》终于不能流行于学塾蒙馆，就是一个例子。

但是过去的教育工作并不都是根据儿童的年龄特点来进行的。这些事实有两方面的原因：一是认识上的原因，许多教育工作者不认识儿童身心发展的规律；另一是阶级的原因，有些教育工作者，根据统治阶级的意志，从"卫道"的动机出发，企图把一些儿童所不能理解的教条，硬灌到他们的脑子里去，而且为了培养驯服的奴才，还采用一些强制的教育方法，也就不注意儿童身心发展的规律。封建社会的教育中，这种不符合儿童身心发展的教育内容和方法相当普遍。

有许多教育思想家反对过这样的做法。例如明代的王守仁（1472—1528）就说过："大抵童子之情，乐嬉游而惮拘俭，如草木之始萌芽，舒畅之则条达，摧挠之则衰萎。"①清代的王筠（1784—1854）也主张顺应儿童的个性，注意诱导，反对"日以夏楚为事"。②

欧洲在资本主义上升时期，许多资产阶级民主教育家、思想家也反对过封建教育不符合儿童身心发展规律的做法。例如夸美纽斯就强调应该注意儿童的年龄特点。他说："一切应学的科目都应加以排列，使其适合学生的年龄，凡是超过了他们的理解的东西就不要给他们去学习。"③卢梭（1712—1778）也研究

---

① 王守仁：《训蒙大意示教读刘伯颂等》，《王文成公全书》卷二。
② 王筠：《教童子法》，《灵鹣阁丛书》第一集。——编校者
③ 夸美纽斯：《大教学论》，人民教育出版社 1957 年版，第 88 页。

过儿童发展的年龄阶段,企图找出每一阶段的身心特点。他反对在儿童还没有发展一定的理解力之前,就向儿童硬灌任何认识和思想,反对要求儿童死背呆记这些东西。

但是有些资产阶级学者对教育应适合儿童身心发展规律的理解是不正确的。符合儿童身心发展的规律,不能理解为尽量使教材容易一些,使学生学习得轻松一些。儿童对太难的东西固然不能接受,对过分容易的教材,对教师所提出的过分容易的要求,也是不感兴趣的。只有既不太难,也不太容易的东西,才能刺激儿童的努力,促进他的身心发展,才能为儿童所乐意接受。但是,有些资产阶级教育家形而上学地把儿童的年龄特点看成静止的东西。实际上,儿童的年龄特点是一个矛盾的统一体,例如:小学低年级儿童的思维固然是以具体思维占着优势,但已经含有抽象思维的成分;他的不随意注意虽然还很强,但也已发展了一定的随意注意的能力。所以,教育工作既要注意儿童的能力发展还不充分的一个方面,也要注意儿童正在发展的一些新的能力;应该既不脱离儿童的原有水平,又能刺激他向上发展。

也应该看到,儿童的身心发展是受外部条件制约的。当社会生活条件和教育条件改变的时候,儿童身心发展的特征也会随着改变,所以,不能把一个阶段的儿童身心特征看成是永远不变的。在一种社会条件和教育条件下儿童所不能理解、不能接受的东西,在另一种条件下却可能被理解、被接受。如果把儿童的理解水平看成固定不变的,就会否认教育改革的必要性。

在思想教育方面,要看到儿童所受的社会影响。儿童既生活在有阶级和阶级斗争的社会中,就不可能不受到复杂的阶级斗争的影响。把儿童的心灵看成一张白纸是不正确的。同时,也要看到儿童的立场、观点和成人还有所不同,一般说来,还不是很有系统的、很牢固的,是比较容易改变的。

儿童的身心发展是一个复杂的矛盾的斗争过程。一方面,这一过程本身是连续性、渐进的;另一方面,儿童的身心特点发展到一定时期或程度就会发生质变,表现出身心发展的阶段性来。教师既要看到儿童身心发展的各时期是互相联系的,前一阶段是后一阶段的必要准备,后一阶段是前一阶段的必然趋势;同时又要看到儿童发展的各阶段之间,有着质的区别,在教育措施上决不能一般对待。

教育与身心发展的年龄特点 关于我国中小学学龄儿童的年龄分期问题,现在还没有一致的意见。这里暂且按照习惯把它分为三个时期:儿童期、少年期、青年初期。儿童期约相当于我国小学一至四年级,少年期约相当于小学五六年级和初中一二年级，青年初期约相当于初中三年级和高中一至三年级。当然，这样的区分并不是很精确的。

（一）儿童期　这个时期的儿童正处于长身体时期。他们的肌肉力量和运动器官都在迅速发展。他们喜欢带有跳、跑、攀援等动作的运动与游戏。教师不应当抑制儿童的这种身体活动，而应当组织一些游戏和运动来促进儿童的健康和身体发育。但由于儿童的身体还比较脆弱，骨化过程尚未完成，教师要防止他们从事过于紧张激烈的运动，注意行止坐卧的姿势。儿童应该有充分的睡眠和休息的时间。

儿童期学生已经具有从事严肃活动的需要。年级越高，越喜欢完成一些比较困难的任务，而且好奇心强，喜欢提出各种各样的问题。教师应当从这些特点出发，启发他们学习的愿望，要求他们认真地学习，鼓励他们提出问题，帮助他们扩大知识。在认识活动中，他们的智力特点是第一信号系统的活动占优势，直观形象记忆比逻辑记忆发达，机械记忆的能力很强，思维具有较大的具体性，形象性，抽象思维的能力还比较弱，同时，集中注意的能力还比较差。根据这些特点，儿童期的教学内容应该是比较具体的知识，不宜多讲非常抽象的道理。教学方法应该重视直观教学，广泛运用直观教具。可以适当地让学生牢记某些对一生活动与学习都有用的材料。教学要生动有趣，富有变化。但教师也要在这样的基础上注意发展学生的随意注意、逻辑记忆和抽象思维。

儿童乐于执行教师的命令，在他们眼中，教师有很高的威信。由于他们的神经系统的第一信号系统活动占优势，因而他们的模仿能力很强，很容易受旁人的影响，特别是教师的影响。儿童的皮层下活动往往不受皮层的调节，他们不能抑制自己的情绪，在情绪上表现出易感性。遇到挫折和教师的申斥，就会产生消极情绪。他们的意志能力还比较薄弱，很难把困难的工作坚持到底，在外界的引诱面前很难控制自己。根据这些特点，教师在教育工作中要和儿童建立亲密的关系，耐心细致、循循善诱、热情鼓励、树立榜样、以身作则，切忌要求过高过急、简单粗暴。在这个时期儿童的可塑性大，应该让他们一开始就养成一些良好的学习和生活习惯。

（二）少年期　这是从童年到青年的过渡时期。这个时期的身心特点具有过渡的性质，即：仍旧残留了儿童期的某些特点，而又出现了青年期的某些特点。少年学生身体发展的一个特点是性的成熟。在性成熟期（女孩子开始与结束都比男孩子早一些），身体各部分都迅速发展，特别是身高增长很快，肌肉力量也显著加强。少年的体力和工作能力显著增加，成人也给予他们更多的信任，要求他们独立工作。他们逐渐克服童年时期的依赖性与摹仿性，在生活中力求做到独立自主，对家长和教师的意见不是无条件的执行了，对家长和教师的言行开始采取评判的态度了。他们总想做一些有重要意义的工作。少年精力旺盛，兴趣广泛，在各种活动中表现出很大的积极性。他们喜欢冒险、幻想。在学习上他们开始表现一定的自觉性，在思想品德上产生了一定的自我意识。在这时期，他们大多数都参加少先队，教师要特别注意组织多种多样的活动，使他们旺盛的精力应用于有益的活动中。在学习和活动中应注意发挥少年的独立性、主动性。有些家长和教师对少年的自觉性和独立性的要求估计不足，管束太严，不利于他们的身心发展。但也要看到少年的体力还不很强，独立工作能力也还有限，知识经验也不足，意志还不坚定，不能经常控制自己的行为，做事急躁冲动。他们在学习上虽有一定的自觉性，但还很不够，兴趣也不稳定。所以在少年期，破坏纪律和顽皮的行为比较容易出现。如果对少年的自觉性和独立性估计过高，因而放松必要的经常的监督和帮助，对他们的身心发展也是有害的。

这个时期的儿童开始学习各种基础的科学知识。他们的抽象思维能力、逻辑记忆能力都有所发展，但还不强，因此学习的科学知识还是以现象的描述为主。

（三）青年初期　这个时期的学生的身体发育已接近成熟，发育速度减慢。他们能进行艰巨的学习，能从事较繁重的体力劳动，有了较强的独立工作能力。在学习上他们已有较高的自觉性。在学习与工作中，教师应多启发他们的自觉性，发挥他们的主动性，更加依赖集体的力量。他们的智力已接近成人，具有较高的概括和抽象的能力，能进行以抽象的概念为基础的理论思维，所以对高中学生能够进行比较抽象的理论知识的教学。教学中应注意发展他们的思维的严密性、深度和灵活性，在作业中和在学科小组活动中应发展他们的创造力。

青年的一个特点是积极热情、敢说敢干。青年最积极最有生气，他们最肯学习，最少保守思想，在社会主义时代尤其是这样。他们已经发展了较高的意志力，不仅热情、勇敢，而且也能沉着、自制、坚韧、深谋远虑。他们也注意自我教育，往往对自己提出严格的要求。在这个阶段中，教师应当帮助学生学会正确地进行批评与自我批评，逐步树立共产主义世界观的基础。他们已经开始考虑毕业后的工作或升学的问题，教师要指导他们正确处理这些问题。

教育与儿童身心的个别差异　儿童的身心发展各有差别，教师要了解学生的个别特点因材施教。

（一）了解每个学生的身体特点，不仅对体育教师是重要的，而且对每个教师都是必要的。例如对孱弱和强健的学生，在学业负担、劳动和课外活动的负担上都应有不同的要求。

（二）关于学生的心理特点，需要了解以下几个方面。

1. 智力和才能的特点　对才智比较高的学生应该使他有发展才智的机会。对才智较差的学生应该耐心帮助，热情鼓励，帮他们树立信心，使他们的才智在学习中得到充分的发展。教师对学生学习除了提出统一要求外，还应根据学生的不同工作能力和智力特点因材施教。

此外还应了解学生的特殊才能，如音乐、绘画、工艺、戏剧和体育等方面的才能。对具有这些特殊才能的学生应进行特殊培养。

2. 情绪、意志的特点　学生一般情绪正常，也有的学生粗暴横蛮，或消极沮丧；有些学生意志坚强，也有些学生优柔寡断，或顽皮任性。教师要了解不健康的心理现象的社会原因，如：家长对儿童是否简单粗暴，使他受到各种委屈；或者是否放任自流，不闻不问，使他得不到关怀和温暖。教师应当针对不同情况，对家长和儿童进行工作。特别是那些消极沮丧和优柔寡断的学生应该引起教师的注意，因为他们在班上不吵闹，教师很容易把他们当作没有问题的学生。

3. 气质特点　教师应该了解每个学生的高级神经活动的基本特点，也就是了解他的气质特点，在教育工作中注意这些特点。例如对兴奋过程占优势的儿童，要培养他们的自制能力，对兴奋弱的儿童则要发展其自信心与积极性；对强型神经系统的学生，严厉的批评能约束他们的不守纪律的行为，对弱型神经系统的学生，严厉的批评有时会产生使他丧失自信心的后果。但也要看到神经系统的巨大可塑性，逐步改变学生的神经活动中的不良特点。

（三）学业和思想品德的特点，需要了解下面两个方面。

1. 学业的特点　教师要了解每个学生的学习目的、态度、方法和学习成绩，了解课外阅读和课外活动的兴趣等。

2. 思想品德的特点　教师要了解每个学生的道德品质如诚实、守纪律、礼貌、团结友爱、爱护公物、为集体服务等，到了高年级，还要了解他们对政治问题的态度。

教师对学生要有系统的了解。只有在对学生进行了系统的和仔细的研究以后，才能对他的个性作出结论。教师应该全面地了解学生：了解他们的知识技能、思想品德和身体健康情况；了解学生的个性发展的历史和形成个性的原因；了解每个学生所受的阶级影响，但又不能简单地根据学生的家庭出身，作主观的推断，应该进行具体的调查研究。

教师不能只凭自己一个人的观察来判断学生，应该和其他教师、团队、家长进行联系，才能达到全面正确的了解。

教师要运用各种方法了解学生，如观察、谈话、分析作业、测验等。

第三章 教育目的和教育方针

教育目的是有阶级性的。在剥削阶级占统治地位的社会中,由于体力劳动和脑力劳动的分工与阶级对立,剥削阶级与被剥削阶级的身心发展都是片面的,教育的目的就是培养这种片面发展的人,以巩固剥削制度。在社会主义社会中,体力劳动与脑力劳动的对立消灭了,它们之间的差别也在逐渐消除,教育的目的是要培养全面发展的人。为了实现这样的目的,就必须贯彻教育为无产阶级政治服务,教育与生产劳动相结合的方针。为了实现这个方针,教育工作必须由党来领导。

第一节 教育目的

教育目的的阶级性 教育目的规定着受教育者身心发展的目标,也就是说,它规定把受教育者培养成怎样的人。必须对教育目的有明确的认识。教师愈加明确地认识他应当把受教育者培养成怎样的人,他的工作就愈有成效。

在剥削阶级统治的社会中,教育目的是有阶级性的。统治阶级的教育目的,总是要教育自己阶级的后代,使它能保持统治地位,同时也教育被统治阶级的后代,使它甘心忍受剥削,服从统治。例如在我国古代社会,有所谓"君子"和"小人"两个阶段。君子是"劳心"的,小人是"劳力"的。"劳心者治人,劳力者治于人;治于人者食人,治人者食于人,天下之通义也。"[①]也就是说,"君子"是统治者,剥削者;"小人"是被统治者,被剥削者。教育的目的就是要使"君子"学会统治,使"小人"学会服从。"君子"应有统治者的品德和学问,但不要从事生产劳动。"小人"的任务就是拼命劳动,供养剥削阶级。"民可使由之,不可使知之。"[②]他们应该是不识不知的群氓。统治阶级就是按照这样的培养目标进行教育的。

培养有文化的统治者、剥削者和没有文化的被剥削被统治的劳动者,或者说,培养劳心和劳力分离的人,这是几千年阶级社会的教育目的。统治阶级一般并不讳言这样的目的。但在资本主义社会中,资产阶级宣扬虚伪的民主、自

---

① 《孟子·滕文公章句上》。
② 《论语·泰伯》。

由观念,宣称:资本主义教育并没有为不同的社会集团提出不同的培养目标,它并不对资产阶级提出一个目标,对劳动人民提出另一个目标,教育目的是对全社会的公民提出的;在教育目的中也没有规定资产阶级子女只学文化,不要劳动,劳动人民子女只要准备参加劳动,不要学习较多的文化。但是我们应该看看事实。资产阶级子女凭借金钱的力量,能够进入高等学校,他们就被培养为社会的统治者——企业主、经理、工程师、官吏、律师、教授等,他们不需要参加劳动。许多劳动人民子女由于生活贫困,一般只能受到义务教育、职业教育,他们被培养为体力劳动者,受资产阶级的剥削。所以,资本主义的教育目的实质上也还是培养劳心劳力分离的人。

社会主义的教育目的和剥削制社会的教育目的,有着根本性质的区别:它不是培养劳心和劳力分离的人,而是培养劳心和劳力结合的全面发展的人。研究马克思列宁主义关于人的全面发展的学说,就要对人的身心发展进行历史的分析。

旧社会中人的片面发展 首先从历史上看人的身心发展的状况。劳动创造了人类,人类在劳动中发展着自己的身心。在原始社会中,全体成员都从事生产劳动,还没有脑力劳动与体力劳动的分工。

随着生产力的发展,出现了社会分工:首先是游牧部落分离出来,然后是手工业与农业分离,随后商业也独立了;于是有人成为牧民,有人成为农民,有人成为手工业者,有人成为商人。这种社会分工推动了生产力的发展。

在这个基础上产生了私有制和剥削制,形成了富人和穷人、剥削者和被剥削者。人类由原始社会进入奴隶制社会的过程中,形成了城市与乡村的分离和对立、脑力劳动与体力劳动的分离和对立。从剥削者、统治者中培养了一些知识分子,体力劳动者是被剥削者、被统治者。为了巩固这种制度,剥削阶级就宣扬劳心劳力分工是合理的,并提倡以剥削为光荣,以从事体力劳动为可鄙的思想。在阶级社会初期,劳心和劳力的社会分工无疑是有很大进步意义的。"当人的劳动的生产率还非常低,除了必需的生活资料只能提供微少的剩余的时候,生产力的提高、交换的扩大、国家和法律的发展、艺术和科学的创立,都只有通过更大的分工才有可能,这种分工的基础是,从事单纯体力劳动的群众同管理劳动、经营商业和掌管国事以及后来从事艺术和科学的少数特权分子之间的大分工。"[①]

---

① 恩格斯:《反杜林论》,《马克思恩格斯选集》第3卷,人民出版社1972年版,第221页。

但是体力劳动和脑力劳动的社会分工也导致了人的身心的片面的、畸形的发展：广大人民从事体力劳动，没有文化，他们在政治、法律、科学、艺术等智力活动方面得不到发展自己的才智的机会；少数特权分子垄断了政治文化活动，但他们是"四体不勤、五谷不分"的人，也是具有浓厚的剥削意识和自私心理的人。从身心发展说，这两种人都是有缺陷的。

人的残缺，与分工同时并进。到了资本主义时期，除社会内部分工外，又有企业内部的分工，加深了工人的畸形发展。手工工场，把手工分成个别的、精细的动作，而把每个动作，分给个别工人，作为他们终身的职业，使他们一生束缚于一定的精细动作和一定的劳动工具之上。在这种分工制度下，工人不仅智力得不到发展，身体的发展也愈加片面化、畸形化。以后工场手工业发展为机器工业。在资本主义制度下，机器被滥用了，旧的分工制度还继续保持，而且以更可厌的形态出现，只是手工工场的工人必须终生专门使用一种部分工具，而有了机器，工人的主要工作就成为终身专门服侍一个部分机器；工人成了机器的附属品，他的命运只是长时间地从事某种单调的、疲惫的体力劳动。所以，工人的身心发展普遍地遭受损害。机器生产中许多劳动不需要很强的体力、很多的手艺，就又使大批妇女和儿童进入工厂，也使他们的肉体和精神受到摧残。资产阶级还力图从思想上腐蚀劳动人民。然而劳动人民仍旧在斗争中不断提高自己的阶级觉悟。

在资本主义社会中，脑力劳动成为律师、工程师、技师、学者等专门人员的特权，他们的身心发展也是片面的："精神空虚的资产者为他们自己的资本和利润欲所奴役；律师为他的僵化的法律观念所奴役，这种观念作为独立的力量支配着他；一切'有教养的等级'都为各式各样的地方局限性和片面性所奴役，为他们自己的肉体上和精神上的近视所奴役，为他们的由于受专门教育和终身束缚于这一专门技能本身而造成的畸形发展所奴役，——甚至当这种专门技能纯粹是无所事事的时候，情况也是这样。"① 可见脑力劳动者的精神，也受着他们的剥削意识、自私心理和残缺的狭隘的专业知识的限制。

人的全面发展的必要性与可能性　　在古代，脑力劳动与体力劳动的社会分工，促进了社会经济、文化、科学、艺术的发展。这种分工是必要的、合理的。但在工业革命以后，生产力有了巨大的发展，这种分工就显得非常不必要、不合理了。"正是由于这种工业革命，人的劳动生产力才达到了这样高的水平，以致

---

① 恩格斯：《反杜林论》，《马克思恩格斯选集》第3卷，人民出版社1972年版，第331页。

在人类历史上破天荒第一次创造了这样的可能性：在所有的人实行合理分工的条件下，不仅进行大规模生产以充分满足全体社会成员丰裕的消费和造成充实的储备，而且使每个人都有充分的闲暇时间从历史上遗留下来的文化——科学、艺术、实际方式等等——中间承受一切真正有价值的东西；并且不仅是承受，而且还要把这一切从统治阶级的独占品变成全社会的共同财富和促使它进一步发展。关键就在这里。人的劳动生产力一发展到这样高的水平，统治阶级存在的任何借口便归于消灭。为阶级差别辩护的最后理由总是说：一定要有一个阶级无须每日疲于谋生，使它能为社会从事脑力劳动。这种一向都找到过不少历史理由的废话，已经被近百年来的工业革命一下子永远根除了。统治阶级的存在，日益成为阻碍工业生产力发展的愈来愈大的障碍，同时也成为阻碍科学和艺术发展，特别是阻碍文明交际方式发展的愈来愈大的障碍。从来也没有比我们现代的资产者更不学无术的人了。"[1]在另一方面，从十九世纪下半期起，由于生产技术的发展，愈来愈需要有文化科学技术知识的劳动者。生产全盘机械化，使原来的一些辅助性手工劳动也为机器所代替了；生产部门愈来愈不需要那种没有受过教育的工人，它所需要的是了解机器、能操纵机器、受过技术教育、有文化的劳动者。因此劳动者必须受文化教育和技术教育。工人的文化技术教育程度愈高，对发展生产愈有利。所以从生产力的需要看，打破劳心和劳力的分离，培养全面发展的劳动者是非常必要的。有了高度的劳动生产率，就可以缩短劳动时间，劳动人民就可以用较多的时间学习文化科学，从事文化科学活动。所以，把体力劳动和脑力劳动结合起来是完全可能的。

生产力的发展、文化科学的发展，不仅要求打破脑力劳动和体力劳动的分工，也要求打破生产劳动中一切旧的、固定的社会分工。"现代工业的技术基础是革命的，而所有以往的生产方式的技术基础本质上是保守的。现代工业通过机器、化学过程和其他方法，使工人的职能和劳动过程的社会结合不断地随着生产的技术基础发生变革。这样，它也同样不断地使社会内部的分工发生革命，不断地把大量资本和大批工人从一个生产部门投到另一个生产部门。因此，大工业的本性决定了劳动的变换、职能的更动和工人的全面流动性。"[2]现代生产中所需要的不是专精于一艺的人，而应当是一种能从事多种工作的人，是一种多面手。不仅工业或农业内部需要经常把劳动力从一个生产部门调到另

---

[1] 恩格斯：《论住宅问题》，《马克思恩格斯选集》第2卷，人民出版社1972年版，第478—479页。
[2] 马克思：《资本论》，《马克思恩格斯全集》第23卷，人民出版社1972年版，第533—534页。

一个部门,工业与农业之间也需要互相转移劳动力,也就是说,需要工人能做农民,农民能做工人。在现代化的生产中,打破生产劳动中的固定分工是可能的。生产部门的生产技术固然都有它的特点,但它们都是依据同样的一些基础的科学技术原理;只要劳动者掌握了比较广博的基础科学技术知识和基本劳动技能,他就能相当容易地学会任何新的生产部门所需要的知识技能。因此变换职业是可以做得到的。在过去,农业和工业的生产劳动有很大差别;可是近代的农业应用了机械、电力、化学肥料与农药等,这两种生产的性质也比较接近了,这两种生产劳动的相互转换也就不那么困难了。

虽然现代社会的生产力要求消灭体力劳动和脑力劳动的社会分工和各种职业的固定分工,而且使人的全面发展成为可能,但资本主义生产关系却阻碍着这样的发展。在资本主义社会中,仍旧是少数人剥削大多数人:资产阶级和资产阶级知识分子不参加体力劳动,他们中间有些人掌握着国家机器,占有精神文化的财富,垄断智力工作;劳动人民从事体力劳动,劳动的时间长,生活穷困,只能受很少的教育,更谈不上从事文化科学活动。只要这样的剥削制度存在,就不能消灭体力劳动与脑力劳动的对立,不能实现职业的自由变换。

人的全面发展的实现　　只有通过社会主义革命,消灭了资本主义剥削制度,才能逐步消灭脑力劳动与体力劳动之间的对立和差别。在社会主义社会中,剥削阶级被打倒了,劳动人民成了社会的主人。知识分子不再是为剥削阶级服务了,他们把自己的知识用来为劳动人民服务。所以脑力劳动和体力劳动之间已经不存在对立的关系。但在社会主义社会中,还有旧社会遗留下来的不合理现象:广大的劳动人民缺乏文化,从旧社会遗留下来的知识分子具有资产阶级思想;也就是说,体力劳动和脑力劳动间还存在着本质的差别。不逐步消灭这种差别,就不能建成社会主义,就不能向共产主义过渡。因为劳动人民如果不提高文化水平,就不能适应国家现代化的需要,如果知识分子不消除资产阶级思想,就不能很好地为劳动人民服务。这两种片面发展的人,都不能适应建设社会主义的需要。要建设社会主义强国,就必须进行阶级斗争、生产斗争和科学实验。而要进行这三项伟大的革命运动,就必须依靠有高度社会主义觉悟的、有文化的劳动者,也就是全面发展的人。在社会主义社会,每个人都应当劳动,不仅用脑来劳动,而且用手来劳动;同时,人人都要学习,不仅学习文化,而且学习政治。随着社会主义建设的进展,人们在阶级斗争、生产斗争、科学实验中,不断受到锻炼,思想觉悟将不断提高,文化水平也将不断提高,体力劳动与脑力劳动之间的差别将不断缩小,人们的身心将愈来愈得到全面的发展。

新社会的成员将不是只能从事脑力劳动,或只能从事体力劳动的人,而是既能从事脑力劳动,又能从事体力劳动的人,是不受体力劳动和脑力劳动的分工限制的人。这样的人将逐步消除剥削阶级的意识的影响,逐步提高社会主义觉悟和共产主义道德品质;他们有比较丰富、广博的书本知识,也有比较丰富、广博的实际经验,能够发挥自己的多方面的才能;他们也将具有健康的体质。

这种既能从事体力劳动,又能从事脑力劳动,既有社会主义觉悟,又有文化的人就是全面发展的人。在消灭了体力劳动和脑力劳动的分离与对立以后,人类社会就将逐步培养出这样的全面发展的人。

但人的全面发展在新社会中也只能是逐步实现、逐步提高的。在社会主义社会中,人们的思想还会受剥削者、小私有者的思想的影响,但在社会发展中人们的觉悟会不断提高。到了共产主义社会,人们的思想觉悟、道德品质将会提到很高的程度,人们会变得更高尚、更纯粹。在社会主义社会中,体力劳动和脑力劳动的差别还没有消灭,虽然劳动人民能受到一定程度的教育,但还不能都受很广博很高深的知识教育,还没有很多的闲暇时间,因此还不能从事很多的文化科学活动,还只能成为一定范围内的多面手;社会还必须把一部分人培养为主要从事脑力劳动的知识分子。但在劳动人民中间涌现出来的科学家、工程师、文学家和多面手愈来愈多;随着劳动生产率的提高,社会成员将有充分时间从事学习和文化科学活动,青少年也将受到更广博的文化技术教育。将来,在完全巩固、完全发展、完全成熟的共产主义社会,体力劳动和脑力劳动的本质差别完全消灭,将要培养出能够做多种事情,能够从事多种职业,但又有重点知识的人。人们的体质也是会逐步提高的。

虽然全面发展的思想是在空想社会主义中就有了的,例如从十六世纪的托马斯·莫尔①起,许多空想社会主义者都主张在合理的社会中打破农业与手工业、体力劳动和脑力劳动的固定分工,人人参加劳动,人人从事文化科学活动,经过调换职业,使人通过全面的实际活动来实现全面的发展。但是这些思想都只是一些空想。只有科学社会主义的创始人马克思和恩格斯才科学地论证了近代大工业生产力如何使人的全面发展成为十分必要和完全可能,而只有在社会主义制度下,人的全面发展才能成为现实。

我国社会主义的教育目的　　在社会主义社会中,教育的任务就是要培养

---

① 托马斯·莫尔(St. Thomas More, 1478－1535),英国文艺复兴时期的思想家,政治家,著者《乌托邦》。——编校者

全面发展的人。人的全面发展是他的全部生活和活动的结果,不是学校阶段所能完成的。但教育毕竟起着极大的作用,个人的全面发展,必须依靠学校教育打好基础。

毛泽东同志在《关于正确处理人民内部矛盾的问题》中提出:"我们的教育方针,应该使受教育者在德育、智育、体育几方面都得到发展,成为有社会主义觉悟的有文化的劳动者。"[①]这里明确地提出了我国社会主义的教育目的,正确地解释了全面发展的涵义。因为我们所要培养的全面发展的人,就是既能从事体力劳动,又能从事脑力劳动,既有社会主义觉悟,又有文化的人。

我们的教育应当培养劳动者,既能用脑劳动,也能用手劳动。我们所培养的青少年大部分都要参加生产劳动,而且绝大部分将要在农村参加生产劳动。但生产愈现代化,生产劳动中的脑力劳动的因素愈多,体力劳动和脑力劳动愈是密切地结合在一起,它愈需要一种有文化的生产劳动者。"假如不是少数几批工人,而是大多数工人都把自己的文化技术水平提高到了工程技术人员的水平,结果会怎么样呢?我国的工业就会提高到其他国家的工业所不能达到的高度。"[②]而且在社会主义社会中,体力劳动者也要求参加脑力劳动,要求承继和进一步发展历史上传留下来的文化;社会又给了他们全面发展的条件。我们所培养的青少年中还有一小部分将要升入高等学校,成为知识分子,成为各种专门人才。他们的劳动主要是脑力劳动,但他们也要参加体力劳动。人人都要参加生产劳动,这是社会主义、共产主义社会的原则。

培养既能从事体力劳动,又能从事脑力劳动的人,要求培养从事这两种劳动的知识技能。从事脑力劳动固然需要有普通的文化科学知识和某些专门的知识技能,从事体力劳动也需要有普通的文化科学知识和某些生产的知识技能。但除知识技能外,更重要的条件是思想觉悟。轻视体力劳动和体力劳动者是几千年来的传统思想,如果不克服轻视体力劳动,特别是轻视农业劳动的错误思想,青少年就不会愿意参加体力劳动。这样的人就不会是既能从事体力劳动,又能从事脑力劳动的人。当然,也有人认为,从事体力劳动不需要知识文化,在这种思想影响下,有些准备参加劳动的青少年不愿意认真学习文化,这种思想实际上也是一种轻视体力劳动的表现,也是应当克服的。

---

① 毛泽东:《关于正确处理人民内部矛盾的问题》,《毛泽东选集》第5卷,人民出版社1977年版,第385页。

② 斯大林:《苏联社会主义经济问题》,单行本,人民出版社1971年版,第21—22页。

既能从事体力劳动，又能从事脑力劳动的人，应该既懂政治，又有文化。首先这种劳动者应该具有高度的社会主义觉悟。我们所培养的青少年应该有无产阶级的政治立场，有共产主义的道德品质，并有共产主义世界观的初步基础。应该把青少年培养成为革命的后代。列宁说过："应该使培养、教育和训练现代青年的全部事业，成为培养青年的共产主义道德的事业。"①政治是统帅、是灵魂。如果不能培养革命的后代，而让青少年成为资产阶级思想的俘虏，社会主义制度就可能瓦解，资本主义制度就可能复辟。这种劳动者还应当是有文化的。要建设工业、农业、国防、科学技术都是现代化的社会主义强国，没有知识是不行的。列宁说过，要恢复工业和农业、实行电气化，建设共产主义，青年不学习文化科学技术是不行的。"每个青年必须懂得，只有受了现代教育，他们才能建立共产主义社会，如果不受这样的教育，共产主义仍然不过是一种愿望而已。"②社会主义的智育包含着下面两个根本内容：一是使学生具有比较广博的知识，成为多面手，能够逐步做到"根据社会的需要或他们自己的爱好，轮流从一个生产部门转到另一个生产部门"③；一是学生所学到的知识，必须是比较完全的而不是片面的、不完全的知识。没有实际工作经验而只有很多书本知识的人，只是资产阶级的所谓"通才"，并不是我们所称的全面发展的人。政治觉悟和文化知识二者缺一不可：只有文化知识，会在政治上迷失方向；只有政治觉悟，会变成空头政治家。此外，我们所要培养的劳动者还应当是体质健康的：即使有德有才，没有健康的身体，也不能很好地为社会主义服务。社会主义的德育、智育、体育是社会主义教育的三个组成部分，忽视任何一个部分，都不能培养全面发展的人。

既能从事体力劳动，又能从事脑力劳动，和既有社会主义觉悟，又有文化，是密切联系的两个方面。如果不进行社会主义的思想教育，提高社会主义觉悟，和旧的剥削阶级思想以及小私有者的思想进行坚决的斗争，克服轻视体力劳动和体力劳动者的思想，同时也克服某些人不重视提高文化水平的思想；如果不进行文化科学技术教育，不培养一定的知识技能，那就不能培养既能从事体力劳动又能从事脑力劳动的新人。反之，如果只能从事脑力劳动，不能从事体力劳动，就会脱离工农群众，而不能同工农群众同呼吸、共命运，就会滋长自

---

① 列宁：《青年团的任务》，《列宁选集》第4卷，人民出版社1972年版，第351、350页。
② 同上。
③ 恩格斯：《共产主义原理》，《马克思恩格斯选集》第1卷，人民出版社1972年版，第221页。

私自利、好逸恶劳、损人利己等私有者、剥削者的思想；如果这种人是有知识的，他的知识也只是书本知识，是不完全的知识。另一方面，只能单纯从事体力劳动的人，不仅缺乏文化知识，不能适应现代生产的需要，而且由于不能系统地学习马克思列宁主义理论，也会妨碍自己社会主义觉悟的提高。

在社会主义国家中，有些资产阶级教育学者表面上接受培养全面发展的人的教育目的，但他们对全面发展的理解和无产阶级是完全不同的。他们把全面发展的人说成只是有广博的书本知识的人，这种人既不必有社会主义觉悟，也不必从事体力劳动。如果有广博的书本知识的人就是全面发展的人，那么过去有些剥削阶级的知识分子，也是有广博的书本知识的，他们是否就是全面发展的人呢？当然不是。因为他们既受着自己的剥削阶级的思想意识的限制，又受着不从事体力劳动的限制，就不可能是全面发展的。

也有些人抽象地理解德育、智育、体育，认为古代和近代有许多教育家也主张德育、智育、体育的和谐发展，这和社会主义的教育目的是一致的，这也是主张人的全面发展的教育目的。他们没有考虑到这些教育家所提出的是什么德育、智育、体育。如果进行具体的分析，就会发现，他们所提出的是剥削阶级所需要的德育、智育、体育，这种德育、智育、体育是维护体力劳动和脑力劳动的分离和对立的，因此是维护人的片面发展的。它和社会主义的德育、智育、体育有着根本的区别。实际上，现代资本主义国家，有的用法律规定了教育宗旨，有的则在政府部门颁布的某些文件中阐明政府的教育宗旨。他们所提出的教育宗旨也都是抽象地提到培养学生的道德，使他们成为良好的公民；学习知识技能，受一定的职业训练；发展学生的身体健康，以及文娱活动的兴趣等，基本上也是德育、智育、体育三个方面。甚至国民党反动政府也提出"三育并进"。[①] 难道能够认为资产阶级政府和国民党反动政府的教育目的也是培养全面发展的人吗？所以，必须对德育、智育、体育进行具体分析。

中小学教育是基础教育。中小学教育的任务，是为社会主义建设事业培养劳动后备力量，和为高一级学校培养合格的新生。普通中小学校必须和其他各级各类学校一样，执行国家的统一教育目的，但又必须根据中小学的性质、任务，儿童身心发展的年龄特征，提出具体的培养目标。我国中小学的培养目标

[①] 张伯苓于1914年在《三育并进而不偏废》一文中提出"三育并进"的主张，强调教育是要使学生德、智、体全面发展，不可偏废，以"造成完全人格"。1938年国民党临时全国代表大会通过《战时各级教育实施方案纲要》，规定战时教育的九大方针和十七项要点，其中第一大方针即为"三育并进"。——编校者

具体体现了我国的教育目的。

我国全日制小学的培养目标是：①

使学生具有爱祖国、爱人民、爱劳动、爱科学、爱护公共财物等品质，拥护社会主义，拥护共产党；

使学生具有初步的阅读、写作和计算的能力，具有初步的自然常识和社会常识，培养良好的学习习惯；

使学生的身心得到正常的发展，具有健康的体质，培养良好的生活习惯和劳动习惯。

我国全日制中学的培养目标是：②

使学生具有爱国主义和国际主义精神，具有共产主义道德品质，拥护共产党的领导，拥护社会主义，愿意为社会主义事业服务，为人民服务，逐步培养学生的工人阶级的阶级观点、劳动观点、群众观点、辩证唯物主义观点；

使学生在小学教育的基础上，进一步掌握语文、数学、外国语等课程的基础知识和基本技能，并且具有一定的生产知识；

使学生的身心得到正常的发展，具有健康的体质，培养良好的生活习惯和劳动习惯。

第二节　教育方针

阶级社会中的教育方针　在阶级社会中，教育方针是政党、政府根据一定社会的政治、经济要求和一定阶级的利益所制定的。它规定社会的教育工作方向。一个政府的具体的教育政策和措施，是按照它的教育方针提出来的。教育方针也可以说是实现教育目的的途径或方法。

过去统治阶级的国家机关有的明确规定着自己的教育方针，有的没有明确规定。后者并不是没有教育方针，从这个政府的政策、法令、措施中可以看出它的教育方针。而它提出来的教育方针，也不能只从它的字面上来理解它。剥削阶级往往用许多欺骗性的字句来掩盖它们的方针，必须从实际行动中去了解它的真正的方针。

总的说来，过去一切剥削阶级的教育方针，都是使教育为它的政治服务。因为政治是经济的集中表现，为政治服务，也就意味着为它的经济服务。剥削

---

① 参见1963年3月23日颁发的《全日制小学暂行工作条例（草案）》。——编校者
② 参见1963年3月23日颁发的《全日制中学暂行工作条例（草案）》。——编校者

制度的一个特点,是在这种制度下,体力劳动和脑力劳动是分离的,劳心和劳力的阶级是对立的。教育就是要去维护和巩固这种分离和对立。

过去几千年的阶级社会,是以奴隶主所有制、地主所有制和资本家所有制为经济基础的。适合于这些所有制的政治制度,是奴隶主阶级、地主阶级和资产阶级的专政。阶级社会的教育方针就是要巩固这些统治阶级的专政。要巩固剥削阶级的专政,首先就要着重进行剥削阶级的思想教育。虽然也要根据需要进行文化教育、科学技术教育、职业教育、军事体育教育等,但必须是剥削阶级的思想挂帅,这些知识技能才能为巩固剥削阶级的专政服务。例如1906年清政府学部所颁布的教育宗旨是忠君、尊孔、尚公、尚武、尚实。它保留了封建的忠君和尊孔的思想教育,又从德国和日本搬运了公民教育、军国民教育和科学技术教育。就是要求受教育者在忠君、尊孔、爱国、守法等思想的统帅下,用自己的科学技术知识、军事知识等为封建买办势力的专政服务。国民党反动政府的教育宗旨则着重进行所谓四维(礼义廉耻)八德(忠孝仁爱信义和平)[①]的封建法西斯思想教育,使学生在这种思想统帅下,将自己的知识技能,为封建、买办、官僚资本势力的专政服务。

几千年阶级社会的共同特点是劳心与劳力的分离和对立。所以剥削阶级的教育方针是使教育与劳动分离。只有治人的劳心者能受到教育,治于人的劳力者则只从事生产劳动。或者说,前者受到足够的教育,使他能够成为政治、经济、文化等方面的统治者,后者不受教育,或只受很少的教育,使他们能够成为驯服而又伶俐的劳动者。教育与生产劳动分离,就能巩固剥削阶级的所有制和他们的专政。

剥削阶级设立各种学校,使自己的子弟能受到充分的教育。剥削阶级的子女不仅不参加生产劳动,而且受着轻视劳动和劳动人民的教育。有些资产阶级或小资产阶级的教育家也曾经主张,资产阶级子弟受教育时应当学一点劳动,像洛克[②]就有过这样的主张。但他认为这样做,是为了使绅士们在学会一点手艺以后,能更好地消磨他们的闲暇时间,而不是为了让绅士们真正去参加生产劳动。现代资产阶级允许劳动人民的子弟,除了参加劳动以外,还受一些教育。

[①] "四维八德",国民政府时期学校训育的总纲。1931年国民政府行政院训令各校将其制匾悬挂,作为道德教育的准绳。1934年蒋介石倡行"新生活运动",又以此作为各级学校厉行"新生活"教育的中心准则。——编校者

[②] 洛克(John Locke, 1632-1704),英国哲学家、教育理论家。主张"白板说",否认天赋观念。著有《教育漫话》、《人类理解论》等。——编校者

他们所以这样做，是为了使劳动人民受一点教育以后，能够更好地接受资产阶级的思想影响，能够更好地伺候机器，为资本家制造利润，而不是为了让劳动人民去参加政权或文化科学工作。

我国的社会主义教育方针　社会主义国家的教育方针和资本主义国家的教育方针根本不同。我国的教育方针是教育为无产阶级政治服务，教育与生产劳动结合。这是马克思主义的社会主义的教育方针，也是实现教育目的的唯一方法。

教育为无产阶级政治服务

无产阶级还是一个被压迫的阶级时，他们的子女是很少受到教育的。但是他们子女的教育，对于无产阶级的斗争和胜利，有着很大的意义："最先进的工人完全了解，他们阶级的未来，从而也是人类的未来，完全取决于正在成长的工人一代的教育。"[1] 无产阶级掌握知识，对无产阶级夺取政权是一个有利条件，"没有知识，工人就无法自卫；有了知识，他们就有了力量！"[2]

无产阶级通过政治斗争，强迫资产阶级国家政权立法，使劳动人民子女能受到一定程度的免费的公共教育。但是资产阶级为了防止劳动人民的觉醒，又极力进行宗教教育来麻醉劳动人民的后一代。因此无产阶级又力争教会和学校分离。无产阶级在教育问题上的斗争，都是为无产阶级革命准备必要的条件。

在无产阶级革命胜利后，建立了无产阶级的专政，教育就必须为无产阶级的专政服务。无产阶级为了巩固自己的政权，进行社会主义建设，就要使全体劳动人民和他们的子女普遍受教育，学习文化和共产主义思想，并把教育和生产劳动结合起来。在《共产党宣言》中，已经规定在无产阶级掌握政权后，应"对一切儿童实行公共的和免费的教育。取消现在这种形式的儿童的工厂劳动。把教育同物质生产结合起来，等等"[3]。列宁在十月革命后，也在《俄共（布）党纲草案》中规定："在国民教育方面，俄共给自己提出的任务是：把1917年十月革命时开始的事业进行到底，把学校由资产阶级的阶级统治工具变为摧毁这种统治和完全消灭社会阶级划分的工具。学校应当成为无产阶级专政的工具，就是说，不仅应当成为一般共产主义原则的传播者，而且应当从思想上、组织上、教

---

[1] 马克思：《临时中央委员会就若干问题给代表的指示》，《马克思恩格斯全集》第16卷，人民出版社1964年版，第217页。
[2] 列宁：《我们的大臣们在想些什么？》，《列宁全集》第2卷，人民出版社1959年版，第68页。
[3] 马克思恩格斯：《共产党宣言》，《马克思恩格斯选集》第1卷，人民出版社1972年版，第273页。

育上实现无产阶级对劳动群众中的半无产的和非无产的阶层的影响,以利于彻底镇压剥削者的反抗和实现共产主义制度。"①

在我国,党所领导的教育,也一直是为无产阶级政治服务的。在党成立后,第一次革命战争之前,革命的教育,为革命起了思想准备的作用。在革命中,它是革命总战线中的一条必要的和重要的战线。在人民民主革命阶段,无产阶级的革命任务是反帝反封建,因此当时的教育就为反帝反封建的斗争服务。在第二次国内革命战争时期,党已建立了苏区的革命根据地。毛泽东同志说:"苏维埃文化教育的总方针在什么地方呢?在于以共产主义的精神来教育广大的劳苦民众,在于使文化教育为革命战争与阶级斗争服务,在于使教育与劳动联系起来,在于使广大中国民众都成为享受文明幸福的人。"②在抗日战争时期,他说:"在一切为着战争的原则下,一切文化教育事业均应使之适合战争的需要。"③第三次国内革命战争时期,则进行反对蒋介石和反对美帝国主义的教育。

新中国后,把为反动统治阶级服务的、封建的、买办的、法西斯主义的教育,改变为为无产阶级服务的、社会主义性质的教育。在建国初期,教育在配合土地改革、抗美援朝、镇压反革命和经济恢复工作等方面,起了重大的作用。1952年在党制定了社会主义改造时期社会主义革命和社会主义建设同时并进的总路线以后,教育又在和资产阶级意识形态进行斗争以及培养建设人才方面起了作用。1957年教育界的反右斗争,巩固了无产阶级对教育事业的领导权。1958年党中央和国务院更明确地提出"教育为无产阶级的政治服务,教育与生产劳动结合"④的方针,在我国进行了教育革命,这就使教育能更好地为无产阶级政治服务。

既然在社会主义社会中,在从资本主义过渡到共产主义的整个历史时期中,存在着阶级和阶级斗争,因而作为无产阶级强有力斗争工具之一的教育,就必须为无产阶级的政治服务。无产阶级和资产阶级之间的阶级斗争,社会主义和资本主义这两条道路的斗争是长期的、复杂的,有时甚至是很激烈的。这种

---

① 列宁:《俄共(布)党纲草案》,《列宁选集》第3卷,人民出版社1972年版,第765页。
② 毛泽东:《中华苏维埃共和国中央执行委员会与人民委员会对第二次全国苏维埃代表大会的报告》,《毛泽东同志论教育工作》,人民教育出版社1958年版,第15页。
③ 毛泽东:《论新阶段》,同上,第33页。
④ 1958年9月19日《中共中央、国务院关于教育工作的指示》中提出的我国教育工作方针的主要内容。——编校者

斗争，不可避免地要反映到教育阵地上来。我们不仅要在我们这一代手里，不让资本主义复辟，还要在我们的后代手里，永远不让资本主义复辟。我们坚持教育为无产阶级的政治服务，努力培养经得起阶级斗争和生产斗争考验的坚强的革命后代，就能巩固我们的无产阶级专政。

在我国社会主义阶段中，教育为无产阶级政治服务的意义，就是应当使教育为社会主义革命、社会主义建设和将来向共产主义过渡服务，在当前，就是要多快好省地发展教育事业，为党所提出的建成四个现代化的社会主义强国服务。执行教育为无产阶级政治服务的方针，一方面要加强马克思列宁主义的思想教育，要加强学校的政治课和政治思想工作，要让学生在生产劳动和三大革命运动中受到锻炼，受到教育，把学生培养成为坚强的革命后代；另一方面要加强文化科学知识的教育，使青少年掌握系统而坚实的文化科学知识。只有使学生做到无产阶级的政治思想挂帅，用他们的文化科学知识为社会主义事业服务，这样才是实现了教育为无产阶级政治服务。

教育与生产劳动结合

教育为无产阶级政治服务和教育与生产劳动结合是相互联系的。教育与生产劳动结合的意义是青少年既要普遍参加一定的劳动，又要普遍受教育，把生产劳动和教育结合起来。教育与生产劳动结合是无产阶级教育的特征。教育只有与生产劳动结合，才能很好地为无产阶级政治服务。

教育与生产劳动结合的思想，在空想社会主义者的著作中已经提出来了。例如十九世纪初的傅立叶[①](1772—1837)，认为人在幼儿时就应该参加游戏性质的劳动，稍大以后儿童必须参加公社中的公益劳动，九岁以后才开始文化知识的学习。欧文[②](1771—1858)则是第一个对教育与生产劳动结合进行了实验的人。

这些空想社会主义者认为：社会上一部分人不劳动，让旁人养着他，是不合理的，应当让每个儿童学会劳动；如果人人都劳动，每个人就不必劳动那么长的时间，而能有余暇从事科学文化活动；参加适当的体力劳动对体力和健康都有很大的好处，而且能使儿童获得实际知识，实现理论与实践的统一；学习与劳动交替进行，体脑相继活动，还可以避免长时期学习所造成的脑力疲劳。

---

① 夏尔·傅立叶(Charles Fourier，1772－1837)，19世纪法国空想社会主义者、伦理学家。著有《关于四种运动和普遍命运的理论》、《普遍统一论》等。——编校者
② 欧文(Robert Owen，1771－1858)，19世纪英国空想社会主义者、伦理学家。著有《新社会观，或论人类性格的形成》等。——编校者

科学社会主义的创始人马克思、恩格斯在《共产党宣言》中明白提出要"把教育同物质生产结合起来"。① 马克思认为:"在合理的社会制度下,每个儿童从9岁起都应当像每个有劳动能力的成人那样成为生产工作者,应当服从普遍的自然规律,这个规律就是:为了吃饭,他必须劳动,不仅用脑劳动,而且用双手劳动。"②

马克思、恩格斯并不是简单地继承了空想社会主义者关于教育与生产劳动结合的思想。空想社会主义者的一些具体想法,是在社会条件还不成熟时的幻想,马克思和恩格斯则是科学地研究了在一定的历史条件下教育和生产劳动结合的萌芽,它的必然性和可能性。

马克思、恩格斯特别研究了英国资本主义的发展。英国在十九世纪初,经过工人的长期斗争,在1833年通过了一个工厂法。这个法律禁止九岁以下的小孩在纺织厂做工,限制九岁至十三岁的儿童每天工作时间为9小时,每周为48小时;凡工厂所雇用的儿童,每天都要到学校学习两小时。按照这个法律,工人所争得的教育权利是有限的,可是工厂主还想尽一切办法来规避这个法律的执行,他们所设学校的质量,也极其低劣,而且这个法律只适用于纺织业,其他各业的童工的情况,还是没有得到改善。

经过工人阶级三十多年的斗争,到了十九世纪六十年代以后,原只适用于纺织业的工厂法,才逐步得到推广。这个胜利的取得,除了工人阶级的斗争起了作用外,还由于工厂主逐渐认识到受过一定教育的童工能够成为更好的工人,特别是在技术发达和劳动强度增高以后,能把工作做得又快又好,有利于和其他资本家、和其他资本主义国家竞争。到了1880年,英国终于通过了实施12岁以下儿童的义务教育的法案。③

"尽管工厂法的教育条款整个说来是不足道的,但还是把初等教育宣布为劳动的强制性条件。这一条款的成就第一次证明了智育和体育同体力劳动相结合的可能性,从而也证明了体力劳动同智育和体育相结合的可能性。工厂视察员从教师的证词中就发现:虽然工厂儿童上课的时间要比正规的日校学生

---

① 参见《共产党宣言》,《马克思恩格斯选集》第1卷,人民出版社1966年版,第259页。——编校者
② 马克思:《临时中央委员会就若干问题给代表的指示》,《马克思恩格斯全集》第16卷,人民出版社1964年版,第216—217页。
③ 1880年英国议会通过一部教育法,即《芒德拉法》(Mundella's Act),该法规定5—10岁儿童无条件入学,10—13岁儿童只有达到一定的教育程度方可免于入学,具体标准由各地通过地方法规确定。——编校者

少一半,但学到的东西一样多,而且往往更多。"①

马克思、恩格斯极力支持资本主义制度下的工人阶级为缩短工作时间而进行的斗争,因为缩短工作日就可以使他们有较多的自由时间从事学习。他们认为,工人如果既从事生产劳动,又能受教育,就能大大超出贵族和资产阶级的水平,这是有利于工人阶级的解放斗争的。所以,马克思、恩格斯认为儿童参加生产劳动是进步的,但必须限制劳动时间,并使儿童能受到教育。

马克思、恩格斯就是这样从工厂制度的发展中看到了未来社会主义制度下教育与生产劳动结合的胚芽。马克思说:"正如我们在罗伯特·欧文那里可以详细看到的那样,从工厂制度中萌发出了未来教育的幼芽,未来教育对所有已满一定年龄的儿童来说,就是生产劳动同智育和体育相结合,它不仅是提高社会生产的一种方法,而且是造就全面发展的人的唯一方法。"②在这里,马克思明确指出教育与生产劳动结合的意义,它是培养全面发展的人的唯一方法。

由于生产技术的迅速发展,出现了工艺教育。"工艺学校和农业学校是这种变革过程在大工业基础上自然发展起来的一个要素;职业学校是另一个要素,在这种学校里,工人的子女受到一些有关工艺和各种生产工具的实际操作的教育。如果说,工厂法作为从资本那里争取来的最初的微小让步,只是把初等教育同工厂劳动结合起来,那么毫无疑问,工人阶级在不可避免地夺取政权之后,将使理论的和实践的工艺教育在工人学校中占据应有的位置。"③马克思在《临时中央委员会就若干问题给代表的指示》中,把教育理解为智育、体育、技术教育,认为三者应和生产劳动结合起来。

在资本主义社会中,教育与生产劳动结合虽已有了胚芽,但在那里,既无普遍劳动,也无普遍教育。劳动人民要参加生产劳动,但他们所受的文化科学教育是很少的,而资产阶级不参加劳动,却受着较多的教育。正如列宁所说:"为了使普遍生产劳动同普遍教育相结合,显然必须使所有的人都担负参加生产劳动的义务",④但在资本主义社会中,体力劳动的义务只是为穷人规定的。

只有在社会主义国家中,才能实现普遍劳动和普遍教育的结合。教育与生产劳动相结合,才能培养既能从事体力劳动、又能从事脑力劳动的人,才能消除二者分离的现象,实现人的全面发展。所以,教育与生产劳动结合,成为社会主

---

① 马克思:《资本论》,《马克思恩格斯全集》第23卷,人民出版社1972年版,第529、530页。
② 同上。
③ 马克思:《资本论》,《马克思恩格斯全集》第23卷,人民出版社1972年版,第535页。
④ 列宁:《民粹主义空想计划的典型》,《列宁全集》第2卷,人民出版社1959年版,第414页。

义教育工作的一条基本方针。

在我国,执行教育与生产劳动相结合的方针,就是要在一切学校中,把生产劳动列为正式课程。每个学生必须依照规定参加一定时间的劳动,特别注意参加农业劳动;在劳动中养成劳动习惯,培养劳动观点,向工农群众学习,克服轻视体力劳动和体力劳动者的观点;在劳动过程中学习一定的生产知识和技能,扩大知识领域。

教育与生产劳动结合是社会主义革命所需要的,是社会主义建设所需要的,是建设共产主义社会的远大目标所需要的,是多快好省地发展教育事业所需要的。

在社会主义革命中,我们的任务是在继续进行经济战线、政治战线和思想战线上的社会主义革命的同时,积极地进行技术革命和文化革命。文化革命就是使人人都生产,人人都学习,既消灭工农群众缺乏文化的现象,也消灭知识分子中的资产阶级思想。这个革命要求教育与生产劳动结合。因为剥削阶级鄙视体力劳动的传统思想还在影响年轻的一代。我们现在的青少年都要受一定的学校教育,这种教育对于提高社会主义觉悟,掌握文化科学知识,增强体质,当然是十分重要的。但是我们还要问:他们对待劳动的态度怎么样?是轻视体力劳动,还是热爱体力劳动?如果教育是脱离生产劳动的,我们的青少年,因为有了一定的文化知识,就不热爱体力劳动了,不肯诚实劳动了,将来在我们的社会上就会出现一个脱离生产劳动、脱离劳动人民的特殊阶层。在这种情况下就可能出现资本主义复辟的严重危险。反之,不重视掌握文化,也不能逐步消灭体力劳动和脑力劳动之间的差别。

社会主义建设要求技术和文化,要求培养大批又红又专的人才。为了满足这个需要,也要实行教育与生产劳动结合。列宁说过:"没有年轻一代的教育和生产劳动的结合,未来社会的理想是不能想象的。无论是脱离生产劳动的教学和教育,或是没有同时进行教学和教育的生产劳动,都不能达到现代技术水平和科学知识现状所要求的高度。"[①]培养有社会主义觉悟的人,只靠从书本上学共产主义是不行的。列宁在《青年团的任务》中指出:"只有在劳动中与工人农民打成一片,才能成为真正的共产主义者。"[②]培养有完全知识的人,只有书本知识是不行的,还必须参加劳动,并和工农一起进行阶级斗争。参加劳动还能锻

---

① 列宁:《民粹主义空想计划的典型》,《列宁全集》第2卷,人民出版社1959年版,第413页。
② 列宁:《青年团的任务》,《列宁选集》第4卷,人民出版社1972年版,第358页。——编校者

炼人们的体质。所以教育与生产劳动相结合,就会提高德育、智育、体育的质量。如果教育是脱离生产劳动的,那么思想教育和知识教育必然是理论与实际脱节的,学生缺乏实际锻炼,所获得的知识也不可能是比较完全的知识,在德育、智育、体育几方面也不可能得到很好的发展。

共产主义社会是各尽所能,按需分配的社会,又是消灭了城市与乡村之间差别、消灭了脑力劳动与体力劳动之间差别的社会。在这样的社会中,每个人既是劳动者,又是知识分子。为了实现这个前景,我们的教育也必须与生产劳动结合。

采取群众路线来办教育,就可以使教育事业多快好省地发展。而实行教育与生产劳动结合,使教育成为工农群众所热烈欢迎的事业,是发动群众办学积极性的重要方法。

教育与生产劳动结合的方针,只有在工人阶级和共产党领导的社会主义国家里,才能全面付诸实施,在革命和建设过程中发挥巨大的作用。我们的教育是为无产阶级专政服务的。因而我们的教育必须一反以往几千年的旧传统,采取教育与生产劳动结合的方针。只有贯彻教育与生产劳动相结合,才能使教育为无产阶级的政治、经济服务,只有执行教育为无产阶级政治服务,教育与生产劳动相结合的方针,才能培养全面发展的人。

在我国,党一直坚持教育与生产劳动结合的方针。党在 1934 年已经提出"使教育与劳动联系起来"的方针。[①] 在抗日战争时期,抗日根据地的学校的学生,不仅学习,也参加生产劳动。1954 年,当经济恢复时期已经过去,第一个五年计划开始的时候,党中央又曾经提出过在学校里增设生产劳动课程的问题。从 1957 年到 1958 年,党中央又屡次强调教育与生产劳动相结合。1958 年中共中央、国务院《关于教育工作的指示》,再一次明确提出了这个方针,并规定把生产劳动列为正式课程。几年来实行的结果,证明学生参加生产劳动,对德育、智育、体育都有好处,培养了热爱劳动和劳动人民,既能从事脑力劳动又能从事体力劳动的新的一代。

教育必须由共产党领导

我们的教育方针是无产阶级的方针:它代表了无产阶级的利益,它是为无产阶级的政治服务的;它是由无产阶级政党——共产党所制订的。这个方针和

---

① 1934 年 1 月,毛泽东在第二次全国苏维埃代表大会上提出的苏维埃文化教育的总方针。——编校者

资产阶级的教育方针是对立的。在实行这个方针的过程中不可避免地要和资产阶级的教育思想和做法发生矛盾。只有不断和资产阶级的影响进行斗争，才能贯彻这个方针。资产阶级或是否认阶级存在，或是主张阶级调和。否认社会主义社会中有阶级和阶级斗争，是资产阶级思想的表现。从这种思想出发，他们就必然要反对教育为无产阶级的政治服务。轻视劳动，好逸恶劳，是一切剥削阶级的思想，也是资产阶级的思想。从这种思想出发，他们就必然要反对教育与生产劳动相结合。所以，贯彻党的教育方针必然同资产阶级教育方针发生尖锐斗争，这个斗争，按其性质来说，是社会主义和资本主义这两条道路的斗争。事实证明，贯彻这一方针，决不是风平浪静的。要战胜资产阶级教育思想，使党的教育方针得到顺利贯彻，各级党委必须加强对教育工作的领导。其次，教育工作者要全面地、正确地贯彻教育方针，必须不断提高自己的阶级觉悟，端正自己的阶级立场；不断改进自己的思想方法，克服主观主义和片面性；不断总结正面的和反面的经验，这也一刻离不开党的领导。所以，为了实现党的教育工作方针，教育工作必须由党来领导。共产党是无产阶级的先锋队，它集中代表了无产阶级和广大劳动人民的利益和要求；共产党最了解我们自己的情况，最懂得马克思主义；共产党在和资产阶级进行斗争中是最坚决的战斗部队。教育工作必须在党的领导下，认真贯彻党的教育方针，才能很好地为社会主义革命和社会主义建设服务，为消灭一切剥削阶级和一切剥削制度及其残余服务，为建设消灭了城市与乡村的差别和消灭了脑力劳动与体力劳动的差别的共产主义社会服务。

所以，一切教育行政机关和一切学校，都应该受党委的领导。党委不仅要在政治上、思想上、组织上进行领导，也要在业务上进行领导。加强党的领导，是贯彻教育方针、办好学校的根本保证。

第四章 学校教育制度

学校教育制度是受社会的政治、经济决定的,在阶级社会中是具有阶级性的。剥削阶级的教育制度是维持剥削制度的。而社会主义的教育制度,则以消灭阶级对立,并消灭体力劳动和脑力劳动间的差别为目的,它保证普及和提高劳动人民的教育,高速度地发展教育事业。

第一节 剥削阶级的学校教育制度

学校教育制度的概念 学校教育制度简称学制,它指一个国家各级各类学校的系统。学校教育制度这个概念,包括下面一些内容:有哪些种类的学校,由谁主办和管理,它的性质任务,实际的入学条件,修业年限,以及学校间的关系等等。它是国民教育制度的一个组成部分。国民教育制度包括学前教育机构,学校教育机构,学校以外的各种儿童教育机构以及成人的社会教育机构等,但学校教育机构是主要的组成部分。本章主要讨论学制,也涉及学校以外的教育机构。

学校教育制度的性质直接决定于教育的目的和方针。设立各种学校是为了贯彻教育方针,实现教育目的,归根到底,它反映一定的政治经济的需要,在阶级社会中具有鲜明的阶级性。剥削阶级的教育制度是维护剥削制度的工具。属于同一社会性质的不同国家的学制,具有共同性,但是由于各个国家生产力发展水平不同以及不同的历史传统和具体情况,它们的学制各有不同的特点。

有些国家的学校教育制度是由政府用法律形式规定的,有一些国家的学校教育制度则是在实践中逐渐形成的,没有经过明文规定。研究一个国家的学制,不仅要看它的法律规定,更要看它的实际实施,透过现象,研究它的本质。

奴隶社会的学制 在我国奴隶社会中,如西周贵族已有由国家设立的学校。贵族和平民是住在"国"、"都"(即城市)中的。贵族子弟所进的国学分小学与大学。在小学学书数,在大学学礼乐射御。在古代希腊雅典,奴隶主的子弟从七岁起进私立的文法学校、弦琴学校和体操学校,十六岁后在公立的体育学校中受体育道德训练,十八岁至二十岁服兵役,受高级军事训练,然后成为公民。奴隶和妇女都不受教育。总之,这种教育制度是巩固奴隶主的统治,维护体力劳动和脑力劳动的分离与对立的。

封建社会的学制　在我国封建社会中,初等教育一般在私塾中进行。高等教育在中央的,汉代称太学,唐代有六学二馆(国子学、太学、四门学、书学、算学、律学和弘文馆、崇文馆),明以后称国子监。由地方政府设立的,汉代称郡国学,唐宋以后则有府、州、县学等。进这些官学的不是贵族子弟,就是一般的地主子弟。官学主要是培养从政的士大夫。但在封建时代,文化已较发达,所以唐宋以后也有培养专门人材的书学、算学、律学、医学、阴阳学、画学、武学等。在欧洲中世纪大学中则有神学、法学、医学等科。我国自隋唐以后,实行科举制度,入仕之途,不由学校,而由科举,所以官立学校并不发达,有些地方学校,并不进行教学,仅供生员廪食而已。

我国封建时代也有许多私立的高等学校:两汉有许多经师授徒,学生有的数百人,著录的多至数千人或万人;宋代以后,私人设立书院讲学的风气也很盛。进这些书院学习的一般也都是地主子弟,学习目的也是准备做官。

农民子弟不能受教育或只受很少的初等教育。例如宋代乡村的门馆村塾,有些农民在冬天农闲时遣子入学,谓之"冬学",所读的是"杂字""百家姓"之类,谓之村书。大概从宋明到清末,部分较富裕的农民子弟进冬学,学村书,是为了农业生产及日常生活上应用的方便。元明清统治者为了便于统治,把农民组成社,若干家农民为一社。每社设立一个学校,在农闲时使子弟入学,这也是冬学的一种形式,但它的主要目的是对劳动人民子弟进行封建思想教育。

在欧洲中世纪,封建主子弟进教会所办的教区学校、僧院学校、大教堂学校。十二世纪后,有些学生还可进享有一定自治权的大学。学校的主要任务是培养教士。世俗封建主在宫廷受教育。手工业者和商人在自己所办的学校中受低级的教育,一般农奴根本没有可能受教育。可见,封建社会的教育制度也是巩固封建主统治,维护体力劳动和脑力劳动的分离和对立的。

资本主义社会的学制　在资本主义国家中,普通教育,特别是初等教育,一般都已经逐步实行了义务教育制度。最早实行义务教育,是在宗教改革时期。马丁·路德①(1483—1546)曾经号召推行义务教育,以便人民能阅读国语圣经。在1619年魏马邦就已经有了强迫儿童入学的法令。在1717年普鲁士邦也颁布了义务教育的法令,1763年有更详细的规定。德国各邦虽陆续颁布了义务教育法,但由于缺乏足够的经费和学校,义务教育停滞不前。直到十九世

---

① 马丁·路德(Martin Luther, 1483 - 1546),16世纪德国宗教改革的发起者,基督教(新教)路德教派的创始人。——编校者

纪六十年代德国才基本上普及了初等义务教育。许多主要资本主义国家都是在十九世纪七十年代后推行义务教育的。如英国在1870年颁布了初等教育法令,1876年和1880年的法令规定强迫入学,1891年才规定初等学校免费。所以英国是在十九世纪末才基本上普及了初等教育。美国各州颁布义务教育法的时间迟早不一,大概到二十世纪初,多数的州基本上普及了初等义务教育。义务教育所以在十九世纪下半期起得到较广泛的开展,是资产阶级考虑到资本主义生产技术的革新,选举权的扩大,军国主义的发展等方面的需要和受工人运动的压力的结果。现在资本主义各国,已有不少国家实行了初等义务教育,部分生产发达的国家已把义务教育延伸到中等教育阶段。

义务教育法令强迫家长送儿童入学,认为这是家长的义务,一般规定了免费制度。但事实上,在资本主义国家中许多工农子女还是不能入学,或不能受完义务教育:一方面因为有些工农子女生活困难,必须很早就参加劳动;一方面因为学校设置不普遍,在有些穷乡僻壤,家庭离学校太远,儿童也不能入学。

资本主义各国政府为初等教育设置了公立学校,但一般在富人住宅区所设置的学校都有较好的校舍、设备,而在工人住宅区,则往往校舍不足,设备简陋,在农村中为农民子弟设置的小学往往更加稀少简陋。还有不少资产阶级子弟进私立的小学和私立的教会小学,这些学校收费都是很高的。

在一些生产较发达的资本主义国家,由于有了一定年限的中等义务教育,劳动人民子女也可以进中学。但他们所进的往往都是准备劳动就业的中学。例如英国公立中学有文法中学、技术中学、现代中学。文法中学是准备升大学的,入学的多数是富家子女;现代中学学生人数最多,在那里学习的主要是工人的子女。学生进哪一类中学,主要依靠智力测验及考试,但在第二章中已经谈过,智力测验的结果和家庭环境的影响是分不开的。在美国,多数儿童进普通中学(亦称综合中学),在9—12年级采用选修学科制度。一般学校设有文理科(准备升学),商科(培养商业所需要的职员),普通科(准备学生从事所谓"一般的实际活动"),间或设有工科。选文理科的主要是资产阶级子女,选商科的是小资产阶级及低级职工子女,选普通科的一般是工农子女。工农子女受了较差的初等教育,又没有继续升大学的经济条件,所以只能选普通科。

在这些国家还有一些准备升大学的私立中学,它的收费也是非常昂贵的。例如在英国,为资产阶级和地主贵族的子弟设有一种私立学校,称为"公学",英国政府的高级官吏多数都是从这些公学毕业的。在美国也有一些收费很昂贵的私立学校,和英国的"公学"一样,这类学校多数是寄宿学校,每班学生人数很少,而教师业务水平较高。此外还有不少教会办的私立中学。

在还没有实行中等义务教育的国家,中学是收费的,它的任务是准备学生升大学。劳动人民子女一般是不能进中学的。

在资本主义国家中,有些劳动人民子女在受过初等教育后,就进入职业学校。一般有各种工业的、农业的、商业的职业学校。这些职业学校的任务是培养熟练工人、农民和商业工作人员。另一种方式则为在生产部门中,用学徒制进行职业训练,如指定专人指导,开设训练班等。此外还有职业夜校和业余学校等。

只有资产阶级、资产阶级知识分子及其他富家子弟才能享受中等和高等的专业教育。在资本主义国家中,大学是从中世纪大学发展起来的。中世纪的大学只有神、法、医、文等科,其中文科是一种预科性质,主要学习七艺,特别是逻辑。而在资本主义社会中,从十九世纪起,大学的哲学科,即包括人文科学和自然科学的系科有很大的发展;由于科学技术的巨大发展,出现了许多新的专业,在有些大学中,除了理论性系科以外,也增设了有关技术专业的系科;各种专业的独立学院更是蓬勃地发展起来。大学和独立学院的收入主要依靠政府拨款,因此是由资产阶级政府控制的。但在美国,也有许多垄断资本家采取"捐款"方式直接控制大学。大学一般收费很高,只有富人子弟才能进大学。资本主义国家也采用奖学金方式,资助少数小资产阶级和工人贵族子弟进入大学,把他们融化为资产阶级知识分子。但在资本主义国家的大学中,绝大多数的学生仍是资产阶级家庭的子女:美国工人的子女占儿童总数的60%,能进高等学校的不到5%;资产阶级家庭子女,只占儿童总数的10%,能进高等学校的却占80%,只有"智能实在太低的人"才不进大学。①

在资本主义国家中,除培养高级的专业人才外,还需要培养大批中等专业人才。例如美国工业部门中每个受过高等教育的工程师都需要3—5名技术员。培养这种中等专业人才的是大学的初等学院或专修科,或各种独立设置的专科学校——工业、商业、农业、师范、艺术等专科学校,一般招收中学毕业生,予以二三年的专业训练。在这类学校中学习的,也多数是资产阶级子女。

所以,在资本主义国家中,劳动人民子女所受的是低级的文化教育和职业训练,被培养为体力劳动者,资产阶级子女则能受高等的专业教育,被培养为从

---

① 苏联科学技术情报研究所编,张渭城、郭如琴译:《几个资本主义国家的教育制度》,人民教育出版社1962年版,第25页。

事各种智力劳动的专家。资本主义教育制度不管形式上是双轨制或单轨制，实质上都具有阶级性。

再看学前教育。虽然在资本主义国家中，大批妇女参加了劳动，但托儿所和幼儿园并没有得到很好的发展。托儿所是在二十世纪才开始发展的，但数量很少。幼儿园发展也很慢。直到1880年，美国才有14个州设立了二百个幼儿园，收容儿童九千人。近年美国五岁儿童，进幼儿园的还不到半数。幼儿园一般经费少，班级大，园址狭隘，设备简陋，教养员待遇低。

在资本主义国家中还有补习教育、成人教育。例如由于十九世纪末生产技术的巨大进步，各主要资本主义国家都设立了一些"补习学校"和各种技术夜校，在这些学校中工人可以补受技术教育。但由于工人白天劳动非常疲倦，晚间很难坚持学习。从十九世纪下半期起又有所谓"大学推广运动"，①即大学设函授班、夜校等。但是受业余高等教育的劳动人民很少，因为高等业余学校的收费也是很昂贵的。

资本主义国家设有许多社会教育机构，如图书馆、博物馆、体育场、讲演厅、俱乐部等，电影、广播、电视、书报等都可说是社会教育的工具。这些机构或由资产阶级政府设立，或由教会或其他资产阶级团体与个人设立。它们的主要目的是宣传资产阶级思想意识。

某些资产阶级国家的教育还表现种族歧视。如美国许多州，白人学生和黑人学生是不能同校学习的。而黑人学校的教学条件比白人学校的条件差得多。甚至美国前总统肯尼迪也不能不承认，"今天在美国出生的黑人小孩，不管他是出生在这个国家的哪一个地区，同与他同时同地出生的白人小孩相比：上完高中的机会只及后者的一半，念完大学的机会只及三分之一，成为一个职业人员的机会也只及三分之一，失业的机会两倍于后者"。②

帝国主义国家对殖民地人民进行残酷的剥削与压迫。在殖民地中，绝大多数人民是文盲。童工盛行，只有少数儿童能入学。中学很少，一般没有大学，如在整个法属殖民地中只有一所大学。往往为欧洲殖民者和殖民地人民分别设立学校，前者的教学条件要好得多。除殖民政权所办学校外，还有许多进行文

---

① 19世纪中叶英国为推动大学开放而兴起的一场高等教育革命。由剑桥大学首创。1870年，剑桥大学为普通市民开设校外扩展课程教育。几年后，牛津大学和其他大学相继仿效。这一运动同时在欧美和大洋洲许多国家得到广泛响应。——编校者
② 美国总统肯尼迪于1963年6月11日在电视和无线电广播中的演讲。参见《人民日报》，1963年6月14日，第四版。——编校者

化侵略的教会所办的学校。学校用宗主国的语言文字进行教学,儿童所受的是奴化教育。

在资本主义国家中,妇女受教育也受到一定歧视。例如直到本世纪,英国的大学才向妇女开放。在各国高等学校中,女生的比例很小。社会上就业的机会与待遇都表现显著的男女不平等。

资本主义国家的教育管理有中央集权与地方分权两种形式。如美国是地方分权的:管理权主要在各州,各州的教育行政机关是教育董事会,并设教育督察长;各州划分若干学区,学区内的中小学受各学区居民选出的教育董事会的监督,各级教育董事会都是由资产阶级与资产阶级知识分子组成。又如法国是中央集权的:全国教育由教育部领导,部内设司、科,分掌教学事务、教职员任免、课程、训育、考试、学校建筑及设备、师资培养与考核、奖学金事务等,教育部设最高国民教育委员会,是谘议机构,另设督学机构;第二级教育行政机构是大学区,以大学校长兼负领导本区教育的责任,有大学区参议会,并设大学区督学;以下还有省和县、区、市等级教育行政单位,也都有参议会或学校委员会,都设有督学。法国的教育管理权既是中央集权的,而中央政府是资产阶级政府,所以一切教育设施都按资产阶级的利益进行。

我国半封建半殖民地社会学制　　我国在 1902 年,清朝封建政府抄袭资本主义日本的学制,颁布了第一个学制,即所谓"壬寅学制",次年修改为"癸卯学制"。这种学制以读经尊孔为教育宗旨。辛亥革命后,有所谓"壬子癸丑(1912—1913)学制",1922 年有抄袭美国学制的所谓"新学制系统",称"壬戌学制",1928 年国民党反动政府又沿用"壬戌学制",同时提出"整理中华民国学校系统",它标榜三民主义教育宗旨,实际上是以法西斯教育为宗旨。

1906 年清政府颁布过《强迫教育章程》,1915 年袁世凯政府颁布了《筹办义务教育令》,1932 年、1935 年,国民党政府都颁布过实施义务教育的《办法大纲》等。但都是一纸空文。在半封建半殖民地社会中,甚至初等的义务教育也是实现不了的。劳动人民生活极端贫困,小学又要收费,因此不可能送子弟入学,学校教育又不合人民需要,因此也不愿送子弟入学。全国人口中百分之八十以上是文盲。国民党政府也颁布过有关民众教育的法令,要求肃清文盲,同样是一句空话。

国民党政府所推行的国民教育是规定在每乡镇设六年制中心国民学校,每保设四年制国民学校,除招学龄儿童外,也收失学成人。此外还有晏阳初的"平民教育"、梁漱溟的"乡村建设"、江西的"保学"、广西的"国民基础学校"等。这些措施都是企图把所谓"管、教、养、卫"结合起来,把初等教育、民众教育置于反动的基层政权的严密控制之下,从政治、军事、经济、教育几个方面来管制镇压劳动人民。实际上,这种"国民教育"并未能真正推行,国民党将教育经费大肆削减,把国家收入用作进攻革命势力的军费,所设立的国民学校,入学的儿童与成人都很少。

在反动政权下也设有职业学校,但一般也是要收费的,劳动人民子女还是无力入学,而且毕业生也找不到职业。所以职业教育很不发达,职业学校为数很少。

中学和大学的教育一般只有地主、资产阶级子女才能享受。在高等学校中着重培养官僚、买办等,政法、财经等科居于首位。由于生产及文化教育不发达,工、医、师范等专门学院和专科学校都得不到发展。

幼儿园寥寥无几,主要为资产阶级地主官僚服务。少数民族几乎没有自己的教育。辛亥革命以后,"壬子癸丑学制"允许女子受学校教育,但女子受教育的仍旧很少。国民党政府也设立社会教育机关,其中最主要的是民众教育馆,它组织讲演、电影放映、图书阅览、体育卫生、展览等活动,这是一种对人民进行法西斯的、封建的、反共的思想教育的机构。

在教育行政方面,则有中央、省、县和市等级教育行政机关。一般章则制度是由中央政府规定的。高等教育机关由中央政府管理并负担经费,中等教育一般由省政府管理,并负担经费,小学一般由县、市管理并负担经费。各级教育经费都没有保障:国民党政府以绝大部分经费用于反共的军费,教育经费比例极小;各省教育经费也为各项政费所侵占或挪用,所以当时常闹所谓"教育经费独立运动";县教育经费则一般为土豪劣绅所把持、中饱。

这种教育制度是维护帝国主义、官僚资本和封建势力的剥削统治制度的。

第二节 我国社会主义学制

社会主义学制的特点 社会主义学制是为社会主义的教育目的、方针所决定的,它是消灭剥削制,建设社会主义的工具,它是符合人民的利益的。

社会主义学制的最显著的特点,就是它使广大劳动人民都有受教育的权利和机会。不像资本主义国家,只有有钱的人才能受较多的教育,而劳动人民只能受低级的教育。在社会主义国家,不仅要在劳动人民中间普及教育,而且要逐步提高人民的教育程度;受教育的青少年要参加生产劳动,参加生产劳动的青年和成年人也要受教育;教育要为消灭剥削阶级,实现国家经济文化现代化,消灭体力劳动和脑力劳动的差别,消灭城市和乡村的差别服务。在社会主义国家,教育贯彻民族平等、男女平等的原则。

在社会主义社会中,还存在着阶级和阶级斗争。教育是无产阶级专政的工具,教育工作中就应贯彻阶级路线,应该努力使工人、农民和他们的子女得到受教育的机会。

我国社会主义学制的发展　我国教育继承了新民主主义革命时期的许多优良传统。在抗日战争时期,革命根据地打破了旧的半封建半殖民地的学制,建立了适合革命战争需要的学制。它把学校教育分为群众教育和干部教育:一般称儿童的小学教育,或初小教育,以及成人的初等教育为群众教育,实施机关有小学、冬学、半日学校、夜校、星期学校、巡回学校、短期训练班、识字组等;一般以中等以上学校属干部教育,某些地区也把高小教育归入干部教育,这些学校是培养未来干部的;提高在职工农干部方面,则有各种干部训练班和学校,如干部文化夜校、半日学校、冬学、星期学校等。从战争的迫切需要出发,规定在全部教育工作中,干部教育重于群众教育;在干部教育中,在职干部的提高重于未来干部的培养;在群众教育中,成人的教育重于儿童的教育。学校的形式、年限等灵活多样,力求符合实际需要。除公办外,大力提倡民办,或民办公助。由于学校学生参加生产劳动,深受群众欢迎,而劳动人民由于抗战和生产的需要,又要求受一定的教育,因此学校办得多。这种教育贯彻为抗日战争服务、与生产劳动相结合的方针,是为广大工农群众服务的。

新中国后,在全国范围内取消了为帝国主义、封建主义和官僚资本主义服务的旧学制,1951年政务院颁布了新的学制。① 新学制规定学校教育从等级上可分为幼儿教育、初等教育、中等教育和高等教育。从学校的性质分析,则小学和初级中学、高级中学为普通教育;中等专业学校、专科学校、大学及专门学院、研究部等为专业教育。在办学的形式上,则全日制学校以外又有业余学校,如业余初等学校与识字学校,业余初级中学,业余高级中学。为迅速提高工农干部文化水平,又设有工农速成初等学校和工农速成中学。此外,还重视少数民族教育,还有革命的政治教育机构,包括各级政治学校和政治训练班;又有特殊学校,如盲校、聋哑学校等也受到了重视。

1958年中共中央、国务院《关于教育工作的指示》中既提出了我国社会主义

---

① 1951年10月1日,政务院颁布《关于改革学制的决定》,着手全面改革旧学制,规定了中华人民共和国初期的学制。——编校者

教育方针，也提出了多快好省发展教育事业的原则：第一，统一性与多样性相结合，在统一的教育目的下，办学的形式应该是多种多样的，即国家办学与厂矿、企业、农业合作社办学并举，普通教育与职业（技术）教育并举，成人教育与儿童教育并举，全日制学校与半工半读、业余学校并举，学校教育与自学（包括函授学校、广播学校）并举，免费的教育与不免费的教育并举；第二，普及与提高相结合，在全日制、半工半读制、业余制三类学校中，有一部分要担负提高的任务，用大量发展业余的文化技术学校和半工半读的学校的形式来普及教育；第三，全面规划与地方分权相结合，由中央集中领导，统一规划和平衡，既发挥中央各部门的积极性，又发挥地方的积极性。《指示》还指出，现行的学制必须积极地妥当地加以改革，先经过典型试验，取得充分经验之后，再规定新学制。

全日制学校 我国现在有三类学校。第一类是全日制学校，这是以学习为主的学校，即学生以大部分时间从事学习，也用一定时间从事生产劳动。

全日制中小学的任务是为社会主义建设事业培养劳动后备力量，和为高一级学校培养合格的新生。在相当长的时间内，我国中学生除了极小部分升入高等学校外，一小部分将要在城市就业，大部分将要在农村参加生产劳动。因此在课程设置、思想教育、招生和毕业生分配方面，都注意了使中小学教育为农业服务。

由于教育事业的迅速发展，校舍不足，在城市中，特别在大城市中，除了有全日制中小学以外，还存在着大量的二部制中小学。① 国家正采取措施，逐步减少二部制的比重。

国家办的全日制中小学，是中小学教育的主体；同时鼓励集体（公社、生产队、厂矿、企业、机关、团体等）举办中小学；经过一定的批准手续，还容许个人办学。由于采取了国家与集体办学并举的方针，中小学的发展是比较迅速的：据1958年统计，中学生数较1949年约增10倍，小学生数增加近4倍。

新中国以后，劳动人民要求自己的后代学习文化极为迫切，因为各种生产岗位都需要有文化的劳动者，而且由于执行了教育与劳动结合的方针，学生毕业后安心在农村参加生产，符合农业生产的需要，满足了农民的愿望。因此我

---

① "二部制"是实行把学生分为两部轮流上课的制度。一般在中小学学生人数多、校舍、设备和师资严重不足的地区采用。1951年我国各地开始试行二部制中小学，1952年9月《人民教育》结合各地试行的结果，发表短评，指出二部制实行在新中国当前是十分需要的，号召各地积极推行二部制。此后，随着教育事业的发展，办学条件的逐步改善，二部制中小学所占比重也逐渐减少。——编校者

们不采取强迫家长送儿童入学的办法,而劳动人民却都自觉自愿地踊跃送子女入学。学校也不采取全部免费的办法,但既收费低,又对经济上有困难的学生,采取免费或发给人民助学金方法,因此广大劳动人民的子女都能受一定的普通教育。新中国后十年,中学生的工农成分就已近百分之八十。但还需要采取各种措施,使工人和贫下中农的子女能受到较多的教育,一部分能受到高等教育。

目前,小学的学习年限是六年,初中三年,高中三年。这种学制是继承了国民党统治时期的学制。它的特点是程度低,年限长。这是不利于普及和提高,不能适应国家建设的要求的。因此国家正进行适当缩短年限,适当提高程度的学制试验。国家不仅要普及中小学教育,还要不断提高中小学教育的质量,因此在中小学中又选择一些学校作为重点,大力提高其质量,使中小学教育能在普及的基础上提高,在提高的指导下普及。

全日制中等教育,除普通中学外,还有中等专业学校,有招收小学毕业生的,也有招收初中毕业生的。中等专业学校是在普通文化知识的基础上,授以专业的知识技能。普通教育与职业教育(技术)并举,就能既为各级学校提供合格学生,又为各项建设事业提供劳动后备力量。新中国后,中等专业教育有很大的发展。

新中国前少数民族地区的小学很少,有些少数民族甚至没有文字。新中国后,少数民族创造了自己的文字,设立了许多小学,小学生增加了几倍。少数民族地区在新中国前几乎没有中学,中学生很少。据1958年统计,少数民族的高等学校学生较1951年增加9.6倍,中学生增加10.6倍,小学生增加3.5倍。

全日制学校还包括全日制高等学校。我国高等学校包括大学、专门学院和专科学校,它是在全面的普通的文化知识教育的基础上给学生以高级的专门的教育,为国家培养具有高级专门知识的人才。我国大学在新中国后经过院系调整、教学改革,数量有很大发展,质量也有很大提高。大学中增设许多新的专业,又新设了许多种专门学院及专科学校,特别是工科、医科、师范等得到很大发展。高等学校收费极低,而且有数量巨大的人民助学金,这样就可使劳动人民子女进入大学。学生中的工农家庭成分因而逐年迅速增加。在新中国后的最初几年中,国家还办了工农速成中学,招收工农干部及产业工人,施以相当于中学程度的教育,毕业后得经考试升入各种高等学校。在大学中还设有先修班或补习班等,以便利工农干部、少数民族学生及华侨学生入学。高等学校的女生比例也有很大增长。

半工半读学校 我国的第二类学校是半工(农)半读的学校。即教学时间和生产劳动时间大致相等的学校。

属于半工（农）半读性质的学校有农业中学，它创始于1958年。当时由于工农业生产出现大发展的形势，农村迫切需要文化科学知识，需要经营管理人才，于是出现了这种半农半读的学校。它的任务是为人民公社培养初级的农业技术和管理人才，它吸收愿意在农村继续学习的高小毕业生入学，满足了农村高小毕业生的升学要求，为发展农村中等教育找到了一条道路。它是由公社举办的，由于单靠国家办学不能完全满足农业发展的需要和人民学习的要求，采取集体办学的方法来办农业中学，就解决了这个矛盾，使教育事业的发展能"两条腿走路"。而且民办教育能适应生产情况，富有伸缩性，是公办教育的必要补充。

农业中学为便于学生就近入学，回队参加生产劳动，宜于小型分散。教学时间可以采取半日制，或隔日制，也可以采取农忙放假劳动、农闲全日学习的办法，因时因地制宜，不强求一律。学习年限一般为三年。办学的经费一般采取收费养校的原则，勤俭办学，因陋就简。学习课程除语文、数学、政治课外，注意农业技术和管理知识的教学。农业中学的教师要成为多面手，一面教书，一面劳动。

在农村中还可以办简易小学。它只教语文，或只教语文和算术，但应该加强应用文、珠算、簿记的教学，使学生毕业后能够适应参加农业生产和日常生活的需要。

在城市中，技工学校也是一种实行半工半读的中等职业（技术）学校。它是由企业单位举办的。它既是学校，又是工厂。学生实行半工半读，学校可以自足自给，可以为国家节约大量经费。它的任务是培养熟练的技术工人。所招学生有高小毕业生，也有初中毕业生，由于工种、专业复杂程度以及技术要求不一，培训年限也不一致。一般为2—3年。所学课程有政治课、文化课、基础技术课、专门工艺学和生产实习等。这类学校1958年后成为半工半读的学校。1958年后，在我国某些工厂中也创办了半工半读的工业专科学校，为国家培养了不少技术人员。

业余学校 我国的第三类学校是业余学校。这是广大劳动人民在不脱产的情况下进行学习的学校。它的任务是要使劳动人民知识化，要使全国几亿青年和成年的劳动人民（包括干部），通过业余教育的形式，逐步提高自己的政治、技术和文化水平，逐步缩小脑力劳动与体力劳动的差别。它是文化革命的一个重要方面，也是党的"两条腿走路"①的办学方针的体现。

我国人民大办业余教育，是继承了新民主主义革命时期的优良传统的。在革命根据地，党十分重视工农群众和干部的业余教育，取得了群众办学、结合生产、灵活多样等方面的宝贵经验。

由于旧中国一穷二白，人民的绝大多数都是文盲，所以新中国后的一个重要任务就是扫盲，而且首先是要扫除青壮年工农中的文盲。由于坚持了充分发动群众，紧紧依靠群众的方针，坚持了自觉自愿原则，"联系实际，学以致用"的原则，采用了"以民教民"的方法和灵活多样的组织形式，而且运用了注音识字的经验，因此在短短的十余年中，扫盲工作已经取得了很大的胜利。

在扫除文盲的基础上迅速地发展了业余的初等学校。办好业余初等学校，才能巩固扫盲的成果，而初等业余教育又是扫盲阶段的继续。扫盲和普及业余初等教育是工农业余教育首先要完成的任务。受了业余初等教育的工农，可以进业余初中。将来要逐步在青壮年工农群众中普及业余初中教育。在许多现代化的大型工厂中，在机关、团体、学校中，有许多具有初中和高中以上程度的职工，在这些地方举办了业余高等学校和中等专业学校。我国广大的工农群众通过业余教育方式，不仅将受完初等教育、初中教育，而且要受中等专业和高等教育。

业余教育具有广泛的群众性，是几亿劳动人民的教育事业。因此，必须在各级党委领导下，充分地贯彻执行群众路线，实行全党全民办业余教育的方针。工矿企业要办，人民公社、学校、科学研究单位、医院、部队、机关团体都要办。

我国进行业余教育工作的原则是："结合生产，统一安排，因材施教，灵活多样。"②其中最主要的是结合生产。业余教育的方针、办法、工作安排都必须适应生产的需要和情况，适应职工是生产者和成人的特点。所办的学校可以是长期的，也可以是短期的，还可以采取一定时期的脱产或半脱产的轮训办法。业余学习的方式，可以是班级的，也可以采取函授、广播、电视、自学小组和包教包学种种办法。

---

① 1958年3月，教育部在北京召开第四次全国教育行政会议，会上提出"教育工作既要普及又要提高，学会用两条腿走路"的意见。1959年5月17日，党中央在颁发教育工作的十个文件通知中明确指出："在教育的发展中，必须坚持贯彻执行'两条腿走路'的方针。"此后党和政府一直将"两条腿走路"作为一重要方针政策在发展教育事业的实践中以其贯彻执行。——编校者
② 1959年3月31日，中共中央批转林枫的《关于当前工矿企业职业教育中几个问题的报告》，提出"结合生产，统一安排，因材施教，灵活多样"，并以此作为业余教育、成人教育的办学方针和原则。——编校者

正由于充分发动了群众办学和参加学习的积极性,坚持了正确的工作原则,因此我国的业余教育有了很大的发展。许多劳动人民从文盲变成为有文化的劳动者。

由于我国各个地区在经济和文化上发展不平衡,由于社会主义建设是一个长时期的历史任务,所以我国学校教育采取了多种多样的形式:有国家办学,也有集体办学;有普通教育,又有职业教育、技术教育;有全日制学校,也有半工半读及业余学校。这样做有利于比较迅速地普及和提高教育,能满足人民的学习要求和国家建设的需要。

学前教育与社会教育机构 新中国后,托儿所和幼儿园有了飞跃的发展,所数、园数、班数、幼儿数都是几百倍地增长,而且它的性质也有了根本的转变,它不再是为少数剥削阶级分子服务,而成为为广大劳动人民服务的教养机关。

为儿童设立的校外教育机关,如少年宫、少年之家、儿童图书馆、阅览室、儿童剧场、儿童运动场、少年体育学校、少年科技站等都有了巨大的发展。它们有力地配合了学校的教育,对学生的德育、智育、体育的发展起了积极的作用。为成人设立的社会教育机构,如文化宫、俱乐部、电影院、剧院、电影放映队、图书馆、博物馆等都有很大的发展。这些机构都是为广大劳动人民服务的。

教育行政机关 在教育行政方面,我国采取了中央全面规划与地方分权相结合的原则。中央教育部和其他有关各部的主要职责,在于制订教育事业发展规划,做好教育事业与其他各项事业之间以及教育事业本身间的平衡工作,编制各级各类学校的教学计划、教学大纲和基本教材,拟定全国通用的教育规章制度,直接领导一批重点学校,特别是重点的高等学校。全部小学和中学,大部分高等学校,中等专业学校和技工学校,下放给省、市、自治区的教育厅、局及其他有关部门管理。这样,就能做到全国教育服从统一的目标和计划,而又能发挥地方办学的积极性。

政务院关于改革学制的决定 1951年10月政务院公布《关于改革学制的决定》。它确定原有的和新建的各类学校的适当地位,改革各种不合理的年限与制度,并使不同程度的学校互相衔接,以利于广大劳动人民文化水平的提高、工农干部的深造和国家建设事业的发展。学制内容为:(一)幼儿教育,实施幼儿教育的机关为幼儿园,收三足岁至七足岁幼儿,使他们身心在入小学前获得健全发展;(二)初等教育,对儿童实施初等教育的学校为小学,给儿童以全面发展的基础教育,实施青年、成人初等教育的学校为工农速成初等学校、业余初等学校和识字学校,施以相当于小学程度的教育;(三)中等教育,实施中等教育的学校为中学、工农速成中学、业余中学和中等专业学校,前三者给学生以全面的普通文化知识教育,后者按照国家建设需要,实施各类的中等专业教育;(四)高等教育,实施高等教育的学校为大学、专门学校和专科学校,在全面的普通文化知识教育基础上给学生以高级的专门教育;(五)各级政治学校和政治训练班,给青年知识分子和旧知识分子以革命的政治教育。此外,各级人民政府为适应广泛的政治学习和业务学习的需要,得设立各级各类补习学校和函授学校,并应设立聋哑、盲目等特殊学校,对生理上有缺陷的儿童、青年和成人施以教育。(学校系统图见下)

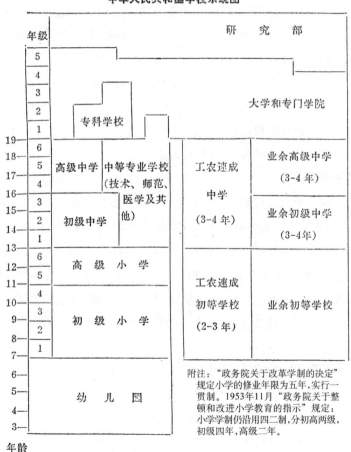

中华人民共和国学校系统图

附注:"政务院关于改革学制的决定"规定小学的修业年限为五年,实行一贯制。1953年11月"政务院关于整顿和改进小学教育的指示"规定:小学学制仍沿用四二制,分初高两级,初级四年,高级二年。

第五章　课程与教材

　　课程的设置与教材的选择是由教育目的、方针决定的。在一切阶级社会里,课程与教材反映了统治阶级的教育目的、方针和社会生产发展的水平。社会主义学校的课程与教材,要贯彻社会主义教育方针,实现社会主义教育目的。我国中小学设置的课程还要依据我国中小学的性质和培养目标,所选择的教材要能实现每门课程的任务。

第一节　课程的设置和安排

　　课程的设置和安排,具体地体现在教学计划里。中小学的教学计划不仅规定了设置哪些课程,而且还规定了每个学年各门课程的教学顺序,每门课程的教学时数,以及学年的组织等。

　　中小学的每一门课程,都包含学生需要掌握的一定范围的知识技能的体系,或是学生所要从事的某一类活动。有时候也把它称为学科,而把学生学习的全部学科称为课程。

　　课程设置的依据　设置哪些课程是由教育目的、方针和生产发展的水平和需要决定的。教育目的通过课程才能实现。前一章说过,在资本主义国家,普通教育实质上是一种以阶级划分的双轨制教育:一类普通学校是准备学生升入高等学校,培养资产阶级专家的;另一类则是准备学生劳动就业,成为替资本家创造利润的劳动者的。于是,在这两类学校中,就设有不同的课程。但不论是哪一类学校,都设置资产阶级的政治课,其他课程的设置和它们的目的任务,都符合于资产阶级的教育目的和方针。

　　我国在清末设立新式学堂。在 1902 年颁布《钦定学堂章程》,1903 年颁布《奏定学堂章程》,才开始有现代的教学计划。当时封建统治者企图输入西洋的科学技术,但保存封建买办制度,提出"中学为体,西学为用"的文教方针,要求培养具有封建买办意识,而又具有科学技术知识,熟悉"洋务"的新式统治者。因此在中小学的课程中,既有修身、读经等进行封建思想教育的课程,又有某些自然科学、中外史地、外国文、体操、图画等方面的课程。国民党统治时期,则设有党义(后改为公民)、童子军、军事训练等反动课程,进行封建的、买办的、法西斯的思想教育。其他课程,特别是语文、历史、地理等科都具有进行反动思想教育的任务。这些课程都是为反动的教育目的服务的。

新中国后,废除了国民党统治时期的反动课程,规定了新的教学计划,改造了课程的教材。

在中小学的教学计划中,规定了一系列的课程,这些课程都是根据社会主义的教育目的、方针设置的。

设置这些课程,是为了培养学生成为有社会主义觉悟的有文化的劳动者:既懂政治,又有文化;既能从事体力劳动,又能从事脑力劳动;在德育、智育、体育几方面都得到发展。

由于社会主义的教育目的、方针和旧社会的教育目的、方针有根本性质的区别,因此在课程设置上也表现了很大的不同:在我国新中国前设置的是反动的政治课程,而在社会主义学校中设置的则是革命的、马克思列宁主义的政治课程;在新中国前,学生是不参加生产劳动的,而在今天社会主义的学校中,生产劳动则列为正式课程;其他文化科学技术的课程也有很大的改变。

政治课是对学生进行思想教育的一条重要途径。它的作用不是其他课程所能代替的。思想政治教育也不是仅仅通过各种实践活动就能完成的。经验证明,取消政治课肯定会削弱思想政治教育。劳动课能培养劳动习惯和劳动观点,并学习一定的生产知识;参加生产劳动,对学生来说,不论在德育、智育或体育方面都有好处,是培养全面发展的新人的一条正确道路。所以在社会主义学校中,不设置劳动课是不行的。但其他课程也都不能削弱:文化科学知识的课程所占学时比重最大,如果不学好这些课程,学生就不能为掌握广博的知识打好基础,不能成为真正有文化的劳动者;体育、图画、音乐等课程如果没有受到应有的重视,对学生身心的健康发展是不利的。可见我国中小学教学计划中所列的课程对培养全面发展的人,都是必要的。

但是,中小学设置哪些文化科学知识的课程,还要具体依据中小学的任务和培养目标而定。人类已经积累起来的文化科学技术知识是极其广泛和丰富的,总的说来,"自从有阶级的社会存在以来,世界上的知识只有两门,一门叫做生产斗争知识,一门叫做阶级斗争知识。自然科学、社会科学,就是这两门知识的结晶,哲学则是关于自然知识和社会知识的概括和总结。"[①]在这两大类知识之下,有极其复杂多样的知识门类:自然科学中有研究无机界和有机界的基本理论的各种科学,如物理学、化学、生物学、自然地理等等,数学最初也是从研究

---

① 毛泽东:《整顿党的作风》,《毛泽东选集》第3卷,人民出版社1969年版,第773—774页。

无机界的现象中产生的;研究人们如何在生产、生活中利用这些知识的科学,则有技术科学、农业科学和医学等;社会科学中有研究人类社会发展的历史学,也有研究社会某一种现象的基本理论的科学,如经济学、政治学、法律学、文学艺术理论、经济地理、语言学等;在社会科学方面也有一些应用科学。而在上面所列举的任何一门科学中,又有极其复杂多样的知识门类。任何一个人,任何一级学校,都不可能学完这些浩无边际的知识。

中小学教育是基础教育。它的任务是给予学生以普通的基础的文化科学和生产的知识,而不是关于某一种专业的知识。中小学要为社会主义建设事业培养劳动后备力量,和为高一级学校培养合格的新生。中小学所学习的知识技能,应该是从事建设社会主义的各项劳动,和高一级学校继续学习所应该共同具备的普通基础知识和基本技能。至于专业的知识技能则应该在各种专业的劳动实践中,在各种专业的中等和高等学校中学习。

读、写、算的知识技能,是学习任何文化科学知识的基本工具。几千年来初等教育的任务都是要学好这个本领。在近代社会中,由于生产力的发展,几乎从事任何劳动都要有读、写、算的能力,还要具备某些自然常识和社会常识。所以小学阶段设有语文、算术、自然、历史、地理等课程。

在我国古代,学生有了读、写、算的本领,就可以进"大学"了。在现代社会中,要进高等学校学习专门知识,则还需要更多的文化科学知识作为基础。中学阶段所学习的语文、数学、外国语、政治、物理、化学、生物、历史、地理等是各类高等学校的共同的基础知识。而且由于国家工业、农业、国防、科学技术等的不断现代化,许多种劳动部门都需要有较高文化水平的劳动者。例如在许多现代化工厂中,多数劳动者都是普通中学或其他中等学校的毕业生,或通过业余学校途径受完中等教育。

我国中小学学生除了极小部分将升入高等学校以外,一小部分将要在城市就业,大部分将要在农村参加生产劳动。因此中小学生除了学习文化科学的基础知识以外,还需要学习一定的生产知识,特别是要学习农业的生产知识。但在中小学学习的也只能是普通的、基本的生产知识技能,而不可能是很专门的生产知识。

在中小学的体育、图画、音乐等课程中所学习的知识技能,也只能是一些属于基础性质的东西。

所以根据中小学校的任务,中小学课程的内容应当是文化科学、生产等方面的基础知识和基本技能。

中小学所学的是系统的知识,系统的知识要采取分科设置,所以在教学计划中分别设立各门课程。年级愈高,课程划分愈细。例如小学的自然带有综合性质,到了中学则须分设为物理、化学、生物等。

中小学的课程设置,不可能绝对固定。在最近一二百年中,中小学的课程已有很大变化。随着社会主义建设事业的发展和科学技术的发展,我国中小学的课程设置也会发生变化。但在一定时期内,保持课程的相对稳定,对提高教学质量是有利的。课程改革是一项十分复杂的工作,需要通过试点,总结经验,条件成熟,才能推广。

为了保证教育的质量,培养合乎规格的中小学毕业生,需要有由国家规定统一的中小学教学计划。全国统一规定的课程,地方教育行政部门和学校不得任意修改。

各门课程的目的、任务 中小学各门课程的设置,都有它本身的目的、任务。教师必须正确地理解各门课程的目的、任务和它们之间的关系,才能实现教育目的和培养目标。为了把课程的目的任务认识清楚,新中国以来许多教师进行了多次的学习和讨论,收到很好的效果。下面分别加以简单的说明。

政治 小学设周会,中学则每一个年级都设有政治课程。它们是进行思想政治教育的重要途径。

在各门政治课程中系统地传授着马克思列宁主义的基础知识。理解马克思列宁主义的基本原理,对于提高社会主义觉悟是极其重要的,但不能把政治课当作是一种纯粹讲授社会科学和哲学知识的课,因为它们是对学生进行思想政治教育的课程,必须通过它们提高学生的思想觉悟,端正学生的立场观点。理解这一点是非常必要的。

小学的周会,主要是进行道德品质教育和时事政策教育。中学的政治课程除了以马克思列宁主义理论和毛泽东思想为基本内容外,还讲授党的方针政策和国内外的时事。时事政策的教育是非常重要的:它能使学生接触现实的阶级斗争,学会运用马克思列宁主义立场观点来领会党的方针政策,分析现实问题。但是不能把时事政策的教育变成政治课的唯一任务,因为忽视了系统的理论教育,学生就会缺乏分析时事政策的理论武器。反过来说,忽视了时事政策教育,则会使学生脱离实际斗争。

劳动 小学一到三年级设有手工。从小学四年级起学生就要参加生产劳动。参加生产劳动的主要目的是:养成劳动习惯,培养劳动观点,向工农群众学习,克服轻视体力劳动和体力劳动者的观点;同时在劳动过程中学习一定的生产知识和技能,扩大知识领域。

自从脑力劳动和体力劳动分离与对立以后,也就形成了轻视体力劳动和体力劳动者的观点。人们读书,就是为了将来可以不参加体力劳动,可以统治工农群众。不克服这种几千年来根深蒂固的观念,就不能消除体力劳动和脑力劳动的差别,培养劳动者的教育目的就不能实现。所以养成劳动习惯,培养劳动观点,向工农群众学习,应当是劳动课的主要目的。不把它当作主要目的来贯彻,不加强劳动中的思想教育,不注意在劳动中和工农群众结合,是不正确的。

但是也必须认识,在劳动过程中可以学习一定的生产知识和技能,增加学生的直接知识。这些知识技能对于学生学习文化科学知识和参加生产劳动都是必要的。学习生产知识技能和培养劳动观点之间又有密切的相互关系。有了劳动观点,能推动学生积极学习生产知识技能,而掌握生产知识技能,也有助于培养劳动观点。因此忽视学习生产知识技能也是不正确的。

语文、数学、外国语　这三门课程可称为工具课程,因为它们是学习其他课程和从事各种工作的必不可少的工具,也可以说它们是学习其他课程和从事工作的基础或先决条件。如果这几门课程不学习好,学习其他课程和参加工作时就会感到困难。所以,学好这几门课程,对提高中小学教学质量具有决定性的意义。它们在中小学全部课程中所占的学时比重也最大。工具课程除了发挥工具的作用外,也要完成传授科学知识、进行思想教育的任务。

学习语文,主要是要掌握阅读和写作的能力。因为学习各科教材,进一步学习专业知识,或参加社会工作,都必须进行广泛的阅读,并用语言文字表达自己的思想。不学好语文,就会影响学习和工作。毛泽东同志曾指出:"一个革命干部,必须能看能写,又有丰富的社会常识与自然常识,以为从事工作的基础与学习理论的基础;工作才有做好的希望,理论也才有学好的希望。"[①]学习语文当然也还有其他的任务,例如在小学低中年级语文中,还介绍了一些关于自然和社会的常识,有许多语文课的课文是文学性质的作品,它能帮助学生欣赏和分析文学作品;多数课文是有高度的思想性的,而且有一部分是政治性质的论文,所以学习语文能提高学生的思想觉悟;由于语言在人的思维中起着重要的作用,学生提高了精确地辨别和运用语言的能力,也就提高了自己精确思维的能力。语文课应当尽量完成这些任务。但是不能忘记语文课的主要任务是使学生掌握阅读和写作的能力,一般不要把语文课讲成文学课或者政治课。

数学是以客观世界的空间形式和数量关系为对象的。量是一个带有普遍

[①] 毛泽东:《〈文化课本〉序》,《毛泽东同志论教育工作》人民教育出版社1958年版,第200页。

意义的范畴,一切事物都有质和量这两个方面。因此研究量的关系的数学得到广泛的应用。自然科学固然要依靠数学,就是许多社会科学也离不开数学。在这些科学领域中,有许多问题不进行量的研究,就得不出规律性的知识。现代生产技术和许多实际工作与数学有密切关系,没有数学知识,就难于参加现代化的生产劳动和工作。在中小学中,不学好数学,在学习物理学、化学等课程时也是会有很大的困难的。在学习数学时,既要掌握数学的概念,又要掌握计算、解题、作图等方面的技能。数学的基础知识和基本技能是不可分的两个方面,是不能偏废的。通过数学课还能培养辩证唯物主义观点。

外国语是学习和了解外国文化、科学、技术成果的钥匙,是国际交往和联系的工具。现代各国对中小学外国语的学习愈来愈重视。学生初步掌握了外国语,在高等学校中就能直接阅读与专业有关的外文书刊;参加劳动和工作,也能通过阅读外文书刊,开阔眼界,扩大知识领域,解决生产和工作中的问题。随着我们与世界各国人民的交往日益广泛,随着科学技术的不断发展,今后在工作中都将有或多或少的接触和运用外国语的机会。马克思喜欢说:"一种外国语是人生斗争中的一种武器。"①

物理、化学、生物 这些课程的主要任务是给予学生以自然科学的基础知识以及有关的基本技能,但也具有进行思想教育的任务。

物理、化学、生物等课程的任务是:使学生了解物质的各种运动形态的规律,掌握这些科学中的基础知识,了解它们在生产中的一些应用;同时也使学生获得有关的实验、实习、计算的基本技能。例如物理要使学生了解物质的机械、热、光、电等物质运动形态的基本规律,和它们在机械工业、动力工程、交通运输、通讯联系等方面的一些应用。化学要使学生获得关于物质的结构、性质和变化的基本知识和它们在化学生产方面的一些应用;生物则要使学生了解生物体的构造、与环境的联系和发展的规律的基本知识,以及它们在植物栽培、动物饲养和生理卫生等方面的一些应用。这三门课程都要培养实验、实习和计算能力。这些课程还能培养学生的辩证唯物主义观点。这些课程必须重视联系生产和生活的实际,但不能以生产和生活中的实际问题为中心,而应以关于自然现象的基本规律为中心,否则课程的性质就会改变,就会和生产知识课程混淆不清。在这些课程中,要求学生掌握各种重要的基础知识固然是重要的,但决不能忽视培养实验、实习、解题等方面的能力的重要性。因为实验、实习等不仅

---

① 参见拉法格等著:《回忆马克思恩格斯》,人民出版社 1973 年版,第 6 页。——编校者

可以帮助学生理解知识、牢固掌握知识,而且对于在高等学校学习科学技术,参加科学技术工作,都是必不可少的。在小学的自然课中把有关物理、化学和生物的简单的基础知识传授给学生,开阔他们的眼界,丰富他们的常识,并为中学学习这些自然学科打下基础。

历史、地理 历史的任务在于使学生了解中外历史的重大史实,认识历史发展的规律。地理的目的则在给予学生以中外自然地理及经济地理的基础知识,也使学生获得使用与绘制地图、地形测量、气象观察等简单的基本技能。这些知识不仅是学习高深知识的基础,而且是参加现代阶级斗争和生产斗争所必须具备的武器。它们在思想教育中也起着很重要的作用:有助于提高阶级觉悟,培养辩证唯物主义和历史唯物主义观点,培养无产阶级爱国主义和国际主义精神。这两门课程所占的时数不多,但这并不说明它们是不重要的。

体育、图画、音乐 这些课程能使学生的身心得到健康的发展。体育的任务在于促进学生身体的正常发展,增进他们的健康,并给予学生以有关体育运动以及卫生保健方面的知识技能。这两个方面是不可分的。不具备一定的知识技能,锻炼的质量不高,就不能增强体质;健康下降,也会影响技能的提高。同样,音乐、图画都有丰富学生精神生活、陶冶性情、培养美感的任务,同时也要给学生以唱歌、绘画等方面的知识技能。这两个方面也是不可分的。体育、音乐、图画在思想教育方面都起着很重要的作用。

生产知识 由于中小学毕业生绝大部分都要参加生产劳动,学习一些生产常识或生产知识,使他们在投入生产劳动前有一定的准备,是非常必要的。这门课程应当给予学生以生产、特别是农业生产的基础知识和有关的基本技能。

选修课程 在高中阶段还可开设选修课程。开设选修课程的目的,是为了更好地适应各类高等学校的需要,发展学生的志趣和才能。高中三年级学生,可以根据志愿和爱好,任选一门或两门。

选修课程必须设置在中学高年级,而且必须在保证学好了各种必修课程的基础上进行选修。美国的中学设了五花八门的选修课程,而在不少中学中,物理、立体几何、三角、地理、世界史等却往往不是必修课程。中学生在九年级至十二年级间常常任意选修各种课程,结果许多较难学习的基础课程,如数学、物理、外国语等很少学生选修,造成中学生学习质量的低落。资本主义国家的选修课程,还是阶级分化的一种手段,资产阶级子女选修准备升大学的课程,劳动人民子女则选修准备劳动就业的课程。这和我国中学的设置选修课程的目的有根本性质的区别。

中小学所设的各种课程,对于实现中小学学生的培养目标,都是必要的。它们是相互依赖,相互联系的,不应任意削弱任何一门课程,或割裂课程间的联系。

例如政治、劳动和其他课程间有一定的关系。能不能因为其他课程内容太多,就挤掉政治和劳动呢?如果这样做,思想政治教育就会削弱,结果将不利于其他各种课程的学习。当然,也不能挤掉其他课程。前面说过,学习政治理论也要有一定文化基础,要有丰富的自然、社会常识,而且其他各种课程在思想政治教育上也都能起一定作用。

又如工具课程和其他课程之间也有一定的联系。工具课程是非常重要的,不能削弱;其他各种课程还应当配合工具课程,使学生学习好这些文化工具。例如物理教师可以说明学习语文和阅读物理教科书的关系,培养学生认真阅读的习惯,引起学生对于语文的重视。反转来说,其他课程都有它的特殊任务,也不是工具课程所能代庖的,也不能予以削弱,而且工具课程也应该配合这些课程,使学生学好这些课程。例如数学教师可以在例题、习题中运用物理学、化学的教材,以引起学生对这些课程的兴趣。

课程的安排　在教学计划中,按照学年合理地安排课程的门类、顺序、课时,对提高教学质量具有重大的意义。

学生在同一时间内(如一学期、一学年)学习若干门课程,有很多好处。一方面,许多课程之间是有联系的,同时学习几门有关联的课程,可以相互补充和促进;另一方面,学习内容的变换,可以唤起学生多方面的兴趣和学习积极性,减少疲劳,提高学习效果。一个时期只学一门课程的做法特别不适宜于儿童和青少年。但同一学年所学课程也不宜过多,如果安排的课程过多,学生就会顾此失彼,应接不暇,造成学习负担过重现象。

我国现行学制规定普通教育分小学及中学两个阶段,中学又分初中、高中两个阶段,每个阶段都有培养劳动后备力量及为高一级学校输送合格新生的任务。所以在安排课程门类时,还要使每一教育阶段的课程有相对的完整性。

在安排课程的顺序时,必须考虑教学内容的衔接和联系。例如学生要先学算术,而后学代数、几何、三角;要先获得一定的数学知识,而后学物理、化学;等等。但并不能认为需要把全部中学数学学完,才能学中学的物理、化学。因为中学的物理、化学并不需要运用中学的全部数学。实证主义创始人孔德[①]曾经

[①] 孔德(Comte,1798-1857),十九世纪法国著名哲学家,实证主义和社会学的创始人,被称为"社会学之父"。——编校者

主张不到每一门科学完全教完之后，不教别种科学。恩格斯认为这是"一个基本上正确的思想被数学地夸大成胡说八道"。①

各门课程在教学计划中安排课时的多少，取决于每门课程的任务，教材的分量、学习的难易及其他条件。教学计划中所规定的学生学习的总学时和周学时都不宜过多，否则就会影响学生的自学、课外活动和休息。因此对每门课程的课时必须在总课时的范围内全面考虑，合理安排。

教学计划中还要安排每学年的教学周数、集中劳动周数和寒暑假周数。正确而合理地安排学年和学周就能稳定教学秩序，使教学工作和其他各项工作有节奏地进行。

第二节　教材的选择和组织

教学大纲具体规定一门课程所应传授的知识技能的内容。它一般包括两个部分：在说明部分规定课程的教学目的和任务、教材编选的原则、教材的体系、教学法的要求等；在本文部分则系统地规定教材的全部主要课题及教学时数，每个课题的内容要点，以及实验、实习及其作业等。教学大纲是教师进行教学的基本依据，教师必须认真钻研教学大纲，并且严格执行教学大纲的要求，才能做好自己的工作。

教科书是依据教学大纲，系统地叙述教材内容的书籍，一般包括课文、习题、图表、注释等。学生要获得教学大纲中所规定的知识技能，就必须掌握教科书中的全部内容。因此，教师应当深入钻研教科书，将教科书中的主要内容讲解清楚，帮助和督促学生认真阅读教科书。

教学大纲和教科书在选择和组织教材时，要依据哪些原则呢？

教材的选择

教材与课程任务　教学大纲和教科书在选择教材时，必须依据课程的目的、任务。所选教材是为完成课程的任务服务的。以语文为例，语文是一门工具课程，它的任务是使学生掌握语文工具，具有阅读和写作能力。因此语文教材的选择编排，就必须能使学生逐步掌握语文工具，从识字到阅读，从阅读现代文到阅读文言文，从阅读和写作记叙文，到阅读和写作说明文、议论文等，使学生受到系统的阅读和写作的训练。在选择课文时，就要力求选择文学技巧好、

---

① 恩格斯：《自然辩证法》，《马克思恩格斯全集》第20卷，人民出版社1971年版，第593页。

思想内容好的篇章,作为学生学习的典范;选文范围要广,使学生能接触各种体裁的文章;选文篇数宜稍多,篇幅宜稍短,便于学生多读、多背。在教材中必须配合课文,有系统地安排充分的练习,如背诵、默写、正音正字、辨析词义、遣词造句、作文等。只有这样编选教材,才能完成语文这门课程的任务。

教材的科学性和思想性 中小学教学大纲和教科书中选择的教材,必须是真正的科学的知识,也就是说,是经过实践验证的,无可争辩的事实及理论。没有验证过的,还在争辩的知识,一般不宜作为中小学教材。因为中小学生还没有或缺乏分辨学术问题是非的能力。但如果某些问题确属于基础知识的性质,关于这些问题的理论或假设,虽然还有争论,只要这些理论确有事实依据,也还可以列入中学教材。例如在生物学的研究中,关于生物的遗传变异问题,有孟德尔-摩尔根①和米丘林②两个主要学派,他们的学说仍在争论中,但各有其实验的依据,对科学研究与农业生产各有其一定贡献,这就不妨在中学生物教材中,同时介绍最基本的而且比较肯定的理论和它们的应用。

教材还必须有很高的思想性。在教学大纲与教科书中必须以马克思列宁主义的立场、观点和方法为指导来选择教材,陈述教材。例如编写化学教材,在阐述元素周期律、原子结构等理论时,指出由于量的变化而引起质的变化;在阐述金属和非金属、酸和碱、有机化合物和无机化合物等概念时,指出它们相互对立的性质,也指出它们之间并没有绝对的界限;等等。这样就能初步培养学生的辩证唯物主义的观点。教材的思想性不能脱离课程本身的任务、内容;思想性要贯穿和渗透于教材的知识体系之中,而不是另贴上政治的"标签"或"套语"。

教材中的理论与事实、观点与材料 在编写教学大纲和教科书时,要选择这门科学中最重要而又能为学生所接受的事实与理论,作为教材内容。也可以说,既要使学生从教材中掌握正确的观点,又要掌握充分的材料。教材中罗列事实,缺乏理论;或堆砌材料,没有观点;或虽有理论、观点,但它们是不正确的:这都不能使学生获得真正的科学知识。相反,如果不陈述足够的事实材料,而

---

① 孟德尔(Gregor Johann Mendel,1822-1884),奥地利遗传学家,近代遗传学的奠基人。他通过豌豆实验,发现了遗传学中的分离规律和自由组合规律。摩尔根(Thomas Hunt Morgan,1866-1945),美国生物学家、遗传学家,发现了染色体的遗传机制,创立染色体遗传理论,是现代实验生物学的奠基人。——编校者

② 米丘林(Ivan Vladimirovich Michurin,1855-1935),苏联园艺学家,米丘林学说的创始人。他提出关于动摇遗传性、定向培育、远缘杂交、无性杂交和驯化等改变植物遗传性的原则和方法。曾为苏联科学院名誉院士和苏联农业科学院院士。——编校者

空谈理论、观点、定义、原则,这样获得的理论和观点是没有基础的,这样的学习是教条主义的、形式主义的。

要紧的是把二者正确地结合起来：教材要从生动具体的事实中引出理论,把理论放在可靠的事实的基础上；要置材料于观点的统帅之下,寓观点于材料的分析之中,用比较典型的材料来说明和论证观点。例如编选历史教材,就必须讲授重要的史实,对史实进行分析,引申出理论,使史与论结合起来,不宜以空洞的抽象的社会发展的公式代替系统的具体的史实和史实分析。其他如数学、物理、化学等课教材,都要尽可能从事实材料出发,引申出概念、定理、定律、公式等。这样做也就符合从具体到抽象、从感性认识到理性认识、从现象到本质的认识规律。

教材中的理论联系实际　　教材不仅要使学生掌握科学的、系统的基础知识,而且要培养他们运用知识的基本技能、技巧。所以在教材中,除包括基础知识的材料以外,还包括学生进行的实验、实习、习题和练习等作业。这些都是为了培养学生的技能、技巧,培养运用知识解决一些实际问题的能力。因此在教材中必须为基本技能的训练规定足够数量的作业。这些作业应该由易到难、由浅到深,逐步提高,而且要使各种必要的技能都受到锻炼。

对教材中的一些基础知识,还要尽可能地指出它们在科学中、生产中或生活中的实际应用。例如中小学的数学教材,在小学低年级课本中,要注意联系儿童的生活实际,在小学高年级和中学的课本中,则要逐渐注意联系工农业的生产实际。中学数学课本还要适当地联系物理、化学等有关课程。

适当地联系我国社会主义革命和建设的实际,适当地反映现代科学技术的新成就,也是教材中理论联系实际的一个重要方面。例如在生物的有关教材中,适当地联系"农业八字宪法"①的一些内容；在物理的有关教材中,用少量的篇幅初步介绍原子能、人造卫星、宇宙火箭、超声波和半导体等科学技术上的一些重大成就。但是,教材中的这种理论联系实际,要注意中小学教育的性质和课程的任务,注意教材的相对稳定性,注意不破坏教材本身的内在逻辑,也要注意儿童的知识水平和智力水平。

为了使某些课程的教材能联系地方的实际,应编写历史、地理、生物等课程

---

① 毛泽东在1958年根据中国农民群众的实践经验、科学技术成果及当时的生产力条件,提出中国农业的高速度发展,必须抓好"土、肥、水、种、密、保、管、工"等提高农作物产量的八个方面工作。这八项措施被概括为"农业八字宪法"。——编校者

的乡土教材,以补充全国通用教科书的不足,更好地完成这些课程的教学任务。

教材的范围和深度　在选择教材时,要慎重地确定教材的范围和深度。中小学各门学科的教材是基础知识和基本技能、技巧的体系,是进一步学习和参加劳动所必要的东西,在选择教材时应该考虑这种需要。例如在数学教材中,就既要选择每门数学课程中的最基本的知识作为内容,又要注意选择在生产劳动和科学技术上得到广泛应用的数学知识。

教材的范围和深度还要适应一般学生的接受能力和理解水平:一方面,不能把学生的接受能力估计过低,不适当地使材料的范围过窄、程度过浅、分量过少,会降低学生的知识水平,阻碍他们的智力发展,抑制他们学习的兴趣;另一方面,又不能把学生的接受能力估计过高,不适当地使教材的范围过宽、程度过深、分量过多,会使学生囫囵吞枣,一知半解,并且使他们的学习负担过重。所以,教材的范围、深度和分量,必须适合学生已有的知识基础、他们的生活经验和智力发展的水平。在教材中,由于学生接受能力的限制,往往只限于选择一些有关学习对象的初步知识,概念和规律的阐述通常是一些不完全的理论概括,在以后教育阶段的有关教材中,再以比较完全的形式和不同的深度重新回到这些理论概括上来。

所以,在选择教材时,不仅要规定学生必须掌握的基础知识和基本技能的范围,而且要规定他们可能掌握的知识和技能的深度。通过比较长期的教育实验,进行了调查研究,总结了经验,就能够在教材选择的范围、深度和分量上,做到比较符合实际。

为了引起学生学习的兴趣,教科书的教材要用通俗易懂、简要确切的文字编写。在许多学科的教科书中,还要选择或绘制插图等直观材料,帮助学生掌握基础知识和基本技能、技巧。

教材的组织

各门课程的教学大纲和教科书,在选择教材之后,还需要把它们组织起来。怎样组织课程的教材呢?

安排教材顺序　中小学各门课程的教材顺序,应该参考科学本身的系统。科学的系统是客观事物的发展和内在联系在意识上的反映。例如历史学有社会发展的系统,生物学有生物进化的系统。按这种系统组织教材,可以使学生认识自然和社会的发展过程。系统的科学知识的各部分间都有它的内在的逻辑联系。某一部分知识总是以另外许多知识为基础,必须学会作为基础的知识,才能学习这一部分知识。例如必须学会加减,才能学好乘除。教材应该按照这样的逻辑顺序来组织。这些就是所谓课程的逻辑程序。

另一方面,在组织教材的顺序时,还必须考虑学生在教学过程中认识活动的规律。学生学习的最后目的是要掌握教材中的概念、定义、原理、规律等。但一门课程的教材却不能从关于某一类事物的最一般的定义开始,而要从个别的具体的事物现象入手。例如生物教材不能一开始就阐述生命的概念、细胞的学说,而是要从介绍许多种类的具体生物入手,逐步形成生命、细胞等概念。数学教材也不能从介绍数的概念开始,而是要从整数、小数、分数等一步步深入下去,通过算术、代数、几何等数学教材,逐步扩大和加深数的概念。所以教材的系统还要根据心理程序加以组织。教材的逻辑程序和心理程序是应该结合,也是可以结合的。

突出重点关键 中小学的各种教材都属于基础知识和基本技能,但在这些知识和技能中又有它的最基本的最主要的东西,有它的重点和关键。认真学好这些基本的教材,练好基本功,是顺利地进行学习的极端重要的条件。所以,一门课程的教材不能平均用力,而要找出它的重点、关键。所谓重点,就是指教材中的最重要的、最基本的知识技能;所谓关键,就是指对顺利学习其他教材内容起决定性作用的知识技能,它们又是联系的。在教材中必须突出重点和关键,比较详细地加以阐述,配备较多的作业,分配较多的教学时数,在阐述其他教材时,反复加以引用,要求学生透彻地、牢固地掌握它们。而对于较为次要的非重点关键的教材,则可以阐述得简略一些,作业配备得少一些。

例如中学外国语教材,要求学生掌握四千左右的词汇,但其中构词能力最强的、最基本的、最常用的词汇,不过一二千个。在课本中这些词汇就应该是重点,应该尽先出现,多次出现,在作业中多运用它们,要求学生牢固地、熟练地掌握它们。又如就全部物理教材来说,有些人认为力学和电学是重点;就高中力学教材来说,直线运动、运动定律、功和能以及能量守恒定律又是重点。初中力学的重要概念和规律,是以力的概念为基础而建立起来的,因此力的概念就应成为初中力学教材的关键。有关学生难于理解的教材,一般称为难点,也应着重加以阐述。

直线式与螺旋式 关于教材的组织,在教育史上形成了直线式和螺旋式(圆周式)两种形式。教材组织的直线式,就是把一门课程的教材,组织成为一条在逻辑上前后联系的"直线",前后教材基本不重复;螺旋式则在不同教学阶段使教材内容重复出现,但逐渐扩大范围和加深程度。

教材采取直线式或螺旋式组织，是由许多因素决定的，如课程的性质、它在课程体系中的地位、学生的年龄特点以及中小学教育的阶段划分等。直线式能够避免不必要的重复；螺旋式则易于照顾到学生的接受能力。有些课程在中小学一贯制下可用直线式，而在分段制下，则须用螺旋式。既不能认为直线式是唯一正确的教材组织形式，也不能认为螺旋式是唯一正确的教材组织形式。

各科教材的联系　教材的组织，无论是采取直线式还是螺旋式，都要考虑到各门课程教材之间的联系。在邻近课程的教学大纲和教科书中，教材要相互照应、相辅相成。例如，语文、政治和历史的教材，数学和物理的教材，物理和化学的教材等。应该通过教材间的联系，培养学生综合运用各种知识的能力。加强教材之间的联系，不能破坏各门课程的相对独立性，也不能影响各门课程教材本身的内在逻辑。

资产阶级教育学的教材理论　资产阶级教育学在教材的组织问题上，有着心理程序和逻辑程序的争论。这种争论是由所谓"儿童本位"与"课程本位"、"个性本位"与"社会文化本位"的不同观点而引起的。

实用主义教育学夸张了儿童个人的经验，强调教材的心理程序，忽视逻辑程序。它认为，传统的教材是逻辑的组织，而儿童所需要的教材，应该采取心理的组织。同时它提倡"活动课程"，反对"学科课程"。"学科课程"要求学生学习各门固定的课程，而"活动课程"主张打破课程的界限，以儿童自发的活动作为选择和组织教材的中心。"设计教学法"①的课程理论，就是片面强调教材的心理程序，以儿童自发活动为中心而混合组织各门课程的教材的。

实用主义教育学关于教材的心理程序、"活动课程"、打破课程的界限，以儿童自发的活动为中心组织教材的做法，只能使学生获得一些零星片断的知识，不可能学到系统的基础知识和基本技能。在旧中国，也受过这种资产阶级的教育观点的影响。1919年南京高等师范学校附属小学正式试验"设计教学法"，以后，逐渐扩展到江苏一些中等师范学校的附属小学，并蔓延到沿海都市的小学。试验的结果，证明这种做法是妨碍学生获得系统的知识和技能的。

此外，有些资产阶级教育家主张把几种相近的学科合并成为一个课程。这是一种大范围的课程（Broad-fields Curricu-lum）他们认为这种课程注意了学科

---

① 美国进步教育运动中出现的教学制度。20世纪初为克伯屈等人所创。倡导一种由学生在实践中自发地进行有目的、有计划的学习活动。要求废除班级授课制，摒弃教科书，打破学科界限，强调教师在学生学习过程中的辅助作用。——编校者

之间的联系。例如可以把历史、地理、公民等科联合起来,成为"社会研究"课。实际上,往往破坏了知识的系统性。

在目前美国的小学中,尤其是低年级,除了一些被认为是传统形式的"学科课程"外,还有所谓"需要课程"、"活动课程"、"单元课程"、"问题课程"、"经验课程"等等,名目繁多,连美国不少资产阶级教育家也指斥它们不能保证学生系统地学习基础知识和基本技能。

我国中小学的课程和教材,要使学生掌握科学的、系统的基础知识和基本技能、技巧。所以,要求分别设立各种课程,严格地按照每一门课程的目的任务组织教材;它们既有着各自独立的系统,又有着彼此必要的相互联系;各门课程的教材组织,既有着它的逻辑体系,又适应学生的认识规律。

第六章 教学过程与教学原则

教学是学校贯彻党的教育方针、实现教育目的的主要途径之一。通过教学，教师指导学生学习课程中所规定的基础知识和基本技能，发展学生的认识能力，并在此基础上，形成学生的辩证唯物主义世界观，培养共产主义的道德品质。学生的学习是在教师指导下的，一种对客观世界的认识活动。这种认识活动有着自身的发展过程，要自觉地进行社会主义的教学工作，不仅要了解这种认识活动的过程，而且还要善于应用这种知识，也就是说，还需要掌握根据教育目的和教育过程的规律所拟订的教学原则。

第一节 教学的特点

教师与学生的关系 教学作为一种认识活动，具有哪些特点呢？首先，教学是教师和学生的共同活动，是在教师的指导下，学生自觉的、积极的认识活动。

一方面，教学包括教师的活动，也就是教；另一方面，又包括学生的活动，也就是学。教师和学生，教和学，是教学相互联系的两个方面，而且是教学不可缺少的两个方面。在教学这种共同活动中，教师的教又是起着主导作用的。

韩愈在《师说》中说："古之学者必有师。师者，所以传道授业解惑也。"这里就包含着教师主导作用的思想。在教学中，教师是传道、授业的人，学生是闻道、受业的人。在传闻、授受这个共同活动之间，教师总是起着主要的作用。当然，道与业的内容，因时代不同、阶级性不同而有所不同。

教师在教学中能否充分发挥主导作用，有赖于他的思想和业务水平。在我们的学校里，教师在教学中要发挥主导作用，有两个前提条件：一个是必须接受党的领导，只有认真贯彻党所规定的教育目的和教育方针，按照教学计划、教学大纲和教科书进行教学，教师的主导作用才能得到正确的、充分的发挥；另一个是必须教学相长，《学记》曾提出过"教学相长"[①]的命题，在我国社会主义条件下，教学相长体现了教学中群众路线的精神。教师不仅要教，而且要学。教师

[①] 《礼记·学记》载："虽有嘉肴，弗食不知其旨也；虽有至道，弗学不知其善也。是故学然后知不足，教然后知困。知不足，然后能自反也；知困，然后能自强也。故曰教学相长也。"本意是教师通过自身的"教"与"学"可以相互促进。后亦引申指师生之间相互学习，共同提高。——编校者

的学习是多方面的:他要学习政治,也要学习业务;要向其他的教师学习,也要听取学生对教学的要求和意见,检查和分析教学的效果,从中学习,不断改进和提高教学质量。

教师的主导作用,是指教师在教学中对学生所起的作用而说的。但是,在教学这种活动中,学生却又是认识客观世界的主体,是积极的活动者。教师不能简单地把知识灌输给学生,而只能启发诱导他们自觉地、积极地学习知识,指导他们认识客观世界。

教师在教学中,面对着的是有着不同身心发展特点的学生。教学固然是影响学生身心发展的重要条件,而它又是受儿童身心发展的规律所制约的。学生的需要和兴趣的形成,经验和知识的积累,智力的发展,以及脑的机能的发展,在一定的年龄阶段,是有相对的限制的。这个限制就是儿童身心发展的水平。教师要指导学生自觉地、积极地进行认识活动,必须从他们身心发展的水平出发进行教学。

如果教师在教学中脱离学生的年龄特点和个别差异,脱离他们的知识水平和智力发展水平,脱离他们已形成的需要、动机和兴趣等等,那么,学生就不可能有自觉的、积极的认识活动,因而教师在教学中的主导作用,实际上也就落空了。在教学中,教师的任务是要在学生原有水平的基础上,有目的地进一步提高他们的水平。他要向学生提出新的学习要求,培养他们的新的学习需要,使学生通过一定的努力,获得新的知识、技能、技巧,使他们的智力得到新的发展,同时也发展了思想品德。

这样说来,在教学这种教师和学生的共同活动中,教师的主导作用与学生学习的自觉性和积极性是统一的。在社会主义国家的学校里,教师在教学中的主导作用,和学生学习的自觉性、积极性是可以结合的。但是,在旧教育中,教师的主导作用和学生自觉性、积极性往往是对立的。一种情况是片面强调教师的主导作用,不顾学生是否对学习感到需要和兴趣,向学生传授他们所不能理解的教材,采取注入式的方法,因而使学生学习的自觉性和积极性受到压抑;另一种情况则借口发挥学生的积极性,忽视甚至否定教师在教学中的主导作用。例如实用主义教育学者杜威认为:传统的学校是课程中心的,是教师中心的,教学不是从儿童的需要、兴趣出发的;儿童只能从自己的活动中学习,而进行什么活动,应该由他们自己来决定,即决定于他们自发的兴趣和需要;儿童在活动中,需要知识、技能上的帮助时,才从教师那里得到指导,教师只是处于顾问的地位。他说,在教师和学生的共同活动中,他们两方面愈不觉得一方面是在那里学,一方面是在那里教,那么,所得的结果就愈好。① 在实用主义教育学里,教师的主导作用被贬降到最低限度,或者简直是被否定的。

间接知识与直接知识的关系　其次,教学是在教师的指导下,学生以学习系统的间接知识为主的认识活动。

就知识的起源、总体来说,知识是不能离开直接知识的。人们的一切知识归根结底都来自实践,来自直接知识。但是,就个体获得的知识来说,却又不然:少量的直接知识和多量的间接知识这两部分,构成了一个人的知识宝库。毛泽东同志说:"人不能事事直接经验,事实上多数的知识都是间接经验的东西,这就是一切古代的和外域的知识。这些知识在古人在外人是直接经验的东西,如果在古人外人直接经验时是符合于列宁所说的条件:'科学的抽象',是科学地反映了客观的事物,那么这些知识是可靠的,否则就是不可靠的。所以,一个人的知识,不外直接经验的和间接经验的两部分。而且在我为间接经验者,在人则仍为直接经验。因此,就知识的总体说来,无论何种知识都是不能离开直接经验的。"②

个人所能得到的直接知识是有限的。社会把有限的个人的直接知识,用语言、文字保存和积累起来,就能一代一代地传递下去,并不断地得到丰富和发展。正是由于以语言和文字为媒介,个人才掌握了世世代代人们实践所积累了的许多知识。

一个人从小时候起,就借助于语言,吸取各种间接知识。在中小学的教学中,学生更是在教师的指导下,借助于语言和文字,大量地、系统地接受间接知识。他们学习这种知识,主要是通过书本得来的。

教学这种活动,就是使学生在比较短暂的时间之内,迅速而有成效地接受书本中的文化科学的基础知识。所以,一般来说,在中小学的教学中,使学生掌握的基础知识,是人们已经认识了的东西,是已经经过实践检验过了的东西。学生学习这些知识,避免了人们认识客观世界过程中许多往返曲折的道路,在教师的指导下,几乎是径直地使学生掌握广博的间接知识,认识客观世界最主要的现象及其规律。

教学主要是使学生学习书本知识,他们学习这种知识是完全必要的。但

---

① 此段论述可参见杜威:《明日之学校》,《杜威教育论著选》,上海师范大学印刷厂1977年版,第143—154页。——编校者
② 毛泽东:《实践论》,《毛泽东选集》第1卷,人民出版社1969年版,第264—265页。

是,与实践完全脱节的书本知识是一种片面性的、不完全的知识。毛泽东同志指出:"学生们的书本知识是什么知识呢?假定他们的知识都是真理,也是他们的前人总结生产斗争和阶级斗争的经验写成的理论,不是他们自己亲身得来的知识。他们接受这种知识是完全必要的,但是必须知道,就一定的情况说来,这种知识对于他们还是片面性的,这种知识是人家证明了,而在他们则还没有证明的。最重要的,是善于将这些知识应用到生活和实际中去。"① 这个应用的过程,就是以书本知识为指导,去从事实践,增加一定的直接知识;并以这种直接知识为基础,来进一步理解、巩固书本知识。

因此,在中小学必须重视书本知识的教学,也要适当地组织和指导他们的实验、实习、观察、参观、生产劳动等等实践活动,使他们得到一定的直接知识。

阶级斗争、生产斗争和科学实验,是人们三种主要的社会实践,是我们建设社会主义强大国家的三项伟大革命运动。② 使学生适当地参加一些社会活动、生产劳动、科技活动等,有助于建立书本知识与社会实践的联系。

知识与技能技巧及认识能力间的关系 中小学的教学,不仅使学生获得基础知识,而且还使他们形成基本技能和技巧。形成学生的技能、技巧,就是使他们掌握人们从事智力和体力活动的具体手段。在教师指导下,学生运用一定的知识,自觉地完成某种活动,就形成了相应的技能。某些技能经过系统的、反复的练习,变得纯熟起来,成为一种自动化的动作,成为技巧。也有些复杂的技能不可能或不需要转化为技巧,但可以包括某些技巧,例如作文的技能可以包括写字的技巧。

学生的基本技能、技巧,是以一定的基础知识为前提的。但是掌握了的技能、技巧,又有助于他们进一步获得知识。

阅读、写作和计算是中小学学生最基本的技能、技巧,此外有观察、实验、实习、测量、制图等技能、技巧,还要培养学生生产劳动的、体育运动的和音乐的、图画的技能、技巧等。

使学生掌握基础知识和基本技能、技巧,与发展他们的认识能力或智力有着密切的联系。学生掌握某门课程的教材,除了依靠过去所积累的知识以外,还需要达到一定的智力发展水平;另一方面,掌握了一定的知识、技能和技巧,

---

① 毛泽东:《整顿党的作风》,《毛泽东选集》第3卷,人民出版社1969年版,第774页。
② "三大革命运动"是毛泽东于1963年在浙江省农村干部参加劳动的7个材料上写的批语:"阶级斗争、生产斗争和科学实验是建设社会主义强大国家的3项伟大的革命运动。"——编校者

又可以促进智力的发展。但是,智力又不同于技能、技巧。学生的智力是使学习活动具有高度效果的内在可能性,是顺利地进行学习活动的心理特性;而技能、技巧则是使学习活动获得高度效果的具体手段。

发展学生的认识能力,包括观察能力、注意能力、记忆能力、想象能力、思维能力等,其中最主要的是思维能力。只有在学生自觉地、积极地掌握知识、技能的过程中,才有认识能力发展的可能;而他们认识能力的发展,又为进一步的学习活动创造条件:它们是同一个过程的两个方面,既不能以一方面否定另一方面,也不能使一方面脱离另一方面。

在教学中,还要指导学生学习的方法和培养他们良好的学习习惯,如专心听讲、认真复习、按时完成作业、自己检查作业、有计划地进行学习等。这些对他们掌握知识和技能、技巧的质量,促进认识能力的发展,都有着重要的作用。

传授知识与思想教育的关系 教学是学生在教师指导下的一种认识活动。但对事物的认识和对事物采取一定的态度是分不开的,认识活动总是影响一个人的思想品德的。在阶级社会里,各个阶级对客观世界的认识有着不同的态度,认识的目的决定于各阶级的利益;各个阶级都根据它们在社会中一定的阶级地位,去利用认识的结果;各个阶级以不同的世界观去解释和说明认识的材料。毛泽东同志说:"在阶级社会中,每一个人都在一定的阶级地位中生活,各种思想无不打上阶级的烙印。"①

教学这种认识活动,是有意识、有计划地对学生进行思想政治教育的一条重要途径。在学生的认识活动中,发生作用的不仅有认识能力,而且有情感、意志;通过认识活动,不仅他的知识技能起变化,他的思想品德也会起变化,没有一种教学是没有思想教育作用的。首先,学生学习总是要有一定的目的和态度的。虽然一般教师和家长都要求学生努力学习,但不同的阶级用不同的目的、动机来教育学生。在旧社会中,统治阶级一般用个人名利思想来推动学生学习。例如我国封建社会流行的"书中自有黄金屋,书中自有颜如玉",②"十年窗下无人问,一举成名天下知"③等说法;半殖民地半封建中国社会流行的"学会数理化,走遍天下都不怕"之类的说法。社会主义社会教育学生为人民服务,为伟大的社会主义和共产主义事业而学习。教师只能通过提高社会主义觉悟来提

---

① 毛泽东:《实践论》,《毛泽东选集》第 1 卷,人民出版社 1969 年版,第 260 页。
② 语出宋真宗《劝学文》。——编校者
③ 语出元代刘祁《归潜志》卷七。——编校者

高学生学习的积极性。其次,教学的内容是渗透着思想的、政治的、道德的因素的。例如语文课中的课文,历史课的教材,都表现一定阶级的立场、观点、思想、感情;自然学科的具体知识虽然没有阶级性,但贯穿在教材中的世界观,对知识的产生和应用的说明,都不可能没有阶级性。教师如果不能发挥贯穿于教材中的社会主义思想性,就可能为种种资产阶级的立场、观点开方便之门。此外,教师教学的态度、教学的方法、对待学生的态度等等,都影响着学生的思想、道德面貌。所以,在教学中教师不仅以基础知识和基本技能、技巧传给学生,并且同时对他们进行着思想教育。所谓"单纯"传授知识的教学是没有的,也是不可能有的。

我国中小学的教学,负有提高学生社会主义思想觉悟,培养他们共产主义道德品质和辩证唯物主义世界观基础的任务。

当然,把各科教学当作思想教育的唯一途径是不正确的,生产劳动、政治活动等对思想政治教育具有重要作用。但是,如果教师在教学中不是自觉地对学生进行社会主义的思想教育,那么,就会削弱学校的社会主义的思想阵地,甚至可能为资产阶级思想的侵蚀准备条件。

总结以上所说的,我们就可以了解,教学是一种认识活动,它是在教师的指导下,使学生自觉地、积极地掌握系统的基础知识和基本技能、技巧,发展他们的认识能力,养成他们良好的学习习惯,并且提高他们的社会主义思想觉悟的活动。

第二节　教学过程

教学过程的学说　教学过程是教师指导下的学生的认识过程。教学过程的学说,总是以一定的认识论为基础的。

我国古代,《中庸》提出"博学之,审问之,慎思之,明辨之,笃行之"的学习过程。一般说来,封建时代的实际的学习过程是学和行脱节的,理论和实际脱节的,学习是从读书入手,读的书大多要背诵,教儿童读书时往往不讲解,或只是简单讲解,到学生年龄稍大时再详细讲解。读书往往是为了钓声名取利禄,而不是要实践书中所谈的道理。学习的内容侧重在政治或道德方面的道理,而不是科学技术的知识,因此所谓行也是指政治的、道德的实践。欧洲封建社会的教学也有类似的情况。

欧洲资本主义初期,儿童的班级教学萌芽。夸美纽斯在反对封建教育的斗争中,提出了有进步意义的教学过程理论。他在感觉论的基础上,认为教学的过程是使儿童首先去运用他们的感觉,因为一切知识都是从感官的感知开始的,然后进入记忆的领域,再后得出理解和领会事物的判断。有时候,夸美纽斯又认为学生应当会理解事物,然后再去记忆它们。只有在这以后,才可以着重语言文字的运用。① 他认为,不仅要使学生理解事物,而且还要使他们能够行动,练习就是达到这一目的的方法。他反对用强制和惩罚强迫儿童进行学习,主张激发他们学习知识的愿望。可是,夸美纽斯在承认经验是知识的来源的同时,却又认为知识的另一来源,则是神的启示。

裴斯泰洛齐②企图根据心理学解决儿童的教育问题,他特别强调研究儿童心理特点的重要性。他也认为,感官印象是一切知识的基础,因此观察应成为教学的基础。儿童的学习过程是从对外界事物的观察开始,观察过程是由模糊的印象逐步构成明确的印象,然后再加以描述、定名、分类。他把这种对周围事物的认识过程,称为"直观"。他认为最初应当进行口头教学,不要让儿童从书本学习,或背诵书本。儿童通过观察而获得的各种感觉、印象,会唤起他们以语言表达的要求。裴斯泰洛齐认为教学应当由简单到复杂,每门课程都要由最简单的因素开始,例如算术就应当由计数实物以形成数的概念开始,然后逐步学习复杂的内容。

赫尔巴特深受裴斯泰洛齐"教育的心理学化"的影响,认为人们总是用有关的旧"观念"去解释和融化新"观念",这种心理现象他称为"统觉"。他以"统觉"来阐明教学过程,把教学的过程分为明了、联合、系统和方法四个阶段:"明了"就是向学生明确地介绍新教材,后来赫尔巴特学派把这个阶段推演为预备和提示两个阶段,"预备"就是引起学生对新教材的兴趣,"提示"是介绍新教材;"联合"是使新获得的观念和旧的有关观念结合起来,教师通过和学生的谈话,对新旧观念进行分析、比较;"系统"是从新旧观念的联系中,得出结论,形成原理、法则、规则,这一阶段,赫尔巴特学派也称为"概括";"方法"是把已得的知识应用于实际,即教师要求学生进行应用知识的各种练习,赫尔巴特学派也称这个阶段为"应用"。这些阶段被称为教学的形式阶段。

赫尔巴特首先明确地把教学过程划分为有计划的程序,并且对它们作了详细的分析。但是,赫尔巴特学派把这种教学步骤当作任何年级、任何课程的每

---

① 参见夸美纽新:《大教学论》,人民教育出版牡1957年版,第108、94页。
② 裴斯泰洛齐(Johann Heinrich Pestalozzi, 1746 - 1827),瑞士教育家。从事贫苦儿童教育,试图通过教育消除贫穷,改良社会。提出"教育心理学化",主张"要素教育"理论。著有《林哈德与葛笃德》等。——编校者

一课题,甚至每一课时,都一律要应用的形式阶段,这就产生了教学上的形式主义。赫尔巴特学派关于教学阶段的理论,在欧、美都流行过一个较长的时期。我国当二十世纪初放弃传统的个别教学,在中小学中采用班级教学时,赫尔巴特学派的"五段教学法",在学校教学中曾产生过一定的影响。赫尔巴特的教学理论基本上是一种关于学习书本知识的理论。

实用主义教育学是反对赫尔巴特及其学派关于教学过程的学说的。杜威认为,传统的学校是"静听的学校",儿童在那里得到的知识,是"冷藏的死知识"。他主张儿童应当从自我活动中学习,他们的学习是尝试——错误——成功的过程。他分析思考的过程为五个形态或阶段,即暗示、问题、臆说、推理和试证。并且认为思考是获得"有教育价值的经验的方法",所以教学过程的因素与思考过程的因素是共同的。

关于教学的过程,杜威说:"第一,学生要有与他的经验真正有关的情境——也就是要有一个正在继续的活动,学生是由于对这种活动本身有着兴趣才去做的;第二,要能在这种情境中产生真正的问题,以引起学生的思考;第三,学生须具有一定的知识和进行必要的观察,用来处理这种问题;第四,学生把他所想到的各种解决问题的方案,自己负责把它们有秩序地加以引伸推演;第五,他要有机会通过应用去检验他的各种观念,把它们的意义弄明确,使自己能发现它们是否有效。"①杜威这种观点,在我国新中国前也曾经有过一定的影响。他在狭隘经验论的基础上,要求儿童的学习过程,成为从做中学的过程。他反对系统地学习书本知识。如果教学过程采取杜威的"五步教学法",那么学生只能在活动中获得一些零星片断的知识,不可能接受丰富的、系统的知识。没有系统的知识,学生怎么能想出解决问题的方案呢?没有理论,怎样能指导实践呢?那只有凭狭隘的经验指导实践了。

马克思列宁主义认识论认为,人们对客观世界认识的过程,是从不知到知,从不确切的、不完全的知到比较确切的、比较完全的知的发展过程。列宁对人们认识的过程作了简要的概括,他说:"从生动的直观到抽象的思维,并从抽象的思维到实践,这就是认识真理、认识客观实在的辩证的途径。"②毛泽东同志也指出,人们在实践基础上进行的认识过程,是从感性认识上升到理性认识,又从

---

① 杜威:《民本主义与教育》,第十二章:教育里面的思想,参见郑恩润译:《民本主义与教育》,商务印书馆1949年版,第194页。——编校者
② 列宁:《黑格尔〈逻辑学〉一书摘要》,《列宁全集》第38卷,人民出版社1959年版,第181页。

理性认识回到实践。他说:"实践、认识、再实践、再认识,这种形式,循环往复以至无穷,而实践和认识之每一循环的内容,都比较地进到了高一级的程度。"①

马克思列宁主义关于认识过程的一般规律、是各种具体形式的认识过程的概括。只有在马克思列宁主义关于认识过程一般规律的指导下,对教学过程的实践作具体的分析,才能正确地了解教学过程的特殊规律。

教学过程的阶段　在教学过程中,主要是使学生学习间接知识、书本知识。他们学习书本知识的过程,也是从感性认识开始的。在《实践论》中,毛泽东同志说过:"认识开始于经验——这就是认识论的唯物论。"②认识开始于经验,也就是认识开始于感性知识。学生掌握教材所需要的感性认识,有些是在生活经验中已经取得的;有些是在以往的学习过程中已经积累了的;有些感性认识,需要教师组织一定的直观材料的演示和指导他们进行一定的实践活动,如实验、实习、观察、参观,有时候还要通过一定的生产劳动或社会活动,才能取得。

巴甫洛夫③高级神经活动学说认为,作用于有机体的外围器官,引起感性认识的刺激物,或者是现实的实物刺激物,或者是这些刺激物概括化、抽象化的语言、文字。在第一信号系统中,现实以具体的感性映象直接地发生信号作用。第二信号系统则实现着现实的间接反映。现实的两种信号系统是彼此联系的。由于人的第一信号系统同第二信号系统的相互作用,不仅外界事物的直接作用能引起人的感性映象,而且通过语言、文字也能引起人的感性认识。人的感性认识的形式,是两种信号系统协同作用的结果。

学生以感性认识为基础,在教师的指导下,理解教材,掌握关于客观事物的概念和规律。毛泽东同志在《实践论》中又说过,"认识有待于深化,认识的感性阶段有待于发展到理性阶段——这就是认识论的辩证法"。④ 在教学过程中,学生对教材的理解,是在教师的指导下,通过他们自己对客观事物的分析与综合、比较、抽象与概括、归纳与演绎等积极的思维活动,才能达到的。

教师在唤起学生已有的经验和知识,或者观察了一些典型的现象、事例以后,就可以通过讲授、问答等方法,使学生通过积极的思维活动,形成概念和掌

---

① 毛泽东:《实践论》,《毛泽东选集》第1卷,人民出版社1969年版,第273页。
② 毛泽东:《实践论》,《毛泽东选集》第1卷,人民出版社1969年版,第267页。
③ 巴甫洛夫(Pavlov, 1849-1936),苏联生理学家、心理学家,高级神经活动学说的创始人,条件反射理论的建构者。曾获1904年诺贝尔生理学和医学奖。——编校者
④ 毛泽东:《实践论》,《毛泽东选集》第1卷,人民出版社1969年版,第267页。

握规律。有些概念和规律，也可以由教师引导学生，从他们已经掌握的概念和规律推演出来。

有人认为，学生既然主要是接受前人或别人社会实践的概括和总结，那么，在教学过程中，他们就可从理性认识开始。这是不符合于事实的。教师讲授的，或者教科书上的一些科学的概念、定义、定律等等，当然是理性认识的东西。但是，在学习这些知识的学生说来，却不能把前人或别人的理性认识的东西，现成地变为他们的理性认识。如果不是在教师的指导下，学生通过自己的积极思维，从感性认识上升到理性认识，那么他们所获得的只是一些生吞活剥的东西，而不是什么理性认识。在教学过程中，教师往往以学生过去形成的概念为中介，解释新的事物，或者用演绎的方法推论出新的概念，但这只是教学过程的一个片断，归根结底，这些概念还是在他们过去感性认识的基础上形成的。

学生在通过感性认识达到理性认识以后，还需要把这些知识巩固起来。这也是教学过程的特点之一。学生在开始学习新教材时，他所形成的表象与概念是不牢固的，换句话说，在大脑中所形成的暂时联系还是不稳定的。如果不经过一个巩固的过程，这些知识可能很快就遗忘掉。但是学生在学习新知识时，必须以旧知识为基础，旧知识遗忘了，学习新知识就有困难；学习知识是为了应用它，知识记不住，也就无所谓用；而且理解和熟记也有密切关系，在熟记教材的过程中，对教材的理解也能逐步深入，所以在教学过程中必须有巩固知识这个环节。

学习了知识，还须应用它来进行活动，并培养一定的活动技能。例如学习了四则运算的规则，就要进行四则的运算，形成运算四则的技能、技巧。大多数技能、技巧是在知识的基础上形成的。在培养一种技能时，总需要先向学生说明进行活动的规则，才能开始活动。有时还需要复习这种活动所依据的原理。例如进行某一实验时，要复习这一实验所依据的科学原理，然后才进行实验，并形成实验的技能。可见，知识的获得一般都在技能形成之前。当然，并不是每种活动都要在理解了原理以后才能进行。例如在生产劳动时，可以在学习了生产劳动的操作规则以后，就进行操作，形成操作的技能，到了一定的阶段，再学习生产技术所依据的科学原理。但学习操作规则，也还是学习知识。

学习了书本知识以后，必须学会把它们运用到实践中去。因为这些书本知识对于他们还是片面性的，是人家证明了，而在他们则还没有证明的。所以在教学过程中学生应参加一定的实践，如实验、实习、参观、调查、生产劳动等。学生的实践是在教师指导下进行的，主要是使他们学会在实际活动中运用书本知识,从运用中验证这些知识的真实性,并获得一定的直接知识,培养独立工作的能力;通过实践也可以提高他们学习的兴趣,促使他们积极思维,加深对知识的理解,使他们自觉巩固地掌握知识,形成他们的技能和技巧。

在教学过程中,为了解学生学习的质量,教师还要系统地、经常地进行检查和评定。检查和评定学生的知识、技能和技巧的质量,是教师进一步组织教学过程的重要依据之一。

人类的认识过程是循着实践、认识、再实践、再认识的形式,循环往复,逐步提高的。儿童的学习也是一个逐步加深和提高的过程:儿童在教师讲授知识时,他对知识有一定的理解,但理解得还不完全,还不深刻;通过复习和练习、实验、实习等,在运用知识的过程中,他对知识的理解又有了进一步的加深和提高;通过知识的运用和检查,还能发现对知识的理解存在哪些缺陷,需要进行弥补。经过这样的步骤,学生对知识的理解也还不是很完全、很深入的,在进一步学习新知识时经常要应用旧知识,他对旧的知识又会有进一步的理解。儿童对知识的理解和应用能力就是这样逐步加深的。

从这里就可以了解,教学过程有着它的特殊规律。它们一般地表现为相互联系而又相互区别的各个阶段。

启发学生学习的积极性是教学过程的重要条件 在分别阐述教学过程的各个阶段以前,我们先研究启发学生对学习的需要这个问题,因为它是教学过程的重要条件。学生对学习的积极性,是与他们学习的动机和兴趣,与他们对学习的态度密切联系着的。学生对教材有兴趣,才能有注意的稳定性;否则,心不在焉,他们就会"听而不闻"、"视而不见"。在教学过程中,有时学生对教材理解不透彻,掌握不巩固,在各种作业中产生错误等等,往往是由于他们缺乏注意,对学习不感兴趣而造成的。

学习是一种有目的的活动。学习的目的性愈明确,学习的积极性也愈高。反过来说,如果学生不了解为什么要学习,或为什么要学习某一门课程,他对于学习,或对于某一门课程的学习,就不会感兴趣。

学习是一种紧张的活动,在这种活动中,学生要运用他的知觉和思维,运用他的脑和手。如果在教学过程中,能引起学生的生动的直观和积极的思维,能使他们手脑并用,这样的教学就能引起他们的巨大兴趣。

学习是在集体中进行的。学生在学习中希望得到教师的赞许,优良的分数,同学、家长的鼓励等。如果教师是有威信的,能对学生提出严格要求,又能帮助每个学生进步,班级中是有正确的集体舆论的,则在教师、同学、家长的鼓励督促下,学生会产生很大的学习积极性。

学生学习的兴趣,随着他们学习动机的发展而变化。例如,小学学生,尤其是低年级的学生,他们对学习发生兴趣,常常可能是由于这样一些动机:优良的分数、生动的直观教学,或者其他一些直接起推动作用的东西。而在高中的学生说来,就逐渐表现出他们主导的学习动机,如要求进行积极的思维,企图掌握某些比较深刻的科学知识,准备升入高等学校不同系科继续学习,或者准备参加不同工作岗位的劳动等。教师应当培养学生的为无产阶级革命事业而学习的动机,帮助他们克服个人主义的学习动机。所以教师不能只管教学,而应当进行深入的思想工作。

在开始学习一个课题时,启发学生积极学习,诱导他们学习的动机和兴趣,教师采用着多种多样的途径:如果旧教材旧经验与新教材有联系,可以从复习旧教材引入新教材;在学生学习某一课题之前,给他们布置一些与新教材有关的实验、实习、观察等作业;由教师提出新课题,说明学习这个课题的理论的和实践的意义,明确地交代学习的任务;或者提出或演示学生旧有知识不能解释的新现象与问题等等。但启发学生积极学习,不应只限于教学过程的开始阶段,在教学过程的每个阶段中,都要使学生具有学习自觉性和积极性。使他们全神贯注地、兴致勃勃地学习,引起他们对学习的需要,在整个教学过程中都具有极其重要的意义。

提供学生必要的感性认识 下面首先叙述掌握书本知识(教材)的过程。对于具体事物的感性认识,是理性认识的基础。只有从具体的现象出发,才能理解抽象的概念。在讲授新教材时,教师必须考虑学生是否具备必要的感性经验。如果学生没有必要的感性认识,那么他们对教材中的各种概念和规律的知识,就不能真正理解。学生感性知识的来源,或是教师的讲授教科书、参考书,或是对学习的对象与现象的直接知觉,或是观察作为实物的摹制品的直观材料。

在学生学习新教材的过程中,首先是感知教师对教材的口头讲授。如果教师善于利用学生已有的经验,善于唤起他们已有的表象,正确清楚、生动易懂地进行讲授,就能使学生获得必要的感性知识。教师的讲授一般是根据教科书,教科书中有典型的事实材料,绘制了一定的插图,所以阅读教科书、参考书,也是获得感性知识的重要途径。

但是,学生的生活经验是有限的;同时,由于通过语言、文字唤起的表象是神经暂时联系痕迹恢复的结果,无论在完整性、鲜明性和稳定性等方面,都不如在刺激物直接作用下产生的知觉；这就要求教师根据课程和教材的性质和教学的任务，演示直观材料。直观材料易于提供必要的感性认识，也易于引起学生的兴趣和注意。学生的年龄愈小，直观材料尤其具有重要的意义。教师也可以有计划地指导学生在学习新教材时，通过观察、实验、参观等方法，直接知觉一些必要的对象和现象。

学生在感知新的事物时，必须具有一定的积极性。所以教师应该激发学生对感知的兴趣。而且由于知觉总是和旧的经验联系的，教师必须使学生回忆有关的旧经验，他们才能正确地感知新事物。作为第一信号系统的感觉和表象与作为第二信号系统的语言文字之间，必须建立正确的、牢固的联系。教师要指导学生运用正确的语言文字来叙述他们所观察的现象。

教师在指导学生直接知觉一定的对象和观察直观材料时，也培养着他们的观察能力。对事物的观察，一般是先对事物有一个整体的、轮廓的认识，然后观察它的各个细节，各个方面，各个阶段，最后观察各个部分相互之间的联系，每个部分在整体中的地位，因而对事物的结构、特点和发展有一个整体的、比较清晰的认识。为了使学生能对事物获得精确的、细致的认识，就要依照观察的客观规律，指导学生的观察，逐步培养学生的观察能力。

使学生形成概念，掌握规律　在学生感知教材中的具体事实的基础上，教师指导他们进行积极的思维活动，形成概念，掌握规律，这就是对教材的理解。概念是反映某种事物及其特有的本质特性的思维形式。概念的基础是感性知识。对具体事物及其特性进行概括，才可以形成概念。学生如果不能把教材中的概念和一定的具体事物、现象联系起来，就不能掌握这个概念。

形成概念要经过抽象思维过程。在这个过程中运用着比较、分析、综合、归纳、演绎等方法。

在教学上用得相当多的是比较和对比。例如把同属于一个母类的几种子类事物进行对比，就可以看出每种子类事物的特性；把各种社会制度进行对比，就更能明确每种社会制度的特性。形成概念还需用分析和综合。首先要研究具体事物的各种特征，并区分哪些是本质特征，哪些是非本质的特征。把事物的本质特征综合起来，就能形成关于事物的概念。例如要使学生形成资本主义制度的概念就要分析资本主义社会的许多特点，最后综合出它的本质特点是资本家占有生产资料、剥削雇佣劳动等。分析和综合是相互联系的。

归纳和演绎也是形成概念的思维过程。归纳是由个别到一般的推理，从许多个别现象中，可以概括出一般性的概念或原理。演绎是由一般到个别的推理。即由一般性的原理,推出关于个别事物的结论。归纳和演绎也是相互联系的。例如可以通过许多个别事例说明一个原理,然后又可以根据这个原理来说明某些有关的个别事例。

在教学中,这些思维过程是互相交错在一起的。教师引导学生在感性认识的基础上,通过复杂的思维过程,形成概念。

概念和词是联系的。要使学生形成正确概念,就要对概念下精确的定义。定义是明确概念的内涵与外延的方法。定义中说明了事物的本质特性,有时也指出了概念的外延。当然,必须是在学生对概念的内涵和外延有真正的理解以后,下定义才是有效的。否则,学生虽能背诵定义,却不真正理解它。

在形成概念的过程中,如果教师选择的感性材料不恰当、不全面,往往可能在学生的思维中不正确地扩大了概念,或者缩小了概念。所以,为了使学生正确地掌握概念,选择的感性材料,不仅要有典型性,而且要有全面性。例如,形成"果实"的概念,要举出一些可以食用的果实,也要举出一些不可食用的果实的直观材料。这样,学生对果实的概念才会准确。

有时候,日常概念与科学概念不一致,或者不完全一致,这对于学生掌握科学概念,就造成了困难。因此,在教学过程中,既要重视儿童过去经验的利用,又需要注意经验的改造。教师在利用学生经验形成科学概念时,要着重指出科学概念所由构成的本质的特点和不属于概念内涵的非本质的特点。由于大脑皮质上动力定型的惰性特点,日常概念的改造是一个相当费力的神经活动过程。在改造日常概念基础上形成起来的科学概念,如果没有深刻的理解和及时的巩固,那么在一定时期以后,它的内涵仍然会变得模糊不清。

对于同一个概念,不同年龄阶段的儿童,掌握的深度也是不同的。随着学生年龄的增长,年级的增高,他们的生活经验和知识范围逐渐丰富、广博,对概念的理解也就逐渐深化。学生的理解水平,是与他们知识的广度和深度联系着的。

学生学习的每一门课程,都是一系列的基本概念和规律知识的体系。只有当新概念和已有概念联系起来,并且使学生掌握的新概念进入一定的概念体系,才能对新概念有深入的理解。因此,在教学过程中,教师在讲授新教材时,必须注意新旧知识的联系,而且要使知识系统化。前一章中已经说过,在系统的知识中,有些部分是最重要基本的,有某些部分具有关键性意义,有某些部分是学生学习上往往有困难的。教师把这些讲清楚、讲透彻,就有助于学生顺利地理解全部教材。

学生从具体的个别或特殊现象中,得出一般的概念与规律;再用这些一般的东西,去解释个别或特殊的现象,解决个别或特殊的问题。经过这样一种从特殊到一般,再由一般到特殊的反复过程,对概念和规律的理解才能深入。所以,理解概念和规律是在整个教学过程中完成的。学生初步掌握了概念规律以后,在巩固知识,形成技能技巧,应用知识检查知识的阶段中,都加深着对知识的理解。

判断是由概念构成的,推理又是判断构成的,概念又是判断和推理的结果。没有一定的判断和推理,也不可能形成概念。例如"阶级斗争"这个概念就是要通过许多判断和推理才能形成的。所以,在形成概念的过程中,学生的思维能力会得到很大的发展。学生理解教材,就是在教师的指导下,进行分析、综合、比较、抽象、概括等思维活动。如果没有学生积极的思维活动,就不可能真正理解教材,使知识成为他们自己的财富。

教师在讲授时,使用概念,运用判断和推理具有严格的逻辑性,对学生的回答、作业也提出严格的逻辑的要求,就能使学生的思维符合于形式逻辑的规律。形式逻辑的规律反映着事物最简单的关系,客观世界中的相对地静止的、稳定的因素;而辩证逻辑的规律,则反映事物最本质的规律性,也就是事物的内在联系和发展。因此,在学生掌握知识的过程中,同时要培养他们辩证逻辑的思维方法。

学生所学的自然科学和社会科学方面基础知识扩大了,加深了,就有可能逐步认识客观世界的事物之间的相互联系,它们的变化发展,事物对立、统一的运动,等等。但是辩证唯物主义的观点和思维方法并不是自然地形成的,教师需要有意识地引导学生对具体事物作具体分析,从相互联系的观点来观察和分析事物,从发展中看问题。所以教学过程对学生的辩证唯物主义的观点、方法的培养起着重要的作用。

由于课程、教材的性质不同,在教学过程中,学生除了以科学的、逻辑的形式认识客观事物以外,还以艺术的形式认识客观事物。逻辑的和艺术的反映,是他们认识事物的两种主要形式。前者是抽象思维,而后者则是形象思维。

巩固学生的知识　为了巩固学生的知识,在教学过程中就要进行复习,防止遗忘。复习是巩固暂时联系的形式,而遗忘则是由于识记中形成的暂时联系没有继续强化,受到了消退抑制的影响。不复习的时间越长,抑制过程的痕迹就越深,这样,复习就几乎等于重新学习了。但是,复习不只是为了防止遗忘,而且在复习过程中,也能加深对知识的理解,使学习过的知识系统化起来。

知识的巩固是在教学过程的各个阶段中实现的。在学生学习新教材以前,经常要使他们再现已经学过的知识,为接受新教材作准备。在讲授新教材时,要使学生识记教材的主要内容。但是仅仅依靠学习新教材时的识记是不够的,必须有专门的巩固工作。

讲授新教材以后,要初步巩固学生的知识,如让学生进行复述,回答问题,或进行一些运用主要教材的作业。这种复习,主要是使学生再现刚才学过的教材,防止遗忘。概括性的复习通常是在学生学过某一部或全部教材以后进行的,它的目的在于巩固这些知识,并使它们系统化、深刻化。

在复习过程中,发展着学生的记忆能力。我国古人认为儿童的记性强。在儿童时代可以不费多大力地记忆许多东西。但是,在旧学校里,往往要求学生死背呆记。我们的中小学虽然不完全排斥机械的识记,但要求学生主要进行意义的识记。学生年龄愈小,形象记忆就愈占优势。年龄愈大,逻辑记忆,在理解基础上的记忆愈加得到发展。

记忆是理解的必要条件。我国古人有"读书百遍而义自见"、[①]"不记则思不起"[②]的话,也是这个意思。前面说过,对知识的理解是逐步加深的,不可能要求儿童最初对全部知识都有深入的理解,但如果重要的知识记得很熟,则在以后的学习过程中,对这些知识的理解就能够逐步深入。同时,理解又是识记的重要条件。复习如果是以理解为基础的,那么复习不仅能巩固学生的知识,而且也能加深对教材的理解。这样,复习既培养了学生的记忆能力,又发展了他们的思维能力。

复习的正确组织和指导对它的效果有着决定意义。如果教师能引起学生对复习的兴趣,使识记具有明确的目的性,适当地分配和安排时间;如果教师采取多样的复习形式,指导学生进行复习的方法,养成他们及时进行复习的习惯:这就会有效地巩固学生的知识。

形成学生的技能和技巧 在教学过程中,除了使学生掌握基础知识以外,还要形成他们的基本技能和技巧。学生的技能、技巧,主要是在教师指导下,通过一定的练习形成的。

为了要获得阅读的技能、技巧,就必须进行阅读,不断地、长期地进行阅读的练习;为了要获得计算的技能、技巧,就应当去计算,系统地、反复地进行计算

---

① 语出《三国志·魏志·董遇传》。——编校者
② 语出宋程颢《近思录·格物穷理》。——编校者

的练习。我国俗话也说:"拳不离手,曲不离口。"①

形成正确的技能、技巧,不仅与练习的数量有关,还和练习是否引起学生的注意和兴趣,学生对练习是否具有明确的目的性,是否恰当地安排练习的内容和分配练习的时间,是否掌握正确的练习的步骤和方法,是否及时地受到教师的检查和评定等因素,都有很密切的关系。

在形成技能、技巧的过程中,要求学生进行积极的智力活动,一方面要使同类的活动反复若干次,才能形成熟练的技巧,另一方面,又须使练习的内容和方法有一定的变化,逐步增加练习中的创造性因素,才能使他们的智力活动活跃起来。

前面已经说过,技能、技巧是以一定知识为基础的;但是掌握了技能和技巧,又为进一步获得新知识创造条件;在指导学生形成他们的技能、技巧时,对他们理解、巩固和应用知识,也起着重要的作用。

指导学生在实践中应用知识 以上是学生掌握教材的过程。为了获得比较完全的知识,学生还应当学会在实践中运用书本知识。掌握知识的最终目的是为了应用它。掌握知识,就意味着能够在实践中正确地应用它。应用知识的过程实质上也是知识的巩固、加深的过程。

在掌握教材的过程中,就要使学生学会初步运用知识。演算习题或完成其他书面的、口头的作业,是应用知识的一种形式。这些作业一般要求根据已有的概念和规律,来回答或解释具体的现象、具体的问题,或者是用具体的事例来证明概念和规律的正确性。实习、实验是又一种应用知识的形式,从这些实践活动中,学生还获得了一些关于客观事物的直接知识,并且巩固和加深了对书本知识的理解。但这都是在学习基础知识的过程中应用这些知识,在这些活动中学生应用着他所熟悉的书本上的知识。

但我们所谈的在实践中应用知识,主要是指在社会实践中运用书本知识。在学生参加生产劳动、社会活动和科技活动时,要应用已经学过的书本知识。但社会实践中的问题比较复杂,往往不是只和一门课程有直接联系,因此需要综合地、灵活地运用各种知识;也有些问题在已学过的课本上找不到答案,需要独立探索找出答案;所以学生参加一定的社会实践活动,可以锻炼他们独立工作能力,同时也能够获得一定的直接知识,提高学习的积极性。在学生参加这些实践时,教师应该指导他们把实际中的问题尽可能地与已经学过的知识结合

---

① 拳术不停手地练,歌曲不离口地唱。比喻要掌握某种技能,必须经常不断地练习。——编校者

起来,使他们能运用这些知识进行调查研究,掌握事物规律,解决实际问题。当然,不应要求任何课程的任何教材,都要直接联系学生参加的生产劳动和社会活动,也不应要求学生参加的这些实践,都要能够直接联系教材。随着学生的知识丰富起来,技能、技巧多样化起来,独立思考和独立工作能力发展起来,就可以看到他们在应用知识时"创造性"的程度不断增高,"再现性"的因素相对地减少。"再现性"因素的一个主要特点,就是学生对所要解决任务的条件,没有作比较全面和充分的分析,而采用他自己最惯常的方法。

对学生知识、技能和技巧的检查 检查是为了了解学生的知识技能的质量。教师通过对学生知识、技能和技巧的检查,了解教学的效果,知道学生掌握了那些知识、技能,还有那些缺陷,就可以作为进一步进行教学的依据。

教师在教学过程中检查学生的知识、技能和技巧时,要评定他们各种形式的作业的质量。检查和评定学生的知识质量,可以使学生自觉地、巩固地掌握知识,而且可以使他们经常地、系统地复习功课,认真地、按时完成作业,改进学习的方法,养成良好的学习态度和习惯。学生的学业是"精于勤,荒于嬉"的。

检查是教师经常的任务。可以说,教学过程的每一个阶段中,教师都在对学生进行着检查。检查贵经常、贵坚持、贵有计划地进行。在学习新教材前,要检查学生是否掌握了有关的旧知识;在讲授新教材时,要随时检查学生是否理解了教材;但也要有专门的检查。在学完教材之后要通过考查、考试等检查学生是否理解了新教材,是否记住了教材的要点,技能和技巧是否正确,是否能应用知识,等等。

检查可以随时进行,但在很多情况下检查和复习往往结合在一起进行,总结性的检查则是在系统复习的基础上进行的。因此,对学生知识检查的过程,也是使知识、技能和技巧不断完善的过程。

从以上的分析可以知道,一个完整的教学过程虽然有着相对独立的各个阶段,各个阶段具有各自主要的任务,但是也同时完成着其他的任务,它们是互相交错的,不可能把它们截然分割开来。

在一个课题或单元的教学过程中,一般地说:总是先要使学生有感性认识,然后上升为理性认识;先学习了知识,然后才能巩固它和形成相应的技能、技巧;有了一定的知识和技能,才能在各种形式的实践中应用它们;而检查学生的知识、技能,就是检查对知识的理解是否正确、记忆是否牢固,技能和技巧是否掌握,又能不能在一定的条件下应用它们,等等。课程和教材性质不同,学生对掌握教材的条件不同,教学的过程及其阶段就体现出它的特点。教师要把教学过程的一般规律和各门课程的具体教学实践结合起来。

第三节 教学原则

教学原则的概念 在上面两节里，已经阐述了教学和教学过程的主要规律。教学原则是根据一定的教育目的，反映这些规律而制定的对教学的基本要求，是指导教学实践的一般原理。所以，教学原则是建立在已经认识的教学及其过程规律的基础上的，它们有着客观的根据；同时，教师要有效地进行教学工作，就必须遵守教学原则，把它们贯彻到教学实践中去。归根结底，教学原则也是教学经验的概括和总结；它们是在教学实践中不断得到验证的经验，经过理论的分析研究而得出来的。

过去的教育家，曾经总结了教学经验——主要是他们时代的教学经验，反映了他们当时对教学及其过程的认识，提出过一些教学上或学习上的要求。

《学记》是我国教育史上最早的教育专著。它系统地总结了我国古代的教学经验。它是从当时统治阶级"建国君民"的需要出发，来论述教育和教学的。针对当时教学只重背诵、灌输，而忽视学生的接受能力、学习志趣和启发思考等现象，《学记》提出："禁于未发之谓豫，当其可之谓时，不陵节而施之谓孙，相观而善之谓摩"的一般教学要求。它依据教学成功和失败的原因，认为"君子之教喻也"。所谓"喻"就是启发诱导的意思。至于怎样启发诱导，《学记》概括为"道而弗牵；强而弗抑；开而弗达"的基本要求，即认为教师应该对学生加以引导、策励和启发，不要硬拖着学生走，不要压抑他们，也不要代替他们作出结论。

此外，《学记》还指出教师要了解学生在学习上容易有的缺点："或失则多，或失则寡，或失则易，或失则止"，而主张"长善救其失"。用我们今天的话来说，就是发挥学生学习上的长处，克服他们学习上的缺点。

宋代教育家朱熹吸取了我国历史上关于教学的主张，结合他自己长期的教学实践，就读书为学提出了不少基本的要求。朱熹说："为学之道，莫先于穷理，穷理之要，必在于读书；读书之法，莫贵乎循序而致精，而致精之本，则又在于居敬而持志。"①朱熹的门人和私塾弟子根据他对读书方法的教导，概括六条"读书法"：循序渐进，熟读精思，虚心涵泳，切己体察，著紧用力，居敬持志。② 这些主张对我国封建社会教育很有影响。

---

① 《朱文公文集》卷十四《甲寅行宫便殿奏劄》。——编校者
② 孟宪承等编：《中国古代教育史资料》，人民教育出版社 1961 年版，第 361 页。

又如在资本主义上升时期,夸美纽斯是首先系统地讨论教学原则的人。他在论述教学的一般原理时,采用了引证自然界的事例作为根据的方式。当时先进的自然观和培根的"归纳法",对他阐释教学的要求有着深刻的影响。但是,他保留着中世纪的宗教世界观,对自然界有着神学和形而上学的观点。

在夸美纽斯看来,人是自然的一部分,并且从属于自然的"基本原理"。这些基本原理在生物的生活中,以及人的活动中都发生作用。他以"遵循自然"的理论来论证教学的要求。他总是牵强地找出这种基本原理,然后在植物、鸟类或园丁、建筑师等的生活中举出遵循这种原理的例子,接着指出当时教学与这种原理相矛盾的地方,最后表述出他在教学上的结论。

夸美纽斯反对经院主义①的教学。他提出了不少有进步意义的教学要求,其实并不是在观察生物生活中得出来的,而是在他的教学经验的基础上得出来的。如他认为教学应该先示实物,后教文字;先举例证,后讲规则;先求理解,然后记忆;使先学的东西为后学的东西开辟道路;从具体的到抽象的;从一般的到特殊的;从容易的到比较困难的;从靠近学生心眼的事物到相隔得远的事物;要适合学生的年龄,超过他们理解的东西,就不要给他们去学习;只是把有用的事物教给学生;教新的知识,在儿童心理上要先有准备;等等。

历史上许多教育家有关教学原则方面的具体主张,如关于直观性、巩固性、循序渐进、因材施教、可接受性等方面的意见,有一定的价值,但由于他们的阶级局限和教育经验的局限,也有不少缺点和错误,是需要批判地吸收的。而且教学原则体系是由教育目的决定的。社会主义教育中的教学原则体系和剥削阶级教育学的教学原则体系根本不同。我们主要地要根据社会主义教育的目的,教学过程的规律,依靠社会主义教育提供的新的教学经验,特别重视在我国教学的实践中得到了证明的指导教学实践的一般原理,来探索中小学教学原则及其体系。随着我国中小学教学经验的不断积累,对教学过程规律的认识不断深入,教学原则及其体系就会日趋完善。

中小学教学原则 我国社会主义教育目的是使受教育者在德育、智育、体育几方面都得到发展,成为有社会主义觉悟的有文化的劳动者。因此在教学上既要使学生掌握正确的、系统的科学知识,同时又要注意培养学生的共产主义

---

① 西欧中世纪天主教官方哲学思想体系,因产生于天主教的学院而得名。主张理性服从信仰,哲学是"神学的婢女",目的在于维护教会和封建主的统治。代表人物是托马斯·阿奎那。——编校者

的思想品德,使学生愿意为建设社会主义、共产主义而奋斗。这样教学上的科学性与思想性相结合就成为我国中小学教学中的一个重要原则。

旧教育的特点是理论和实际的分离。理论与实际统一是一条马克思主义的重要原则。我们所培养的人不仅要有书本上的理论知识,还要能善于运用这些知识为社会主义革命和社会主义建设服务。在教学中实现这一原则,就要使教材上的理论知识不脱离客观现实,尽可能地联系实际来阐明概念,并通过一定的实践活动使学生学会运用书本知识和获得一定的直接知识。教学中的理论联系实际是我国教学上的一个重要原则。

教学是教师的教和学生的学所组成的特定活动,教师的教对学生的学来说是居于主导地位的。学生应当自觉地积极地接受教师所传授的知识,教师也必须诱导启发学生在学习上的自觉性与积极性。在旧教育中不是忽视了学生的自觉性、积极性,就是贬低了教师的主导作用,两方面总是分离的。社会主义学校重视教师在教学中的主导作用,也重视学生在学习上的自觉性与积极性,并且要求两方面正确结合起来。教师只有在对教学及其过程规律认识的基础上,贯彻这些相互联系、不可分割的教学原则,才能做到教师的主导作用与学生自觉性、积极性的结合。所以教学中教师的主导作用与学生自觉性、积极性相结合原则是我国中小学教学的一个重要原则。以上三个原则是社会主义教育的几个主要教学原则。

教学中应当重视儿童的感性知觉。儿童的感性知觉是抽象思维的基础,它把感性知识逐步上升为理性知识,既不应该像旧教育中的某些做法一样,让学生盲目接受一样无感性基础的书本知识,也不能像实用主义教育家那样,片面强调儿童的直接经验、轻视理论的学习。在教学中要使学生在感知的基础上引导学生进行抽象思维,使他们理解教材,掌握概念和规律。这样,就产生教学中的感知与理解相结合的原则。

中小学各门课程的教材是按一定的逻辑系统加以组织的。在教学中必须按照这个系统由简到繁、由浅入深、由现象到本质,一环套一环地循序渐进,才能掌握基本知识。既要反对旧教育中某些脱离儿童实际来传授系统知识的做法,也要反对实用主义者的以儿童生活为中心的破坏系统教学的做法。教学的循序渐进原则与系统性是科学知识的发展规律和学习上的客观规律在教学上的反映。

在教学中要使学生不断地积累知识和形成技能、技巧,一个重要的问题在于怎样使学生能够牢固地掌握已获得的知识和技能,这就要求贯彻教学中掌握知识技能、技巧的巩固性原则。

教师必须正确估计学生的年龄特征和他们以前的学习水平进行教学,才能有良好的效果。但是,怎样正确估计呢?如果教师对学生的接受能力估计过低,学习任务过分容易,就不能发挥学生的学习积极性,从而降低了教学要求;另一方面,如果教师对学生的接受能力估计过高,学生就会机械地、形式主义地接受知识,并且还会产生学习负担过重的现象。资产阶级不是借口适应学生年龄特征,极力降低教学要求,反对教学改革;就是不顾多数学生的接受能力,尽量提高程度,采取大量淘汰的办法,来培养少数所谓天才学生。我们在教学中必须注意学生的接受能力,这就要求贯彻教学的符合学生年龄特点和接受能力的原则。

我国的中小学是采取班级教学制度的。班级是一个教学的集体,教师是面对这个集体进行教学的。教师在班级教学中应该提出统一的要求,使全体学生对各门课程都能获得良好的成绩。同时,应当注意班级学生的个别差异,因材施教。有统一要求,才能保证每个学生在所有课程方面得到教学大纲所规定的范围和深度的知识;有因材施教,才能发展学生的特长,适应每个学生的个性。这对于社会主义建设事业是有利的。旧教育中许多忽视因材施教的做法是不正确的;而打破班级教学制度,提倡个别教学的一些做法,如文纳特卡制、道尔顿制等,也是不正确的。这种必要性在我国中小学就反映在统一要求与因材施教相结合的原则上面。

(一)教学的科学性与思想性相结合

我国中小学教学过程中要求学生巩固地掌握现代科学的基础知识和基本技能,同时发展他们的智力、形成辩证唯物主义世界观的基础和共产主义的道德品质。教学的科学性与思想性是辩证地联系着的。真正的科学知识是正确地反映客观世界和它的运动规律的。掌握真正的科学知识,不仅使学生正确地认识客观事物及其规律,而且也就培养了学生的正确的观点和信念。

贯彻这一原则,主要的要求是:

1. 教师所传授的知识应当是正确的、可靠的科学知识,不应当把尚未肯定的知识教给学生。教师所运用的概念,提出的定义,作出的论证,引用的事实都应该是正确的。教学为了符合学生的年龄特点和接受能力,有时要力求通俗浅显,但是不能违背科学性的要求。应该使学生了解科学方法和培养科学态度。

2. 教师应掌握马克思列宁主义的观点、立场,努力发挥教材的内在思想性。

在讲授科学知识的过程中可以结合社会主义革命和建设的实际,以及学生思想实际进行思想政治教育。必须注意,不应该脱离各门课程的教学任务、脱离科学知识的讲授来进行思想教育。要反对脱离具体知识来培养空洞观点。例如,在语文、历史、地理等课教学中,恰当地进行思想教育是必要的,但是不要把语文、历史、地理课讲成政治课。

3. 教师在教学活动中还要注意培养学生勤奋学习,尊敬师长,互助友爱,诚实、坚毅等思想道德品质。教师应以身作则。

（二）教学中理论联系实际

理论联系实际是辩证唯物主义的总原则。在教学中,特别是中学中运用这条原则有特定的意义,即怎样正确地处理书本知识和现实生活之间的关系。运用书本使学生获得知识是最经济有效的途径,但也易于造成书本知识脱离现实生活的严重缺点。在教学上既要重视书本知识的传授,又要注意和克服理论脱离实际的倾向。

1. 一定要重视书本知识的教学,因为学生所学习的,主要是书本知识。但书本知识如果不和学生自己的直接知识结合起来,则只能是一种片面的知识。因此,同时要适当地通过实验、实习、参观、生产劳动、社会活动等实践活动,使学生获得一定的直接知识,运用和验证书本知识,并有助于巩固和加深对书本知识的理解。

2. 教师讲课,必须把课文内容讲解清楚,要使学生真正掌握理论知识,教师必须使学生理解理论知识与实际的联系。可以联系的实际有生产斗争、阶级斗争、科学实验、日常生活等。有些教材要联系历史实际,有一些教材需要联系当前实际。总之,要使学生理解如何运用理论解决实际问题。但联系必须是有机的,是有助于学生领会书本知识的。不应牵强附会地去联系实际。

3. 在进行实验、实习、参观等实践活动时,必须使学生回忆这些活动所依据的书本上的理论知识,还要求他们用他们所观察的事实来验证书本上的知识。在进行生产劳动和社会活动时,也要引导学生运用书本知识来解决实践中的问题,同时也鼓励学生先取得直接知识,作为学习书本知识的准备,或在其他书刊中钻研教科书上还没有学到的知识。

（三）教学中教师的主导作用与学生的自觉性积极性相结合

社会主义学校的教师的责任是,积极地贯彻教育目的,传授科学知识,启发学生的积极思维和解决学生学习上的困难。学生应虚心接受教师的指导,自觉

地积极地进行学习。因此,在教学过程中有如下的一些具体要求:

1. 教师应该认真钻研教材,了解学生学习情况,应改进教学方法,在教学的各个环节上都要发挥主导作用。不能认为教师只有在讲授时才应发挥主导作用。在任何时候,对学生学习进行有效的组织、督促、帮助,使学生获得了进步,才是发挥了主导作用。教师发挥主导作用的根本条件是不断提高自己的政治、业务水平。

2. 要求教师采用启发式的教学,而不是注入式的教学。要善于提出问题,启发学生积极思维,要组织多种多样的作业,使学生从运用中加深对知识的理解。凡学生自己能做的工作应尽量让学生做。教师不要包办代替,把学生抱着走。逐步培养学生独立思考、独立工作的能力,并使学生有机会进行创造性的活动。培养学生正确的思维方法和学习方法。

3. 教师应随时进行思想教育,启发学生明确学习的目的,端正学习态度,明确学习的每一项具体任务,对学生提出严格要求,通过检查、评定、表扬、批评、集体舆论来激发学生学习的自觉性与积极性,培养勤学好问的习惯。

4. 教师为了提高教学质量,应当随时了解学生的学习要求,多方面检查教学效果,耐心地研究学生对教学的反应,虚心地听取他们对教学的意见,借以改进教学工作。

(四)教学中感知与理解相结合

教学过程中学生的认识活动是以感知为基础的。教学中使学生进行感知,是为理解教材准备条件。生动的直观与抽象思维相结合,才能使学生认识事物的本质。

1. 要求教学从感知出发,从表象到概念、从具体到抽象、从感性知识发展到理性知识。教师要选择具有全面性和典型性的感性材料;引导学生从这些材料出发,进行抽象思维,形成正确的概念、判断和推理。

2. 直观教具的陈示,必须与语言的讲授相结合。教师通过词引导学生进行观察,帮助学生发现事物的主要特征。教师可以指导学生从观察和分析具体现象中,得出教科书上的结论,也可以先讲授教科书上的知识,再用直观教材去证实它。如有可能,要运用多种感官来感觉一切事物,或在实验、实习中进行观察。

3. 要使学生真正理解书本知识,对教科书上的结论能进行说明、论证,能灵活运用书本知识解释现象,解决实践中的问题。要反对死背呆记、硬套公式等形式主义的教学方法。

（五）教学的循序渐进性与系统性

教学的循序渐进性原则表明，科学知识是有严整的逻辑系统的，教材是有一定的连贯顺序的，学生学习是新知继旧知，循序渐进的。因此，在教学中要求：

1. 必须依据从已知到未知、从易到难、从简单到复杂、由近及远等规则进行教学。教学符合认识过程的规律，教材才能为学生所接受。

2. 在进行每一课题的教学时，都要使学生切实了解和掌握所学的知识和技能。在学生没有确实掌握前一段知识时，不要进入下一段知识的学习。培养学生踏实和有恒的良好的学习习惯。教师要了解学生过去各年级中学习的情况，在学习每一新教材时，要及时检查和了解学生的掌握情况，发现知识技能上的缺陷，要及时补救。

3. 全面系统与重点突出相结合。应在系统学习的前提下，对教材中的基本的、关键的、困难的部分进行精讲。只有切实掌握教材中有些基本的、关键的概念和理论，其他教材才能迎刃而解。这是系统的科学知识的特点。

4. 应注意知识的系统化，注意教材内容的前后连贯，注意新旧知识的联系，也要注意各门课程间的联系。要通过复习和作业，使学生把全部知识融会贯通。培养学生综合运用知识的能力。

5. 学习知识要靠日积月累，坚持不懈。在学校中不要搞突击教学和学习竞赛运动。每个学生的原有知识水平和其他具体条件不尽相同，只能各人在自己的基础上逐步提高，不能向每人提出同样高的要求。

（六）掌握知识技能的巩固性

在教学中，必须使学生能够牢固地掌握各科的基本教材，随时都能在记忆中再现这些教材，并且能够在学习和实践中运用这些知识和技能。牢固地掌握已经学过的教材，是掌握新知识的必要条件，在全部教学过程中都应当注意：

1. 要求学生记住的是教材中的最重要的事实和材料，基本的、关键性的概念和原理。一般不要求学生死记教材中的每一细节。

2. 教师要注意教学方法，努力提高讲授水平，使学生能够在上课时印象深刻地掌握各科的基础知识。

3. 教师要注意督促和指导学生复习并组织各种作业，使学生多读、多想、多写、多练，巩固地掌握所学的知识和技能。

4. 培养学生正确的记忆方法：在理解的基础上进行记忆，在记忆的基础上加深理解；应使机械记忆的因素附属于逻辑记忆；在复习中积极地再现教材；注意熟记的正确组织。

（七）教学符合学生年龄特点和接受能力

教学内容和教学方法必须符合学生的年龄特征和发展水平，还应当鼓励学生，通过一定的努力，从原有的基础上不断地提高知识水平。

1. 一定年龄的学生，接受知识的能力是有相对的限制的。教材内容和教学进度要适合他们的接受能力和理解水平，但不能把适合接受能力理解为尽量把要求放低，教学的要求应该是学生经过一定的努力可以达到的。这种要求能发展提高他们的接受能力，调动他们学习的积极性。

2. 教材内容和教学进度还要考虑学生的负担。不应要求学生学得过多、过快、过深，使学生的学习负担过重。各门课程的作业也应该作统一安排，作业的分量应该适当。

3. 教师不断改进教学方法，运用各种不同的手段使教材易于接受。例如：运用直观教具，提高讲授水平等，使困难的教材易为学生所接受。

（八）教学中统一要求与因材施教相结合

班级是学生的学习集体。在班级教学中要提出统一要求，还必须加强个别辅导、因材施教。

1. 对学生的学习有统一的要求，要求一般学生对各学科都达到一定水平，但不要求平均发展，要求每个学生在每门课程上都有最好的成绩，是不现实的。要承认差别，因材施教。在加强班级教学的同时，要认真注意个别对待，加强个别辅导。在统一的要求下，对不同情况的学生要提不同类型的问题，作出深广度不同的回答，布置某些不同作业，组织不同的课外活动等。要充分发挥有特长的学生的才能，要耐心帮助学习较差的学生。

2. 教师对学生的学习应进行调查研究。既要了解班级的特点又要了解学生的个别特点，如学习积极性、理解水平、思考能力和知识质量以及思想情况、性格特点。根据这些材料确定班级教学和个别对待的方法。

3. 培养学生在学习上个人刻苦钻研的习惯和互相关心的良好班级集体关系。学习总要依靠自己的努力，过多的帮助会养成依赖的心理，不动脑筋，不肯下苦功夫等不良习惯。同学之间在学习上适当互助是应当的，它可以培养关心同学、团结友爱的品质，但互助应该出于自愿，不要勉强，不要组织学习互助组，以免影响个人的学习。

教学原则是彼此紧密联系而不是各自孤立的,各条原则的贯彻是相辅相成的。教学经验证明,一切教学原则相互之间的正确配合是非常重要的。分析教学经验可以知道,优良的教学效果往往是教师在确定教学目的,选择和组织教材,考虑教学方法,安排课堂教学,指导独立作业,考查学生掌握知识、技能、技巧的程度和质量时,贯彻一系列的教学原则所获得的结果。

教师应当理解教学原则体系的整体作用,结合各门课程和年级的特点,全面地运用教学原则,才能贯彻教育目的,提高教学质量。

第七章　教学方法与教学形式

进行教学,除了要有一定的教材以外,还必须运用一定的教学方法,才能完成教学任务。教学方法和教材是不可分的。它的性质决定于教育的性质和目的。我国中小学采用讲授、问答、读书指导、演示、参观、实验、实习、练习等教学方法。使用每一个教学方法的具体要求,各个教学方法的相互配合,体现着理论与实际相结合、教师主导作用和学生积极性相结合的原则。课堂教学是我国中小学教学的基本形式。提高课堂教学的质量是教师极其重要的任务。但课外作业和课外辅导等辅助的教学形式也是不可少的。检查学生学业成绩的形式是考查和考试。

第一节　教学方法

教学方法的概念　教学工作与其他任何工作一样,要顺利地实现任务,必须讲究方法问题。教学方法是指教师在教学过程中为了完成教学任务所采用的工作方式和在教师指导下的学生的学习方式。教师如何教和学生如何学是密切不可分的。但在教学活动中,教师总是起主导作用的,学生如何学,在很大程度上取决于教师如何教和教师如何指导学生学。实践证明,教学方法对于教学质量具有重要意义。选择恰当的教学方法,才能顺利地实现教学任务。教学效果好,学生的知识、技能的质量高,往往是和教师采用恰当的教学方法有联系的;反之,学生在知识、技能方面有缺陷,掌握不牢固,也往往与教师所采用的教学方法不当有关。

教师要把一定的教材传授给学生,采用怎样的教学方法,自然不能不根据教材的性质。例如学语文,不读文章,不做作文总是不行的;学物理、化学,除学教科书上的知识外,不做实验,不做练习,也是不行的。当然,教学方法也影响着教学内容。

教学方法和教材一样,又总是为一定的目的服务的。它们的性质或特点,它们所体现的教学原则,取决于教育性质和教育目的。在封建社会,学校教育在于培养顺从的奴仆,课程内容是那些被当作天经地义的封建的伦理或宗教观念。教学的任务是由教师把这些观念注入学生的头脑,要求学生盲从迷信。所以,虽然也有一些较进步的教师采用启发诱导的方法,但当时教学方法的主要特点仍是强迫灌输、死记呆背。这种教学方法是压抑学生的学习积极性的，是理论与实际脱离的。但在封建社会的长期的教学实践中，也积累了不少有关讲解、问答、读书、辩论等教学方法的经验。在我国封建社会教育中，特别是学习语文的方法，如识字、阅读、作文等方法方面有着丰富的经验。

在资本主义上升时期，资产阶级在反封建的斗争中，反对了封建教育的强迫纪律和死记呆背方法，要求适应儿童个性，发展独立思考；同时为适应工商业的发展，培养有一定科学技术知识和技能的人才，在学校逐步增加了一些新的课程与教材，特别是自然科学和技术科学的有关内容，这样，就引起了教学方法的改变。在教学方法中比较重视了儿童学习积极性和直观、理解、运用知识等原则，产生了演示、观察、实验和实习等一系列新的教学方法。但是，资产阶级是剥削阶级，资本主义社会学校教育目的乃是培养驯服的奴才，所以，资本主义教育中的教学方法表现出一种难以解决的矛盾：一方面由于现代生产要求培养有一定知识技能的干练的人，促使中小学运用一些有效的教学方法，不断采用一些现代化的教学技术；而另一方面从培养驯服的奴才的目的出发，则又必然会在教学方法中表现一些落后的反动的特点。例如有的在教学中片面强调学生的兴趣、自由、以实际问题为中心等；有的则在教学中片面强调努力、纪律、基本知识技能的传授、教师的主导作用等。所以，资本主义教育虽然也发展了一些有益的教学方法，但从它的主流来看，它的教学方法的特点仍是书本与实践脱节，不可能真正调动学生的学习积极性。

我国中小学根据教学任务和教学内容需要，采用了许多教学方法。这些教学方法的具体要求和它们之间的相互联系，体现了前面已经谈过的社会主义的教学原则，特别具有如下两个特点：一是理论与实际相结合，二是教师的主导作用与学生的自觉性和积极性相结合。这种特点又是由我国学校教育的社会主义性质所决定的。

我国中小学常用的教学方法　中小学所用的一般的教学方法有如下几种：讲授、问答、读书指导、演示、参观、实验和实习、练习、讨论等。

（一）讲授　讲授是教师用语言向学生口头传授教材，即叙述、描绘事实，解释、论证概念和规律的方法。许多知识只有通过教师的讲授，学生才能比较容易地透彻理解和牢固掌握。因此，它既运用于传授新知识，也运用于巩固旧知识。其他许多教学方法的运用，也往往需要讲授的配合。讲授在中小学各科教学中应用最为广泛。

在讲授时,要求教师注意讲授内容的科学性和思想性。无论是对事实的叙述和描绘,或者是对概念、规律的解释和论证,都应该是正确的、可靠的。

在讲授时,要照顾教材的全面性和系统性,更要注意抓住其中的重点、难点和关键,把它们讲清楚、讲透彻。

在讲授时,教师应启发学生的积极思维,使学生自觉地掌握知识。为此,教师必须善于提出问题,选择典型事例,进行严格确切的叙述、论证。在讲授过程中应指导学生集中注意,专心听讲,思考问题。从小学高年级开始,可以逐步培养学生写听讲笔记:由抄写教师板书的提纲而笔录口述的提纲,最后培养他们独立写听讲笔记。

教师讲授时应力求语言明白、准确、生动,所用词句必须符合学生的接受水平。

在一节课中,讲授这种方法往往不是单独运用的。特别在小学和初中阶段,如果教师在一节课中从头讲到底,就很难保持儿童持久的注意。只有在高中二、三年级学生才能维持较长久的注意,教师根据教材的性质有时可以用整个一节课的时间来自己讲授,以便和高等学校的教学方法相衔接。

为了传授书本知识,讲授经常和问答、阅读教材等教学方法结合,讲授时也应恰当运用板书和各种直观教具。此外,在参观、实验等过程中,也总是结合运用讲授这种教学方法。

(二)问答 问答是教师提出问题,引导学生在已有的经验、知识的基础上积极思维,回答教师的问题,从而获得新知识的方法,也是巩固知识时常用的方法。问答这种方法如运用得恰当,能唤起学生的积极的智力活动,并能使学生保持较大的注意和兴趣,因此,在各科教学中,特别是在小学和初中阶段的教学中,得到比较广泛的运用。

问答有两种:一是传授新知识的问答,这种问答是由教师根据教学要求提出一系列的、前后连贯的问题,引导学生依据已有的经验和知识,或者依据对当前事物和现象的观察,进行积极的思维活动,指导他们得出正确的结论。二是巩固知识的问答,这种问答是根据学生已学过的教材,提出一些问题,要求学生回忆那些知识,使它们在意识中巩固起来。

问答时,问题要提得具体、明确,是学生所能理解的。

所提问题不宜太难,必须是学生依据已有知识能够回答的;但问题又不宜过分容易,应该能够激发学生的积极思维;应避免提带有暗示性或选择性的问题。问题形式要多样化，有时可用不同形式问同一内容。

问答的内容必须有一定的逻辑顺序，以便引导学生层层深入，得出结论。

教师要面向全班学生提出问题，引起他们的注意，然后指名回答。听取学生回答时要有耐心，有时可适当启发。

问答结束时，教师应进行总结，作出明确的结论。

在问答过程中，教师要逐步培养学生回答问题的能力和良好习惯：要求学生首先认真思考教师提出的问题，如确能回答，即积极举手；回答的内容要正确，表达要简明扼要，语句完整，字音正确。

为了传授教材，在一节课中，问答往往和讲授结合运用。教材中某些可以由学生自己分析得出结论的部分，则采用问答。而那些学生难以理解的、缺乏知识基础的部分，则要采用讲授。在问答结束时，往往也要通过教师的讲授进行总结。至于巩固知识的问答，也总是在讲授前后进行的。总之，问答和讲授往往是灵活地交替进行的，而它们又常和指导学生阅读教科书结合运用。

（三）读书指导　读书指导是教师指导学生通过阅读教科书和参考书以获得知识的方法。教科书是学生获得知识的重要途径之一，学生所要掌握的主要是教科书中的知识；他们在学习时不能单靠倾听教师的讲授，只有通过阅读教材，才能深入理解和牢固掌握所学习的知识。中小学学生虽然主要是通过教师的讲授理解教材，但由于参加未来社会生活或进入高一级学校学习时，需要独立地阅读教科书和其他各种书籍，因此，培养中小学学生独立阅读书籍的能力和习惯是中小学教学中一项重要任务。

在教学过程的各个阶段上，都要指导学生阅读教科书。中学，特别是高中某些课程的一些教材，有时可以要求学生预习，使他们带着问题来听课，这样也便于教师精讲重点、难点和关键。其次，要求学生复习教材。关于复习教材的作业有复述或背诵课文、回答思考题、编拟阅读提纲等。在上课时，也应通过各种方式，充分运用教科书。

语文教学中阅读课文占有重要地位。在小学，是通过讲读课进行阅读训练的。在讲读课中，一面朗读或默读课文，一面通过讲授、问答，对课文的字、词、句、篇章、结构以及内容进行分析。这种边读边讲的讲读方式，对于培养学生精读书籍的能力，起着重大的作用。其他课程也要指导学生阅读课文，尤其是其中的重要公式、定律、定义、事实、结论、图表以及关键词句等。

指导学生阅读教科书时，有些地方应逐字逐句讲解，有些名词、术语需要透彻底地解释，有些定义、原理必须确切地合乎逻辑地论证。这样，对逐步培养学生精读教科书的习惯，有着重要的作用。教材中比较容易理解的部分，教师不需要再作详细的讲解，可以要求学生自己阅读，培养他们独立阅读的能力。

总之，讲授、问答、读书指导是传授和学习间接知识的三种主要方法。一般说，需要由教师运用讲授的，是那些学生难以独立掌握的内容；那些学生有一定知识基础，在教师引导下可以独立得出结论的知识，可以采用问答；而那些比较容易的教材，可以指导学生从教科书的阅读中独立获得知识。在教学中，上述三种方法又必须相互配合：讲授是用得最普遍的方法，它能充分地发挥教师主导作用，在较短时间内，传授较多内容，但往往不如问答那样易激起学生的积极思维，所以必须辅之以问答；学生年龄愈小，问答采用得较多，但使用时比较费时，许多不是以旧知识为基础的教材或较困难的教材，都不适宜用这种方法；讲授、问答能突出教材的重点、难点和关键，能适应学生的实际情况，但不如阅读教科书那样能培养独立钻研的能力，所以，又必须辅之以读书指导；然而仅仅依靠阅读教科书来掌握教材，对中小学学生来说，又是很困难的，需要通过长期的训练，学生才能养成独立钻研教科书的能力。

指导学生阅读课外读物是读书指导的另一个方面。这个问题将在谈到课外活动的部分加以论述。

以上几种方法是学生获得大量间接知识的手段，但间接知识必须和直接知识结合起来。在讲授和问答中教师要引起学生的有关的表象，运用他们已有的直接知识。在教科书中，学生也会看到许多图形、照片，会遇到许多他们直接经验过的事实。但仅仅依靠这些直接知识是不够的，还需要借助其他方法获得直接知识。以下几种方法主要是使学生获得直接知识的，它们也是验证间接知识的方法。

（四）演示　演示是教师陈示各种实物或其他直观教具、进行示范实验，使学生获得关于事物或现象的感性认识的方法。演示不仅用于传授新知识的阶段，也可用于巩固旧知识的阶段。它不仅对自然、物理、化学、生物等课程的教学有特殊意义，在其他课程的教学中也经常运用。

演示的材料和方式是多种多样的：有实物、标本、模型、图片、图表、地图、照片、实验、教学幻灯、教学电影以及黑板绘画等。采用不同材料所进行的各种方式的演示，都各有特点和作用：演示实物的真实感最强，但许多实物不可能在教室中演示，而必须以标本、模型、图片等来代替它；整套的图片、模型、幻灯片等往往能表现事物的发展过程,显示事物的内部情况和事物的结构;为了突出对象的某一部分,也常运用模型、图片;为了观察事物的变化,常进行演示实验;电影最能表现事物的运动和发展,也能显示许多肉眼所不可能看到的或不可能在短时间内看到的现象;黑板绘图用起来简便而有效,特别是在缺乏现成的直观教具的条件下,它就显得更有价值。

演示的作用在于向学生提供感性材料,因而教师演示的事物或现象应使全班学生都能清晰地感知,在必要和可能时还应使学生运用多种感官参加知觉过程。

教师在演示直观材料时,应该进行讲授与问答,引导学生在知觉过程中进行分析、综合,使他们认识事物的主要特点和事物的变化发展。

教师应在课前对演示材料作充分准备和检查,以保证演示顺利进行。

演示直观材料往往是配合讲授、问答等方法进行的。在传授书本知识时,可以先演示,使学生具有一定的直接知识,然后讲授,得出结论。也可以先讲授,然后用演示来证实讲授的结论。因此教师必须十分重视演示,但又不能为演示而演示,为直观而直观。如果演示的材料不是学习书本知识所需要的,这种演示就是无目的的;如果演示的事实和现象是学生已经了解的,这种演示就成为不必要的;如果学生从演示中得到一些感性知识,但不能把这些知识和书本知识结合起来,这种演示也是无效果的。所以,演示如何与讲授、问答等密切结合,是一个重要的问题。

(五)参观 参观是教师根据教学要求,组织和指导学生到校外一定场所,如自然界、工厂、公社、博物馆、展览会等,直接观察实际事物及现象,以获得感性知识的方法。在参观中所观察的对象范围往往比较大,不是在课内或校内所能进行的。

在教学过程的不同阶段上,参观的目的和方式是不同的:一种是在开始学习某课题时,为了使学生积累一定的感性材料而组织的准备性参观;一种是在某一课题的学习告一段落时,为了用感性知识验证或巩固学生得到的知识而组织的总结性参观;一种是在学习某一课题的过程中,为了巩固和检查学生已经获得的知识,并且积累进一步学习所必要的直接知识,教师组织学生到某一特定的现场进行教学的并行性参观。

无论哪一种方式的参观,在进行前都必须拟订周密的计划和进行组织准备工作,向学生说明参观目的、方法、注意事项等。

在参观过程中,要有领导。要求学生注意听取叙述和解释,注意观察主要的事物和现象,指导他们收集有关的资料,并作适当的记录。在中学学生,尤其高中学生参观时,有时还需要指导他们进行调查、访问或测量、绘图等活动。在整个参观过程中,教师要注意维持学生的纪律,还要注意安全教育。在这些方面,教师应发挥学生干部的应有作用。

在参观之后,要有小结,指导学生整理材料、坐谈观感、写参观报告或布置其他作业和活动,以加深和巩固这些知识。

参观的目的是为了供给学习书本知识所必需的直接知识,它应该和传授书本知识的讲授、问答等方法密切结合。参观应有明确目的,注意效果。如果学生对学习的某种书本知识,已有了足够的直接知识,就不必再组织参观。通过参观后的坐谈、报告、小结等,可以使学生把所获得的直接知识和书本知识结合起来。

演示和参观,都需要指导学生进行观察。但是有些在课外、校外进行的观察,不是在教师直接领导下进行的,而是由教师布置任务,说明方法,然后让学生独立进行。这种观察也称为独立观察。

(六)实验、实习　实验是学生在教师指导下,利用一定的器材设备,在一定条件的控制下,引起事物或现象的某种变化,从观察这些变化中获得直接知识的一种方法。实验既可以使学生获得一定的直接知识,使书本知识和实际事物联系起来,也能培养学生独立进行实验的能力。

在物理、化学、生物等课程教学中,实验是一种重要的方法,它是在实验室、农业实验园地中进行的。实验可以在教学过程的各个阶段进行。在学习书本上的理论知识之前进行的实验,可以使学生获得学习书本知识所必需的直接知识;在学习理论知识之后进行的实验,可以使学生用直接经验来验证理论。在实验的组织上,有小组的和个别的两种方式,后者更有助于培养学生独立实验的能力。

在实验前,教师应编写实验作业的说明,准备材料和仪器。同时要向学生说明实验目的,实验所依据的原理,实验的过程,材料和仪器的使用方法,以及各种应注意的事项。有时还应进行示范。

在实验过程中要进行具体指导,个别帮助。对学生的实验操作要提出严格要求。

实验结束后,教师要进行小结,并要求学生写实验报告。

实习是学生在教师指导和组织下,从事一定的实际工作,从工作中掌握一定的技能、技巧以及有关的实际知识的一种方法。这种方法与实验有不少类似之处。它对于取得直接知识,以验证和巩固书本知识,养成实际工作的技能、技巧,具有特殊作用。如数学的测量,生物的动物饲养和植物栽培,物理、化学、生产知识的生产技术实习等的教学中都需要运用这种教学方法。

对实习的要求大致与实验一样。教师在实习前和实习过程中,要对学生加强指导。除讲明目的、操作方法、注意事项外,教师的实际操作的示范或指定一两个学生试做,是学生实习顺利进行的重要条件。此外,随着学生独立工作能力的提高,可以逐步培养他们自己设计某些实习作业,发挥学生的创造精神。在实习结束之后,教师要检查成果和评阅实习报告。

实验和实习的主要目的,都在于取得一定的直接知识,使它和书本知识联系起来。因此,这种方法应和书本知识的讲授密切结合。如果进行实验、实习是在讲授书本知识之前,则在讲授书本知识时,应让学生回忆从实验、实习中所获得的直接知识;如果进行实验、实习在后,则应该首先让学生复习已学得的书本上的原理,明确实验和实习的理论根据,还要通过小结及实验、实习报告,加深书本知识与直接知识的联系。

以上几种方法(演示、参观、实验、实习等)的主要目的都在于提供直接知识,验证间接知识。这几种方法和讲授、问答、读书指导等方法配合起来,能使书本知识和实际知识联系起来,有助于学生掌握书本知识。

(七)练习 练习是学生在教师指导下巩固知识,培养技能、技巧的方法。

练习在各种教学中都得到广泛的运用。练习的类型很多,在每门课程中都有许多需要进行练习的方面,也都带有该课程本身的特点。例如,小学语文就有朗读、默读、背诵、写字、抄写、听写、默写、填空、造句、仿作、改写、缩写、独立作文、分辨字词的音形义、分辨句型、标点、分段、说明段落大意、加标题等等练习。虽然各科教学中的练习方式有不同特点,但练习的步骤一般是这样的:首先由教师提出练习的任务,说明要求和方法,作必要的示范;然后由学生独立练习(有时还先进行半独立性练习),教师进行个别指导;最后,教师在检查学生练习的基础上进行分析和小结,指出缺点,进行批评表扬,提出改进要求。

进行练习时,教师必须使学生明确练习的目的和要求。只有当学生了解了为什么要练习,要达到怎样的要求,才可能有较高的自觉性和积极性。

练习必须有计划、有系统地进行,经常连续,持之以恒。练习的进行要遵循循序渐进的原则,由浅入深,由简单模仿到发挥一定的独立性和创造性,由单一的练习到综合性练习。练习的要求是逐步提高的,既应是学生力所能及的,又应保持一定的难度。过分困难或容易的练习,都不可能引起学生的积极性。同时在基本要求统一的前提下,还应注意个别对待。

练习必须保持恰当的分量。所谓"多练",一方面是指通过多种方式进行练习,练习的多样化可使学生掌握各种必要的技能、技巧,也可增加学生的学习兴趣;一方面是要求保持足够的和适当的次数,特别是那些最重要的知识、技能,学生最容易发生错误的地方,更需要进行多次反复的练习。有了非常娴熟的"基本功",才可能学好更复杂更高深的知识、技能。但是也不宜盲目地追求练习数量,加重学生负担。

要正确安排和分配练习时间。一般说,一种新知识的运用,新技能、技巧的练习,在开始时,两次练习的时距宜短些,次数须多些,随后可以逐渐延长两次练习的时距和减少练习的次数。一次练习的时间,总的来说,不宜过长。

教师应要求学生以严肃认真、一丝不苟的态度对待练习,并养成自我检查、订正的能力和习惯。同时,教师对学生的练习要进行及时的、认真的检查、批改和评定,指出每一个错误,或加以修改。对于潦草马虎的作业,要给予适当的批评或要求重做;对于优秀的作业和作业中所表现的进步,即使是微小的进步,都应给予鼓励。

熟记教材是练习中的一种。它的作用是巩固和加深学生的知识。许多课程都需要熟记教材。例如语文和外国语的有些课文应要求学生背诵。背诵是我国语文教学中行之有效的一种传统方法。因为文章的意思,必须经过反复诵读才能体会。古人有"书须成诵"的说法。文章多读、熟读,才能成为自己的东西,到写作时才能运用自如。数学中的九九表、规则、公式,物理、化学中的一些基本概念的定义和一些重要的定律,历史中的重要事件的年月、主要朝代、重要人名,地理中的重要地名等都需要牢牢记住。

熟记教材也必须有明确的目的性,使学生理解熟记某些教材的必要,明确熟记的要求,如准确性、完整性和牢固性等。在一般情况下,应在理解的基础上熟记。在熟记中,应该要求学生把"熟读"和"精思"结合起来,在熟读过程中,注意教材的逻辑性和各部分的联系,它的要点、中心等,以逐步提高对教材的理解。在反复阅读与思考之后,合上书本,进行背诵,也是提高熟记积极性和效果的方法。此外,教师还应该指导学生正确地组织熟记。如果是较短的教材,则整体熟记比部分熟记好,即整个地阅读和复习全部教材比分段熟记效果较好;

如果是很长的课文,则往往用综合熟记法,即先通读,然后分段熟记,特别注意熟记较难的部分,最后再复习全部课文。

练习是一重要的教学方法。这是因为中小学的教学,要求学生既要牢固地掌握基础知识,又要熟练地掌握有关的基本技能,不通过练习,就难以使知识巩固,也不可能获得娴熟的基本技能。但是练习应该和其他教学方法结合起来,特别是应该和讲授、问答等正确结合运用。

在各门课程中,特别在语文、数学等工具课程中,讲和练的结合非常重要。讲练结合要求在讲授了一部分教材以后,能够组织学生练习的,就应立刻进行练习,这样可以加深学生对教材的理解,巩固知识,并获得运用知识的技能。同时,教师也可以及时发现学生知识的缺陷,提高学生的学习积极性。在充分练的基础上,就能顺利地进一步学习新的教材,所以要边讲边练。练的内容要根据讲的内容,练的重点也往往就是讲的重点。当然,也可以用专门的课来讲授,或进行练习。但在一般情况下,在一节课中应该既有讲,又有练,讲练结合,"精讲多练"。所谓"精讲",不是主次不分、平均用力,而是把重点、难点、关键讲清楚,用较少的时间,讲主要的内容,通过精讲使学生有较充分的时间和较好的知识基础进行练习。所谓"多练",就是反复地练,多方面练、用多种方法练,既在课内练,也在课外练。通过练习,学生可以对知识加深领会,有利于精讲。总之,精讲才能多练,多练才能精讲。

（八）讨论　　讨论也称课堂讨论。讨论是学生根据教师所提出的问题,交流意见,相互启发补充搞清问题的方法。它的作用在于使学生学会钻研问题,加深对知识的体会。这个方法运用时要求学生有较丰富的知识基础、较高的自学和独立钻研能力,因此,在中学高年级某些课程教学时可以运用,而在高等学校则用得较多。

在讨论前,教师应提出讨论题和讨论的具体要求,指导学生搜集有关资料（如阅读教科书和参考材料,进行调查访问等）,认真准备意见。

讨论时教师应启发、引导。既要使学生自由发表意见,又要围绕题目,抓住中心,进行讨论。在讨论中,教师不能包办代替。

讨论结束时教师应作总结,指出发言中的正确意见与错误意见,分析某些论点,并作必要的补充,同时也可提出进一步思考的问题。

讨论这种方法一般是结合讲授、阅读教科书、参观、实习等教学方法进行的。

教学方法并不限于上述几种。例如让学生设计制造一样东西、研究某一问题，也是一种教学方法。在研究问题的活动中，教师要指导学生确定正确的研究题目，搜集有关资料，解决问题，进行总结。又如在音乐、图画等课程中，还有欣赏的方法，对著名歌曲、名家绘画的欣赏，是音乐、图画课中的一个内容，在语文课的文艺性课文教学中，也用到这种方法。欣赏与一般观察不同，它主要是通过学生自己的情绪体验来实现的。在欣赏过程中，教师要给予必要的指点；欣赏之后，有时可以讨论，评述欣赏对象价值。

教师选择教学方法的根据 在教学中，教师选择教学方法时要考虑如下几方面：

（一）具体的教学目的任务 在教学过程的不同阶段上，在每节课上，具体的教学目的任务是不同的，因而也就应该选用不同的教学方法。在传授新知识时，为了向学生提供一些感性认识的材料，就要用演示、参观等方法，为了使学生能把感性认识提高到理性阶段，就要通过讲授、问答等方法来实现；在培养技能、技巧时，往往用实验、实习以及各种练习；等等。

（二）课程的性质和教材内容的特点 课程的性质与教学方法的选择有很密切的关系，特别是在中学，一门课程的主要、常用的教学方法，往往与这门课程有关的科学的研究方法相联系。例如在物理、化学等课程的教学中，实验就占有更重要的地位，而在语文、历史等课程的教学中，就不用实验这种方法，而读书、作文等就成为主要的方法。

在同一课程中，教材内容也还有不同的特点。例如数学、物理教材中，有概念性的内容，也有计算性的内容。在语文教材中，有文艺性的教材，也有常识性的教材；有诗歌，也有记叙文、应用文和议论文等。因此，就应相应地选用不同的方法。

（三）学生的年龄特征、个别特点、知识水平以及班级情况 年级愈低，在一节课中运用同一种方法的时间愈短；长时间的讲授和练习作业，一般在中学高年级才比较适用。

一些独立活动较多或要求较高的方法，如实验、实习等，一般在小学就选用得少。即使同样一种方法，如独立观察，对于不同年级的学生，在要求上也应有所不同。

学生知识基础不同，在运用问答、演示等方法时，就要有所区别。在学生对某课题已有一定基础时，可以选用问答；在学生对某事物或现象缺乏感性认识基础时,应用演示。

选择教学方法时,还要注意班级特点:如学生的表达能力、思维的灵活性、知识水平的差距等情况。

（四）考虑周围环境条件和学校设备状况　农村学校和城市学校、工矿区学校和住宅区学校,周围环境不同,因此有些教材在一地区可以通过参观使学生得到一些必要的感性认识,而在另一地区则只能选用演示等方法。

由上可见,教师应根据教学原则的要求,从实际出发,选用恰当的教学方法。不重视教学方法或脱离了目的、内容而孤立地考虑教学方法,都会有碍于教学上取得良好的效果。

第二节　教学形式

教学形式的概述　教学是通过一定的形式进行的。古代各国学校中盛行的是个别教学形式。我国封建社会时的书院、私塾的教学也就属于这种形式。当时,虽然教师也集许多学生于一堂,但是是采用个别传授和学习的形式进行教学的。

随着资本主义的发展,教育机会扩大了,学生人数增多了,教学内容增加了,这样,个别教学的形式也就不适应新的情况。欧洲在十六、十七世纪产生了班级上课的形式,即课堂教学的形式。十七世纪时,夸美纽斯对这种形式最先作了阐述和概括。以后,这种制度逐渐为欧洲各国所采用,并且逐渐完备起来。我国在十九世纪六十年代,兴办学堂,开始采用这种形式;从本世纪初废科举、兴学校以后,逐步地在我国普遍采用了课堂教学的形式。

二十世纪以后,有些资产阶级教育家认为,同一个班级的学生,他们的学习能力快慢不同,程度参差不齐,主张按"能力"分组（分团）和升留级机动灵活的各种"弹性升级"的教学形式,以适应所谓学生的个性差异。另一些资产阶级教育家则进而认为,以上这些教学形式还都不能彻底解决班级教学所产生的困难,只有采用所谓"个别的、自我的教导",才能真正适应学生个性的差异。道尔顿制（道尔顿实验室制）[①]和文纳特卡制[②]就是这种自学和个别指导的教学形式。它们强调学生个人的"自由",贬低教师在教学中的地位和作用,片面地夸

[①] 美国教育家帕克赫斯特于1920年在马萨诸塞州道尔顿市道尔顿中学创立。以自由、合作、时间预算为原则。——编校者

[②] 由美国教育家华虚朋提出。1919年起在伊利诺伊州文纳特卡镇公立学校进行实验。其特点为提倡教学个别化、学校社会化。——编校者

大了班级教学的一些限制，反对课堂教学的形式，并且把自学和个别指导的形式与课堂教学的形式绝对地对立起来。二十年代时苏联一些学校推行的"分组实验室教学法"，就是道尔顿制的一种变种。1932年受到苏联共产党中央的批判，同时指出教学的基本形式是课堂教学。新中国前我国少数中小学也试行过道尔顿制。实践证明，这些教学形式废除了作为教学基本形式的课堂教学，形成了教学上放任自流的现象，降低了教学的质量。实用主义教育学派的设计教学法，主张由学生自发地决定学习目的和内容，用学生自己设计、自己负责实行的单元活动代替班级授课。活动程序一般为决定目的、订立计划、实行、评价。这种以活动代替课堂教学的形式破坏了知识的系统传授和教师的主导作用。

在社会主义国家的中小学中，都是把课堂教学作为教学的基本形式的。课堂教学虽是基本的教学形式，但不是唯一的教学形式。为了使学生获得自觉的、巩固的知识，形成他们的技能、技巧，发展他们的独立工作能力，让他们进行一些创造性的、独立性的活动，就要在提高课堂教学质量的同时，指导学生的自习和课外作业。为了发挥有特长学生的才能，帮助成绩较差学生的学习，因材施教，就要在加强班级教学的同时，认真进行个别辅导。课外作业和个别辅导，就是重要的教学辅助形式。而且年级愈高，愈要多采用一些其他的教学辅助形式。此外，各科教学还要尽可能地与课外活动联系起来，如进行课外阅读、参观访问、科技活动等。对这些活动，教师也应进行指导。

只有在以课堂教学为教学的基本形式的同时，配合运用其他的辅助教学形式，才能全面实现教学任务，提高教学质量。在我国中小学中，既反对削弱课堂教学的任何做法，也反对把课堂教学当作唯一的教学形式，而忽视其他的教学形式。

课堂教学 课堂教学是教学的基本形式。要完成教学任务，首先要搞好课堂教学。

课堂教学这种形式，是教师按照固定的日课表，在规定的时间内，对一个有固定学生人数的班级，根据各门课程的教学大纲所规定的教学任务，选择各种恰当的教学方法进行教学。

我国城镇的中小学，学生人数众多，都是单式的班级编制。在农村的小学，有时由于学生人数不多，或由于教室不敷分配，于是把两个或两个以上年级的学生合在一个教室中进行课堂教学，这称为复式的班级编制。它采用复式的教学形式，即教师对一个年级的学生讲授时，其他年级学生做作业或自习，这样有组织有计划地交替进行教学。

课堂教学所以是学校教学工作的基本形式,是因为教学的任务主要是依靠课堂教学来完成。在课堂教学中,教师能充分发挥主导作用,向学生有计划地系统地传授知识、技能,进行思想教育。这种形式也能发挥班级集体的作用,促进学生学习上的相互观摩。同时由于是在同一时间里向整个班级学生进行教学,所以也是一种比较经济的教学形式。

课的类型和结构　　教学过程各个阶段所完成的具体任务是不同的,有传授新知识,巩固知识,养成技能、技巧,检查知识等。每一节课都要完成一定的教学任务。根据课所完成的任务不同,可以分成若干类型。不同类型的课又有不同的结构。课的结构指一节课的组成部分(或"环节")及其顺序。但是,把课的结构凝固化,视为在任何条件下的一种不变的公式,要求教师按照固定的"环节"顺序进行教学,对教学是不利的。过去赫尔巴特学派的"五段教学法",也就是把每节课的教学阶段凝固化,要求教师在任何情况下都应用它。这种形式主义的做法,在实践中证明是有害的。

中小学教学中,大多数课都是包含着传授新知识,巩固知识,养成技能、技巧,检查知识等任务,或者包含其中某几种任务。这种课一般称为综合课。在这种课上,不是每节都一定划出专门的时间进行复习和检查旧课,有时在传授新知识的同时,联系有关的旧知识,也起着复习和了解学生的作用;有时也划定专门时间,在传授新知识以前对旧知识进行复习和检查,这样做可以督促学生经常复习和巩固知识,同时也能使新旧知识联系起来,有助于学生理解新知识。一般说,传授一定的新知识和巩固知识、培养技能和技巧往往是结合在一起进行的:当教师运用讲授、问答、阅读教科书等方法传授新知识的同时或结束以后,常常组织学生进行各种口头的、书面的或其他的练习,边讲边练,讲练结合,既传授了新知识,巩固了新知识,也能形成应用新知识的技能、技巧。这种做法加强了学生的活动,也就能提高学生的学习积极性。特别是在小学的低年级,以上述方式组织一节课,更显得重要。在课上,教师根据需要,有时还安排一定的时间向学生布置课外作业,有时也在课上对学生的课外作业进行检查和评定。综上所述,可见综合课的任务是多方面的,课的组成也相应地分成几个部分。但是并不是每一节综合课都负有同样的任务,都是同样的结构。课的几个组成部分如何安排,哪个在前,哪个在后,更没有一定的不变的程式。一般说,低年级采用综合的形式比较多,这是由于低年级每一节课的教材比较简单,学生的课外作业时间比较少,而他们在课上的注意力集中和持久的时间又比较短。

有些主要完成一个特定任务的课,可以称为单一课。在中学高年级,有些课程需要在一节课甚至几节课中从头到尾讲授新知识,这类课可以叫做传授新知识的课。在这类课中,有时需要陈述与新教材有关的旧知识。而叙述事实,呈示直观材料,并进行分析概括,得出结论,经常是交错在一起的。一般是从具体事实到理论概括,但有时也可先提出结论,再用具体事实去论证,在课结束前,教师有时根据需要作简要的复述或其他形式的复习、检查,布置必要的课外作业。

各门课程中,往往有一些基本技能需要集中的、较长时间的专门练习,也有一些课程是以技能训练为主的,因此,又有一类专门培养技能、技巧的课。在这一类课上,一般应先使学生明确练习的目的,复习和提供与练习的作业有关的知识,必要时,教师进行适当的示范。然后学生进行独立的练习,教师巡视指导。练习结束,有时由教师作扼要的小结,对练习进行分析与评定,或再布置一定的课外作业。但这类课的进行,它的结构也不是固定不变的。例如有时学生的练习也不是一口气进行的,也就是说,可以是练习、小结、再练习、再小结,交替进行;同样,示范也可以与练习交替进行,有时也可指定学生试做,代替教师的示范。有一些课程的课堂教学,如体育、音乐等,它们几乎经常是通过学生一系列的练习所组成的。

此外,还有一类以巩固知识为主要任务的课。在传授新知识的时候,一般也注意了知识的巩固,例如有意识地联系旧教材,反复讲授某一些教材,要求学生背诵、复述等,这些日常复习,在学生学习中是完全必要的。日常复习应及时,前后应有连续性。但是只有日常复习是不够的。为了把知识系统化起来,又有必要在教材的一个单元、一个段落的学习之后,系统地复习这些教材,在学期和学年末,往往还应对教材进行全面的总结性复习,这就要安排专门的巩固知识的课。在这类课中,基本上没有传授新知识的要求,但旧知识的重新组合,也往往包含着新的因素。复习的方法和形式是多种多样的。有时可要求学生根据教师的布置,在课前先进行一定的准备。上课时,可以由教师作系统的概括的讲授,可以进行问答、或指导学生阅读教材,可以在教师领导下进行讨论,也可以通过各种练习,如演算综合性习题,绘制使知识系统化的图表以及其他归纳、比较性的作业,还可以运用实验作业或参观。此外,有时巩固知识又往往和检查知识联系在一起。这类课上,一般是先复习,后检查;但也可先检查,再根据检查情况进行有的放矢的复习。

最后还有一类检查知识和技能、技巧的课,或是口头考查,或是书面测验,或是分析书面作业等。有时候,也把它们结合起来进行。这类课,一般说来,结构比较简单些。

课的类型也还可以根据教学方法,分为讲授课、问答课、实验课、实习课、练习课等单一课和综合几种主要教学方法的综合课。而在各门课程中,又可根据各自的教学任务、教材性质和教学方法的不同划分各种类型的课。

上课 课的进行是一个复杂细致的过程,一节课的顺利进行和成功取决于许多条件。主要有如下几方面:

(一)明确教学目的。教师必须在钻研教学大纲和教材,并在了解学生知识的基础上,正确地决定一节课的目的,提出具体的恰当的要求。在一节课中有时要求完成几项具体任务,这就必须分清主次,处理它们之间的关系。同时,每一节课又都是课的体系中的一个不可缺少的部分,因此,又必须明确它在整体中的地位和作用。所以,一节好的课首先表现在它的一切教学活动,都是为了实现规定的目的,尤其是集中力量解决其中的主要任务。

(二)根据一节课的具体目的,并从学生的年龄和原有知识水平出发,恰当地选择和组织教材。在内容安排上,既应抓住教材的重点、难点和关键,又要顾及教材的系统性;同时注意新旧知识间的联系,教材与实际的联系。一般说,教师传授的教材内容在精不在多,有时也可适当作一些补充,但主要内容应该紧扣教科书的内容,补充的材料是与教科书的内容有联系的,并且为它服务的。

(三)正确选择和运用教学方法。教学方法的选择主要应服从于课的目的、任务,教材的性质和特点以及学生的年龄特点。运用时要遵循教学原则,注意各种教学方法的特点和要求。选择和运用教学方法特别要注意激发学生学习的积极性,实现理论与实际的结合。根据选择的方法,在课前还要准备必要的教具。

(四)严密地科学地组织好一节课,要求教师按课时计划有条不紊地工作,充分地发挥每一分钟时间的效能,紧扣各个环节,毫不松懈。同时教师要注意维持良好的课堂纪律。课堂纪律不好的原因是很复杂的,如思想教育薄弱,师生关系不正常,教学质量不高等。只有通过长期的耐心的工作,才能经常保持良好的纪律。就一节课来说,教师首先要把课上好,自始至终吸引住学生的注意力。组织教学工作是贯穿在整个课上的,教师要具有一定的组织教学的技巧。但是不宜花过多的时间,单纯进行组织教学工作。

一节课是好是坏,是成功是失败,最终还得看教学效果如何,即学生理解了多少,掌握了多少,这可以从课的进程中学生的反应、学生完成的各种形式的作业以及考查、考试中进行了解和检查。

备课 备好课是上好课的前提。教师的备课是一项经常的细致的工作。备课一般可以分为：学期（或学年）备课、单元备课和课时备课三种。在学期（或学年）开始前订出学期（或学年）的教学进度计划，规定总的要求和每个单元或课题的进度、时数等。在一个单元或一个课题的教学之前，拟出单元或课题的计划，规定单元或课题的目的要求、划分课时、安排课的体系等。在每节课前订出具体的课时计划，即教案。教案一般包括：教学目的、课的类型和结构、教学进程（其中包括每一教学环节的要求、内容、教学方法、时间分配、作业题等）、教具等项。一般说，新教师和缺乏经验的教师应写详细教案，有经验的教师可以写比较简单的教案。

对教师备课的要求，主要是钻研教材和了解学生两方面。首先，教师应从钻研课程的全部教材着手。在学年（或学期）开始前，教师要钻研所担任课程的教学大纲，通读全部教材，了解它的体系、内容、教学的目的、任务和邻近课程及前后开设的课程的内容。在单元备课和课时备课前，教师要进一步深入钻研每个单元、课题和课时的教材及其重点、难点和关键。了解整个教材，才能明确每一部分教材的地位，它和其他部分教材的联系；深入钻研每一部分教材，才能明确它的内容和意义，它的重点、难点和关键。这样，在教学时才能有明确的目的。教师对教材钻研得愈深透，教学的效果就会愈好。

同时，教师还应了解学生。要使学生能够接受教师传授的教材，就必须了解学生的原有基础，他们已掌握的知识、技能的质量如何，并预料他们接受新知识会有哪些困难；要了解学生的兴趣、需要和思想状况，预料他们在学习新知识时会采取怎样的态度；也要了解学生的学习方法和学习习惯；还要预料成绩特别优秀的和成绩较差的学生或有某些思想问题的学生，在学习时会产生怎样的问题。教师深入了解学生，教学才能有的放矢，才能卓有成效。

钻研教材和了解学生是备课的主要内容，应该在这个基础上制订学期（或学年）的、单元的、课时的计划。

教师要备好课，就必须以个人独立钻研为主，同时进行适当的集体交流。如果不通过自己的独立钻研，仅仅按照别人的教案，依样画葫芦，那么对教材的体会必然不深，对教学目的以及具体的教学进程也不可能理解得很明确。但个人的智慧能力都是有限的，必须集中集体的经验和智慧，通过集体研究，取长补短。教研组中集体交流不必涉及教学中的所有问题，而应讨论最主要的问题，如教学目的、重点、难点等。对教学方法不应强求一律，由教师根据班级特点和本身条件,吸收他人之长,发挥个人的创造性。在实践之后,还应认真总结自己的经验,虚心听取别人的意见。

课外作业和课外辅导 课外作业是教学工作的一个有机组成部分,从它与课堂教学的关系来说,是课堂教学的延续。因为在课堂教学中,教师只能完成传授知识、技能的主要任务,而不是全部任务。在课上,学生虽然也开始理解和记住这些知识,但要牢固掌握这些知识,就非得经过他们自己的独立思考和复习工作不可,而技能、技巧的养成,也不是单在课堂教学中可以实现的。

这种教学形式的特点,在于它是学生根据教师的要求,在课外进行的一种独立的学习活动。学生在完成课外作业的过程中,不是在教师直接指导下进行的,也没有像课堂教学那样有组织的集体形式和学习条件。因此,它要求学生发挥一定的独立性。这样,课外作业也就有助于培养学生的独立思考和独立工作能力。

课外作业的内容应根据教学大纲与教科书的要求,帮助学生把在课堂中所学到的知识、技能更加巩固和娴熟起来,大致有:关于阅读教材的作业,如复习、预习教科书;各种书面作业,如回答问题、演算习题、绘制图表等;各种实践活动的作业,如课外实验、观察、测量等。

对教师布置和学生完成课外作业有如下的主要要求。

教师布置的作业应该符合教学大纲的要求,也要符合全班学生的一般水平。作业要具有一定困难性,而经过学生自己的努力又是可以克服的。

课外作业的分量应该适当。教师应按学校规定的各科上课时间与自学时间的比例来确定作业的分量。一般说,年级愈低,课外作业的分量愈要轻些,时间愈要短些。各科课外作业必须平衡,避免学生学习负担过轻过重的现象。

布置课外作业时,教师要进行明确的和必要的指导:在布置时,应向学生提出作业的要求和方法,明确完成的时间,指出作业中可能遇到的困难;对一些特别困难的作业,有时可先在课内完成一部分,或先进行类似的半独立性作业,让学生初步掌握完成这些作业的方法和步骤。同时,教师还应经常与家长取得联系,为学生创造完成作业的条件,统一对学生作业的要求。

教师在对全班学生提出统一要求的前提下,对于不同类型的学生,如成绩优秀的学生或成绩较差的学生,要承认差别,因材施教,采取不同措施。对于前一类学生,有时可布置一些较难的补充作业;对于后一类学生,则应加强辅导,帮助他们完成作业。

教师要培养学生进行课外作业的良好习惯。一般有如下几方面:要求学生每天在课外复习当天的功课和完成当天所布置的作业,并养成先复习课文,再进行课外作业的习惯;要求学生有一定的作息制度和计划,独立地完成作业,不抄袭同学的作业;要求学生养成对作业进行自我检查的习惯。

对于学生的课外作业,教师要认真及时检查和批改。这样才能及时了解学生的学习情况和教学的效果。

课外作业的批改,教师根据作业的性质、内容及其他具体条件,可以用书面批改或口头当面批改,也可以是全批全改,重点批改或轮流批改等。许多教师往往感到批改作业的负担过重,挤掉了备课和课外辅导的时间。如果课堂教学质量高,而且在课上进行了充分的复习和练习,则课外作业的质量也就会提高,学生在作业中的错误也会减少。这样,也就可以减少批改作业的时间。可见,问题的关键还在于提高课堂教学的质量。

对于检查和批改的结果,教师应进行分析研究,在以后的课堂教学中有计划地解决学生知识中存在的问题,如进行作业分析、复习和练习,或通过个别辅导弥补学生的知识缺陷。

一般说来,学生的知识基础并不是完全一样的,他们对于新知识的理解程度,对于技能、技巧的掌握情况,也往往有参差的现象。因此,不可能在一节课内解决每个学生学习上的全部问题。在课后,有些学生可能会产生新的困难,有些学生又可能产生新的要求。所以,为了及时克服和防止学生成绩落后的状况,满足一些有特殊才能的学生的要求,必须加强课外辅导。

课外辅导是贯彻因材施教的重要措施之一。一般是采用个别的或小组的方式。它是一种教学的辅助形式。

在进行课外辅导前,教师首先应对学生进行调查研究,认真分析全班学生的学习和思想状况,确定进行辅导的对象。辅导的对象一般是学习上有困难的学生,或者是那些有特殊才能的学生。但对一般学生也应有辅导机会,通过直接接触更好地了解他们,同时注意他们的变化。

教师根据辅导对象的不同问题,分别确定辅导内容和措施。例如对成绩落后的学生,解答他们提出的疑难问题,或进行一些必要的补充讲授,弥补他们知识上的缺陷,指导他们学习的方法,同时要启发他们的学习积极性,增强他们的学习信心,帮助他们克服学习上的障碍。对成绩优秀的学生,应在课堂教学的基础上,布置一些能发挥他们特长的、提高性的补充作业,介绍补充的参考读物。对于因故缺课的学生,要及时给他们补课。同时,对于各类学生都应帮助他们端正学习目的和态度,进行学习方法的指导。

课外辅导是由教师对个别学生或小组进行的。集体辅导只在有共同问题时宜于运用。学生之间在学习上的互助是可以的，但是要出于自愿，而且不应妨碍优秀学生自己的学习。

课外辅导是必要的，但只有在保证课堂教学质量的前提下，才可能发挥更大的作用。因此，既要防止忽视课外辅导的现象，也要避免以辅助形式的课外辅导，代替基本形式的课堂教学的情况。

与教学有联系的课外活动 课外活动有校内的，也有校外的，这些活动的内容在教学计划和教学大纲上没有规定，但它们也是有目的、有计划、有组织的活动，是实现教育目的的不可少的一条途径。课外活动的方面很多，有社会政治活动、科学技术活动、公益劳动、体育文娱活动等。这些活动对学生德育、智育、体育的发展有很大好处。这里只分析与教学联系密切的那些课外活动。

课外活动与教学有密切联系，是课堂教学和课外作业等教学形式的必要的补充。在课外活动中，学生能够扩大自己的知识领域，有比较多的机会从事实践活动，从中获得一些直接知识，受到一些实际锻炼；同时，也能使学生学会运用在课堂教学中获得的知识、技能和技巧；并可激发学生的学习兴趣，培养他们的独立工作能力。

课外活动与课外作业不同，它不是课堂教学的延续。课外活动的内容不受教学计划与教学大纲的限制，而是由学生根据自己的特长和兴趣，自愿参加的。活动的形式更是灵活多样，可以是个别的、小组的、全班的，甚至全校的。但是，在这些活动中，教师要负责组织指导，同时也可以在较多的机会运用各方面的力量。只有在教师的指导下，使这些活动与课堂教学联系起来的时候，才可能更有助于教学任务的完成。也只有在这个时候，这些活动才是教学的一种必要的补充形式。

课外阅读是一种重要的课外学习活动。低年级学生就开始阅读课外书籍，随着年级升高，学生的阅读数量增加了，范围扩大了。从阅读中，学生获得许多知识，也影响着他们的思想。所以，各科教师都有责任进行课外阅读指导。首先应帮助学生选择书籍。选择的书籍应对学生是有益的，适合他们程度的；也包括能结合课内学习的，或能扩大学生知识领域的书籍。其次要进行读书方法的指导，向学生介绍书籍的时代背景、中心内容，分析正确的或错误的因素，帮助学生解决疑难问题。此外，还可以组织学生座谈、报告或写读书心得。

学科小组、技术小组的活动也是重要的课外学习活动的形式。学科小组的活动一般和课堂教学内容联系较为密切，但不完全限于课堂教学的范围。学科小组活动是对某一学科中的某些专门问题进行较深入的钻研,如阅读有关的书籍、资料,进行调查研究、实验、解答难题、组织报告等。各科教师应负责相应学科的小组活动。技术小组有木工、金工、无线电、模型制造、植物栽培、动物饲养等。这些活动的要求应随年级而不同。进行时,一般应先使学生掌握与活动有关的知识或技能,指导他们阅读有关资料,回忆和运用有关学科中学到的某些基本原理或由教师提供必要的知识或技能。活动进行中,教师应和学生一起研究活动内容,进行设计,帮助他们解决困难问题,并提出必要的建议,有时还可请实际工作者和专家协助指导。在活动结束时,教师还要和学生一起进行总结。总之,在这些活动中,教师既要积极指导,又要避免包办代替,要发挥学生的主动性和创造性。只有这样,才能更好地培养学生的实际工作能力。

在社会政治活动、公益劳动、体育文娱活动等课外活动中,也都能扩大学生的知识范围,使学生获得一定的直接知识,学会运用有益的书本知识。因此,在进行这些活动时,教师除了要进行思想教育外,还必须向学生介绍有关知识,引导他们回忆有关的书本上学到过的知识,指导阅读和收集有关资料。同时,可以组织必要的参观、访问、调查等活动。然后通过讨论、分析资料和总结,把实践中得到的一些感性知识,尽可能地提高到理性认识水平,使直接知识和书本知识密切地联系起来。

由上可见,课外活动是教学的补充形式之一。学校必须认真开展课外活动。课外活动组织者有团队、学生会、班主任、各科教师、校部和校外教育机关。学校领导与班主任必须统一领导,统筹安排,不要使学生的课外生活单调、活动无组织性,也不要使有组织的课外活动过多过重,以免影响学生的正课学习和身心健康。

知识、技能的检查和评定　　知识、技能和技巧的检查和评定是教学工作中不可缺少的部分。检查和评定学生的知识、技能和技巧的质量的作用在于了解学生的学习状况,督促学生复习功课,巩固和加深所学的知识、技能和技巧;学校和教师以检查和评定的结果为依据,决定学生的升、留级,并制定改进教学工作和教学领导工作,提高教学质量的措施。

中小学主要有两类检查:一是考查,即平时在课堂教学、课外作业和辅导中所进行的检查;一是考试,包括阶段的、期中的和期末的考试。

(一)考查　　考查的方法常用的有课堂提问、检查作业、书面测验等。

课堂提问　　课堂提问是检查中的一种经常而普遍运用的方法。它的特点在于教师在检查时能直接看到学生的反应，了解回答的质量，而且可以根据需要进行适当的启发或提出追问、反诘。

课堂提问可以要求学生口头回答，也可以板面回答。在提问时，还可结合运用各种直观教具。教师向全班学生提出问题之后，应给学生有一定的思考时间，要求学生举手，然后指名回答，同时要求其他学生注意倾听，准备订正和补充。对于提问对象，教师应有计划有安排，应比较普遍。教师要耐心听取学生回答得是否正确、完善，回答完毕时要作评语，有时还可要其他学生共同纠正回答中的错误。对详细的提问，应予评分。

检查作业　从学生完成的作业中，教师可以及时检查学生的知识、技能的质量。作业包括课堂作业和课外作业。这些作业或是书面的，或是其他形式的。对学生的作业，教师应严格要求，及时检查，一般给予评分，有时还作评语。

书面测验　书面测验是教师在比较短的时间内，通过学生的书面回答，了解全班学生学习情况的一种有效方法。书面测验一般在学完一个课题、一个单元时举行，也可以在教师认为必要的任何时候举行。但测验时间宜短，一般在10—20分钟之间，必要时偶尔也可用一节课的时间。进行测验时，可事先通知学生复习功课，作好准备；也可以事先不通知，要求学生经常复习功课。一般说来，测验以事先不通知为好。测验后，根据成绩评分，或作评语。有时还需要进行测验分析，进行总结。

（二）考试　考试是总结性检查时采用的一种方法。通常在学期中间的某些阶段和学期末进行，称阶段考试、学期考试。考试次数不宜过多，也不宜过分集中。各科的阶段考试过多，过分集中，容易打乱学生学习的正常秩序，形成所谓"跟考试跑"的现象，也会造成学生学习的负担过重。例如在小学，语文、算术每学期可举行一次或两次阶段考试和一次学期考试，其他课程就不进行阶段考试，只进行学期考试。

考试主要有口试和笔试两种方式，它们各有特点。口试时，教师可以在学生回答之后，进行补充提问，较深入确切地了解学生的学习质量。口试的试题考签上一般有二、三个题目，难易大小适当搭配。进行时先由学生抽考签，然后用一定时间准备，再向教师回答，必要时，教师可提补充问题。笔试时，全班学生所回答的都是相同的题目，便于教师评价和比较全班学生的成绩。一般说来，考试的试题应属于教学大纲中的主要内容；试题要有一定数量，试题太少，会影响检查的效果和可靠性；试题的性质既要有理解性的题目，也要有记忆性的题目和检查技能、技巧的题目等。教师如何命题，在很大程度上影响着学生的学习方法。考试时具体采用哪一种方式，取决于传统习惯、课程性质及其他条件。在我国中小学，大都采用笔试，也有些教师在某些课程中采用口试。

考试和复习往往是联系的。在考试前，教师要预先了解学生掌握知识的情况，研究教学大纲的要求，针对教材中的主要的、基本的概念，关键问题和学生的知识缺陷进行复习。同时注意培养学生正确的复习方法，端正他们对待复习和考试的态度。

正确的评定能够充分发挥检查的作用，并使学生了解自己学习的成绩。成绩好的，得到鼓舞；成绩差的，因而警惕。评定学生的成绩，有不同的做法。一种是百分制记法。这种记分法以一百分为满分，六十分为及格。另一种是等级制记分法，例如我国传统记分所用的"优、良、中、可、劣"，"甲、乙、丙、丁"等即是。苏联采用五级制记分法，即分"5、4、3、2、1"五个等级，以 5 分为优秀成绩，3 分为及格。学校和教师要根据教育行政部门规定的"学生成绩考核办法"中的记分法来评定学生成绩。

评分时，教师无论是用什么记分法，必须力求客观公正，不能根据对学生的平时印象，或学生的行为表现等，任意增减；也不能凭主观要求，偏严偏宽。教师评分时要严格按照教学大纲的要求，拟定试题的评分标准，一般要考虑到如下几方面情况：学生掌握知识的范围、对知识的理解程度、巩固情况、运用知识的能力、表达能力和错误的数量与性质。

考查成绩与考试成绩如何综合计算总成绩，目前还没有统一的办法。一般说，学生的最后成绩主要应根据考试成绩，而考试成绩中又应主要根据学期的考试成绩，但是也需同时参考平时考查成绩。教师要注意学生成绩的倾向是逐步提高的，还是有所降低，要以全面的发展的观点评定学生的成绩。

有些资产阶级教育家为了求得所谓客观的、准确的、概括的、经济的考试方法，采用教育测验，编制了各种"标准测验"和"量表"。凡测验所用的题材，应占的时间，施行的手续，记分的方法，都有已经求得的标准的，谓之标准测验。按题材的难度，用统计方法制成单位相等的分数的排列，以核算测验的结果的，谓之量表。我国在新中国前也编造了一些中小学课程的标准测验。但所谓标准测验并不是以课程的教学大纲本身的要求为依据，而是取决于在部分学生中取样测验结果的平均数。这样的平均数可能和教学大纲的要求有很大的距离。在我国，国家有规定的教学大纲和教科书，考试就应以此为标准，而不应另订标准。

有些资产阶级教育家提倡单纯使用"是非"、"选择"、"填充"等简单的测验式的方法，认为它比考试更客观、概括、准确、经济。实际上这种所谓"非正式测验"有很大的机遇性，而且侧重机械记忆。

考试的结果是学校决定学生升、留级的根据。学校应该严格执行国家规定的升、留级制度。因为学生如果主要的课程考试不及格，任其升级，则在以后的学习中将造成极大困难。例如小学的语文、算术，如果学年成绩经过补考还有一科不及格，就不得升学或毕业。但升、留级又必须十分慎重。许多学生在留级后，学习积极性大为降低，往往造成一再留级的现象。所以，教师平时就应对学习差的学生加强辅导，以努力减少和尽可能消灭留级现象。同时，对留级生应特别耐心辅导，关心他们的思想和学习。

检查和评定的最终目的在于改进教学，提高教学质量。因此，在检查的基础上，要对学生掌握知识、技能、技巧的质量进行细致的分析，并提出改进教学，弥补学生知识缺陷和技能、技巧不足的措施。如果是全班共同的缺陷和问题，应在下一阶段的教学中予以补救；对于个别学生的问题，则应及时加强个别辅导。

第八章 思想教育的意义、任务和内容

思想教育是教育工作中的一个重要方面。为了培养坚强的革命后代,必须重视社会主义的思想教育。要使学生具有爱国主义和国际主义精神,具有共产主义道德品质,并逐步培养工人阶级的、马克思列宁主义的几个基本观点。为了实现这个任务,就必须进行爱国主义和国际主义教育,社会主义和共产主义的教育,共产主义道德品质的教育,阶级观点的教育,劳动观点的教育,群众观点和集体观点的教育,辩证唯物主义观点的教育等。贯穿在这些教育内容中,作为它们的核心的,是阶级和阶级斗争观点的教育。

第一节 思想教育的意义和任务

思想教育的意义 思想教育也称思想政治教育,或思想品德教育。它包括三个方面的教育:政治思想、道德品质和基本观点的教育。

政治思想是人们对待阶级和国家的立场、观点。道德品质是人们处理相互之间和个人和社会之间的关系的思想和行为习惯。所谓基本观点,也称为哲学观点,是人们对待一切事物包括自然和社会的最基本的看法。立场、观点、方法是统一的,而在人们的世界观中,立场总是首要的和基本的。思想认识必须在实践中形成,思想认识是否正确,要经过实践的考验。所以在意识与实践中,实践是更基本的一个方面。

政治思想、道德意识、哲学思想,这都是社会意识形态,是社会的上层建筑,是一定的经济基础的反映,是为经济基础服务的。在阶级社会中,政治、道德、哲学等思想意识都是有阶级性的。统治阶级的思想意识是为统治阶级的政治、经济利益服务的。

在儿童、青少年的教育中,思想教育是极其重要的一个方面。我们在前面几章中已经谈到过,构成人的精神世界的东西,一是知识技能,一是思想品德。有些知识技能本身并没有阶级性。例如自然科学和技术科学方面的知识技能。一个人把他的知识技能用来为谁服务,例如是为资本主义服务,还是为社会主义服务,决定于他的政治思想。所以政治思想起着统帅的作用。

在过去的阶级社会中,统治阶级都非常重视思想教育,把思想教育看作教育中的第一位工作。例如在封建教育中,学生虽然要学习诗书礼乐和词章等方面的知识技能，但教育家都认为教育的最重要的任务是教人"做人"，也就是培养"孝悌忠信"等思想品德。在资本主义教育中，学生学习的知识技能更丰富、更广泛，但资产阶级的教育家，如洛克、赫尔巴特等，都认为教育的主要任务是培养德性。

过去的统治阶级又特别重视在儿童和青少年时期进行思想教育。因为他们知道思想品德必须从小打好基础。一方面在这个时期，人的可塑性最大，容易接受教育的影响，另一方面，如果在这个时期，养成的思想品德不符合统治阶级教育的要求，以后要想除掉这些影响，改变他的思想品德，就会遇到很大的困难。朱熹在《小学》的序中就说："古者小学，教人以洒扫应对进退之节，爱亲敬长隆师亲友之道，皆所以为修身齐家治国平天下之本；而必使其讲而习之于幼稚之时，欲其习与智长，化与心成，而无扞格不胜之患也。"

在旧社会中，剥削阶级的思想意识是维护反动统治阶级的利益的。它们的思想教育也是反动统治阶级的斗争工具。例如我国封建教育一直是以"三纲五常"的封建礼教为中心，它所要维护的无非是封建社会的政权、族权、神权、夫权。在资本主义教育中进行的是"自由"、"平等"、"博爱"、"民主"、"爱国"等的思想教育，它的目的是要维护资本家对劳动人民的剥削和统治。但是剥削阶级极力掩饰这些思想教育的历史性和阶级性。他们把"三纲五常"说成是"奉天承运"的永远不变的"道"，说成是先于具体事物而存在的"天理"；把抽象的"自由"、"民主"等说成是"自然的法则"，说成是超阶级的意识。他们所进行的思想教育，就是要蒙蔽受教育者，使他们看不到这些思想意识只是为少数统治者服务的。所以剥削阶级的思想教育是灌输剥削阶级的思想意识的，具有极大的虚伪性、欺骗性。

社会主义学校的思想教育，与资产阶级及一切剥削阶级学校的思想教育有着本质的区别。我们学校的思想教育是无产阶级的思想教育。无产阶级的思想教育，不是建筑在维护个人和少数剥削者的利益的基础上，而是建筑在无产阶级和广大劳动人民的利益的基础上，建筑在马克思列宁主义的科学共产主义的理论基础上。这种思想教育是革命的、科学的。

思想教育是社会主义教育中的一个极其重要的组成部分。我们的教育方针应该使受教育者在德育、智育、体育几方面都得到发展，成为有社会主义觉悟的有文化的劳动者。无论搞哪种生产斗争的人，都离不开社会，因而也离不开阶级斗争。我们所培养的人必须既懂政治，又有文化。但政治思想终究是灵魂，是统帅。它决定人们把自己所学到的文化用来为谁服务。所以思想教育应该受到极大的重视。列宁说过："应该使培养、教育和训练现代青年的全部事业,成为培养青年的共产主义道德的事业。"①毛泽东同志也说:"不论是知识分子,还是青年学生,都应该努力学习。除了学习专业之外,在思想上要有所进步,政治上也要有所进步,这就需要学习马克思主义,学习时事政治。没有正确的政治观点,就等于没有灵魂。"②

我们的思想教育是要提高受教育者的社会主义觉悟,也就是无产阶级觉悟。为什么要不断提高无产阶级觉悟?因为我们现在要建设社会主义社会,要支持全世界被压迫人民和被压迫民族的斗争,完成世界革命。将来还要建设共产主义社会。要完成这样的任务,就要进行激烈的长期的阶级斗争。在社会主义阶段中,国内还存在着阶级和阶级斗争,封建的、资产阶级的思想意识和习惯势力的影响也还存在。而在国际上,则有帝国主义分子、反动派、现代修正主义分子企图颠覆我们,消灭我们。所以我们必须培养坚强的革命后代。如果我们的后代没有高度的无产阶级觉悟,没有无产阶级的革命意志,不能明辨是非,站稳立场,敢于斗争,敢于胜利,那么,我们的国家就有资本主义复辟的危险。所以思想教育工作是极端重要的。

我国青少年生长在新社会中,有共产党的领导,受到党的教育,受着社会主义的学校教育,团队的教育和好的社会环境的影响,社会各方面关心后一代的教育,应该说,在儿童的思想意识中,无产阶级思想影响占着主导的地位。在这种有利条件下,我们的青少年完全有可能成长为革命事业的接班人。但又必须看到,我们的国内外的阶级敌人正在和我们争夺青少年,他们有意识地用各种方法对青少年的思想进行腐蚀、毒害,企图在青少年儿童身上实现资本主义复辟的目的。而且旧社会遗留下来的各种思想意识、习惯势力和小生产者自发的资本主义倾向,也通过各种途径影响青少年。还有些人用宗教迷信影响青少年,也有坏分子引诱儿童赌博、偷窃、做投机买卖等。新中国以后生长的青少年没有受过剥削和压迫,没有经历过残酷的阶级斗争,不了解劳动人民在旧社会所受的痛苦,不了解阶级敌人的阴险毒辣,不体会革命事业的艰巨和社会主义幸福生活的可贵。因此对于资产阶级思想的侵蚀,往往缺乏抵抗力。如果不加强共产主义思想教育,就有被阶级敌人拉过去的危险。那种认为青少年"生在

---

① 列宁:《青年团的任务》,《列宁选集》第4卷,人民出版社1972年版,第351页。
② 毛泽东:《关于正确处理人民内部矛盾的问题》,《毛泽东选集》第5卷,人民出版社1977年版,第385页。

新社会，长在红旗下"、"不会受资产阶级思想影响"的想法，是不正确的，是一种缺乏阶级分析和阶级斗争观念的糊涂思想。还有人认为，在社会主义社会中生长出来的人自然而然会有社会主义思想，也是不正确的。因为科学的社会主义思想是不可能自发地形成的，而是要逐步灌输到青少年心理中去的。在社会主义社会中，既能受到马克思列宁主义的教育，也能受到资产阶级思想和各种旧思想的影响，如果不进行社会主义思想教育，儿童的头脑就会被资产阶级思想、封建思想等所占领。思想上的真空状态是不可能存在的。

中小学思想教育的任务 中小学教育就是要培养坚强的革命后代。中小学思想教育的基本任务，就是要不断提高学生的无产阶级觉悟。有高度阶级觉悟的人，能站稳无产阶级的立场，捍卫无产阶级的利益，具有阶级的敏感性，能在复杂的社会现象中觉察阶级斗争的形势，进行阶级的分析；能自觉地认识无产阶级的责任和使命，愿意为无产阶级以及全人类的解放事业贡献自己的一切力量，甚至不惜牺牲自己的生命。有高度阶级觉悟的人也就是坚强的革命者。

要培养无产阶级的觉悟，就必须对学生进行无产阶级思想的教育，克服资产阶级思想和其他反动思想的影响。不树立无产阶级的思想，就没有和资产阶级思想进行斗争的武器和力量；不和资产阶级思想影响进行斗争，就不能树立无产阶级思想。无产阶级思想总是在和资产阶级思想不断进行斗争中发展壮大的。

要把中小学生培养成为坚强的革命后代，就要考虑中小学的性质和中小学生的年龄特征，提出中小学思想教育的具体任务。

首先，中小学思想教育，必须使学生具有爱国主义和国际主义精神，拥护共产党，拥护社会主义，愿意为社会主义事业服务，为人民服务。政治思想是灵魂，是思想意识中的决定因素。阶级觉悟主要表现在政治态度上。拥护共产党的领导，拥护社会主义的道路是衡量政治态度的最重要的两条标准。而且不能只是在口头上拥护，应当通过行动表现出来，就是愿意全心全意地为社会主义事业服务，为人民服务。这是我们所培养的中小学学生都应当达到的标准。如果我们培养的学生不拥护社会主义，不拥护共产党，不爱社会主义的祖国，不爱劳动人民，这不等于是为阶级敌人培养后代吗？但是中小学在政治思想教育的要求上是有差别的。对小学生只能培养初步的爱祖国、爱人民的思想，对中学生则可以培养爱国主义和国际主义精神。

其次，中小学的思想教育，必须使学生具有共产主义道德品质。道德是阶级斗争的工具。共产主义道德品质是无产阶级进行斗争的工具。它是把劳动人民团结起来,推翻旧社会、建设新社会的工具。一个人有没有较好的共产主义道德品质,也是有没有较高的阶级觉悟的标志。一个在政治上非常坚定的革命者,往往对自己的道德品质提出严格的要求,而如果不具备共产主义道德品质,也往往使一个人在政治上蜕化变质。具有道德品质不只是指具有道德观念、道德感情,而且要表现为道德行为,许多道德行为还应该成为习惯。许多道德品质要及早培养,使它成为优良的习惯。在封建时代,"洒扫应对进退之节,爱亲敬长隆师亲友之道"①,被认为是好的道德品质,要求学生们"讲而习之于幼稚之时,欲其习与智长,化与心成"②。我们的许多共产主义道德品质也应该"讲而习之于幼稚之时",以后习惯成自然,也就"无扞格不胜之患"了。所以在小学,要特别重视培养许多基本的行为习惯。品德教育是小学思想教育中的一个重要内容。但这不等于说,在中学就可以不重视道德品质教育了。道德品质的培养应该长期地、坚持不懈地进行。

再次,中小学的思想教育还应该逐步培养学生的工人阶级的阶级观点、劳动观点、群众观点和集体观点、辩证唯物主义观点。这四个基本观点是马克思列宁主义对待一切事物的根本看法和态度。不仅对待政治问题和道德问题,而且对待其他的各种问题也都要运用这些观点。它们是马克思列宁主义的哲学观点。这种观点是工人阶级的世界观。资产阶级所具有的是和这些观点相反的一些观点。例如,和无产阶级的阶级观点相反,他们具有的是资产阶级的阶级观点;和无产阶级的群众观点和集体观点相反,他们具有的是个人主义观点;和无产阶级的劳动观点相反,他们具有的是轻视体力劳动和体力劳动者、主张劳心劳力分离的观点;和无产阶级的辩证唯物主义观点相反,他们具有的是唯心主义和形而上学的观点。所以要培养无产阶级的基本观点,就必须和资产阶级的基本观点进行斗争。对一切问题都能采取这些根本的看法与态度,就说明一个人有了较高的阶级觉悟。这些基本观点不是在中小学就能培养好的,但在中小学就要逐步加以培养。在中小学中,特别在小学高年级和中学中,在处理政治、道德以及其他问题时,要逐步引导学生对问题进行较深入的分析,也就是把问题提到基本观点方面来分析,使学生更自觉地掌握这些观点。到了高中,还应该通过辩证唯物主义常识这门课程,使学生从理论上认识这些基本观点。当然,基本观点的培养还要通过实践。

---

① 朱熹:《小学·序》。——编校者
② 朱熹:《小学·序》。——编校者

中小学的思想教育就是要完成这样几个方面的任务。这几个方面的任务都是不可少的,而且是相互联系的。政治思想的教育是极其重要的,是思想意识中的决定因素。道德品质教育也很重要,它是阶级斗争的重要武器,特别在小学,培养某些基本的品德的教育更要受到重视。思想教育不能只是就事论事,应该逐步引导学生掌握基本观点。政治觉悟提高了,有助于道德品质的培养,而对政治漠不关心和落后保守,也往往导致道德品质上的腐化堕落。但反过来,道德品质的修养也有助于政治思想的提高,道德的败坏往往造成政治上的变质。基本观点的形成,对于政治思想、道德品质教育是很重要的,如果不是有意识地形成基本观点,则学生可能在某些政治道德问题上有正确的观点,而在另一些问题上又没有正确的观点。可见,这几方面的教育是相互联系的。

第二节 思想教育的内容

思想教育的几个主要方面的内容 根据中小学思想教育的任务,思想教育有以下几项主要内容:

(一) 政治思想教育方面

爱国主义和国际主义教育 要教育学生热爱祖国。因为,我们的祖国是社会主义的国家,在这里已经废除了阶级的和民族的剥削和压迫。我们要让学生了解,祖国在党的领导下如何推倒了压在人民头上的三座大山,在社会主义革命、社会主义建设中取得了多么巨大的成就。让学生看到,我们的祖国坚持马克思列宁主义的路线,实行马克思列宁主义的正确的内外政策。使学生从事实中体会我们的国家不愧为伟大的国家,我们的人民不愧为伟大的人民,我们的军队不愧为伟大的军队,我们的党不愧为伟大的党。

马克思主义者对祖国这个概念是要进行阶级分析的。我国历史经历过奴隶社会、封建社会以及半封建半殖民地社会。社会上分为剥削阶级、统治阶级和被剥削的被统治的劳动人民。我们要求学生热爱的决不是奴隶主阶级、封建地主阶级、买办阶级、官僚资产阶级,更不是他们的政权。正是这些阶级的残酷的剥削和压迫,造成了广大人民的贫穷和落后,造成了我国社会的停滞不前。学生应当热爱的是我们社会主义的祖国,是我们伟大的中国共产党。应当热爱我国的劳动人民和他们所创造的财富与文化,以及他们英勇斗争、勤劳勇敢的品质。过去的反动派往往把我国的封建的糟粕当成国粹,向青年学生大肆宣扬。这是应当批判的。还要反对资产阶级的狭隘民族主义。

要教育学生热爱祖国的人民。要让他们了解，全体人民团结起来，就会有无穷的力量。我国是多民族国家，要教育学生尊重兄弟民族的风俗习惯，加强民族团结。

无产阶级的爱国主义和国际主义是相互联系的。要教育学生关心和支持全世界被压迫民族和被压迫人民的斗争，认识被压迫民族和被压迫人民的斗争对我们社会主义国家也是一种支持。要使他们把实现无产阶级世界革命当作自己的奋斗目标，要知道在世界上还有许多民族和人民受压迫，应当努力建设，支持他们的斗争。要教育学生在革命的原则上维护社会主义国家的团结。要和任何民族自私、大国沙文主义的思想进行斗争。

在教育学生热爱社会主义祖国和全世界革命的人民时，必须同时教育他们憎恨祖国的敌人，革命的敌人。要教育他们憎恨妄图颠覆和摧毁我们国家的社会帝国主义和各国反动派，憎恨在国内进行破坏活动、企图复辟的阶级敌人。要加强他们的国防观念，使他们争取应征入伍，在祖国需要的时候，准备拿起武器来保卫祖国。

在各科教学中，特别是在语文、政治、历史、地理等课程的教学中，以及在各种课外读物中有着极其丰富的进行爱国主义和国际主义教育的材料。但是学生不能只具有爱国主义和国际主义的观念，还应该有这方面的感情和行动。为了热爱祖国和支持世界人民的革命，应当要求学生努力学习、劳动，提高觉悟，锻炼身体，准备为社会主义事业服务，为人民服务。

社会主义与共产主义的教育 应该教育学生了解什么是社会主义和共产主义，要使他们懂得，社会主义是从资本主义到共产主义的过渡阶段，在这种社会中的生产关系的基础，是生产资料的社会主义公有制。分配的原则是"各尽所能，按劳分配"。有计划按比例的、高速度的发展是社会主义生产发展的根本特点。所以这个制度有无比的优越性。又要认识，在这个阶段中还有阶级和阶级斗争，还有社会主义和资本主义的两条道路的斗争。在这个阶段中必须实行无产阶级专政，必须有无产阶级政党的领导。要使学生懂得对国内外阶级敌人的颠覆、破坏活动和国外敌人的侵略必须进行专政，在人民内部则应该实行民主集中制。还要使学生懂得在社会主义国家中，必须在经济战线上、政治战线上和思想战线上，把社会主义革命进行到底；要发挥广大人民群众的积极性、创造性，有计划地进行社会主义建设；社会主义国家必须和全世界无产者和全世界人民联合起来，反对帝国主义和各国反动派，逐步实现无产阶级世界革命的完全胜利。也要使学生了解由社会主义过渡到共产主义的必要条件。当社会主义的生产力发展到了极高的水平,社会产品极大丰富了,全体人民的共产主义思想觉悟与道德品质都极大提高了,教育普及了并且提高了,工农差别、城乡差别、脑力劳动和体力劳动的差别都逐步消失了,国家职能对内已经不起作用了,在这个时候,社会主义生产关系将为共产主义生产关系所代替,将要出现"各尽所能,按需分配"①的社会。要教育学生热爱社会主义,向往共产主义。

必须引导学生对现代修正主义的观点进行坚决斗争,揭露和批判他们的错误:如认为社会主义社会中,已经没有阶级和阶级斗争;主张建立"全民国家"、"全民的党",在政治上搞自由化,在经济上搞资本主义复辟等。另一方面,也要使学生能认识敌我矛盾和人民内部矛盾的区别,社会主义和共产主义的区别,而不把它们混淆起来。

我们不只是要通过政治课和其他课程使学生获得关于社会主义和共产主义的观念,还要培养他们对社会主义和共产主义的热爱,愿意为社会主义和共产主义事业而终生奋斗;也要培养他们对帝国主义、各国反动派和现代修正主义的憎恨;这种爱憎应该在学生的行动中表现出来。

(二)道德品质方面

应该进行共产主义道德品质教育。这些道德品质是无产阶级和劳动人民的品质,和剥削阶级的道德品质根本相反。这些道德品质在社会主义社会中将得到充分的发展。全体人民共产主义道德品质的极大提高,是社会主义社会过渡到共产主义社会的重要条件之一。

要教育学生好好学习,天天向上,要求为社会主义和共产主义的远大理想而勤奋刻苦,珍惜学习时间,争取优良成绩,做一个品学兼优、身体健康的好学生。要教育学生抵制资产阶级个人主义的侵蚀。剥削阶级也鼓励学生勤奋学习,但他们鼓励学生为个人利益、为剥削阶级利益而努力学习。

要教育学生热爱劳动,认真劳动,养成劳动习惯,爱护劳动成果。教育学生学习劳动人民勤劳、勇敢、诚实、俭朴等优良品质。剥削阶级的道德品质是好逸恶劳、穷奢极欲、弄虚作假。要教育学生不懒惰、不说谎、不自私自利,不奢侈浪费抵制资产阶级的腐朽、丑恶、虚伪的道德的影响。

要教育学生爱护公共财物,遵守公共秩序。教育学生爱护集体,遵守纪律。例如,培养学生爱护学校图书、仪器、桌椅、房屋,节约水电;培养他们自觉地在

---

① 马克思在《哥达纲领批判》一文中首次提出。参见《马克思恩格斯选集》第3卷,人民出版社1972年版,第12页。——编校者

公共场所遵守秩序、遵守教室常规、遵守学校各项规章制度、遵守课堂纪律、遵守劳动纪律、遵守国家法令等良好习惯。要教育学生向破坏公共利益的一切坏现象进行斗争,对于不符合集体利益、违反制度等行为,对别人的错误,敢于提出意见,对自己的错误勇于承认和改正。剥削阶级的道德品质和这相反,他们用各种巧取豪夺的方法去占有公共财物,如贪污盗窃、投机倒把等,只要有可能,就可以为了私利,破坏国家的法律,违反制度,享受特殊利益。他们要求劳动人民遵守纪律,而自己却可以随意破坏纪律。要教育学生反对这些剥削阶级的道德,抵制它们的侵蚀,敢于同一切违法行为作坚决的斗争。

要教育学生尊敬教师和长辈,对同学、兄弟姐妹要互助友爱,对人要有礼貌。要求他们扶助老弱,帮助有病的和有困难的人。养成各种文明行为习惯。在社会主义社会中,教师和父母固然要热爱儿童,关心和爱护儿童,以平等态度对待儿童;也要教育儿童尊敬师长,接受教师和长辈的教导,关心和照顾老年人,同时,对教师在教学中存在的问题能够提出自己的建议性意见,对长辈的错误意见能坚持原则,耐心说服。在同学、兄弟姐妹之间,建立有原则的友谊。资产阶级在人与人的关系上不是这样。他们把师生之间的关系看成买卖关系,学生对教师可以视若路人;父母子女之间、兄弟姐妹之间也往往只是一种冷酷的金钱关系;同学之间为了争名次、等第、助学金等,可以明争暗斗、勾心斗角。必须教育儿童和这些资产阶级思想品德的影响进行斗争。

(三)基本观点方面

阶级观点的教育　要进行关于阶级和阶级斗争的教育,这是思想教育中的最基本的内容。只有树立了无产阶级的阶级观点,才能树立无产阶级的其他观点。

进行阶级观点的教育,就是要使学生了解自有阶级以来,人类社会的历史就是阶级斗争的历史,阶级斗争是社会发展的动力。阶级斗争是不可避免的、不能调和的,剥削阶级是不会自动放弃剥削的。也要使学生了解为了推翻资本主义制度,必须进行无产阶级革命,建立无产阶级专政;革命的基本问题是政权问题,资产阶级总是千方百计加强自己的政权力量,决不会自动下台的,历史上还没有无产阶级通过和平的道路取得政权的先例。也要使学生了解,在社会主义社会中,虽然在经济上推翻了剥削制度,但还是有阶级和阶级斗争,还存在社会主义和资本主义两条道路的斗争,而且这种阶级斗争还是长期的、复杂的、曲折的,工人阶级取得政权只是革命的开始,而不是革命的终结。

要教育学生认识人们的思想意识是由一定的阶级利益决定的,各种思想无不打上阶级的烙印,无不反映一定的阶级立场。资产阶级和无产阶级具有不同的对立的阶级意识,例如资产阶级以剥削为荣、以劳动为耻,无产阶级则以劳动为荣、以剥削为耻;资产阶级认为"人不为己,天诛地灭",无产阶级则主张"为人民服务"。因此要教育学生在观察和处理问题时,必须站稳无产阶级的立场。

也要教育学生在观察和处理问题时,必须运用阶级分析的方法。要使他们善于从社会各个阶级的经济、政治地位和阶级间的关系出发,去观察和分析各个阶级的态度、动向,能分清敌友、明辨是非、掌握政策,而不至迷失方向。

要形成无产阶级的阶级观念和阶级感情,就必须对学生进行革命传统教育。必须使学生了解在旧社会中剥削阶级如何进行残酷的剥削和压迫,劳动人民遭受怎样的灾难和痛苦,劳动人民如何在中国共产党的领导下,和反动阶级进行了长期的、艰巨的、尖锐的斗争,在斗争中革命前辈如何英勇地、艰苦地奋斗,革命先烈如何壮烈地、慷慨地献出了自己的生命。也要使学生了解新中国以后各个时期中阶级斗争的事实,特别要使他们了解本村、本社的阶级斗争历史。这样就可以使他们懂得剥削阶级如何残酷,被压迫人民为什么要革命,懂得过去的苦,感到今天的甜,因而大大激发他们的阶级感情,提高他们的阶级觉悟。

进行阶级教育,还应该使学生了解当前的阶级斗争,提高学生的阶级警惕性。使学生认识到,被推翻的反动统治阶级还企图复辟,小生产者有着自发的资本主义倾向,不断出现新的资产阶级分子。还要使他们看到,被推翻的剥削阶级还把他们的幻想寄托在青年一代的身上,妄图腐蚀我们的青年,以实现他们的复辟阴谋。

要使学生了解,建设社会主义,向共产主义过渡,实现无产阶级世界革命的胜利,是一个相当长期的任务。在这个时期中,还会遇到许多困难和挫折,还会要求我们牺牲许多暂时的个人利益。因此必须对学生进行艰苦奋斗的教育。要求他们在工作上不避艰苦、不怕困难,在生活上艰苦朴素、勤俭节约。毛泽东同志说:"要使全体青年们懂得,我们的国家现在还是一个很穷的国家,并且不可能在短时间内根本改变这种状态,全靠青年和全体人民在几十年时间内,团结奋斗,用自己的双手创造出一个富强的国家。社会主义制度的建立给我们开辟了一条到达理想境界的道路,而理想境界的实现还要靠我们的辛勤劳动。有些青年人以为到了社会主义社会就应当什么都好了,就可以不费气力享受现成的幸福生活了,这是一种不实际的想法。"①

要树立阶级观点,就必须反对资产阶级的"超阶级"观点,特别要进行反对现代修正主义的教育。要让学生认识,阶级和阶级斗争的观点是马克思列宁主义的灵魂,而现代修正主义恰恰是抛弃了阶级和阶级斗争的观点。他们宣传阶级调和,认为不通过革命也可解决阶级矛盾,反对被压迫民族和被压迫人民的革命,要求他们和帝国主义"和平共处",要求无产阶级把一切希望寄托于"和平过渡";反对社会主义国家在经济、政治、思想战线上进行阶级斗争,把社会主义革命进行到底,主张建立"全民国家"、"全民党";他们为帝国主义和反动派涂脂抹粉,麻痹人民的革命斗志,放弃阶级分析的方法,要求人们相信帝国主义和反动派的"明智";他们宣扬资产阶级的"和平主义"、"人道主义"、"福利主义",宣扬资产阶级的"自由"、"平等"、"博爱"。必须使学生能辨识这些观点的错误,在反对修正主义的斗争中锻炼自己的阶级意识。

总之,要教育学生树立革命的理想,培养革命的意志,立志做革命战士,为战胜一切阶级敌人,打倒帝国主义和反动派,建立一个没有帝国主义、没有资本主义、没有剥削制度的新世界而终身奋斗。

劳动观点的教育 要教育学生认识无产阶级对待体力劳动的看法和态度与资产阶级和一切剥削阶级的看法和态度有根本的区别。无产阶级是尊重体力劳动和体力劳动者的。马克思列宁主义认为,人类一切财富都是依靠劳动创造出来的,没有历代的劳动者辛勤地从事生产,并不断积累和发展生产经验,就不会有今天这样发达的生产力。要使学生懂得,不仅物质财富,就是精神财富,从根本的意义上说,也是由劳动人民创造的。科学家、思想家、艺术家不过是概括和总结了劳动人民的生产经验,整理和提高了劳动人民的艺术素材,他们的创造发明的最后源泉都是劳动人民的智慧。在劳动人民中也出现了许多伟大的科学家、思想家、艺术家。劳动不仅发展人们的体力,也发展人们的智力,人类的大脑、语言、思维能力都是在长期劳动过程中发展起来的。还要使学生认识,劳动人民是社会变革的决定力量,是革命运动中的主力,没有劳动人民起来参加革命,是不可能推翻旧的社会制度的。所以推动生产力发展和生产关系变革的都是劳动人民。

要教育学生认识,体力劳动和脑力劳动的分离和对立是一种历史现象。在

---

① 毛泽东:《关于正确处理人民内部矛盾的问题》,《毛泽东选集》第5卷,人民出版社1977年版,第386页。

剥削阶级社会中,才有"劳心者治人,劳力者治于人"的现象,体力劳动和体力劳动者才受到轻视。在社会主义社会中,体力劳动和脑力劳动的阶级对立已经基本消灭了,而且正在通过劳动人民学文化,知识分子参加劳动,逐步消灭二者之间的本质差别,使二者结合起来。所以无产阶级的劳动观点就是体力劳动和脑力劳动结合的观点。

要教育学生懂得,从国家的建设需要来看,他们绝大多数人应该参加生产劳动,而且由于农业是国民经济的基础,特别要参加农业的生产劳动。要他们懂得,在中学毕业后,升学或者参加生产劳动同样是国家需要的,同样是光荣的。

不但要使学生具有正确的劳动观念,还要培养强烈的热爱劳动和劳动人民的感情。要使他们从亲身的实践中体会,在生产劳动中有很大的学问;劳动的果实得来不易,必须珍惜劳动果实,必须勤俭建国、勤俭持家。要使他们体会,现在的劳动不是被剥削的劳动,是建设社会主义的劳动,这种劳动是愉快的,是光荣的。要使他们养成劳动的习惯,接近劳动人民,了解劳动人民的优良品质,因而热情地向劳动人民学习。

要培养劳动观点,就必须引导学生和资产阶级以及一切剥削阶级轻视劳动和劳动人民的观点进行斗争。我国在封建时代,就有"万般皆下品,唯有读书高"[①]的观念,认为入学读书,就是为了将来可以不参加劳动。在资本主义社会中,统治阶级也总是宣扬,一切发明创造都是知识分子的智慧的结晶,推动生产力发展的是知识分子,创造精神财富的是知识分子;引起社会变革,推动历史进步的,是知识分子中的少数英雄豪杰;并且认为体力劳动"平凡"、"简单"、"使人愚笨"、"太脏"、"太累"、"太丢人"等。在生产劳动中又特别瞧不起农业劳动。他们都认为体力劳动不如脑力劳动,劳动人民不如知识分子。这也就是体力劳动和脑力劳动分离的观点。这种观点是几千年流传下来的,在人们的头脑中是根深蒂固的。不和这种剥削阶级的观点进行坚决的斗争,就不能树立无产阶级的劳动观点。

群众观点和集体观点的教育 要教育学生认识,无产阶级对群众的看法和剥削阶级的看法是根本不同的。马克思列宁主义认为人民群众是历史的创造者;人民群众依靠自己的智慧和力量,能够自己解放自己。任何恩赐和代替群众斗争的观点都是错误的。要使他们认识领导者只能是人民的勤务员,树立全

---

① 出自宋代汪洙《神童诗·劝学》其一。——编校者

心全意为人民服务的思想,使个人利益服从党和人民的利益。为了党和人民的利益,可以牺牲个人的一切,甚至献出自己的生命。要使他们认识,要想为群众服务,就必须向群众学习,要和群众商量,把群众的经验和意见,经过概括和分析,系统地集中起来,再用来教育群众,变为群众自己的主张和行动。这就是工作中的群众路线。还要使他们确信,做任何工作,只有依靠群众的积极性和主动性,才能收到好的效果。要使他们认识,必须认真地、正确地执行党的政策。执行党的政策是对党负责,也是对人民负责,对党负责和对人民负责是一致的。

要使学生认识,在社会主义社会中,集体利益和个人利益基本上是一致的。应当努力使自己的个人利益服从集体利益,个人应当服从集体,集体有权力要求每个成员担负一定的任务。个人也必须严格遵守集体的纪律,执行集体所委托的任务。要教育他们懂得,只要是集体需要的,任何平凡的、细小的工作都是重要的。应当使他们相信,集体的力量大于个人的力量,集体的智慧大于个人的智慧。如果充分发扬民主,集中大家的智慧,得出来的意见就可能比较正确。所以在处理问题时,必须实行民主集中制;既要充分发扬民主,又要有集中统一。

要认真培养学生的集体主义情感。要使他们热爱集体,关心群众,以替集体做好事为荣,为个人谋私利为耻。要培养大公无私的精神,专门利人,毫不利己的优良品质。要使他们乐于做平凡的工作,做普通的螺丝钉,做无名的英雄。也要培养他们良好的工作作风和工作方法,例如在班级工作中善于走群众路线,善于执行民主集中制,能够自觉地遵守集体纪律,执行集体委托的工作,服从集体的要求等。

要培养群众观点和集体观点,就必须引导学生和资产阶级以及一切剥削阶级的个人主义观点进行斗争。剥削阶级认为历史的创造者是少数杰出的个人,群众的解放只有依靠这些少数个人发号施令,这些个人是站在群众之上的"超人",他们是群众的主人。他们把群众当作个人的工具,认为应该使集体利益服从个人利益,自私自利是人的本性,把个人利益看得高于一切。现代修正主义者所贩卖的正是这样的资产阶级思想,他们也是把历史的命运寄托于少数"明智"的领袖,而不是寄托于群众的斗争;也是大肆宣扬所谓个人的福利,个人的生命,个性的自由等等。如果不和这些个人主义思想进行坚决斗争,就不可能培养无产阶级的集体主义思想。

辩证唯物主义观点的教育 要教育学生理解事物是客观存在的,是有它的运动发展规律的。我们的主观意识是客观存在的反映。必须努力掌握客观的规律，使自己的思想符合客观实际，如实地反映客观事物的本来面貌。这就是唯物论的基本观点。

要教育学生理解事物的内部都存在着矛盾，矛盾的双方相互依赖而又相互斗争，推动事物的运动、发展。事物的内在矛盾是事物发展的动力。在阶级社会中，阶级斗争就是社会发展的动力。认识一切事物发展都有质的飞跃，在阶级社会中质的飞跃表现为社会革命。要有革命观点，要认识任何事物的发展总是由小到大、由弱到强。新生的事物是不可战胜的，被压迫的人民的革命是必然要胜利的。这就是辩证法的基本观点。

要教育学生认识，人类在实践中产生了感性认识，由感性认识又飞跃到理性认识。这是从物质到精神的飞跃。人们再从理性认识回到实践，把理论运用于实践，从而检查理论的正确性。这是从精神到物质的飞跃。实践、认识、再实践、再认识，如此循环往复以至无穷，我们的实践和认识就逐步提高了。这是辩证唯物主义的认识论。

要在实践中教育学生学会运用辩证唯物主义的观点来观察问题，要求他们重视调查研究，集中群众意见，总结经验，把理论和实际结合起来；要求他们善于分析事物的内在矛盾，使自己能掌握事物的本质，能全面地、深入地看问题。要教育学生既注意培养革命精神，又注意培养科学的态度、实事求是的作风。

要掌握辩证唯物主义的观点，就要引导学生和资产阶级以及其他剥削阶级的唯心论和形而上学观点进行斗争。唯心论者把意识看成第一性的，物质看成第二性的，认为意识可以决定客观存在。形而上学者认为发展只是事物的量的增减，发展是外力推动的结果，它否认事物的内在矛盾。我们如果用唯心论和形而上学的观点去观察问题，就会产生片面性和主观主义，就会使思想僵化和脱离实际，不能对事物作出科学的分析，就会犯修正主义或者教条主义的错误。现代修正主义者正是反对用唯物论观点去观察问题，抹煞马克思列宁主义的普遍真理，而用实用主义观点去观察问题；正是反对用辩证法的观点去分析事物的矛盾、社会的阶级斗争，而认为社会的发展依靠阶级的调和。教条主义者不作调查研究，不把理论和具体实际结合起来，他们不善于对事物作具体分析，往往混淆了社会主义社会的两类矛盾。还要教育学生反对宗教迷信，提倡科学。

思想教育内容的安排 以上是中小学思想教育的一些主要的具体内容。这些内容是互相联系、互相渗透、互相影响的。在实际教育工作中，这些方面的思想教育并不是一个个孤立地进行的。例如在进行爱国主义教育时，可以要求学生刻苦学习，加强团结，也可以引导学生接触一些基本观点。在对学生进行这些教育时,应该考虑儿童和青少年各阶段的年龄特征,学习、劳动和生活的变化,以及各种教育内容本身的逻辑体系。

从儿童和青少年的年龄特征来看,小学生的可塑性大,模仿性强,形象的思维占优势。因此,应当着重培养他们的基本的行为习惯,用具体的、生动的模范形象去影响他们,特别是不断地以革命先辈的光辉形象、英雄模范人物的先进事迹教育他们。中学生抽象思维逐步发展,判断推理能力有所增强,常常能独立地提出和讨论使他们激动的政治、道德问题;对思想品德的锻炼逐步发展了自觉的要求,能较正确地评价自己和别人的行为,意志力也有很大发展。因此,对中学生可以进行比较系统的道德、政治问题的基本理论教育,要求他们掌握一些道德规范、政治常识,形成基本观点;并且教育学生运用这些观点和知识来分析、解决问题;使他们做到即使没有教师的监督,也能按照原则行事。

从他们的学习、劳动和生活的变化来看,小学生,特别是小学低、中年级学生,学习的内容主要是语文、算术,知识较少,接触面不广,生活范围还多限于家庭和班级。因此,这个时期的思想品德教育应该更多地培养与日常学习、劳动和生活有关的一些品质和行为,如学习纪律、尊敬师长,对同学、兄弟姐妹要互助互爱,对人要有礼貌。要教育他们不懒惰、不说谎,培养他们勤劳、勇敢、诚实、俭朴等优良品质。小学高年级虽然仍以以上这些道德品质教育为主,但他们开始学习史地,能阅读供少年读的报纸,因此可以逐步加强爱国主义和国际主义的教育,革命传统教育等。中学生学习的课程较多,设立了政治课,他们参加生产劳动和一定的社会政治活动,有的参加了共青团,生活范围扩大了,知识、经验都增多了。因此,在这个时期应当更多地对他们进行政治思想教育,培养他们关心国内外大事,正确认识国际、国内阶级斗争的形势,培养和锻炼他们对真理和谬误的辨别能力,引导他们树立远大理想,为共产主义事业而奋斗。

从思想品德教育的逻辑体系来看,对学生进行教育时,只有按照由近及远、由浅入深、由易到难、由简单到复杂、由具体到抽象的原则来安排教育内容,才能收到教育效果。例如爱国主义教育,小学生对于社会主义祖国的认识,只能通过一些零碎的、个别的事实材料形成初步的爱祖国、爱人民的观念。而中学生则可以系统地了解祖国的政治经济制度,祖国的历史、地理和文化,党所领导的革命历史等等,他们对祖国的认识以及思想感情也就更深刻、更丰富。

学校和教师对于学生在各个学习阶段应该受那些思想教育要有一个大致的要求。例如在小学低、中、高年级、初中、高中各阶段中,大致要进行那些道德品质方面的教育。学校应该制定学年或学期总的思想教育计划,使各方面的工作依据总的计划结合自己的特点来制订自己的计划,确定思想教育的具体内容和要求。思想教育的特点是要从社会实际和学生思想实际出发。为了联系实际,思想政治教育在某个时期内可以有重点,有时以当前社会阶级斗争的某个突出问题为重点,有时以学校内部存在的某个突出的问题为重点,但抓重点也要适当地照顾到全面系统和经常的思想教育。学生在进入小学或初中、高中的第一学期和毕业的学期常有一些特殊的思想情况,需要进行思想工作。在一个学期中,开学时,期中考试、期末考试时也有某些经常会发生的思想,需要做工作。围绕几个大的节日也要进行思想教育。有经验的教师往往能根据经验,预料某个时期会有某些思想,应该如何进行工作。

第九章　思想教育的过程与原则

社会主义的思想教育过程有它的客观规律。学生在实践中产生了一定的思想认识,根据这种思想,进行说服教育,摆事实,讲道理;从接触具体事实,发展到进行理论的分析;提高了思想认识以后,再回到实践中去。思想教育的过程和教学过程比较起来,有它的不同特点。进行社会主义的思想教育要遵循的原则是:理论和实际统一,说服教育,在集体中进行教育,照顾青少年儿童的年龄特征与个别特点,各种教育力量的配合等。

第一节　思想教育的过程

社会主义思想教育过程的性质　要掌握思想教育的方法,必须掌握思想教育过程的客观规律。我们的思想教育只有符合客观规律时,才能获得成效。

社会主义思想教育的过程,同过去各种剥削阶级的思想教育过程相比较,具有不同的特点。

首先,在剥削阶级的教育中,思想教育的过程往往是一个压服的强制的过程。因为在剥削制度下,剥削者和统治者是要求被剥削者被统治者对他们绝对服从的。即使在统治阶级内部,某些人对他统治下的人是主人,对他上面的人又是奴才。例如在我国封建制度中,就存在着等级制和宗法制。各级臣仆要绝对服从"天子",子女绝对服从父母,妻子绝对服从丈夫。封建社会用各种礼法来维持这种统治关系。在教育上,也就采用压服的办法,来培养驯服的奴才。他们要使青少年懂得,对统治者是不能讲道理的,只有绝对服从。理学家认为,人们应该相信,天下无不是的父母,也无不是的君主,"乱臣贼子"的出现就是由于他们要找君亲的不是处,因此被统治者只能"罪己",不能和统治者讲是非。如果青少年不够驯服,要和父母师长讲道理,就必须施以"夏楚"①,执行"鞭挞的纪律",使他们发生畏惧。

在资本主义社会中,也有许多统治者采用压服的办法,特别在军国主义、法西斯主义国家中,更是普遍地采用压服方法。统治者除了施行"鞭挞的纪律"之

---

① 《礼记·学记》:"夏、楚二物,收其威也。"夏,榎木。楚,荆木。古时用作责罚学生的工具。——编校者

外,再加上"饥饿的纪律"。但也有一些资产阶级采用一种自由主义的办法。例如在所谓"新教育"、"进步教育"以及各种标榜"民主"、"自由"的教育中,都主张让学生自由思想,自由行动。所谓自由思想,就是让学生接触资产阶级内部不同派别的思想、意见、主张,任学生"自由"抉择。所谓自由行动,就是让学生在资产阶级所允许的、不损害资产阶级根本利益的范围内,任学生"自由"进行政治社会活动。他们认为这是最民主、最自由的思想教育。他们对各种资产阶级思想派别都非常"宽容",却拼命攻击马克思列宁主义,反对学生学习马克思列宁主义和参加革命的社会政治活动。他们攻击社会主义国家的思想教育是"灌输教条"的、"极权主义"的方法。他们鼓励社会主义国家思想教育的"自由化",也就是让资产阶级思想自由泛滥。这种办法,表面看来很"自由"、"民主",实际上资产阶级是用这种办法来麻醉劳动人民的子女,毒害他们的思想意识。他们的教育办法是把对资产阶级思想的"自由"同对无产阶级思想的"压制"紧密地结合在一起的。

社会主义社会和旧社会根本不同,在这里,劳动人民成为国家的主人。除了对阶级敌人必须采用专政的手段外,在人民内部只能采用民主的方法,采用说服教育的方法,不能采用强制的手段和压服的办法。所以,在学校中,培养学生的思想品德,也只能采取摆事实、讲道理的方法。这样才能培养自觉的、积极的劳动者。他们努力劳动,坚决斗争,不是由于鞭子或饥饿的驱使,而是由于具有社会主义的觉悟。世界上有客观真理,这个真理就是马克思列宁主义。应该用马克思列宁主义的思想武装广大人民和青少年。我们相信人民群众的大多数,也相信青少年的大多数,相信他们是能接受真理的。我们依靠群众自己教育自己,在思想教育中采用群众路线的方法。所以社会主义的思想教育过程是自觉的、说服教育的过程。

其次,剥削阶级的思想品德具有很大的虚伪性和欺骗性。他们的阶级利益决定了他们是自私自利、损人利己的。但一般说,他们不能公开宣扬这种思想意识。封建统治阶级残酷剥削人民,他们所公开宣扬的却是"仁义道德",对青少年进行的思想教育也是以"仁义道德"为内容。这种道德实际上是要统治者在残酷剥削之后,对被剥削者施以小惠,使被剥削者感恩戴德,以缓和阶级矛盾。在这种"民胞物与"①的仁义说教和他们的自私自利的实际行为之间,存在着很大的矛盾。所以统治阶级在进行思想教育时,经常是脱离实践的。他们主

---

① 出自宋代张载《西铭》:"民吾同胞,物吾与也。"——编校者。

张通过读书和主观修养来培养思想品德。他们的所谓修养,大都是唯心的、形式的、抽象的、脱离社会实践的东西。这种思想教育过程是一种理论脱离实际的教育过程。其结果是,他们尽管满口仁义道德,实际上却是满肚子的男盗女娼。

在资产阶级中,也有另外一些教育主张,例如实用主义者就认为,应该在实践中培养思想品德。他们认为,只要让学生参加一定的社会活动,为了实现活动的目的,学生自然会形成共同的目的、信仰、情感、行为规则等,这样就培养了思想品德。但他们所提倡的实践,既不是社会的生产实践,也不是革命阶级的阶级斗争实践。他们认为社会上的生产劳动是在阶级对抗的关系下进行的。劳动人民是不感兴趣的、反感的。因此主张在学校中进行"超阶级"关系的劳动和其他社会活动,以培养劳动人民子弟对劳动的兴趣和"社会精神"。所以他们所提倡的活动主要是一种脱离社会生活实践的活动。他们反对用科学理论指导实践,片面强调每个问题的特殊性。他们企图用这种思想教育过程,来培养在资本主义社会制度内搞阶级调和并进行一点一滴的改良的活动分子。这种思想教育过程,和理论与实践结合的过程也是背道而驰的。

无产阶级是一个最革命的阶级。它的任务是要改造世界,解放自己和全人类。在改造世界的过程中,它也改造了自己。它的革命实践有着马克思列宁主义理论的指导。因此无产阶级教育中的思想教育过程必然是理论和实践结合的过程。它要求学生在实践中锻炼自己的思想品德,同时也要求学生掌握理论,运用理论去解决实践中的问题。

这就是社会主义思想教育过程与旧的剥削阶级的思想教育过程的两个重要的不同的特点。

思想教育的过程　社会主义思想教育的过程是这样的:

要锻炼学生的思想品德,就必须让他们参加一定的实践,要让他们在学习、劳动、社会活动、生活中受到锻炼。在实践中,会产生许多与政治、道德有关的思想认识,有正确的也有不正确的。在社会主义社会中,学生不可避免地要同时受到无产阶级思想和资产阶级以及其他旧思想的影响。所以在他们的思想意识中既有无产阶级思想,又有资产阶级思想,既有进步的思想,又有落后的思想。另一方面,学生对某些问题有正确的认识,对另一些问题又可能缺乏全面的、正确的认识,或者完全无知。思想教育的任务就是要巩固和发展他们的无产阶级思想、进步思想,克服他们的资产阶级思想,或其他落后思想;就是要提高他们对事物的认识,使他们的认识更正确,更全面,纠正那些不正确的认识,不全面的看法。思想教育过程主要是无产阶级思想与资产阶级思想以及其他旧思想进行斗争的过程,马克思列宁主义的正确认识与各种不正确不完全的认识进行斗争的过程。在每一次斗争中,如果正确的思想认识取得了胜利,思想认识就提高了一步。

这个斗争过程是怎样发展的呢？在我们社会主义社会中,就是采用说服教育的方法,也就是摆事实、讲道理的方法。首先应该针对他们的思想情况,用各种具体的、形象的事实对他们进行教育。在这些事实教材中,有一些是历史上的社会上的材料,有一些可能就是他们自己的切身经验。这些具体的、形象的事实材料如果确有典型性,就能提高他们的认识,擦亮他们的眼睛,使他们注意到过去没有注意或注意不够的事实；同时也能提高他们的思想觉悟,激起他们的阶级感情,端正他们的阶级立场。

但只做到这一步,往往还是不够的。特别是到了较高年级,学生有了一定的政治理论知识,就应该引导学生透过事实来理解问题的本质。

在摆事实、讲道理的过程中,学生明确了什么是正确的思想认识,什么是不正确的思想认识,他们就可能检查自己过去的思想认识和行为,肯定正确的东西,批判错误的东西。因此教师可以进行表扬和批评,如果是在高年级,也可以逐步教会学生学习批评和自我批评的方法。通过表扬,巩固和发扬正确的思想认识,通过批评,克服不正确的思想认识。学生只有在具有了正确的思想认识以后,才能发现和批评自己原来的错误的思想认识。所以只有在进行正面教育以后,才能适当地指出学生的错误,或由学生检查自己的错误。如果不进行摆事实、讲道理的正面教育或进行得不充分、不正确,没有真正说服学生,学生就不可能自觉地运用正确的思想认识,来克服不正确的思想认识。而只有在学生自觉地开展思想斗争时,思想教育才是有效的。

思想认识的提高必须表现为行动。在提高了思想认识以后,又必须回到实践中去。从思想到实践是一个重要的飞跃。在实践中,学生将要考验自己的认识是否正确,也会产生更亲切的感情体验。例如认识了与工农结合的重要性以后,学生参加了生产劳动或其他社会实践,和工农在一起,一方面才能对工农的品质有感性的认识,另一方面才能对工农发生亲切的感情。在实践中,将要遇到各种矛盾的动机,会遇到各种困难和挫折,这就能发展一个人的意志行为。有些行为,经过反复锻炼以后,也可以成为习惯。

当然,在实践中,又会产生新的思想认识,又需要进行新的说服教育。这样循环往复,思想品德将不断得到提高。思想品德的发展过程,就是一个觉悟提高的过程,是一个由比较不自觉到比较自觉的过程。儿童的许多行为,出自师长的命令和要求,出自要得到师长、同学的赞许或避免他们的批评,就是说,他们的行为还不是很自觉的。到了青年初期,许多学生就能根据一定的信念、原则、观点来行动。有时他们可以不顾某些不正确的舆论,而做他们认为正确的事情。这样,他们的行动就比较自觉了。可是这种觉悟还是要不断提高的。例如一个人的阶级观念最初总是比较模糊的,阶级警觉性总是不高的。以后,阶级观念会逐步明确,阶级警觉性会逐步提高,也能比较自觉地参加阶级斗争。

在实践中进行思想教育,一般表现为下面几个阶段或环节:

(一)了解学生的思想认识和行为的情况,进行分析。要了解学生对待社会政治生活、对待学习、劳动、日常生活等所表现的思想认识和行动。并分析它的原因、性质和意义。抓住这些思想,有的放矢地进行教育。

社会的政治、经济形势和学生的生活是不断变化的,青少年的思想认识也会反映这种变化,会不断产生思想问题。所以教师必须认识,学生的思想中不断出现问题是必然的现象。教师对于学生思想认识的变化应有敏感性。必须通过观察、谈话、座谈,查看学生的周记、作文等方法,经常了解学生的思想,及时发现问题。对学生的思想情况必须进行具体的分析。要运用阶级观点,看到各种阶级的思想在青少年身上的影响;又要认识青少年的年龄特征,不能把一些缺乏知识的问题也看作思想问题。

(二)说服教育,启发自觉。进行正面教育,摆事实、讲道理,提高学生的思想认识,并适当联系学生自己的思想认识和行为,进行分析检查,表扬批评。

在这个阶段中,可以根据需要讲述事实或进行参观、访问、调查,请工、农、老干部等做报告,谈家史、村史,看有关的电影、文艺作品等,开阔学生的眼界。同时又要通过讲解、讨论和阅读文件等,透过现象认识本质,提高他们的思想认识水平。在说服教育中最主要的是要对学生进行阶级教育,提高他们的阶级觉悟,引导学生进行阶级分析。让他们看到各种言论、行动、事件都应该在阶级和阶级斗争中找到真正的解释。所谓启发自觉,就是启发阶级觉悟。在提高了觉悟以后,学生就会分析、检查自己原有的思想认识,也有可能适当开展批评和自我批评。

(三)提出行动要求,指导学生实践。在前一阶段的基础上,学生已经有了行动的愿望,必须进一步组织实践。只有在实践中学生才能受到锻炼,真正提高思想觉悟。在组织实践时,需要向他们明确指出行动的目的、意义,指导行动的方法。要鼓励他们坚持行动,养成良好的行为习惯。在实践中,又会出现各种思想认识问题，所以教师必须不断督促检查，了解学生的思想认识和行动表现中的进步和问题，随时进行教育。

（四）在进行了一段实践活动以后，必须用总结、检查等方式进行巩固、提高。在总结中系统地整理和分析思想认识的变化，谈自己的心得体会，肯定已获得的进步，发现不足的地方，提出进一步努力的要求。在总结、检查时，必须启发学生的自觉，认真进行自我检查。也要强调相互帮助、相互促进。可以进行必要的表扬和批评。这样就可以巩固和提高思想认识上的收获。

在学生的实践中，出现了新的思想认识和行为的情况时，就要进行进一步的说服教育。

以上几个阶段是相互联系而又相互渗透的。例如，了解学生，不仅开始时要了解，在每个阶段中都要了解。在每个阶段中也都要启发自觉、巩固提高等。但每个阶段仍有其不同的重点。也不是每一项思想教育工作都有这样复杂的过程。有些日常的思想教育过程要简单得多。但即使很简单的思想教育过程也大致有了解学生的思想，说服教育和启发自觉，提出行动要求，检查行动结果等环节。

以上是在实践中进行思想教育的过程。在教育过程中，为了使学生能够把一些问题提到理论的高度进行分析，就必须指导学生学习有关的理论知识。例如阅读理论性的文件、听理论性的报告等。但马克思列宁主义理论是一种系统的科学知识，要认真掌握这个理论，就必须进行系统的学习。在学校开设系统的政治课就是为了使学生在掌握了一些最基本的理论知识以后，能够更好地分析实际问题。政治课，主要是学习系统的政治理论，但也要适当联系实际。这样，学生遇着实际问题时，才懂得如何运用理论来进行分析。

思想教育过程的特征　和教学过程比较起来，思想教育过程有以下几个主要特点：

（一）思想教育过程主要是正确的思想认识和不正确的思想认识进行斗争的过程；在社会主义阶段中，主要是无产阶级思想与资产阶级思想斗争的过程；而教学则主要是由不知到知的过程。

（二）思想教育过程主要是在实践中进行的。它是从实践中产生的思想出发来进行教育的。当然，这种在实践中进行的思想教育应该和系统的理论知识的教育相结合。

（三）思想教育过程主要是在集体中进行的，是需要采取群众路线的。政治、道德等方面的思想行为都要影响集体的利益，它会引起集体成员的反应，集体会对每个成员进行监督,通过集体舆论进行批评、表扬。许多问题可以组织群众自己讨论,交流心得体会。所以离开集体与群众,就不可能有思想品德的修养。当然,集体教育还是要和个别教育相结合的。学习则主要依靠教师指导下的学生的独立钻研。

(四)思想教育过程不仅影响一个人的认识,还要影响一个人的感情、态度、立场。虽然这两个方面是不可分的,但在思想教育中,一个人的感情、态度、立场是更根本的东西。不培养一定的阶级感情、阶级立场,要想具有正确的阶级和阶级斗争的观念,总是很困难的。所以在教育过程中必须运用典型的生动的事实,使学生有比较亲切的体验。思想品德的培养还体现在意志行动之中,教学虽然也影响情、意,但主要是发展认识的过程。

(五)思想教育过程是一个长期的、反复的、逐步提高的过程。因为,第一,社会对人们的思想觉悟的要求不断提高,个人的思想觉悟或道德品质也没有尽善尽美的境界。在遇到新的考验时,就会感到进一步提高思想觉悟的必要。第二,阶级斗争是长期的、反复的,阶级斗争必然要反映在青少年的思想上,青少年有时受到好的影响,有时受到坏的影响,所以青少年在思想上的矛盾和斗争也会是长期的、反复的。第三,形成一种态度、立场、道德品质和行为习惯,以及改造某一种已形成的态度、立场、品质和习惯都是比较艰巨的。可是思想教育过程并不是简单的反复过程,而是一种螺旋式地反复和逐步提高的过程。在传授知识技能的教学过程中,也有一定的长期性和反复性,但不如思想教育过程那么显著。

(六)思想教育过程是一个多方面影响的过程。青少年的思想品德是在班级、团队组织、家庭和社会环境的影响下形成的。思想品德不仅是在学习活动中形成的,也是在劳动、社会活动、文体活动以及日常生活中形成的。因此在思想教育过程中,如何统一各方面教育影响是一个比较重要的问题。

第二节 思想教育的原则

思想教育的原则是思想教育工作中所遵循的基本要求。它是根据思想教育的任务和过程的特征以及思想教育工作经验而制定的。理论和实际统一、说服教育等更是社会主义教育中的特有的原则。正确理解和贯彻下列的一些原则,对提高中小学思想教育的质量,具有重大的作用。

理论和实际统一 理论和实际统一,即要求认识和实践统一,知与行一致。既要对学生讲清道理,也要对学生提出行动的要求,使他们能成为言行一致的人。

（一）要求学生逐步掌握马克思列宁主义、毛泽东思想。进行思想教育的最根本的问题，是使学生能以马克思列宁主义、毛泽东思想为指针，来回答和解决自己在实践中、生活中的各种思想问题与实际问题，来指导自己的实践。在实践中要求把具体的感性认识上升到理论，从理论上进行分析。在中学要进行系统的政治理论的教育，要掌握政治、道德、哲学的概念和原理，并善于运用这些知识来分析具体问题。理论教育要联系实际。学习理论时，要领会如何从无产阶级的立场出发，运用辩证唯物主义和历史唯物主义的观点和方法来观察问题、处理问题。

（二）要求让儿童和青少年在实践中受锻炼。不要使他们娇生惯养，而要能经受风吹雨打。应该要求他们在学习上勤奋刻苦、热爱劳动，参加校外的、学校的、家庭的力所能及的劳动。要使他们在日常生活中受到锻炼，例如要求他们在生活上勤俭朴素，独立管理自己的生活等。也应当适当地组织学生参加一些社会政治活动。

（三）要求思想教育应从学生的思想实际出发，也就是要抓住学生的思想。国内外形势，党的方针政策，学校教育措施等的变化都会在学生的思想上引起一定的反映。在进行思想教育时，一方面组织学生认真学习当前形势和党的方针政策，另一方面要调查和分析学生的思想情况，抓住积极因素和不良倾向的苗头，及时进行教育。

（四）充分运用现实材料。在思想教育中，要善于运用学生的切身经验，他们在生活中所接触到的事实，以及社会上的各种现实材料，来进行教育。例如组织参观访问，请家长、老干部、老工人、老农民、老战士等做报告，看戏、看电影、唱革命歌曲、阅读革命小说等等。

（五）必须做到集中教育与经常教育相结合。在社会政治生活中发生激剧的变化时，学生的思想上必然引起普遍的反应，这时候往往需要进行较集中的教育。在集中教育时，学校与社会联成一气，学校内部也造成强烈气氛，各方面力量集中，教育效果就会很大。但不能只抓集中教育。社会上的激烈变化和重大问题不是经常发生的。集中教育不能解决一切思想问题。学生在学习、生活、劳动中经常发生一些思想情况，需要进行经常的教育。思想教育需要经常地做深入细致的工作，不能只靠搞政治运动解决问题。集中教育的成果依靠经常教育来继续巩固和提高，经常教育也为集中教育打好思想基础，二者是结合的。

（六）要求讲和做结合，知和行结合。在学生有了一定的思想认识以后，就应该组织实际行动，使他们在行动中巩固和提高自己的思想认识。要避免养成言行不一致的毛病。有些行为要通过严格要求，使学生反复练习，成为习惯，克服行动中所遇到的各种困难。

说服教育 对学生进行思想教育，必须坚持说服教育的原则，采取摆事实、讲道理，循循善诱，启发自觉，以理服人的方法。因为只有讲清道理，分析错误根源，启发学生自觉，学生才会展开自我思想斗争，才能逐步帮助学生以无产阶级思想战胜资产阶级思想。对学生采取简单粗暴的压服方法，是不能解决思想问题的。靠压服，学生不知其思想行为为什么是错误的，充其量只能做到把错误暂时抑制下去，或使其由公开的变为隐蔽的。有时学生在不满的情绪下反而会使错误发展得更加严重。

（一）要求摆事实、讲道理。在教育过程中，一定要充分摆事实、讲道理。要多用有说服力的、有典型性的事实。要多讲正面的道理，把事情的本质分析清楚，分析透彻。在说服教育时，应充分发扬民主，允许学生敞开思想，畅所欲言。对学生可以进行批评，在中学生中间也可以适当开展批评与自我批评，但批评要实事求是，与人为善。在批评中也要摆事实、讲道理。要使学生真正认识自己的错误，心悦诚服地接受教师或同学的批评；要使他自觉地进行自我批评，而不是在教师或舆论的压力下进行自我批评。否则学生或者拒绝接受批评，或者表面接受，心里反感，甚至以后学生也学会用这种压服的办法来对待旁人。

（二）要求表扬先进、树立榜样。教师要用革命领袖、英雄模范的事迹和各种好人好事，为学生树立榜样，鼓励学生向先进学习、看齐。教师自己在思想行为上也应成为学生的表率。树立榜样是很有效的教育方法。

（三）要充分发扬学生的优点，用以克服学生的缺点。教师进行教育，应当以鼓励学生的优点和进步为主，即使在批评学生的缺点时，也要肯定他们的优点，不能把他们说成不可救药。每个学生有优点和缺点，在好学生身上也要看到他的不足，及时地恰当地指出并进行教育，使他不自满，要求不断地提高；特别在有着较大缺点的学生身上也要发现他的优点，哪怕是微小的、点滴的优点和进步，都要给予充分的肯定，及时予以鼓励，作为改正自己缺点的积极因素。学生的政治思想和道德品质的提高，总是优点和缺点、积极因素和消极因素互相矛盾和斗争的过程。因此，教师帮助学生发扬优点、改正缺点是非常重要的。

（四）严格要求和耐心说服相结合。教师的教育作用在很大程度上取决于教师对待学生的态度。优秀教师工作上所以得到显著成绩，正是因为他们对祖国社会主义事业有高度的责任感,对学生有高度的热爱和关怀。正由于他们对学生有这样高度的热爱和关怀,才能不断地向学生提出严格要求。这样的要求也就容易为学生乐于接受和遵守。教师对学生的思想认识上的错误和行为上的缺点,都不能马虎过去,而要采取严肃认真的态度,想尽各种办法对学生进行教育,不把他教育好,决不罢手。但要求应该合理,对不同学生要有不同要求,例如对素来不守纪律的学生,只要他比较守纪律,就可予以鼓励。对有错误和缺点的学生,必须关怀、尊重、信任。对他们的过错,教师要深入了解情况,具体分析原因,不能在情况不明时,就进行批评。弄清情况后,也要耐心说服教育,热情地帮助他们改正。一时说服不了,可以耐心等待,继续说服。必要时可以进行适当的批评,但是不得采用粗暴压服的办法,要容许他们申辩、说理。不要讽刺、挖苦、辱骂。不得开展群众性批判,更不得进行体罚和变相体罚,否则就会挫伤少年儿童的自尊心和自信心,会使他们胆小、自卑、孤僻、说谎,或者蛮不讲理,故意对抗。

在集体中进行教育 进行思想教育,必须采取群众路线,发动人人做思想工作,依靠群众相互教育。班级和学校的优良的舆论、风气和传统,是一种巨大的教育力量。教师除了直接教育学生外,还要依靠学生集体。

(一)要依靠积极分子。教师要善于帮助学生建立一个健全的班级集体。在建立学生集体时,教师要依靠团队和班级组织的干部和积极分子,使他们在学习、劳动和各项活动中起模范作用,能热心帮助同学进步,积极完成班级的各项工作。要提高骨干和积极分子的觉悟,培养他们的活动能力。在积极分子的带动下,形成在政治上相互帮助,在学习上相互切磋,在生活上相互关怀,有长处相互学习,有缺点相互劝勉,有意见相互交谈的班级集体。

(二)要形成优良的风气和传统。教师要善于发现学生集体中一些良好作风的"苗头",有目的地加以培养和推广,及时表扬好人好事。也要发动学生自己表扬好人好事,使学生都知道,什么是好事,什么是坏事,人人以做好事为荣,以做坏事为耻。教师如果发现学生当中有某种值得长期实行的,为学生群众所公认的好事情、好措施等,就应加以宣扬,发动群众订立制度,逐步使它形成传统。班级的优良传统要从一年级传到毕业,学校的优良传统也要一个年级一个年级地传下去。

(三)要注意在思想教育中经常采取群众互相教育的方法。思想认识上的问题必须组织群众讨论,全班学生一起提问题、摆事实、讲道理、谈体会,用群众中的正确意见来说服群众中的错误意见,互相学习,共同提高。群众也不限于班级中的成员,要运用其他班级的师生、家长、社会人士等,向学生进行教育。

照顾青少年儿童的年龄特点和个别特点 进行思想教育,又要注意学生的年龄特点和个别特点,不根据年龄特点和个别特点进行教育,就不能收到应有的效果。特别应该注意少年儿童的年龄特点。

(一)应该注意少年儿童活泼好动,具有多方面的兴趣爱好。教师不应一味压抑他们对从事各种活动的需要。许多学生由于精力得不到正当的运用,就顽皮闹事。因此应该引导他们做一些有益于身心健康发展的活动。活动必须丰富多采,富有兴味。少年儿童好奇心强,教师应引导他们注意国内外社会生活的新鲜事物和科学技术中的新鲜事物等,也可适当地组织一些军事性游戏,或其他有意义的活动。

(二)应该注意少年儿童的思维特点是偏于形象的、具体的思维,知识少,抽象的概念掌握不多,理论的知识更少。因此对小学生、初中学生进行教育时,要善于通过浅显明白的道理,具体形象的事例,使他们由浅入深、由具体到抽象、由感性到理性,逐步提高认识。不要脱离儿童的具体情况,脱离他们的思想和知识的实际,高谈抽象的原则和大道理。

(三)应该注意少年儿童幼稚,分辨是非的能力差,容易受外界影响,缺乏自制力,不仅常常容易做错事情,而且错误改正了还会再犯。因此对他们必须特别耐心地反复地进行教育。儿童会受到一些资产阶级思想的影响,但不能把他们的错误和缺点都说成是资产阶级思想。要教育儿童懂得懒惰、撒谎、自私自利、奢侈浪费等,都是丑恶的资产阶级思想,但不能因此反过来说有些少年不大勤快,说了一次谎话,拿了别人一点东西,就是丑恶的资产阶级思想行为。对于剥削阶级家庭出身的少年儿童,应该注意家庭对他们的影响,但也不要把他们一切缺点都和他们的家庭联系起来。不要把学生的过错看成是明知故犯,看成和教师故意作对;也不要把他们重犯一些错误看成顽固不化,不可救药。

(四)在进行思想教育时,还要注意少年儿童的独立性、创造性是与年龄俱增的。特别到了少年阶段,他们更是要求独立自主。因此在各种教育活动中,应该充分发挥少年儿童的主动性、积极性和创造精神。要依靠他们自己办事、自己出主意、想办法、组织活动。教师和辅导员等应给以指导和帮助,但不应包办代替。

(五)对青少年进行教育时,除应注意年龄特点外,还应注意个别差异。要根据学生在情感、意志、性格、品质、行为习惯上的特点,进行教育。

各种教育力量的配合 学生除在学校受到思想教育外,还要从他们的家庭以及社会上各方面受到思想政治和道德的影响。在我国过渡时期,家庭以及社会各方面的影响基本上是好的,和学校的影响是一致的。但有时也有消极的因素,在培养的方向和要求上,和学校不能一致,甚至互相抵触。这就容易造成学生思想混乱、妨碍他们的进步。

因此,要求学校、家庭、社会各方面相互配合,对青少年的思想政治教育形成一致的、统一的教育力量。毛泽东同志教导我们:"思想政治工作,各个部门都要负责任。共产党应该管,青年团应该管,政府主管部门应该管,学校的校长教师更应该管。"①在党的统一领导下,发挥各方面的责任感,协同一致地做好青少年的教育工作。学校在这里要发挥主导作用,协调和统一来自家庭和社会的各种影响(包括防止和克服其不良的影响),使学校在教育青少年的过程中,能够真正成为主要的思想教育阵地。

(一)要求校内团队、班主任、政治课教师、各学科教师及学校一切工作人员在党的领导下,密切配合,统一要求,既有分工,又有合作,对学生进行思想政治工作。

(二)要求校内外教育力量的统一。学校和教师必须争取家庭和社会各有关方面的支持和配合。应采取家庭访问或举行家长会等方式,同家长取得联系,共同研究学生的思想行为和教育学生的方法,互相配合,教好学生。应该同校外教育机构协作,共同指导学生的课余活动和安排假期生活,开展为儿童和青少年所喜爱的各种文化体育活动。

---

① 毛泽东:《关于正确处理人民内部矛盾的问题》,《毛泽东选集》第5卷,人民出版社1977年版,第385页。

第十章 思想教育的途径与方法

进行思想教育的主要途径除了通过各科教学以外,有班主任工作,共产主义青年团和少年先锋队的活动,以及政治课(周会)、生产劳动、社会活动等。进行思想教育的方法有说服、实际锻炼、表扬与批评等。思想教育的途径与方法,都应当符合社会主义思想教育的任务和原则。

第一节 思想教育的途径

进行思想教育有实践活动和理论学习两条途径。学校的青少年儿童是从各种集体的实践活动如学习、劳动、社会活动、日常生活等活动中受到思想教育的。有些集体活动中的思想教育工作属于班主任工作的范围。另一些集体活动中的思想教育工作则属于共产主义青年团、少年先锋队工作的范围。学生也从政治课中受到马克思列宁主义的思想理论教育。所以班主任工作,团队的活动和政治课是中小学进行思想教育的主要途径,本章只着重从这几个方面进行叙述。

班主任工作 班级集体是学生进行学习、劳动和其他活动的基层集体。在一个班级中,几十个学生天天在一起学习、劳动、进行各种课外活动。班主任全面负责班级的各项学生工作。学生的思想、生活、学习、健康,他都要管,并通过学生的各种集体活动来进行思想教育工作的。他的工作有以下许多方面:

(一)进行思想教育 进行思想教育是班主任最主要的工作。为了进行思想教育工作,班主任必须了解和研究学生,组织健全的集体,通过学习、劳动、课外活动等,对学生进行集体教育和个别教育。

1. 了解和研究学生 了解学生是教育学生的出发点,是班主任做好工作的先决条件。任何不经过调查研究,主观的对学生的思想和各方面的表现所作出的判断,以及采取的教育措施,都是很难正确的。

学生的各种思想及其表现总是相互有联系的,又是在经常变化发展的。所以,班主任应全面地、经常地去了解和研究学生。

了解和研究学生的内容是:(1)学生的家庭情况及其对学生的影响,学生在家庭中的学习条件和居住地周围的情况等;(2)学生的思想品质、行为习惯,对学习、劳动、社会活动的态度,学习成绩和健康状况以及他们的兴趣、特长、性格、工作能力等。在对每个学生了解和研究的基础上,还要了解全班的思想、学习和健康各方面的总的情况;各种类型学生的比例及其特点;班级的风气,发展的主流和关键问题等。对上述两方面的了解和研究是不可分割的,了解和研究个别学生的情况,应以班级集体的总的特点为背景,而它又是进一步了解和研究班级集体的基础。

在了解和研究学生的情况时,既应进行阶级分析,了解学生家庭、社会阶级斗争状况对学生的影响,又应顾及学生的年龄特点,不把儿童的一切表现都简单地归结为阶级斗争的影响。

班主任对学生的了解,主要是通过与学生直接接触,参加学生的各项活动;也可以是通过联系家长、任课教师、班干部或各种书面材料等间接方式。这两者都是必要的。具体的方法有:

(1)观察。这是了解学生的常用方法。观察要有良好效果,在观察前应有明确的目的和计划。在不同活动场合中进行观察的具体要求是不同的。例如在上课时可以了解学生的知识质量、语言表达能力和意志品质以及对各门课程的兴趣等;在各种课外活动中可以了解学生的活动能力、爱好和特长,了解他们与集体、同学的关系和态度等。观察还应该是长期地、多方面地进行,要积累较多的观察资料。根据丰富的资料所作的判断才是比较可靠的。为了分析、研究从各方面观察到的情况,制定教育学生的措施,班主任应把观察到的现象随时记录下来,并在一定时期内对这些材料进行分析和整理。

(2)谈话。谈话也是了解学生的一种重要方法。通过和学生的谈话可以更有意识地、主动地探究学生的情况及其思想活动,补充观察的不足。为了保证谈话的成功,在谈话前要确定目的和主要内容以及时间、地点和方式。在谈话时态度要亲切、自然、真诚,并考虑谈话对象的特点。例如有的学生能说会道,而有的则沉默寡言;有的谈吐大方、直率,而有的则表现出胆怯、羞涩。高年级学生与低年级学生的特点也是不同的。如对低年级学生的谈话,时间宜短,内容多变化,同一中心内容的谈话持续时间过长,往往会不感兴趣,而高年级学生就有所不同。

谈话的方式可以是个别交谈,也可以是小组座谈。在谈话中应该把了解情况和进行教育结合起来。在谈话中所得的情况,也要及时记录下来,并定期进行分析和整理。

谈话采用了适当的方式方法,就能使学生对教师推心置腹,无话不谈。方式方法不妥当,则学生可能不表示意见,或不谈真心话。

除和学生谈话外,还要和家长及任课教师谈话,从他们那里了解学生的情况。

(3) 研究有关书面材料。书面材料的内容比较广泛,有学籍表、成绩报告单、品德评语、学生手册、健康检查表以及学生的各种作业,如作文、周记、各种习题作业、试卷等。研究书面材料,是了解学生和班级的过去情况和现状的一种方法。

2. 组织和培养班级集体　组织和培养班级集体是班主任进行思想教育的一项重要工作,形成班级集体是班主任全部工作的结果。

几十个学生集合在一起,在一个班里上课、活动,但这还不是班级集体。一个好的集体应该有浓厚的政治空气,有正确的集体舆论和优良的传统,健全的集体是不可能自发形成的。

形成班级集体没有固定的公式。对于不同的年级以及原有基础不同的班级,所提的要求是不同的,因此班级集体的形成途径和方法也是不同的。但是,从一般的情况说来,大致有如下几个方面:

(1) 挑选和培养积极分子,建立班级集体核心。班级的积极分子是班级的核心力量,是班主任组织和培养班级集体,开展各项班级工作的助手。

班主任了解和发现积极分子的工作,在学生入学之初就开始进行。在班级集体的形成过程中,班主任要善于随时发现新积极分子,逐步扩大积极分子的队伍。

挑选积极分子应该根据严格而又恰如其分的标准。能够在各方面都起模范作用的积极分子固然很好,而在某一方面能起带头作用的学生,班主任也应把他们当作积极分子加以培养,同时引导他们克服自己身上的某些不足之处。一般说来,选择干部的条件应该是政治上积极,读书也积极;自己积极,还能带动别人。在建立了团队的班级,班主任应依靠团队组织的干部和班委会的干部组成班级的核心力量。有些积极分子不担任干部,可以让他领导某些临时性的活动,或在某些活动中起骨干作用。

班主任对积极分子要进行培养教育。要使他们学会平等待人、充满热情、以身作则、工作积极、善于团结同学。班主任要和他们一起研究工作,帮助他们制订计划、执行计划、总结经验,向他们介绍好的工作经验,帮助他们改进工作方法和作风,克服工作中的困难。同时还要注意发挥他们在工作中的主动性和创造性。特别对小学高年级和中学的积极分子,班主任更要鼓励他们在工作中自己动脑筋、想办法、避免包办代替。只有不断培养,他们的工作能力才能提高,他们的威信才能树立起来。

(2) 使学生确立共同的努力目标。集体的奋斗目标,应符合中小学的培养目标的要求以及学校工作各阶段的具体要求,也应结合学生的实际。对于不同年级,所提的要求要有所不同。年级愈低,要求愈应具体,而且是在较短时间里可以实现的,到了高年级才可以提出较长远的目标。可以成为努力目标的活动是很多的,如改进班级学习纪律、加强课外活动、建立班级图书室、筹备节日活动、参加公益劳动等。通过这些活动可以使学生关心集体,建立对班级集体的荣誉感和责任感,也可发挥学生的积极性。

在班级集体形成的不同阶段上,班主任可以通过不同的方式使学生确立奋斗目标。当班级集体还没有形成之前或者在较低年级的班级里,一般是由班主任直接向全班学生提出;当班级集体已经形成或者在学生年龄较大的班级里,班主任可以启发学生自己讨论,然后再归纳学生的意见,提出要求,或者指导积极分子,通过学生组织向班级成员提出各项要求。

(3) 形成集体舆论。班主任应通过对学生守则的解释,思想品德问题的谈话,革命书籍和报刊论文的介绍等影响和引导集体舆论。帮助学生辨别什么是对的,什么是不对的;懂得为什么对,为什么不对。

班级集体中应该坚持表扬好人好事。只要是好事,不论是大是小,都应予以表扬。这样就可以造成人人想做好事,争做好事的风气。可以由班主任进行表扬,也可以发动同学互相表扬。但必须把所做的好事调查清楚,防止弄虚作假。有些学生做了好事,不愿让人知道,可以对这种行为进行表扬。对错误的思想行为,也要进行批评。但批评要治病救人,决不可采用斗争方式。对被批评的学生要尊重、关心,肯定他的任何进步。

班会对于形成和健全班级的集体舆论起着重要作用。在班会中可以讨论问题,辨明是非,可以开展表扬和批评。

墙报也是一个发扬集体舆论的阵地。在班级的墙报上应该对班级中的各种问题开展讨论,充分吸引学生发表自己的意见。对学生好的行为进行表扬,坏的行为进行批评。班主任应指导墙报工作,使它能按照正确的方向进行。有的学校用红本子把好人好事登记下来;有的在节日,如青年节、儿童节,表扬优秀学生;也可以采用其他的发挥集体舆论的形式。

3. 进行集体教育与个别教育 班主任向班级进行教育的一个方式是对整个班级集体进行教育。班主任在向全班学生进行教育的时候,经常采用的形式有:开班会、组织学生读报、剪报、开时事座谈会、编时事快报、组织参观、访问、开故事会等。在节日前后,还可组织报告会、纪念会以及各种形式的主题会和其他活动。在这些形式中,班会是一种重要的形式。班会的内容是丰富的、广泛的,可以是讨论班级中的思想品德问题,也可以是讨论班级的工作,或从事其他的班级活动。应该根据学校的总的要求,班级的基本情况,并针对学生每一阶段表现出的具体情况和问题,组织班会活动,确定班会主题。在开班会之前应认真做好准备工作,事先在干部中酝酿,深入了解学生思想情况。准备班会活动的过程就是教育学生的过程。班会的形式可以是讨论、报告等。年级愈低,班会的形式愈应活泼、生动。班主任在指导班会时应尊重学生的独立性和发挥民主精神,帮助他们通过班会进行认真地、自由地讨论,进行表扬,开展批评与自我批评,使正确舆论占上风。小学高年级和中学的班会,有时可以由学生自己主持。在班会进行中,班主任在必要时应作启发性发言,结束时可作总结性发言。班主任要督促学生把班会的决议或结论贯彻到行动中去。

　　班主任除了要加强集体教育外,还应重视对学生的个别教育工作。要"一把钥匙开一把锁",有的放矢,不同对象和不同问题,不同对待。

　　在班级中,往往有一些所谓"顽皮"儿童。对这些儿童进行教育的时候,必须先了解和分析他们存在问题的原因,是由于父母和师长的骄纵,还是由于过分严厉,一味批评,造成情绪上的反感,或者是由于缺少监督,放任自流,还是周围环境中其他不良影响的作用。总之,对这些儿童必须进行艰巨的、长期的教育工作。一方面要关心、尊重和信任他们,看到他们的优点和上进心,委托他们做一些工作,让他们参加各种有益的活动,发展正当的兴趣;一方面要逐步严格地对他们提出要求,督促他们改正缺点,肯定和表扬他们每一个细小的进步。对于影响他们的一些不良因素,必须配合各方面的力量去加以克服和消除。

　　一般说,班主任比较容易注意到"顽皮"儿童,其实还有那些所谓"没有问题"的、表面上很听话的学生,以及那些胆小、孤僻、沉默寡言的学生,也很值得注意。班主任要研究这些学生性格发展的原因,看出和指出他们的问题,同时必须从各方面鼓励和要求他们,帮助他们克服消极因素。

　　对于思想品德比较差的学生,班主任应加强经常的个别教育,但不要用固定不变的眼光看待他们。同时,也不要忽视对表现比较好的学生的教育工作,既要防止他们产生骄傲自满情绪,又要在现有基础上提出更高的要求,还要使他们在班级集体中发挥应有的作用。

　　进行个别教育的对象不要仅限于"顽皮"的或"有问题"的学生。班主任对班上的每一个学生都要进行个别教育。每个学生都有他的优点和缺点,也都有他的思想认识上的问题，都需要班主任的鼓励和督促。因此班主任应当和每一个学生进行单独的谈话。在谈话中既了解学生，也教育学生。

4. 在学生的学习及其他活动中进行教育　思想教育贯穿在班主任工作的各个方面。无论是在学生的学习中，或者是生产劳动和各种课外活动中，都离不开思想教育。所以在进行这些活动时，班主任不仅要做好组织工作，而且首先要做好其中的思想工作。应该把思想工作做到学习、劳动、课外活动和日常生活等实际活动中去，使学生认识这些工作和活动的目的，端正他们的态度。只有政治挂了帅，各项工作和活动才能胜利完成。这里只谈在学习中如何进行思想工作。在劳动和课外活动中如何进行思想工作将在以下有关部分阐述。提高学生的学习质量，是班主任一项重要工作。班主任通过经常听课、抽查作业，与各科教师交谈等方式，深入了解本班学生的各科学习情况，如学习目的和态度、学习方法、学习成绩等，针对存在的问题进行工作。

提高学生学习质量，首先要使学生明确学习的目的。要使学生懂得自己的学习和参加国家社会主义建设事业，实现共产主义远大理想的关系。通过形势任务教育，革命传统教育以及节日活动等引导学生将革命热情贯彻到学习中去。使他们认识，必须继承过去伟大革命者的精神，学好本领，为人民服务。但是在对学生进行学习目的教育时，要考虑他们的年龄特征和实际思想情况，逐步提高学习目的性的认识。小学低年级学生，由于他们年龄小，刚入学不久，对国家和世界大事还了解得很少，过多地和他们谈学习与社会主义建设及共产主义事业的关系的大道理，就脱离了他们的实际。随着年级的升高，学生知道的东西多了，他们了解祖国和世界的过去、现在和未来多了，爱国主义、国际主义精神更强了，或者初步培养了共产主义的理想，他们就能把自己的学习和革命事业更紧密地结合起来。除了进行一般的学习目的教育外，还要进行各科学习目的的教育，特别要重视学生不感兴趣的一些课程的学习目的的教育。只有这样，才能引起和保持学生对每门课程的学习积极性。由于学生家庭出身和情况的不同，进行学习目的教育时，还要注意他们的不同特点和问题。

学习态度与学习目的是相联系的，但是学习态度"认真"、"努力"，并不一定表示其学习目的完全正确。所以，班主任在进行学习目的教育的前提下，要端正学生的学习态度。在学习态度方面，要教育学生勤学苦练、独立思考、刻苦钻研、持之以恒；纠正学生中怕动脑筋、依赖同学、甚至抄袭、不求甚解等现象。要让学生了解革命导师、伟大的学问家是如何刻苦学习的，也要使他们了解许多优秀青年刻苦学习的事迹。通过经验交流，还可以介绍本校、本班的一些认真学习的同学的体会,千方百计造成认真读书、尊敬师长的风气,从小培养起良好的学习习惯。

良好的学习纪律是提高教学质量的重要条件。班主任要重视培养学生良好的学习纪律,建立一定的学习制度。要加强课堂纪律,就必须通过班主任的解释和学生的讨论,以及参观、看电影等方式,使学生真正领会纪律的重要性,认识没有良好的纪律,就不可能好好地进行学习和进行任何其他工作,就不能完成国家交给学生的学习任务。这是一个长期的教育工作。从小学到初中一二年级,必须经常和反复地进行教育。只有学生真正懂得纪律的意义,才会有自觉的纪律。其次要规定一些课内外的学习制度,如课堂内的常规和自修、作业等方面的制度,但必须防止繁琐。这些要求要提得具体,一经提出,就应严格执行。只有不断地反复地进行锻炼,才能形成守纪律的习惯。在进行学习纪律教育的时候,班主任必须把各种教育力量组织起来。有些学生在某些教师上课时,特别不守纪律,班主任应努力帮助这些教师维持纪律。建立课堂纪律,不能采取压服的办法。

班主任还应该指导学生的学习方法,关心学生的学习状况和条件。班主任除了一般地指导学生如何听讲、做作业、阅读书籍等外,还应该配合各科教师,共同组织一些学习经验交流会、作业展览会等活动。学习方法是和每个学生的特点相联系,因此班主任在指导学生的学习方法时,既要提出一般的普遍的要求,又要注意个别指导。班主任在进行这些工作时,要关心、了解和安排学生在学校和家庭中的学习环境和条件。

班主任有责任沟通师生在教学方面的意见,建立良好的师生关系;根据学生的学习情况向有关教师或部门提出建议;调整和平衡各科作业的分量。在中学的班主任工作中,统一各科教师对学生的要求,平衡作业分量,调整师生关系等工作,占着重要地位。班主任可以组织学生之间的互相帮助,但必须教育学生以个人独立钻研为基础,防止某些学生的依赖思想和抄袭现象,同时也要照顾学生的自愿,不影响学生的自学。

在进行思想教育工作时,班主任要与其他教师、学生组织,特别是政治教师取得密切联系,相互配合,共同分析学生思想情况,统一对学生提出思想教育的要求。同时,班主任在进行各种思想教育的活动时,还应充分利用社会力量,提高教育效果。

(二)组织学生的劳动 组织学生参加劳动是班主任的一项经常工作。

班主任应了解、督促、检查学生的自我服务劳动、家务劳动,安排一定的社会公益劳动。关于生产劳动,班主任应根据学校的劳动计划和要求,照顾学生的年龄、性别和身体条件,合理地安排劳动的地点、部门、工种等。组织校外劳动事先要跟有关单位进行联系,作出周密的计划,妥善安排学生的饮食、住宿和医疗。班主任在劳动中还要按照劳动的特点和需要把学生组织起来,或把学生分成小组来进行。青少年在劳动中往往热情很高,总是力求不落在别人后面,因此班主任要适当地控制和积极地引导。

学生参加劳动的目的,主要是养成劳动习惯,培养劳动观点。班主任在进行这项工作时,应重视劳动中的思想教育工作。一般说,在劳动前要做思想动员,提出要求;劳动过程中,结合具体问题进行思想教育工作;劳动结束后,或经过一段时间后,可进行小结,指出优缺点,有时可由学生谈收获、体会。中学生在校外集中劳动时,班主任还可组织适当的辅助性教育活动,如参观访问、联欢、座谈、报告等,使学生能更好地向工农群众学习。在下乡下厂的劳动中,要进行阶级教育,使他们了解工农在政治上、经济上和文化上的变化,以及当前在农村中和城市中阶级斗争的各种表现。在中小学的平时分散劳动中,也应进行细致的思想工作,使他们热爱每一项平凡的劳动,培养劳动习惯。此外,要经常进行劳动中的安全教育和卫生教育。

班主任还要重视做好学生劳动中的检查和评定工作。检查和评定应为教育的手段。班主任要随时注意学生出勤情况和劳动态度、劳动纪律等方面的表现,并作记录;听取有关方面的意见,通过各种方式,进行评定。

为了组织好学生的生产劳动,班主任在一般情况下应和学生一起参加劳动,以身作则。和学生一起劳动,才能深入了解学生的劳动情况,随时解决劳动中的问题。

生产劳动的组织工作是复杂的,像回生产队劳动这种形式,如果没有很好的组织工作,就可能形成自流,因此班主任要认真做好生产劳动的组织工作。

(三)指导学生的课外生活 学生除了在学校上课的时间以外,每天还有课外时间,这部分时间中的生活如果没有得到很好的安排,如果没有丰富的健康的活动内容,学生就游手好闲,甚至可能在坏人的引诱下,为非作歹,所以班主任必须重视学生课外生活的指导。课余活动是学生全部生活中的一个重要方面,组织得好,有助于学生德育、智育、体育几方面的发展,有助于因材施教原则的贯彻。

课余活动包括各种有组织的校内外活动,它的内容有文化艺术活动、体育活动、科学技术活动、社会活动和社会公益劳动等。学生参加课余活动,以自愿为原则,但班主任也可以启发和引导学生参加某项活动。对课余活动既要指导,又要发挥学生的主动性和独立性,对中学生更应如此。

学生的课余活动有的是校内的课外活动,这些活动有的是全校组织的,有的是班级组织的,有的是群众自行组织的,有的是小组组织的。有些课余活动是在校外进行的,即所谓校外活动。校外教育机构分综合性的与专门性的两类。综合性的有少年宫、少年之家、儿童俱乐部、儿童公园、夏令营等。专门性的有儿童图书馆和阅览室、儿童剧院和电影院、少年科技站、少年农业站、儿童铁路、少年业余体育学校等。班主任除亲自领导班委会组织一些课余活动外,也组织学生参加一些校内外的课余活动组织。除了在活动开始时,动员学生积极参加外,还应经常了解学生的活动情况和问题,向有关方面反映情况,提出建议。班主任要注意这些活动的内容,检查他们是否健康、正确,在这些活动中传播的是社会主义思想,还是资产阶级思想。班主任应该组织并提倡学生集体看好的电影、唱革命的歌曲、读有益的书、参观展览会等。在活动中要善于进行思想教育,如看了好的电影,应该组织学生讨论等。活动的形式应该是生动活泼、为学生所喜爱的。

学生在课外除了完成课外作业、参加集体的活动外,其余的时间是如何利用的,班主任也应该进行了解。要了解他们的课外生活中哪些因素是健康的,哪些是不健康的。应该针对存在的问题和家长及其他有关方面取得联系,消除学生生活中的不良影响,一般不要只是消极限制和禁止,而要积极诱导。对二部制的学生和缺乏家长管理的学生,更要关心他们的课外生活,要把他们组织在校外小组内,使他们在集体中从事学习,做好课外作业,进行一定的文娱活动。特别在没有专职校外辅导员的情况下,班主任对这些校外小组更要加强辅导。

要指导学生安排合理的作息制度。保证学生有足够的睡眠和休息时间。班主任应关心学生的健康,了解他们的健康状况;协助有关方面进行健康检查和采取预防措施,组织卫生常识报告,订立清洁卫生制度,组织卫生检查,培养学生良好的卫生习惯;督促学生参加课外体育锻炼;关心有病的学生。为了指导学生课外生活,班主任在课外应多和学生接触。

(四)指导班委会和团队活动 班委会是中学各班级学生的基层组织。它的任务是在班主任领导下,协同团队组织,开展提高学习质量的活动,动员和组织同学参加生产劳动、社会活动和社会工作,开展班内的文体活动,组织领导班内值日值周,保持清洁卫生,召开班会等。健全班委会组织是中学班主任培养班级集体的重要方面。班主任对班委会是领导关系。班委会一般由班主席、学习委员、劳动委员、生活委员、文体委员等组成。班主任要教育学生慎重选举班委会干部。要领导班委会订计划,向他们提出要求,检查执行情况;要帮助他们提高工作水平,树立威信。当然,班主任也应该发挥班委会成员的积极性和民主精神,发挥班委会中团员、队员的骨干作用。中小学班主任还要把全班学生编成若干小组,教育小组成员慎重选举小组长。班主任除了解各小组情况外,可深入一个小组,通过一个点的工作来指导和推动全班的工作。

团队工作是学校全部教育工作的不可缺少的组成部分。团的性质、任务决定了它是班级集体的核心,是班级中各项活动的积极支持者和参加者。班主任有责任指导和帮助班级中团组织进行工作。要防止不管团的工作的现象,也要防止包办代替或命令压制的作风。少先队是学校中大多数少年儿童的群众组织。许多班主任又兼任中队辅导员,更有责任指导队的活动。班主任在指导团队活动的时候,要尊重团队组织,发挥团员、队员的主动性和独立性。

班主任根据团队组织的性质和它们在班级中的地位、特点,指导和帮助它们活动。具体地说,有如下几个主要方面:1.协助团队组织制订工作计划,使团队工作要求和整个班级工作要求一致,统一步调。2.帮助团队组织实现工作计划。班主任应经常关心和参加团队活动,在活动中既要了解学生的情况,也应向团队组织提出建议,具体指导他们开展活动。同时还应主动帮助他们克服工作和活动中的困难,为他们创造良好的活动条件以及争取其他教师参加和指导团队的有关活动。3.帮助团队干部提高思想认识和工作能力,特别是队干部和较低年级的团干部,年龄小、知识少、工作经验不足,更应对他们进行具体帮助和培养。班主任也有责任帮助团队组织挑选干部和积极分子。4.班主任应协助团队组织进行思想政治教育工作,交流和分析学生情况,研究教育措施。班主任也可以向团队组织反映情况,提供建议,协助做好组织发展工作。

班主任应列席团支委的会议。班主任在研究班级工作时,应吸收团支委、中队委、班委等参加讨论。

(五)进行家长工作　家庭和学校是对青少年进行教育的两个阵地。虽然学校担负着教育青少年的基本任务,起着主导作用;但是家庭对青少年儿童的思想影响也非常巨大,只有在与家庭保持密切联系和合作的条件下,才能顺利实现思想教育的任务。学校保持与家庭的联系,主要是通过班主任实现的。

班主任联系家长的目的首先在于了解学生的情况,了解学生家庭及其对子女进行教育的条件和情况。在了解情况后,还应进行具体分析,家庭中对学生的影响哪些是好的,哪些是不好的。例如有这种情况,学生出身于工人家庭,但父母是双职工、工作地点远、在家时间少、很少有时间照管子女等等。联系家长的目的还在于向家长宣传、介绍教育子女的要求和方法,从而做到家长与学校合作,统一教育影响,最大限度地发挥学校教育的作用。应该要求家长注意培养学生在家认真自学、参加家务劳动、照管弟妹、勤俭朴素、诚实有礼貌等良好习惯和品质;要求家长引导学生关心国内外形势,了解党的方针政策;要求家长对学生进行阶级教育,在旧社会受压迫的家长可经常向学生谈谈家史;要求家长在思想行为上以身作则。

班主任进行家长工作的方式,主要有如下几种:

1. 家长会是加强学校与家长联系的必要形式。通过家长会可以使家长了解学校的工作和教育的要求、方法;在学校方面可以了解到学生的家庭和学生的某些情况,以及家长对学校的意见。家长会要充分发挥家长中积极分子的作用,通过家长教育家长,由一些家长现身说法,介绍教育子女的经验;或者是讨论一些家长们所共同关心的教育问题。家长会的时间不宜过长,次数不宜过多。根据需要,还可以配合举行小型的学生成绩展览会或由学生表演一些文娱节目,让家长看到子女的成绩。家长会主要是以班级为单位进行的,参加者有时是全班学生的家长,特别是开学初或学期结束时所举行的家长会议更应如此;而通常比较多的是根据解决不同问题的需要,或是为仔细研究部分学生的情况而组织的由部分家长参加的会议。班主任在全校举行家长座谈会或专题报告会时,要协助学校行政做好组织工作。

2. 家庭访问对于深入了解学生和学生家庭及其教育情况,对于解决个别学生的特殊问题,有它独特的作用。班主任要把家庭访问作为自己的一项经常工作,根据学生和家长的不同问题和情况,制订一般性的和专门性的访问计划;尽可能每学期都能访问每个学生的家长。访问时,班主任要有真诚的态度。要防止那种没有目的、没有计划的作客式的访问。也要避免只向家长报告学生缺点、不作全面分析的告状式的访问。这种访问,不仅不会有良好的效果,而且会产生一些消极作用。例如很可能使某些家长对子女的教育丧失信心,或者当教师走后,以打骂等不正确的态度和方法对待子女。这样,也常常促使学生产生对教师的反感,加深师生的隔阂。优秀教师的经验证明,班主任在家庭访问时,通常应先谈到学生在学习、思想各方面的优点,然后才谈到缺点。在谈学生缺点的时候,不应责难家长。有些家长对子女的教育不够关心,或对班主任的访问不热情,或不同意班主任的意见。在这种情况下,班主任应十分耐心,用自己的热忱去感动家长,和家长一起研究教育措施,争取家长与学校合作。在访问时,对家庭中不同成员应做不同的工作,调动他们当中的积极因素,并且依靠这些因素,克服家庭教育中的消极影响。

3. 作为与家长个别联系的一种辅助形式是书面联系,书面联系主要有学生手册和通信。

无论哪一种联系形式,班主任在事先都应该作好充分准备,确定联系的目的和方法,考虑好向家长提出共同教育孩子的具体建议和办法。

(六)评定学生的操行　评定学生操行的目的是肯定学生在一定时期内(一学期或一学年)的进步和优点,指出存在的问题和缺点,帮助家长了解学生的情况;帮助学生发扬优点,改正缺点,鼓励他们不断上进。

评定学生操行,对班主任来说,是全面、长期了解学生的结果。班主任只有从思想、品行、学习、劳动等各方面,从开学初到学期结束不间断地观察和记录学生的表现,才能公正而深刻地评定学生的操行。为了保证评定的全面和正确,班主任还应该征求有关教师和团队组织的意见。

对中小学生的操行评定,一般只写评语,不评等级。班主任对学生操行所作的评语,应力求正确、全面、具体、简明。在评语中对学生优缺点的评价要恰如其分,肯定学生的优点和进步,适当地指出他们的缺点。在评语中要提出学生努力的方向和改进意见,对学生的要求应从他们的实际出发。不提要求或要求过低固然不对,但要求过高、过急也会有消极作用。一般说,年龄愈小要求应愈具体。

中学是一学期或一学年评定一次,小学每学期评定一次。应该把评语通知家长和学生。

班主任在进行以上各项工作时,应争取其他任课教师和团队组织的协助。学校要加强对班主任工作的领导,选派政治觉悟较高和较有教学经验的教师担任班主任。教育行政部门和学校要适当减少班主任的任课时数。

共产主义青年团、少年先锋队的活动　在中小学中,学生的许多集体生活和活动,是通过共青团和少先队的组织进行的。所以这些组织的活动是进行思想教育的重要途径。

学校中的共青团 共青团是十五岁以上先进学生的群众性组织,是学习共产主义的学校,是党组织的助手。在学校的思想政治工作中,它担负着重要的任务。它在学校党组织的领导下,以共产主义精神教育团员,带领好团的队伍,配合学校行政,团结教育全体学生,贯彻执行党的"教育为无产阶级政治服务,教育与生产劳动相结合"①的方针,遵循毛主席关于"身体好、学习好、工作好"②的教导,使学生在德育、智育、体育几方面都得到发展,成为有社会主义觉悟的有文化的劳动者。共青团的思想政治工作要引导学生努力学习,同时积极参加一定的生产劳动和社会政治活动。它要教育学生懂得,青年只有用人类创造的全部知识财富来丰富自己的头脑,只有把自己的学习同全体劳动人民反对帝国主义、建设社会主义的斗争联系起来,才能成为共产主义者。

学校共青团主要进行以下几项思想政治工作:

(一)教育团员学习马克思列宁主义,学习毛泽东著作,学习党的方针政策,学习党的光荣革命传统,学习团的基本知识。使团员懂得:什么是阶级和阶级斗争,什么是共产主义和社会主义,什么是党的革命传统,怎样继承党的革命事业,怎样做一个共青团员。在这方面,共青团可以配合政治课的教学和班主任工作,开展一些辅助性活动,如组织时事政策的报告、座谈,看有关革命传统的电影、戏剧、小说等。

(二)教育学生努力读书,学好功课,牢固地掌握文化科学知识,为参加社会主义建设作好准备。使他们懂得这是党和国家的需要,决不仅仅是个人的事情。要使他们正确认识红与专、提高政治觉悟和学习文化科学知识的关系。要鼓励学生树立攀登文化科学高峰的雄心壮志,养成勤学好问、刻苦钻研的学风。要引导学生认真学好政治课。要教育学生尊敬师长,遵守纪律。团组织应该鼓励学生多看一些课外书籍,扩大知识领域。不仅看正面的、革命的书籍,也适当地、有批判地看一些反面的、有毒素的书籍,增强辨别能力。团组织还要引导学生适当开展课余的科学技术活动。

(三)带领学生适当参加体力劳动和社会政治活动,使他们更好地向又红又专的方向前进。教育学生自觉地愉快地参加教学计划规定的生产劳动和社

---

① 1958年9月19日,中共中央、国务院发布《关于教育工作的指示》,提出:"党的教育工作方针,是教育为无产阶级的政治服务,教育与生产劳动相结合。为了实现这个方针,教育工作必须由党来领导。"——编校者
② 毛泽东在1953年6月30日接见中国新民主义青年团第二次全国代表大会主席团时所作的讲话。——编校者

会公益劳动，经常做好自己的卫生整洁工作。在工厂企业或农村人民公社劳动时，教育他们和工农打成一片，同工农交朋友，向工农学习。并适当地组织他们进行一些宣传工作。协助党和行政，注意劳动保护，进行安全教育，坚持劳逸结合，教育学生积极参加政治活动。组织参观访问，参加社会调查，担任必要的社会工作。

（四）关心学生的生活，注意劳逸结合。应该协助行政，坚持生活作息制度，改善饮食，做好宿舍管理工作；协同学生会组织好学生的课外文化娱乐、体育活动，安排好假期生活。教育学生勤俭节约。

（五）教育团员联合进步青年。依靠团员和进步青年，做好中间和后进青年的工作，逐步提高他们的觉悟，鼓励他们的进步。在同学之间，倡导团结友爱的良好风气。鼓励学生畅所欲言，向党反映真实情况。教育团员、学生自觉地遵守国家法令、公共秩序、学校校规和学习纪律，正确认识民主与集中、自由与纪律的关系。学生会、班委会是学生群众的组织，共青团是学生集体的核心。在团的各级会议上应研究学生会、班委会的工作，提出建议；派优秀团员参加这些组织的工作；号召团员在这些组织的工作与活动中起模范作用。

学校共青团在进行以上各项活动时，必须坚持说服教育的原则，充分发扬民主，并学会运用党的群众路线的工作方法。共青团组织在党的领导下，要欢迎学校行政与班主任的帮助和指导，配合和支持学校行政和班主任的工作。

学校中的少先队　少先队是九岁到十五岁的少年儿童的群众组织。它在中小学的思想教育中担负重要的任务。少先队遵循毛主席关于"好好学习，天天向上"[①]、"儿童们团结起来，学习做新中国的新主人"[②]的教导，团结教育少年儿童，努力读书，锻炼身体，继承中国共产党的革命传统，培养爱祖国、爱人民、爱劳动、爱科学、爱护公共财物的好品德和诚实、勇敢、活泼、团结的好作风，使少年儿童成长为在德育、智育、体育几方面都得到发展的共产主义事业的接班人。

少先队的活动有以下几个方面：

（一）教育少年儿童尊敬老师，遵守纪律，学好功课，为将来参加社会主义建设做好准备。少先队要通过活动帮助少年儿童搞好学习，如举行"学习为了祖

[①] 1951年9月底，毛泽东在接见渡江小英雄马三姐时，为其在笔记本扉页上所作的题词。——编校者

[②] 1942年4月，毛泽东在延安纪念儿童节时，为《解放日报》所作的题词。——编校者

国"、"算术多么重要"、"四十五分钟的价值"等队会,在墙报上讨论"抄袭作业是少先队员的行为吗?"举办作业展览会、科学技术作品展览会等等,帮助少年儿童明确学习各门功课的目的,了解学习各门功课对建设祖国的意义,提高学习兴趣和培养良好的学习习惯。少先队要用英雄模范人物的事迹和发明创造的事例,鼓励他们努力学习。要推荐优秀读物,开展科学技术活动,组织各种课外小组,扩大眼界,激发求知欲望,培养勤学好问的风气。

(二)少先队要对少年儿童进行共产主义思想教育。

首先要进行阶级教育,使少年儿童逐步懂得什么是压迫,什么是剥削,什么是革命;什么阶级最可爱,什么阶级最丑恶;什么是社会主义,什么是资本主义,坚决走社会主义的道路,反对压迫和剥削,仇恨帝国主义者、各国反动派和现代修正主义者。在进行这些教育时,可组织少年儿童和老党员、老工人、老贫雇农、老红军见面,阅读革命书籍、唱革命歌曲、参观革命遗迹、纪念革命节日、慰问烈军属、祭扫烈士墓等。

其次,要引导少年儿童关心国内外大事。要帮助儿童了解祖国社会主义建设的重大成就,知道一些世界人民革命斗争的故事,教育他们热爱共产党、热爱毛主席、热爱社会主义,同情世界人民的革命斗争,从小树立革命理想,立志做共产主义事业的接班人。在进行教育时,要组织少年儿童为社会主义建设做一些事情,如开展植树、种油料作物、除四害、讲普通话等活动,教育他们从小学习用自己的双手为社会造福,为人民服务。

再次,要教育少年儿童学习无产阶级的优秀品质,培养诚实勇敢、团结友爱、艰苦朴素、爱护公物、关心集体、热爱劳动和遵守纪律等良好品德和行为。要引导少年儿童积极参加力所能及的劳动。要表扬少年儿童的好行为好作风,鼓励他们的一点一滴的进步;要选择带有普遍教育意义的事例,组织他们讨论,帮助他们树立正确的观念,逐步形成良好的舆论和风气。

在进行这些教育时要贯穿阶级教育的内容,要自觉地把这些教育和阶级、阶级斗争的观点联系起来,但不要牵强附会。

(三)少先队要积极开展体育和文化娱乐活动,增强他们的体质,培养他们活泼开朗的性格和多方面的才能。可以组织各种体育和文艺的兴趣小组,举行体育比赛和文艺会演,倡导和推广有益的游戏。少先队要培养少年儿童爱清洁、讲卫生的习惯。

(四)少先队要协助学校组织好少年儿童的校外生活和假日、假期活动。在二部制学校要建立"小队之家",把同年级队员组织起来,从事有益活动。还可组织"中队俱乐部"等校外活动场所。组织短途旅行、参观、各种比赛、野外游戏、营火晚会等假日活动,有条件的地方可举办假期俱乐部、儿童乐园和夏令营。在假期内,还要帮助少年儿童安排好作息时间,做好假期作业。

少先队的活动通过一定的形式进行。队会是少先队活动的基本形式。大队活动一般每学期两三次,中队活动一般每月举行一次,小队活动可根据需要灵活开展。大队集会和中队集会都要举行少先队的仪式,以提高教育效果。

要建立经常活动的阵地和制度,如建立队室、墙报、图书室(角)、英雄角、光荣簿、大中小队日记、实验园地、各种兴趣小组和操练制度等,使队的工作经常化。

进行少先队的活动,要同全国人民建设社会主义的伟大斗争结合起来,引导少年儿童接触社会,接触大自然,使他们在实际斗争中接受教育和锻炼。少先队的活动要有教育性,也要有生动性。队的活动要多样化,生动活泼,充满乐趣。在活动中要发挥少年儿童的主动性、积极性和创造精神。

少先队的大队设大队辅导员,中队设中队辅导员,一般由教师兼任。中学少先队的中队辅导员,也可以由高年级学生团员担任。

政治课(小学周会) 中学政治课,是进行思想政治教育的主要途径之一。它的任务是以共产主义道德的常识、社会发展的常识、中国革命和建设的常识、政治常识、经济常识、辩证唯物主义常识、国内外时事和党的方针政策等内容教育学生,培养学生的共产主义道德品质和工人阶级的阶级观点、劳动观点、群众观点、辩证唯物主义观点,提高学生的政治思想觉悟,清除资产阶级思想影响,发展独立思考和明辨是非的能力,为学生进一步学习马克思列宁主义、毛泽东著作打下基础。中学政治课的教学,即要讲好基础理论知识,教导学生认真读书,在理解的基础上逐步掌握基本的政治理论常识,又要注意引导学生关心国际国内阶级斗争的形势,关心我国的社会主义建设,学习用学到的理论常识观察和分析问题,联系思想实际,端正自己的立场、态度、思想意识,提高社会主义觉悟。既要学习马克思列宁主义、毛泽东思想,又要批判各种资产阶级的观点、立场,这样才能发挥政治课的战斗性,才能随着学生理论水平的提高而提高思想觉悟。

贯彻理论联系实际的原则,是提高政治课的教学质量的一个重要条件,在政治理论常识课中,要重视基础理论知识的教学。教材中的基本概念、基本观点、基本原理应该讲清楚,讲正确;避免离开教材,另讲一套,也要防止照本宣科。政治课中有些基本概念,不是几句话能解释清楚的,要了解学生掌握这些概念有哪些困难,然后运用恰当的事实,进行抽象、归纳,帮助形成概念。要讲清楚基本观点和基本原理,就必须研究这些原理、观点的论据和应该运用的具体材料;也要了解学生可能产生哪些思想认识上的问题,然后运用具体材料和这些原理、观点分析这些问题。总之,讲授时要用生动的具体的材料说明观点,使观点和材料相结合,切实避免空洞说教或使学生死记硬背。讲授时不只注意传授知识,还必须注意阶级立场和思想方法的培养。要正确地运用阶级分析方法,来分析社会实际和思想实际中的问题。

讲授要和指导学生阅读、讨论相结合。必须指导学生认真阅读教材或参考文件。对高中学生可以适当组织讨论。讨论是为了使学生加深理解教材和培养分析能力,但讨论不宜过多,并应围绕关键的问题。讨论还须考虑学生的年龄特征、知识基础,使讨论能够真正展开,讨论时教师必须进行指导。教师要指导学生养成实事求是、以理服人的态度,避免把讨论变成批判会。

政治理论常识课教学应贯彻理论联系实际的原则,就是要确立以研究中国革命实际问题为中心,以马克思列宁主义基本原理为指导的方针,废除静止地、孤立地研究马克思列宁主义的方法。教师要注意用中国革命与建设的实际,和党的基本方针政策来阐明理论问题。特别要注意正确地讲授毛泽东同志的著作。教师也要注意将学生思想中存在的带有普遍性的问题,结合政治理论课程,进行思想教育。实践证明,政治课和历史实际、当前阶级斗争实际以及学生思想实际结合得好,才能教得生动活泼、战斗性强,才能帮助学生提高理论的理解程度和运用能力,提高学生思想觉悟。所以在讲授中应适当联系社会实际、历史实际、学生思想实际;但讲授时联系实际必须尊重教材的系统性,做到有机地、中肯地、恰到好处地联系实际,必须防止牵强附会。联系实际也要有重点,不是处处联系、点点联系。另一方面,应进行必要的参观、访问、调查,以及请地方党政负责同志、英雄模范、先进工作者、革命老战士、工人、农民作报告等。参观、访问等是为了取得感性的具体材料,要能说明教学中的基本观点,必须具有明确的目的,考虑教育的效果。

中小学的思想教育,在学校党组织的领导下,主要通过班主任工作、共产主义青年团、少年先锋队的活动和政治课进行。因此政治课还应和班主任、团队的工作以及有关学科的教学适当配合。

在政治课中利用一部分时间,进行时事政策教育,是以当前国内外的形势和党的方针政策的基本知识教育学生,教育他们运用正确的观点、立场,来分析国内外形势和重大事件,使他们具有明确的革命方向和饱满的政治热情。系统的基础理论知识教育和时事政策教育要结合起来,即在政治课上讲授马克思列宁主义的基本观点时,要联系国内外形势和党的方针政策,而在讲解时事政策时,又要运用马克思列宁主义的基本观点来进行分析。这样既可以保证基础理论知识教育更能结合实际,又可使形势任务教育能提到理论的高度。时事政策教育的主要方法是报告、讲课、读文件、讨论,辅之以参观、访问、看电影、阅读文艺作品等活动。形势和政策往往直接影响学生及其家庭生活,引起学生思想上许多活动。时事政策教育必须解决学生思想上存在的问题,因此,教师应对学生思想问题做好调查研究,分析学生思想动向,然后抓住活的思想,进行正面教育。在教育中要摆事实、讲道理,要运用充分的具体材料,并对材料进行深入的分析,令人信服地阐明形势任务。中学生知识缺乏,对时事政策的错误看法,大部分是认识上的问题。只要认识清楚了,错误的观点是很快可以得到纠正的。因此,对中学生的一些错误观点不宜进行公开批判。

  小学的政治课采取周会的形式进行。这是适合小学生的年龄特点的。从接受水平看来,小学生学习系统的政治理论知识是比较困难的。周会主要是对学生进行共产主义道德品质教育,一部分时间进行时事政策教育。随着年级的增高,时事政策教育内容的比重也可适当增加。晨(午)会的特点是时间短,又可以天天有,因而,它能密切结合形势任务和学校或班级生活中的问题,及时进行教育。周会的具体内容应当有计划地进行安排,各年级或低中高各阶段应有不同要求和重点,各年级之间也应该互相衔接、反复巩固、逐步提高。周会、晨(午)会的组织形式,一般以班级为单位,也可以分低、中、高年级联合举行。教育方法要考虑小学生的年龄特点,灵活多样,如讲故事、讲典型事例、朗诵、表演等。

  班主任工作、团队活动和政治课是进行思想教育的主要途径,也还有其他的途径。例如学校行政、共产主义青年团、少年先锋队应该适当地组织学生参加必要的社会活动,使学生受到实际的教育和锻炼。教师要注意在日常学习、生活中,培养学生努力学习、热爱劳动、遵守纪律、团结友爱、艰苦朴素等思想品德,防止旧社会遗留下来的习惯势力的影响。

第二节　思想教育的方法

  思想教育的方法,是为了实现思想教育的任务和内容所采取的手段。所以它又为思想教育的任务和内容所制约。社会主义思想教育所用的方法和剥削阶级思想教育所用的方法,有很大的不同。社会主义思想教育方法体现了说服教育、理论与实践结合等原则。

中小学常用的思想教育方法基本上有说服、实际锻炼、表扬和批评等。

（一）说服　说服是思想教育中的重要方法。这个方法的特点是摆事实、讲道理，使受教育者接受真理，提高觉悟。启发自觉、以理服人，是社会主义思想教育方法的重要特点。中小学说服的方法，通常采取以下几种具体的方式：讲解、报告、讨论、谈话、阅读、参观、访问、调查、示范等。

讲解和报告是通过比较系统地阐述政治、道德问题，提高学生的认识水平和思想觉悟的一种方式。在中学政治课、时事政治报告或中学高年级有关政治、道德问题的专题讲座中运用较多。讲解要针对基本理论知识的特点，重视理论知识的系统性，对基本的论点是要进行充分的、有力的论证，但也要注意联系实际。马克思列宁主义是真理。我们不需要采用教条主义的方法，把它的原理不加论证地硬塞到青少年头脑中去，而应该提出充分的事实，进行深入的分析，并用它解决实际问题。这样的讲解是有说服力的，引人入胜的。对错误的论点和思想，也不只是给它戴上一顶帽子了事，而是要认真分析它的错误。

做报告必须抓思想，不论是学校领导人和教师，或者邀请老干部、老红军、老工人、老贫农作报告，都要事先了解学生思想动态，存在的问题和要求，以便报告能有的放矢，通过事实和理论的分析，帮助学生提高认识，解决思想问题。报告的深度和广度要适合学生的年龄特征和知识水平。要注意从具体到抽象，使感性认识与理性认识有机地结合起来，防止空洞说教和成人化的做法。例如，对学生进行阶级教育，必须使他们了解大量的阶级斗争的材料。经验证明，向学生讲校史、工人和贫农的家史、村史、公社史、工厂史、城市史，效果是好的。因为讲的都是本校本地的真人真事，学生听了倍觉亲切，感受深刻，这是最生动最有说服力的教育材料。

讲解或报告的语言要生动、确切、通俗、易懂。对小学生和初中一年级学生进行思想品德教育时，一般应该从故事入手，使人物、事迹、道理紧密结合，讲得具体、生动、形象，解决他们的具体问题。必须把故事中的教育因素充分挖掘出来。教师要注意自己的语言表达的技巧。教师的语言必须是有感情的。

讨论是群众自我教育的一种方式。学生对现实生活中的某些时事政治问题，或某些道德行为规范，常有模糊的错误的看法，组织他们讨论可以帮助他们在某些方面得到正确的认识。讨论时教师要引导学生敞开思想，大胆提出问题，热烈发言，鼓励发表不同意见，坚持讲道理。不能用多数压服少数，不得随便打棍子、扣帽子、抓辫子。可以允许学生保留自己的意见。讨论结束时,教师可以做结论,可以指出正确的和错误的意见,但教师对自己的意见也要进行充分论证,不能以权威自居,要求学生无条件地接受。

谈话是常用的一种说服的方式。因为它最便于从每个人的具体情况出发,"一把钥匙开一把锁",使思想教育工作更加落实,细致深入。教师经常要进行个别谈话。学生中许多带有共同性的思想认识问题,则需要进行集体谈话,采用班会、周会或小组座谈等方式来进行。

同学生进行个别谈话时,应事前了解和考虑谈话对象的特点。例如有的学生谈吐大方、能说会道,而有的则沉默寡言,胆怯、羞涩,也要了解学生的真实的思想状况,有的放矢地进行谈话。对学生个别谈话时,教师的态度应该亲切、真诚、自然,不要发脾气,不要对学生训斥责骂。即使学生顽梗,不听劝告,还要坚持耐心说服,而且允许学生申述自己的意见。有时利用适当时机,巧妙地启发几句,会比长篇大论的谈话更为有效。在学生发脾气时,谈话往往无效,可以等待学生心平气和时再谈。谈话地点也不要拘泥某种特定环境,有时和学生边散步边谈心,学生可能会把心里的话向老师倾诉,对老师的教导也比较用心去听,效果会好一些。教师可以找学生谈话,提出某些要求,进行鼓励,而不要只在学生犯错误时,才找学生谈话。

对学生集体谈话要从学生的实际出发,教师要充分准备,拟订谈话提纲,在谈话时,教师要引导学生联系各种事实,进行回忆对比等等,使学生从事实中很自然地得出结论。要让学生自由提问,大胆回答,不要使谈话进行得刻板机械,毫无生气。不要把每次谈话都变成批评缺点。有些集体谈话是为了辨明是非,提高思想认识。

指导学生阅读革命书籍报刊,也是说服的教育方式之一。结合讲解、报告、讨论和谈话的重点和提出的问题,可以指定学生阅读有关文件和书刊;也可以有计划、有系统地指导学生阅读革命小说、剧本、诗歌等文艺作品,有些可作为学生的课外读物。报纸是生活和斗争的教科书,是对学生进行思想政治教育的重要武器,要培养学生自觉的读报习惯。

参观、访问、调查是引导学生接触社会实际,用具体生动的事实说服教育学生的方式。它的作用在于用学生亲眼所见的感性知识,用活生生的具体事实补充口头说服之不足。如带领学生看过去贫苦人民留下的生活用品和革命斗争的实物;听老工人、老贫农等谈自己的历史,或是听学生自己的家庭、亲戚或邻舍、熟人的历史;调查工厂、生产队的阶级斗争的事实。使学生目睹身受,教育作用是很大的。具体的事实是最有说服力的。

为了使参观、访问、调查等教育方式收到良好的效果,关键在于有领导、有计划地去做。一般说来,参观、访问、调查等教育活动,要结合各个时期学生思想教育中心内容的要求,有目的地制订出指导活动的周密计划,并做好组织工作和思想工作。事前要和被参观访问的单位联系好,提出参观访问的目的、要求,学生的思想情况和问题,使被参观访问的单位根据参观访问的要求作必要的准备,同时要向学生讲明目的、要求和注意事项等,使他们有充分的思想准备。调查访问中要了解学生的思想认识,帮助学生分析他们所观察的事实。学生对问题往往有一些表面的看法,例如学生对阶级敌人往往事先有一些简单化的观念,如果这些观念和他从观察中所得的印象不相符合,他就会感到迷惑,这时就需要教师帮助他们分析,使他们能透过表面现象看事情的本质。最后,可通过小组漫谈、汇报访问收获或写心得和调查报告等形式,做好活动后巩固和提高的工作。

示范是以别人的好榜样去影响学生的思想意识、情感和行为的一种教育方式,榜样对青少年学生有巨大的感染力和说服力。因为,青少年学生对思想品德的理解,只有借助于具体生动的形象,才容易领会和模仿。青少年时期,是学习做人的时期,他们希望从前辈那里,找到做人的榜样。在阶级社会里,剥削阶级常从本阶级的利益出发,树立本阶级的"英雄人物"的形象,作为青少年学习的榜样。例如"二十四孝图"中的"老莱娱亲"、"郭巨埋儿"之类,表现了这些"英雄人物"充分的虚伪和残忍。

我们要以伟大的无产阶级革命领袖、革命英雄人物为榜样来教育学生。让他们学习这些无产阶级的伟大榜样,继承和发扬革命领袖、英雄人物的思想、胆略、品德。革命烈士的遗言遗志,同样激励着青少年。祖国各条战线上不断涌现出来的英雄模范人物、历史上对人民有贡献的科学家、哲学家、文学家都是教育学生学习的榜样。文学作品、电影、戏剧中的优秀人物的模范行为,教师和家长的模范行为,学生中的先进事例等等,对青少年学生来说,都会产生很大的教育作用。

引导学生向革命领袖、革命英雄人物学习时,要有明确的目的。要指出他们有哪些优秀的品质,为什么这些品质是优秀的,产生这些品质的阶级根源是什么,这些品质有怎样的社会意义等。可以让学生自由讨论这些模范人物的行为和品质,帮助他们从感性认识提高到理性认识,形成正确的观点和信念。我们要求学生自觉地而不是盲目地向好的榜样学习。

教师应当从实际生活和文艺作品中选择一些英雄模范人物,让学生熟悉他们的言行、事迹。要经常引用这些范例,逐步加深他们的印象,还要教育学生去学习这些英雄模范人物的精神,而不是学习英雄人物的某一具体行为,要把他们的精神体现到自己的学习、劳动和生活中去。并且要经常检查和强化这些榜样、范例在学生思想行为上所起的实际效用。

对青少年发生经常的直接影响的是教师和家长。而教师的示范有着重大作用。加里宁说过:"教师的世界观、他的品行、他的生活、他对每一现象的态度都这样或那样地影响着全体学生。……所以一个教师也必须好好检点自己,他应该感觉到,他的一举一动都处在最严格的监督之下,世界上任何人也没有受着这样严格的监督。"①教师必须以身作则。小学生特别爱模仿长辈的行为习惯。中学生对立身处世虽然有了自己的主见,但师长的榜样对他们仍有很大影响。教师在青少年学生心目中的威信越高,对他们的示范教育的力量也就越大。所以教师必须端正自己的思想和行为。如果教师言行不一致,学生就会不相信思想道德原则的严肃性,甚至会模仿教师不良行为,这种教师在学生中也不会有任何威信。教师的行为如果不正确,应该公开承认自己的错误,并表示决心克服它,而且付诸行动。教师的高尚的思想品德面貌,是建立威信的一个先决条件。

(二)实际锻炼　实际锻炼是学生在学习、劳动和生活中受到锻炼和考验的教育方法。它能使学生做到言行一致、知行统一,能培养他们在实际斗争中像岩石上的松树那样经得起风吹、日晒、雨打。实际锻炼不但可以加强和巩固学生已获得的正确的观点和信念,形成良好的行为和习惯,而且可以培养坚强的意志、刚毅的性格。

实际锻炼的方法不同于旧教育中的机械训练的方法,它是与说服的方法密切结合的。应该通过说服,使学生有了比较正确的思想认识以后,再进行锻炼。在实际锻炼之后,要总结锻炼中的经验、体会,进一步提高他们的思想认识。进行实际锻炼,要使他们充分了解锻炼的意义,并向他们提出较严格的要求,促使他们能够自觉地进行锻炼。要对他们的实际行动进行检查、监督。要通过表扬和批评,鼓励和帮助他们克服困难,坚持锻炼。学生在锻炼中应随时总结经验和体会。有些行为应该通过锻炼成为习惯。

实际锻炼有以下几种方式:

组织学生参加工农业生产劳动,不仅使学生受到生产斗争的锻炼,而且还使他们受到阶级和阶级斗争的教育。在各种劳动中,必须有良好的组织工作,使学生学会有组织有纪律地劳动;知道如何节约时间,安排工作,还要向学生提

---

① 加里宁:《论共产主义教育和教学》,人民教育出版社1957年版,第177页。

出严格要求,如确保产品质量,不浪费材料,做好协作等,这样才能真正锻炼学生的思想品德。在日常的自我服务劳动、家务劳动和社会公益劳动中,也要要求学生明确目的,认真劳动,讲求效果。

组织学生参加社会工作,在于使他们接触社会实际,培养工作能力和为集体服务的习惯。凡是校内外的社会工作都必须有组织地进行,应该讲求工作效果。教师不仅要吸引积极分子参加社会工作,也要吸引全班学生都积极参加社会工作,使他们在工作中受到锻炼。小学生和初中学生参加社会工作时,教师应当予以较多的指导和具体的帮助。对于高中学生,教师有时可以只说明工作的目的要求,让他们独立进行,发挥其主动性。但是教师对他们的工作仍应予以检查和督促,在工作到一段落时要给予正确评价。

除组织学生参加经常的社会工作外,还要组织学生适当参加必要的社会活动。如重大革命节日的纪念活动、反帝示威游行、街头宣传、慰问军烈属等活动。在活动时,要进行充分思想动员和做好组织工作,使学生认识明确,精神饱满,有组织、有纪律,从活动中受到锻炼和教育。

学习活动是学生生活的中心。教师应该对学生的学习提出严格要求。上课要认真听讲,课外作业要做得认真细致。要遵守课堂纪律。在小学低年级进行教室常规教育,要求学生不断练习,成为习惯。

游戏和运动都是中小学生所喜爱的活动。组织得好的游戏和运动,不仅可以增强体质、发展智力,而且可以培养组织能力,锻炼集体主义精神和坚强勇敢的意志性格。应当让儿童有充分的游戏和运动的机会。有些游戏虽然含有不良因素,也不宜简单禁止,而要设法消除不良因素,或引导儿童从事更健康的游戏。要求学生在游戏时学会很好地合作并遵守秩序。

制定和执行学校和家庭的生活制度,使学生按照一定的生活程序,有节奏地学习、劳动、休息和从事文体活动,对于培养学生的组织性、纪律性有重要的意义。学校的生活制度要订得合理。使学生生活既有纪律,又有一定的自由。不能把生活制度规定得太繁琐,变成了束缚学生行为的东西。但是,必须有生活制度,而且要求学生严格遵守。对学生遵守生活制度的监督是十分必要的。对小学生要多提醒、示范、正面引导。对中学生,可以多采取学生自我监督的方法。

(三)表扬和批评、奖励和惩罚 对学生的思想和行为作出肯定或否定的评价,促使学生发扬优点,改正缺点,鼓励学生不断上进,在中小学思想教育工作中是不可缺少的一种教育方法。中小学生渴望教师、家长和同学对自己的思想和行为作出评价。学生对教师给自己的评价是敏感的,并力图使自己得到表扬或奖励,避免批评或惩罚。

表扬和奖励是对学生思想行为的好评。它可以使学生思想行为中的优点得到发扬,并引起巩固这些优良思想品德的愿望和信心。特别是对于思想品德不良的学生,当他要求进步并有些实际表现时,适时地给予表扬和奖励,就能鼓舞他更好地前进。表扬和奖励不仅使受奖者得到鼓励,而且也可以使整个集体受到教育。奖励在推动学生进步、巩固和发展优良的道德品质上有着重大作用。社会主义教育中的表扬和奖励是和说服、实际锻炼结合的。学生有了自觉的要求,而且实践了这些要求,这才给予表扬和奖励。所以它是建立在自觉行为的基础上的。这和剥削阶级的学校中的表扬、奖励有根本性的区别。表扬和奖励是集体舆论的一种表现,可以用口头和书面方式。要特别表扬自己进步、又能帮助他人进步的学生。我们学校的表扬和奖励是建立在党和国家的利益、人民和集体的利益以及彼此共同进步的基础上的,这也和剥削阶级学校的表扬、奖励有根本的区别。奖励可以用于个人,也可用于集体。用于集体时可以培养集体荣誉感。

批评和惩罚是对学生的不良思想和行为给予否定的评价,使学生能克服思想行为中的缺点和错误。批评或惩罚不仅对个别受批评、惩罚的学生有着教育作用,而且也对整个学生集体起着教育作用。对犯了过错的学生,教师经过深入了解情况,具体分析原因,耐心说服教育,热情帮助他们改正,必要时也可以进行适当的批评。批评的目的是为了帮助他们改正错误,不能采用粗暴压服的办法,或者开展群众性的批判。我们的学校,只对极少数确实犯有严重错误,或者犯有较大错误而又屡教不改的学生,给以必要的处分,作为教育的辅助手段。我们采用惩罚与资产阶级或其他剥削阶级的学校的滥用惩罚的惩办主义根本不同。必须反对侮辱学生人格,严禁体罚或者变相体罚。惩罚的方式有警告、记过、留校察看、开除学籍等。在我们的教育工作中,以表扬、奖励为主。如果批评与惩罚过多,会打击学生上进的信心。

为了使表扬和批评、奖励和惩罚发挥教育的作用,教师在运用时,要遵守以下几点要求:

表扬和奖励、批评和惩罚必须在切实调查事实的基础上,做到公正合理。教师应该深入调查事实,掌握具体情况,既看学生的动机,也看效果。只有当学生在思想品德方面确有进步时,才给予恰如其分的表扬。绝不可在未弄清事实以前,就进行批评、表扬。这样的批评会引起被批评的学生的反感,这样的表扬对被表扬者不起积极教育作用,有时还会引起其他学生的反感。在批评学生的缺点时,不要夸大他的缺点,或者任意提高这些缺点的社会意义,不要忘记肯定学生的某些优点,鼓励学生进步。在表扬学生优点时,也要指出他的不够处,还要继续努力。

表扬和批评要考虑学生的年龄特征和个别差异。年龄不同的学生作出相同的良好行为,应给予年龄小的以较高的奖励,而对年龄大的则给以较低的奖励。同样,年龄不同的学生犯了同样的过失,对年龄大的应给以较重的批评和处分,而对年幼的则给以较轻的批评与处分,甚至不处分。对骄傲自满、有虚荣心的学生应慎重地运用奖励。在表扬这种学生时,应适当指出他不够的地方或某些需要克服的缺点,使他谦虚一些,经常严格要求自己。对懦弱、缺乏自信心的学生,则应运用奖励予以精神上的支持。在对他进行批评时,可适当地指出他的优点,鼓励他去克服自己的缺点,使他树立争取进步的信心。在运用惩罚时,对一向进步,偶犯错误而勇于改正的学生,则不应作过分的批评,可减轻或免除其处分,指出问题,教育他克服缺点,继续前进,而对明知故犯者,予以必要的处分。一贯表现较差的学生,做了一件好事,应该及时予以表扬。一贯表现很好的学生或班级干部,做了好事,可以不要每次都表扬,对这些学生的表扬可以要求高一些。

表扬和批评应得到集体的支持。当一个学生受到教师奖励时,同时也应受到集体的表扬,当个别学生受到惩罚时,同样也受到集体的指责。教师应当和学生集体的评定相符合,得到集体舆论的支持,这就会加强奖励与惩罚的教育力量。否则,会降低甚至破坏奖惩的教育作用。表扬和批评、奖励和惩罚,还要尽可能在集体中进行。因为只有通过集体表扬好人好事,好人好事才会不断涌现;只有在集体中适当批评不良现象,不良现象才会逐渐减少。

奖惩不能滥用。过多地用奖励,就不能使受奖者及集体感到光荣,从而不为学生所重视。过多地用惩罚,会造成学生消极悲观的情绪和抗拒的心理。

奖惩必须考虑教育效果。不值得表扬的,就坚决不表扬;不应该批评的,就坚决不批评。对犯了一些错误的学生,要循循善诱、说服教育、启发自觉,不要动辄批评和指责。耐心教育、热情帮助、发扬优点,往往会收到较好的教育效果。

表扬和批评、奖励和惩罚都要讲明道理,也就是说都必须以说服为基础。在表扬时,要说明这个人或这件事为什么值得表扬,在批评时,也要说明缺点、错误在哪里,为什么需要批评。这样做,表扬和批评才有教育意义。特别是对受处分的学生,还要热情帮助,提高他的认识,实事求是地指出他在某些方面的优点,依靠他的优点去跟缺点作斗争,启发他上进的信心。

第十一章　生产劳动

学生参加生产劳动,主要目的是养成劳动习惯,培养劳动观点,向工农群众学习,克服轻视体力劳动和体力劳动者的观点;同时在劳动过程中学习一定的生产知识和技能,扩大知识领域。学生主要参加工农业生产劳动,也要参加自我服务劳动、家务劳动和一定的社会公益劳动。组织学生参加生产劳动,可以采取校内劳动,同工厂、农村人民公社挂钩,回到生产队劳动等方式。在劳动过程中要进行思想教育、生产知识教育和操作规程教育、安全教育等,建立和健全劳动保护和生产管理的制度。

第一节　学生参加生产劳动的目的

学生参加生产劳动是我国社会主义学校教育的一项重要内容,是贯彻教育为无产阶级的政治服务、教育与生产劳动相结合的方针,培养有社会主义觉悟的有文化的劳动者的一项重要措施。中共中央、国务院《关于教育工作的指示》[①]指出:"在一切学校中,必须把生产劳动列为正式课程。每个学生必须依照规定参加一定时间的劳动。"

学生参加生产劳动,主要目的是养成劳动习惯,培养劳动观点,向工农群众学习,克服轻视体力劳动和体力劳动者的观点。在社会主义社会中,每个人都应当劳动,不仅用脑来劳动,而且用手来劳动。马克思曾经主张,在合理的社会制度下,每个儿童从九岁起就要参加生产劳动,在我国学校中,小学四年级以上的学生都要参加生产劳动。

社会主义的劳动是自觉的劳动,主要是为国家和集体劳动。应该教育学生乐于从事公共劳动,培养学生集体生产的习惯和良好的劳动态度。劳动观点主要是在劳动实践中培养的。在生产劳动中,青少年亲自体会到生产劳动创造物质财富,对我国社会主义建设有重要的意义;他们体会到,要搞好生产劳动,需要掌握丰富的知识和熟练的技能,不断提高生产技术,体力劳动和脑力劳动要结合起来;青少年也体会到劳动是光荣的,劳动的果实不是轻易取得的,是用辛

---

① 1958年9月19日,中共中央、国务院发出《关于教育工作的指示》,其中提出:"党的教育方针是教育为无产阶级政治服务,教育与生产劳动相结合。"——编校者

勤的劳动换来的,自己不劳动,剥削别人的劳动是可耻的,"不劳动者不得食"的原则是合理的,正确的。

在生产劳动中,学生和工人、农民一起生活、劳动,学习劳动人民高度的劳动自觉性和积极性,自觉地遵守劳动纪律,重视劳动质量和勤劳、俭朴、勇敢、诚实等优良品质;理解劳动人民的思想感情,和劳动人民同呼吸,共命运,具有共同的爱憎和忧乐;同时通过了解劳动人民在旧社会如何受剥削、受压迫,如何进行残酷的阶级斗争,得到阶级斗争的感性认识,提高阶级觉悟,克服轻视体力劳动和体力劳动者的观点。

学生参加生产劳动,同时也是为了学习生产知识和技能,扩大知识领域。参加工农业生产劳动,需要有一定的生产知识和技能,我国社会主义工农业正在向现代化发展,生产愈现代化,劳动者愈需要掌握生产知识和技能。如果中小学生不在学校中学习一定的生产知识和技能,在参加生产劳动时,就不能适应各个生产部门的需要,这对于生产是很不利的。学生参加生产劳动,还可以丰富实际知识,扩大知识领域,加强理论与实际的联系,有助于学生获得比较完全的知识。在资本主义上升时期,有些资产阶级教育家提倡过劳动教育。但直到十九世纪末,在许多资本主义国家实行了义务教育以后,资产阶级才在为劳动人民子女设立的国民学校中设立手工和劳作一类的课程。到了二十世纪以后,随着义务教育年限的延长,有些为劳动人民设立的中学中,也设立了传授生产知识技能和进行职业训练的课程。此外还有培养职工的职业学校。这种劳动教育都是为了把劳动人民的子女培养成为能掌握新的技术的劳动者,使他们服从纪律,服从"国家"、"社会"的利益,为资产阶级积极劳动,驯服地为资本家创造利润。资产阶级对自己的子弟一般不进行劳动教育。但在某些培养资产阶级后代的学校(如二十世纪初欧洲资本主义国家开办的"新学校"之类)中也有劳动课程。他们设立这些课程不是为了培养资产阶级子弟将来去从事劳动,或是培养尊重劳动的观点,而是为了使他们身体健康,培养管理生产的本领等。可见,在资本主义国家中,劳动教育是为了保持和加深体力劳动和脑力劳动的分离和对立。我国学生参加生产劳动和资本主义国家的劳动教育有根本性质的区别。它是为了培养有社会主义觉悟的有文化的劳动者,逐步消除体力劳动和脑力劳动的差别。

第二节 学生生产劳动的内容和形式

学生劳动的内容和安排 在学生的劳动中,工农业生产劳动是基本的内容。此外还有自我服务劳动、家务劳动、社会公益劳动等。

自我服务劳动指照料自己的生活,保持环境的整洁的劳动,如洗衣、缝补衣袜、铺床、打扫房间等。家务劳动则有家庭清洁、做饭、带弟妹、购买物品等。这种劳动能培养日常生活所必需的劳动技能以及独立生活的能力,能养成天天劳动的习惯。这类劳动在小学是重要的劳动内容,在中学阶段也还是必需的。

工农业生产劳动,可分手工劳动和技术性劳动。手工劳动是使用手工工具进行的生产劳动;技术性劳动是运用机器和现代科学技术的生产劳动。在工业劳动中有各种手工业部门的劳动和各种现代化工业部门(如动力、冶金、机器制造、化工、建筑、交通运输、邮电等)中的劳动。在农业劳动中也有主要依靠手工操作的植物栽培和动物饲养,和运用现代动力、机器、化工等技术进行的劳动。

学校中手工劳动的内容是多种多样的,如在小学利用易于加工的材料制作各种有用的东西,如教具、模型、玩具、文具、家庭日用品等。物质成品的经济价值并不很大,但是手工劳动是技术性生产劳动的基础,能使学生初步熟悉工具和材料的性质,获得初步的劳动技能,能为从事复杂的生产劳动作好准备。纸工、木工、缝纫、编织等手工劳动的技能也是日常生活所必需的,在现阶段,我国大量的农业劳动仍属于手工性的劳动。学校内的植物栽培和动物饲养,生产队中的大部分劳动都是手工操作的。

现代的生产劳动是技术性的劳动。随着国家工业、农业等的现代化,这一类劳动将愈来愈多。这类劳动需要较多的文化知识和技术知识。现代工农业生产和科学知识有密切联系,学生参加这类劳动可以丰富实际知识,加强理论与实际的联系,有助于学生对科学知识的学习和掌握。

工农业生产劳动是学生劳动的主要内容,这是因为工农业生产劳动是人类最基本的实践活动,是我国社会主义经济建设的基础。参加工农业生产劳动能和工农劳动者密切结合。因此,学生参加工农业生产劳动有利于培养劳动观点、劳动习惯以及工农劳动者的思想感情;也只有通过直接的工农业生产劳动实践,才能学会一定的生产知识和生产技能。以工农业生产劳动作为学生劳动的主要内容,有利于中小学培养劳动后备力量的这一任务的实现。

社会公益劳动是一种直接服务于社会公益事业的无偿的义务劳动,是学校对青少年进行共产主义教育的有力手段。列宁把为公益的、不计报酬的劳动,看作是共产主义的萌芽。他认为正是这种劳动表现了高度的自觉性、首创精神、个人利益服从社会利益的崇高理想。① 社会公益劳动中有服务性劳动,工农业生产劳动等,如城市学生帮助农民抢收、抢种、积储和运送肥料、饲料,为学校、社会做清洁卫生工作,绿化工作,维持公共秩序,帮助厨房,帮助图书馆工作等。

以上各种劳动对学生都是必需的。对于这些劳动内容的安排,应该从以下三方面作全面的考虑:

(一)学校对学生劳动内容的确定和安排,要根据中小学学生的培养目标,以及学生参加生产劳动的目的。

以上各种劳动,在思想教育上各有其特点和意义:自我服务劳动和家务劳动是生活中必需的劳动,有利于养成学生从事日常劳动的习惯;工农业生产劳动是劳动的主要内容,有利于培养学生的劳动观点,和工农结合;公益劳动则有利于培养共产主义劳动态度。各种劳动都能以各自的特点发挥其思想教育的作用。因此,从思想教育的要求出发,各种劳动都是需要的,要全面统筹安排,使学生受到全面的锻炼和多方面的教育。

根据我国的教育目的,学生所从事的劳动,应该主要是工农业生产劳动。只有参加工农业生产劳动,才能培养尊重体力劳动和体力劳动者的观念,才能向工农学习,克服轻视体力劳动和体力劳动者的思想;才能学习生产的知识技能。农业是我国国民经济的基础,我们培养的青少年,大部分要到农业岗位劳动,所以应该特别重视农业劳动。农村学校固然应以农业劳动为主,城市学校的学生也要参加农业劳动。

另一方面,劳动内容的选择和安排,要注意到学习生产知识和技能的要求。普通中小学应该使学生获得比较广泛的锻炼,学会属于一般的基本的农业或工业的生产知识和技能,为参加生产劳动打下基础。因此,一般说,劳动内容要尽可能比较广泛一点,方面多一些。如在农业劳动中可使学生接触某些主要作物的栽培,主要牲畜的饲养。带有职业性的、专业性的劳动应该在一定的基本生产知识技能的基础上进行。此外,工农业生产知识和技能又是前后衔接的,简单的生产知识技能是复杂的生产知识和技能的基础,这就必须由易到难、由浅入深、由简单到复杂,循序渐进地安排学生的劳动,这就要求劳动的进行还要具有系统性。如手工劳动比较简单,技术性劳动比较复杂,应先有手工劳动,后有

---

① 参见列宁:《关于星期六义务劳动》,《列宁全集》第30卷,人民出版社1957年版,第253页。——编校者

技术性的生产劳动。又如农业劳动在低年级只是拔草、除虫、浇水等，到高年级则可耕翻、作畦、整地、播种、插秧、收割、灌溉等。

安排劳动还要考虑到劳动内容与学科知识的结合，例如在学习植物学和动物学时，宜于从事植物栽培和动物饲养的劳动。也可以配合物理学、化学的学习，安排金工、电工等劳动，或进行操纵农业机器，电力灌溉，施用化肥农药等方面的劳动。这有两方面的作用，一方面依据学科的理论知识阐明生产过程的科学原理，使学生的劳动取得一定的理论指导，成为更自觉的劳动，提高劳动质量。如蔬菜、园艺、粮食作物等生产劳动应以植物学的学习为准备，畜牧饲养方面的生产劳动则应以动物学的学习为准备，而金工、电工、化工则应以化学、物理的学习为准备。另一方面这种生产劳动与学科知识的密切结合，使学科知识的学习不再是抽象的知识，使学生更自觉地掌握科学理论知识，并有助于扩大学生的知识领域。

（二）学校对学生劳动内容的确定和安排，又要考虑当地的需要和学校的具体条件。

学校举办的车间或农业实验园地，不以追求经济收入为主要目的。学生的生产劳动如果能成为社会生产的一部分，能适合当地的需要，或能纳入地方工农业生产计划，则生产原料、产品销售、技术指导等都比较易于解决，能保证学校生产劳动的正常顺利的开展。

城市学校和乡村学校的具体情况不同，城市学校开展工业劳动的条件好些，便于安排工业劳动。安排哪些校外的工业劳动，要根据学校所在地的工业条件。城市学校学生也应该从事农业劳动，特别对于城市高中学生，要安排集中时间的下乡劳动，加强为农业服务的教育。农村学校要以农业劳动为主，在农业中从事哪些作物的栽培，要从当地条件出发。

（三）学校对学生劳动内容的确定与安排，还要考虑中小学生的年龄、体力和性别特点等。

劳动锻炼能促进学生身心的健康发展，但必须是适合学生年龄特征，是力所能及的劳动，否则，会影响学生身心的健康。劳动引起正常的疲劳，是合乎规律的现象，但不要过度消耗学生的体力。只有适合学生体力的劳动，才能使他们经常处于积极状态。如果学生的体力劳动负担重和过度疲劳时，这就会妨碍他们身心的正常发育，产生对劳动的消极的态度，失去劳动的教育作用。因此，要根据学生的年龄和体力，结合各种劳动的性质，妥善安排劳动内容。

小学、中学要有自我服务劳动和家务劳动。小学和中学的要求不同，小学低中年级学生着重自我料理、带弟妹、清扫房间及教室等。小学高年级学生和中学生,还应从事烧饭、洗衣、缝补、修理等家务劳动。

小学生可以从事手工劳动,如纸工、泥工、竹工、木工、金工,以及缝纫、刺绣和编织等。还可以从事校内的小块土地上的种植和小动物的饲养等劳动。小学一、二、三年级不设劳动课程。小学四年级以上学生及中学生都要参加生产劳动,但劳动强度和技术要求只能逐步提高,不能脱离学生的身心发展水平。小学生在参加工厂和人民公社的劳动时,只宜做较轻的辅助劳动,如拔草、摘棉花、拾稻穗等。初中学生已经可以学习和参加主要农作物的栽培,家畜的饲养等。但还是不宜参加重体力劳动。只有进入青年期的高中学生,才能逐步参加较重的体力劳动,如耕种、收割、驾驶拖拉机等。初中学生可以参加一些工业劳动,但只有高中学生才能从事需要较重体力和较多科学知识的工业劳动。

公益劳动对小学、中学各年级学生都是必要的。小学的社会公益劳动的对象和范围经常以他们所接触的地方为限,如绿化学校、修补图书,制作和修配简单校具、教具,卫生宣传、卫生监督岗,为军烈属做好事,保护绿化地区,帮助农民拾拣麦穗稻穗,收集废旧物品等。到了中学阶段,公益劳动的性质和范围扩大了,如为学校帮厨、修理设备用具、粉刷墙壁以及各项建校劳动,参加学校附近地区的清洁扫除、绿化和其他建设工作,搜集工业原料,帮助营业员工作,修筑道路,帮助运输和维持交通秩序等。高中学生还参加共青团所号召和组织的社会义务劳动。公益劳动的范围更加广泛,更富有自觉性和社会积极性。

同一年龄的学生也有不同的身体和性别特点,劳动任务的安排也要适当考虑学生的特点。正确安排劳动任务可以发展学生的体力,帮助这些学生克服他们心理活动方面的缺点。身体弱的、有病的、和有某些缺陷的学生,安排较轻的劳动,或不安排劳动。女生在月经期内一般不安排劳动。

学生生产劳动的形式 学生生产劳动(包括公益劳动中的生产劳动)的形式主要是:学校自办车间、农业实验园地,学校同工厂、农村人民公社挂钩,回生产队劳动。

(一)学校自办车间、农业实验园地,建立自己的劳动基地。这种形式便于学校对生产劳动进行有计划地安排,能更好地服从于学校的培养目标,能较有计划地进行劳动纪律、劳动态度方面的教育,便于主动安排各年级的劳动内容,与各科教学尽可能相结合,与各年级学生年龄特征、知识和体力水平相适应,循序渐进地系统地学习基本的生产知识和技能;还可使学生轮流参加各个生产过程,各个工种和工序,得到比较全面的训练。同时,也便于学校贯彻以教学为主的原则，全面安排教学、劳动和其他活动的时间，既可保证正常教学秩序，又可保证劳动锻炼的经常进行。中小学生都可参加一些校内劳动，特别是小学生，年龄小，人数多，参加社会生产劳动受到一定限制。因此小学应尽量在校内开辟小规模的农业实验园地或简单的手工车间，使学生从事一些编织、手工、园艺、种植、家禽饲养等劳动。

学校办一些车间、农业实验园地的形式，根据学校条件，可以学校自办，也可以和附近学校或工厂、农场合办，也可以是工厂在学校设立车间。学校自办车间、农业实验园地的规模不宜过大，以小型的为宜，以师生参加劳动为主，少用或不用工人。自己动手、自力更生、因地制宜、因陋就简。同时，要尽量争取和社会生产相结合，纳入生产计划。

（二）学校同工厂、农村人民公社挂钩，组织学生参加生产劳动。或让学生回生产队劳动。

学生到工厂和农村人民公社参加生产劳动，不同于在学校参加生产劳动。首先，学生直接参加到社会生产中去，更能领会生产的社会意义，更了解社会生产的实际情况。学生与工农打成一片，可以受到他们的感染和教育，可以接触到三大革命运动的实际，受到生动、深刻的教育。其次，学生参加社会的生产劳动，有利于开阔技术眼界，丰富生产知识和技能，在工厂和农村人民公社劳动时，应尽量使学生接近工农，可以请人给学生作一些报告，可以参观、访问，也可以适当组织学生进行一些宣传工作。

学校同工厂、农村人民公社各有不同的任务，因此要特别注意双方之间的合作和配合。要统一方针思想，克服片面观点；也要加强联系，妥善安排劳动任务、劳动时间等，兼顾双方的要求，使生产任务和教育任务能结合完成。组织城市学生到校外劳动，应该在劳动地点妥善安排饮食、住宿和医疗，注意学生的健康，劳动强度不能要求过高。

农村中小学的生产劳动，主要采取放农忙假的办法，让学生回生产队劳动或帮助家庭进行辅助劳动。学生应以在生产队中劳动为主。学校制发劳动手册，交学生带回生产队，由生产队记载劳动情况及评定结果。农民子弟一般虽有劳动习惯，能刻苦耐劳，但仍应加强劳动态度和劳动观点的教育。学校要和生产队联系，不仅要求生产队安排学生的劳动，并要求协助学校对学生进行教育。劳动期间教师可访问学生、家长及生产队干部，了解学生的劳动情况，进行教育，解决有关问题。城市中学应组织学生下乡去参加农业劳动，使他们了解农村、热爱农村、热爱农业劳动。

学生的劳动可以集中或分散两种方式进行,学校可以采用分散劳动方式,也可以采用集中劳动方式。也可以集中与分散相结合。一般说,农村学校往往采取农忙集中劳动的办法,而城市学校则常采取集中和分散相结合的办法。

第三节 生产劳动中的思想教育和生产知识教育

生产劳动中的思想教育 劳动实践是进行劳动教育的基础。但只有劳动实践,不进行思想教育,也不能使学生自发地养成劳动习惯,培养劳动观点和工农思想感情。学生参加劳动的本身并不能保证他们受到教育,只有把劳动和思想教育结合起来,才能把劳动变成强有力的教育手段,达到培养学生的目的。

(一)劳动中进行思想教育的主要内容

劳动中思想教育的主要内容是:劳动目的意义的教育,劳动态度的教育,劳动纪律教育,爱护公共财物的教育和阶级、阶级斗争的教育。

教育学生对参加劳动的目的意义有明确的认识,具有正确的劳动观点,是很重要的。学生对于为什么要参加劳动的目的意义明确了,有了正确的劳动观点,才可能自觉积极地参加劳动,更有效地完成劳动任务。有些学生在劳动中把劳动分等级,认为这种劳动重要,那种劳动不重要,愿从事这种劳动,不愿意从事那种劳动,在思想感情上轻视体力劳动和劳动人民,尤其轻视农业劳动和农民。有些学生在劳动中,不自觉、不积极、不守纪律、自由散漫、不服从分配和指导。也有些学生不爱护工具设备,浪费原料,不注意产品质量。这些观点、行为和态度,是由于对劳动的目的意义没有明确的认识。因此,无论学生参加哪一种劳动,无论是劳动前、劳动中、劳动后,也无论是集中劳动还是分散的经常劳动,都要对学生反复进行劳动目的、意义的教育,树立正确的劳动观点。劳动目的、意义的教育是劳动态度教育、劳动纪律教育以及爱护公共财物的教育的思想基础。

在劳动中要对学生进行自觉劳动态度的教育,要求他们在劳动中主动积极,认真负责,注意质量,吃苦耐劳,不怕脏、不怕累,不计报酬,爱护集体荣誉,服从集体利益,团结友爱,互助协作等。自觉的劳动态度是社会主义的劳动态度。培养自觉的劳动态度是我们无产阶级的劳动教育和资产阶级的劳动教育的根本区别。

学生的生产劳动,是有组织的集体劳动。应该使学生认识,在劳动中遵守劳动纪律,如按时上下班、不迟到早退、服从分配、接受指导、严格遵守操作规程、注意安全、按时完成劳动任务,不浪费时间等,才能保证生产的进行,完成生产任务和提高劳动生产率。有些学生不重视或违反劳动纪律,不仅影响生产,而且容易造成工伤事故。应该把学生在劳动中应遵守的纪律,用规章制度的形式加以规定,反复地进行教育。自觉遵守劳动纪律是我国每一个劳动者必须具备的品德,学校应该在劳动过程中注意培养这种品德。

公共财物是全国人民辛勤劳动的果实,是进行社会主义建设的物质基础。爱护公共财物是尊敬劳动,维护集体利益和热爱社会主义祖国的具体表现,是人民的公德。要教育学生做到不损坏不浪费公共财物,还要和一切破坏、损害公物的现象及行为作斗争。在劳动中要培养学生爱护工具设备,节约原料,保证产品质量,珍惜劳动成果等思想品德。

通过生产劳动,是对学生进行阶级教育的有效途径之一。学生在和工农共同劳动的过程中,参加必要的社会活动,听报告,参观、访问,可以接触到工农业战线上的阶级斗争,培养学生阶级观点、阶级感情、学习阶级分析的方法。因此,生产劳动中不但要进行关于劳动观点的思想教育,还要进行关于阶级和阶级斗争观点的思想教育。

(二)劳动中进行思想教育的方式方法

在劳动中进行思想教育,有赖于运用有效的方式方法。

在集中劳动和分散劳动这两种形式中,思想教育的方式方法各有一定的特点。

在分散劳动开始前,必须使学生有充分的思想准备,明确参加劳动的目的、意义、任务和要求。每次分散的经常的劳动都要进行一定的思想动员工作,但动员时间不要太长,可以利用几分钟或稍长的时间,简单谈谈劳动的目的、任务,并结合前一次劳动中的优缺点,提出进一步的要求。在劳动过程中应该随时根据学生的表现进行表扬、批评或进行短时间个别谈话、小组谈话。在劳动结束时,要评论劳动态度、纪律和质量,进行必要的表扬和批评。可以由教师谈,也可以由学生自己讨论。也可针对学生经常的、分散的劳动中的行为表现和思想认识中的问题,专门组织讲课、报告或讨论。这种活动切忌脱离学生思想实际,次数也不宜多。此外,也可以组织以经常性的、分散的劳动为主题的班会活动,或利用黑板报、墙报、广播等,表扬好人好事,交流心得体会,扩大教育影响。

在集中劳动前,更需要做好充分的深入细致的思想发动工作。这个工作做好了,劳动的教育要求变为学生自觉的要求,他们在劳动中就会有明确的思想行为的标准和充分的动力。在进行集中劳动前所要进行的教育活动,包括学校和教师组织的启发报告、学习有关文件等;也包括学生自我教育活动,如组织学生对报告进行讨论,根据学校的要求和劳动计划,讨论班级或小组的劳动公约,订出个人劳动计划等,作为不断自我检查自我教育的依据。此外,劳动前的思想教育,还要求班主任和政治教师、学科教师、团队组织等方面配合起来,进行教育。

劳动开始后,在劳动过程中要随时根据学生思想实际,组织教育活动。学生在劳动中常常流露出他们真实的思想感情。要善于观察和了解他们的言行、情绪和思想倾向,要善于分析研究,及时进行思想教育。在劳动中学生的思想反映,有的是劳动观点问题,有的是劳动态度问题,有的是劳动纪律问题,也有其他道德品质问题。这些思想有的是普遍性的,有的是个别性的。这就要组织不同方式的教育。有时是对个别学生进行谈话,进行启发教育,提高认识;有时要组织谈心会,进行自我教育和相互教育;有时要在劳动现场,利用实际事例,组织生动具体的教育活动。这些方式的特点都是从具体的问题出发,讲通道理,提高到理性认识。

在集中劳动中要充分利用工厂、农村人民公社的一切有利的教育因素,进行思想教育。一种方式是组织报告会,请工厂、公社干部、老工人、贫下中农、农村知识青年等做报告,讲解有关工农业方针政策,进行关于"以农业为基础,工业为主导的国民经济的总方针"①的教育;介绍生产发展、生活改善的情况;劳动者的干劲和各种优秀品质;介绍阶级斗争的状况,讲厂史、村史,忆苦思甜、今昔对比,进行阶级和阶级斗争的教育。

另一种方式是组织学生进行参观、访问和调查。可以访问贫下中农,并写访问记录。也可有领导有组织地让学生看一些反面的东西。还可以组织学生参加群众会、讨论会,并帮助整理材料,开展宣传活动等。通过这些实践活动,让学生经风雨、见世面,学习运用阶级分析的方法观察和思考问题,组织讨论,辨明是非,提高觉悟。所以在每一次集中劳动时,都可安排一定的时间进行调查、访问、参观等活动。

在集中劳动中要开展学生的自我教育和相互教育活动。以学生中的良好榜样,先进事例,正面教育学生,发扬优点,鼓励不断进步,并在集体中形成良好

---

① 毛泽东在1962年中国共产党八届十中全会上提出的发展国民经济的总方针。——编校者

风气和正确的舆论,使学生相互受到教育。可以定期过民主生活,开展批评和自我批评,也可以利用黑板报、快报以及其他宣传工具,表扬好人好事,交流心得体会,扩大教育影响。这些教育活动都应该讲求实效。在劳动中教师以身作则,有很大的教育意义。

劳动结束后的思想教育,主要是肯定成绩,巩固思想收获,提出意见和要求。集中劳动结束后的思想教育以自我教育和相互教育为主,包括小组生活和个人劳动小结,以及教师的总结。小组生活着重谈心得体会,思想的提高,也谈优缺点,进行表扬和批评,以表扬为主,自我批评为主,批评要注意效果。个人劳动小结是学生自我检查自我教育的过程。对集中劳动时学生思想认识上出现的问题,也可以组织学生进行专题讨论。教师的总结,要以小组生活和学生劳动小结为基础,表扬先进,提出问题,使学生看到劳动收获和存在问题,明确今后努力方向。

生产知识的教育 生产知识的教育是使学生学习基本的工农业生产知识,为未来参加生产劳动作准备。

生产知识的教育内容,包括工农业主要生产部门的科学技术基础知识。农业生产的基础知识一般是有关土壤、肥料、排灌、种子、防治病虫害、农业气象、作物栽培、家禽饲养、农业机械的基础知识和技能。也可分为以下几个主要方面：1. 主要蔬菜的生活习性和种植条件的知识,以及栽培蔬菜的技能；2. 家禽家畜的饲养管理和疾病防治的基本知识和技能,以及调制饲料的知识和技能；3. 主要粮食作物和主要经济作物的品种、特性、生长发育的知识和栽培技术以及主要病虫害的防治方法；4. 农业机械的知识和操纵、修理的技能。在工业生产方面,木工、金工、电工和化工在我国国民经济中具有重大意义,和中学各科,特别是物理、化学、数学等科的教学有密切联系。有些学校,特别是大城市的某些学校的学生,可以学习一些工业生产的知识技能。工业生产的基础知识是有关木工、金工、电工、化工的生产知识：1. 木工工具的性能、使用方法和技能,工具的保护和修理,制造一些生产工具的技能；2. 了解台钳、锉、铲、凿子、螺丝板、螺丝攻、钻头等的分类、构造与规格,学会这些工具的使用技能和维护的方法；3. 了解车床构造及各部件名称,学会使用工件夹持、刀具夹持及量具的技能,学会使用车床的技能,初步掌握车床的维护及局部修理的技能；4. 学会照明电路的安装和检修,常用仪表的使用、修理和装配,普通发电机、电动机以及电烙铁、电焊机、高温电炉的使用以及一般用电的知识；5. 学会化工生产原理、反应条件、操作过程,了解主要化工设备的构造、性能及维护,熟悉几种化工仪表,了解安全防护的技术知识,在这种基本的知识技能的基础上,也可以学习某一工业部门的某一工种的知识技能。

学生学习生产知识和技能有两个途径:一个途径是学生直接在生产劳动中学会一些生产知识及技能。学生在参加生产劳动时,可以先由有关教师,或请工人、农民、技师等简单地讲解有关的生产知识和操作方法,提高劳动的目的性、自觉性、积极性。但通过这一途径学习的生产知识和技能的范围有局限性。另一个途径是设置生产知识课,按照教学大纲,采取课堂教学的形式,用讲授与实习相结合的方法,有系统有计划地学习工农业生产知识和基本技能。生产知识课为学生参加生产劳动创造了良好条件;同时,学生在实际的生产劳动中所得到的较零碎的、较肤浅的生产知识和经验,也可以在生产知识课中得到系统的整理和提高。我国小学设置了生产常识课,初中设置了生产知识课,高中设置了有关农业生产知识的选修课。生产知识课的学习应力求与劳动实践相结合。

生产劳动与科学基础知识课　学生参加生产劳动,还应和学生学习科学基础知识适当结合。

从生产劳动说,科学知识是生产劳动的理论基础,掌握科学知识能帮助学生理解生产过程的科学原理,例如,有了三角函数知识,学生就能够算出车削零件的圆锥体的角。懂得了制图,学生就能看懂工程图样。从科学基础知识课说,数学、物理、化学、生物等课,都要联系生产实际,这就有助于理解、巩固、加深科学理论知识。

生产劳动与科学基础知识课的结合,是从两方面进行的:

在科学知识的教学中,无论在教材内容、教学方法以至布置作业时,教师都可有意识地结合生产实际,结合生产技术资料以及学生在生产劳动中的经验和问题进行教学。1. 教师可以演示技术装置的模型或挂图、幻灯、图表、标本等,揭示科学原理、定律在生产过程中的应用,为学生直接运用科学知识参加劳动提供条件;2. 教师可以依据学生在生产劳动中的实际经验为基础进行讲授,使学生容易理解和掌握科学理论知识;3. 教师可以在日常考查中以及布置的作业中,利用学生劳动中的感性经验来回答问题、进行作业;4. 学生在生产劳动中产生需要在理论上阐明的各种问题,这些问题也可以结合在有关的学科,在不破坏学科体系的条件下作理论上的阐明。上述这些结合方式的运用,必须做得自然,不要勉强。

在生产劳动中结合科学基础知识的方式主要是:1. 引导学生回忆科学基

础知识课所已学过的科学原理,这些科学原理常常是生产工具、机床构造、工艺过程、技术操作的科学基础。这样使学生更能发挥劳动的自觉性和积极性,提高劳动水平,并有助于加深和巩固所学的科学知识;2.建立产品总结制度。现代生产过程是建立在各种自然规律的综合利用的基础上的,进行产品总结,就是要求学生综合运用所学的各科知识。因此,通过产品总结有助于学生更好地掌握科学知识,有助于培养学生综合运用科学知识于实际的能力,还可以使他们更深刻地了解所参加的生产劳动过程。

生产劳动的组织工作 生产劳动要做好组织工作,才能收到好的教育效果。劳动要安排适当,使人人有活干,不能松散,每次劳动前应使劳动内容落实,并对各项劳动提出有关操作技术、产品质量等的具体要求,使学生明确该项劳动的意义。现代化的工农业劳动,对生产规程有严格的要求。遵守生产操作规程是顺利进行生产和保证安全的重要条件。因此要向学生反复进行操作规程的教育。在生产劳动中还要注意生活管理与安全教育,例如组织学生下乡劳动,必须妥善安排好吃、住,做好防痢、防暑、防感冒,注意劳逸结合,注意交通安全,防止工伤事故。在工厂劳动时,不要组织学生参加过重的、夜间的、有危险性的和其他有损健康的体力劳动。不要组织劳动竞赛。

在生产劳动中还要建立相应的制度。如劳动考核制度和劳动收益分配制度。对学生的生产劳动要作考查和评定。

学生生产劳动的收益,主要用于学生的公共福利事业,补贴学生参加劳动的伙食、衣物消耗、交通费用和改善办学条件。学校要定期公布劳动收益支出账目。

第十二章 体育与卫生

体育与卫生是学校工作的一个重要组成部分。青少年阶段是身心发育成长的重要时期,必须加强体育与卫生工作。通过体育,可以促进学生身体的正常发育和机能的发展,促进身体的基本活动能力和素质的全面发展,培养基本的体育知识和技能,发扬社会主义的体育道德风尚。体育的内容有体操、田径、游戏、武术、国防体育等;组织形式主要有体育课、早操和课间操、课外体育活动。体育与卫生是促进学生健康的密切相关的两个方面。卫生工作主要是进行卫生教育,培养卫生习惯,改进环境卫生,进行体育的卫生监督,注意对教学、劳动等的卫生要求,建立合理的作息制度,进行医疗和预防疾病,改善饮食卫生,注意学生安全等。

第一节 体育

体育的意义 体育锻炼可以促进身体的各个器官和各部分都得到统一协调的全面的发展,增强体质,以便更好地为劳动生产和国防建设服务。人体要能保持健康,必须使机体和环境保持平衡,这就既要积极地进行体育锻炼,发展机能,增强体质;也要讲究卫生,减少环境中对健康不利的因素,使身体不受外界的损害。体育与卫生是有着密切关系的两个方面,缺少任何一个方面都不能完成增进健康的任务。

经常进行体育锻炼,可以增强人的体质,使神经、骨骼、肌肉、心脏、呼吸等器官系统得到很好的发育,促使人体生长发育得更为完善。

首先,体育锻炼能增强神经系统。人的身体是一个统一的整体,各个器官和各个部分都是互相联系、互相依存着的。对各器官系统起调节作用的是中枢神经系统及其主导部分——大脑皮层。进行锻炼时的每一动作都要由大脑来指挥。经常坚持体育锻炼,就会使中枢神经与肌肉韧带紧密地联系起来,提高大脑皮层神经过程的强度、均衡性和灵活性,提高大脑皮层的分析、综合能力,保证机体对外界不断变化的环境有更大的适应能力。在进行体育锻炼时,人的内脏器官(心脏、肺、肠、胃等)的变化,需要大脑的控制和指挥。因此,通过体育锻炼也能增强神经系统对内脏器官活动的调节作用,使各个器官相互配合,匀称地发展。其次,体育锻炼又能增强心脏的工作能力。锻炼时身体各部分都需要更多的氧气和养料,心脏就要加强工作,通过血液循环把氧和养料送到身体各部,同时把体内因锻炼而产生的废料排泄出去,在经常锻炼之后,心肌就会发达,收缩能力加强,功能效率也就提高了。第三,体育锻炼又能使肺部发达,肺的容量增大。进行体育锻炼时,由于身体需要吸收更多的氧气并排泄二氧化碳,所以肺部也就加速工作,活动范围也大大增加。经常进行适当锻炼,肺活量就会加大,胸扩就会发达。第四,体育锻炼又能增加肌肉力量、身体重量和身体高度,并养成正确的姿势。在体育锻炼时,全身各部分的肌肉、骨骼、韧带都要参加活动。经常锻炼之后,能够增加骨骼的负荷量。有些项目还能使管状骨变粗,皮质增厚,骨的结节和粗隆加大,骨小梁的结构也越符合力学规律。肌肉变得强劲粗壮,力量也就增大了,身体重量会增加,并能因此促进身体的生长发育。同时,经常锻炼还能促进消化机能,增强食欲。

从体育锻炼中还能获得许多知识,如生理卫生及其他科学技术的实际知识。并能使人精神活泼、心情愉快和培养坚毅、顽强、勇于克服困难的品德,有助于感觉和思维能力的增强,有利于学习和工作效率的提高。总之,体育锻炼能强筋骨、增知识、调感情、强意志,使人能更好地为社会主义工作。青少年是长身体的时期,这个时期的身体锻炼是一生的健康的基础,健康的身体是从事学习和革命工作的物质基础,必须反对一切轻视体育和忽视学生健康的现象。

体育的意义有其历史的发展过程,在不同的社会发展阶段里,体育的意义是不同的。人类在最初从事着艰苦的劳动,需要很强壮的身体,因此在原始公社中,体育是教育的重要部分,许多氏族规定青年在进入成年前,必须经过对身体的严格公开考验。在奴隶社会中,统治阶级为了参加镇压奴隶和对外的战争,也对本阶级的子弟进行体育训练。他们主要是从军事目的出发进行体育训练的。如雅典和斯巴达的教育,就非常重视体育。我国奴隶社会阶段,统治阶级在教育中也很注重射御的训练。欧洲到了中世纪,由于僧侣阶级的宗教统治,轻视肉体,认为"肉体是灵魂的监狱"①,是罪恶,因此僧侣教育中很不重视体育。当时镇压农民和互相掠夺的战争任务,是由世俗封建主担任的。世俗封建主的"武士教育"②是一种军事体育训练。我国封建社会中,地主阶级子弟一般是不参加战争的,或者只担任指挥,战争的任务是由征调的农民担负的。因此

---

① 出自柏拉图的《斐多篇》。——编校者
② 亦称"骑士教育",西欧中世纪世俗封建主培养军人的教育,产生于公元9世纪后期,至16世纪后消亡。——编校者

地主阶级重文轻武,在一般的学校教育中不重视体育,而只培养一些文弱的白面书生。但是地主阶级为了培养军事指挥人员,也进行专门的军事体育训练,如自唐代以后就有武学的设立。另外,在劳动人民中为了自卫和生产劳动,需要增强体质,有进行体育锻炼的传统习惯。

欧洲到文艺复兴时期,由于新兴资产阶级的发展生产和进行商业、殖民等活动,对人的体力提出了要求,对体育的观点改变过来了,他们反对中世纪教会的禁欲主义,崇拜健康、积极、乐观的人生。资产阶级的人文主义教育强调恢复古典教育中重视体育的传统,重视学生身体健康,主张发展学生健全的体格。到十八世纪,体育又进一步发展,如德国的巴西多①(1723—1790)创设了一种试验学校,即所谓"泛爱学校"。他于1774年拟订的学校作息时间表规定:每天的课程是五小时读书,三小时体育,二小时手工劳动。但是受学校体育的还只局限于资产阶级和贵族的子弟。在十九世纪上半期,由于资产阶级的民族运动的发展,要求体育进一步扩展到民间,如德国杨②(1778—1852)以民族复兴为目的,创立德国式体操,推行体育普及运动,主张体育民众化、军事化。瑞典受俄法奥侵略时期,林③(1776—1839)运用解剖学、生理学的知识来阐明体育,使体育更有了科学的根据。他于1813年拟订了一套有音乐伴奏的军事体操,一般称为"瑞典式体操"。他提倡创办体育师范学院,认为体操在教育、军事和医疗上都有重要价值。于是德国和瑞典的体操成为体操运动中的两大派别。而英美的体育则以球类游戏、田径运动等为主。丹麦于1809年规定体育为中小学的必修科。十九世纪末叶资本主义开始向帝国主义阶段发展,资本主义国家间竞争激烈,军国主义有很大发展。当时,由于义务教育制的推行,广大劳动人民子弟开始进入小学,因此为了培养资产阶级的炮灰,学校就更加重视体育了。第一、二次世界大战之后,资产阶级从历次战争经验中认识到士兵的体力的重要性,都感到人民体格不符合军事要求,因此主张为了准备帝国主义战争,加强学校体育。同时资产阶级把体育商业化,作为剥削赚钱和引诱劳动人民脱离阶级斗争的特殊手段,也就把体育提到突出的地位。如法西斯时代的德国国民体

---

① 巴西多(Johann Bevnhazd Basedow, 1723-1790),一生致力于德国教育改革,其泛爱主义思潮在德国教育启蒙运动中作用重大。——编校者
② 杨(Friedrich Ludwig Jahn, 1778-1852),德国体育家、德国体操的创始人。1808年,杨完成了《德意志国民性》一书,1810年出版,1816年,杨完成《德国体操》一书。杨曾被尊为"德意志国民体育之父"。——编校者
③ 林(Per Henrik Ling, 1776-1839),瑞典体操学派的创始人。——编校者

育法第三条规定:"德国国民享有国民体育义务",每个国民都要受三项体育训练,各级学校每周有八小时体育课,每年有两期野营行军生活。我国甲午战争之后,丧师辱国,封建统治者认为非尚武不足以图强,1906年(清光绪三十二年)所定教育宗旨有"尚武"一条,于是各级学校设立体操一科,首先是盛行德国体操。到"五四"前后,英美式教育的球类、田径等运动逐渐盛行。国民党反动统治时期推行军事训练,是为了对青年进行法西斯教育。

历代的中外剥削阶级发展体育运动,都是从剥削阶级的利益出发的。只有社会主义社会的体育,才真正是从人民群众的利益出发的,是为促进广大劳动人民的身体健康,使人们更好地从事社会主义的劳动和保卫社会主义祖国服务的。

马克思和恩格斯把体育看作是工人阶级的教育体系中不可分割的一部分。他们主张在资本主义国家内,就应该争取让劳动人民的子弟受体育锻炼和军事训练,以便更好地进行阶级斗争;到了社会主义社会,体育是培养全面发展的人和发展生产的一个条件。马克思说:"我们把教育理解为以下三件事:第一,智育。第二,体育,即体育学校和军事训练所教授的那种东西。第三,技术教育。"[1]他认为将智育、体育、技术教育和生产劳动结合起来,就能使工人阶级大大超过中、上等阶级的水平。他又说:"正如我们在罗伯特·欧文那里可以详细看到的那样,从工厂制度中萌发出了未来教育的幼芽,未来教育对所有已满一定年龄的儿童来说,就是生产劳动同智育和体育相结合,它不仅是提高社会生产的一种方法,而且是造就全面发展的人的唯一方法。"[2]列宁也说:"青年人特别需要活泼和朝气。有益于健康的体育活动——体操、游泳、远足、身体的各种锻炼——,多方面的兴趣,……健全的精神寓于健全的身体!"[3]毛泽东同志在1951年提出过"健康第一"的指示,1952年提出"发展体育运动,增强人民体质",1953年又向全国青年提出了"身体好、学习好、工作好"的号召。1957年指出:"我们的教育方针,应该使受教育者在德育、智育、体育几方面都得到发展,成为有社会主义觉悟的有文化的劳动者。"体育和德育、智育有密切的关系,有相互促进的作用。体育是德育、智育的物质基础。《体育之研究》一文中说:"德智皆寄于体,无体是无德智也。""体者为知识之载,而为道德之寓也"。"体育于

---

[1] 马克思:《临时中央委员会就若干问题给代表的指示》,《马克思恩格斯全集》第16卷,人民出版社1964年版,第218页。
[2] 马克思:《资本论》第1卷,《马克思恩格斯全集》第23卷,人民出版社1972年版,第530页。
[3] 蔡特金:《军记摘录》(1975年1月)《回忆列宁》,人民出版社1957年3月版,第60—61页。

吾人实居第一之位置,体强壮而后学问道德之进修勇而收效远。"①建设社会主义是一场艰苦的斗争,劳动和国防都对体格提出严格的要求。为了担负建设社会主义的伟大任务,青年们必须有良好的身体,钢铁般的意志和体魄。

学校体育的任务

(一)促进学生身体的正常发育和机能的发展;增强身体对寒冷、炎热等自然环境的适应能力。

中小学学生的身体正在迅速生长发育,因此促进学生的身体正常发育和身体机能的发展,是学校体育的重要任务。只有在身体正常发育和健康的情况下,才能促进他们身体各种基本活动能力的发展。

(二)促进学生在劳动、保卫祖国和日常生活中所需要的身体基本活动能力和身体素质的全面发展。

走、跑、跳跃、投掷、攀爬、通过障碍等身体的基本活动能力和迅速、灵敏、力量、耐力、柔韧等身体的素质,是学生参加生产劳动和日常生活中经常需要的。通过体育锻炼,可以促进身体的基本活动力和身体素质的发展。学校体育的重要任务之一,就是要从小教给学生各种基本活动的最有效的正确动作,促使学生身体各种基本活动能力和素质的全面发展,使学生跑得快而耐久,跳得高而远,投掷得又远又准,能够灵巧而省力地爬越障碍,攀登高处,能够背负一定重物行走等等。发展身体基本活动能力的过程,也就是发展身体素质,促进身体正常发育和机能发展的过程。

小学和初中年龄阶段的学生,身体各部分正在迅速生长发育中,距离成熟还很远,主要是促进身体正常发育和基本活动能力的一般发展,对身体素质基本活动能力和运动技术方面,还不能提出过多过高的要求。到了高中年龄阶段,学生身体仍在发育中,但身体各部的发育和身体的基本活动能力已较好,并有了一定的体育训练基础,这时可适当加强训练和提高要求。

(三)使学生认识体育的重要意义,具有基本的体育知识和锻炼身体的技能,养成良好的生活卫生习惯和锻炼身体的习惯。在开展群众性体育活动的基础上,进一步提高部分运动基础较好的学生的运动技术水平,以进一步增强他们的体质。

学校除了要有计划地全面地锻炼学生身体外,还要系统地授以必要的体育

---

① 毛泽东作。原文发表于《新青年》,1917年4月1日,第3卷第2号。可参见毛泽东:《体育之研究》,人民体育出版社1979年版,第1—4页。——编校者

知识和技能,使学生从小就养成良好的锻炼身体的习惯。使他们在学校和离开学校以后,都能够经常运用这些知识和技能锻炼身体。

提高基础较好的学生的技术水平,是指中等学校的部分学生。这些学生身体发展较好,同时还对某项运动表现出有一定才能。学校应通过课外运动训练的措施对这部分学生加以特别培养,更好地增强他们的体质,同时,也可能培养他们成为优秀运动员。通过这些学生的活动,还可促进学校体育运动的开展。

(四)通过体育,教育学生热爱共产党,热爱祖国,热爱劳动,培养他们坚强、无畏的意志及遵守纪律和集体主义等共产主义道德品质。

体育锻炼要和思想政治教育紧密结合,它具有正确鲜明的无产阶级政治方向性,使学生清楚地认识到把身体锻炼好是为了准备去积极参加社会主义建设事业,保卫祖国;使学生深切体会党和人民政府对体育事业的关怀和重视,明了社会主义体育的优越性,和我国体育事业的伟大成就,鼓舞学生热爱共产党、热爱社会主义的伟大祖国。在具体的体育运动中,培养学生优良的品德,能够跟各种资产阶级思想表现,如锦标主义①、自由主义等进行斗争。

上述各项任务是有机地联系着的。其中思想教育应渗透到学校体育运动的各个方面。学校各项体育的措施,都应围绕促进健康、增强体质的根本任务来安排。

学校体育的内容 体育的主要内容有体操、田径、游戏(包括球类)、武术、国防体育等,这些都是为了对学生身体进行全面锻炼,实现体育的任务而专门组织的活动。

人的有机体是大脑统一调节下的整体,各器官系统机能,各种身体素质,以及各部结构之间,都是互相联系、互相制约的,某一方面的发展,会影响着其他方面的发展。对身体要进行全面的锻炼,才能全面提高机体各器官系统的机能,并能全面培养速度、力量、耐力、灵敏等身体素质,使人体获得健康和协调的发展,所以学校体育的内容,必须贯彻身体全面锻炼的要求。特别是青少年正处在身心迅速成长的时期,全面地发展他们的身体,更具有重要的意义。体操、田径、武术、国防体育等,对身体各有特殊的作用,是全面锻炼身体所必需的。所以在安排学年的和学期的内容时,不能违反全面性的要求,有些学生可以在某些方面多进行一些锻炼,提高这些方面的运动成绩,但一般不宜有偏废现象。

学校体育的内容也要根据学生年龄特点进行安排,才能合理而有效地增进

---

① 锦标主义泛指过分看重比赛胜负的意识行为。——编校者

学生健康,促进身体正常发育。如果违反身体发育的年龄特点,进行力不能及的一些体育锻炼,必然损害学生身体健康。

学龄初期的学生,骨骼硬化的过程尚未完成,骨骼和韧带的结构极容易受到各种有害的影响,引起不正确的姿势,如脊柱弯曲、驼背等现象。因此在坐和立的时候,应保持正确的姿势。这时期肌肉系统还没有充分发展,要用各种适宜的操练促进其发展。大脑中特别是指挥行动的中枢正迅速发展和增长,故经常要蹦蹦跳跳,应进行一些活动性的游戏和基本动作的操练,如走步、短距离跑步、跳跃、投掷、攀登等,养成各种合理而巩固的协调的动作。但是心脏、血管和神经系统各部分都未完全发育,不宜进行激烈的和时间过久的体育锻炼。

少年期的学生身体发育加速,性的成熟期开始,内分泌腺活动也随着发生变化。神经系统的兴奋机能提高了,也就使神经系统的某些部分机能发生不稳定的现象,情绪变化快。少年们的神经、心脏、肌肉和骨骼,在这时候发育增长得十分快,但神经系统和心脏的发育还不够完全。如在锻炼时负担量过大、就容易引起神经系统和心脏疲劳。少年们有广泛的体育兴趣,但是往往容易过高地估计自己的能力,疲劳了还要逞强。这时期四肢骨、脊柱、脑廓等的骨化过程还没有完成,如锻炼方法不科学或负担量过大,容易使骨骼变成畸形,甚至使骨骼受到损伤。有些消耗力量太大的体育项目,如举重、摔跤和长距离跑步等,一般都不宜参加。所以教师必须按照学生的身体生长发育的生理特点来确定具体内容和分量,防止造成运动过度而损害身体健康。

青年期的学生身体各部分都趋于成熟,能够掌握复杂的和协调的运动技术。可在身体全面锻炼的基础上,进行比少年期更多一些的竞赛和专门项目的训练,进一步增强他们的体质,适当地提高运动技术水平。

以下分述学校体育的各项内容:

(一)体操 中小学校的体操内容包括:队列队形练习,一般发展身体的练习,悬垂、支撑、攀登等基本练习。它能培养学生的组织性、纪律性,发展学生的机智灵敏的素质和不畏困难的意志品质,发展学生身体基本活动能力及身体素质。一般发展身体的练习还可作为体育课的准备活动内容。

(二)田径 田径运动是人类日常生活中的走、跑、跳跃、投掷等活动所组成的。经常从事田径运动,可以发展迅速、耐力、灵敏、力量和柔韧等身体素质,增强内脏器官的机能(特别是心脏血管系统和呼吸系统的机能),提高新陈代谢作用,培养勇敢、顽强、克服困难等优良品质。田径运动的各种项目与人们日常生活、生产劳动和保卫祖国有着极密切的关系，有很大的实用意义。由于田径运动对发展身体素质和身体全面锻炼是最有效的手段，因此田径运动是体育锻炼中重要项目之一，也是各项运动的基础。田径运动分为田赛、径赛。田赛是由跳跃和投掷项目组成的，径赛是由竞走和各种跑的项目组成的。

（三）游戏（包括球类） 游戏可分活动性游戏和竞赛性游戏，它是小学低年级体育锻炼的主要内容，应以模仿性和故事性的游戏为主。在初中阶段，游戏和体操有同等重要意义，但模仿性和故事性的成分显著减少，增加游戏的集体性和竞赛性。在高中阶段，活动性的游戏只是体育的辅助内容，田径、体操成为主要内容，同时增加各种球类的竞赛性游戏。通过各种不同的游戏，可以促进身体各部组织、机能、各种基本活动能力和身体素质的发展，更有利于发展学生身体动作的协调性和灵活性。在游戏中，学生之间互相联系、合作、对抗的活动较多，有利于对学生进行社会主义的思想和道德品质的教育，可以培养学生团结、互助、勇敢、顽强、机智、果断、沉着等品质。游戏还可以发展学生的思维、判断、记忆等能力，并养成学生活泼、愉快和乐观等情绪。

（四）武术 武术是我国古代遗留下来的一份宝贵文化遗产，是我国劳动人民长期以来作为锻炼身体的一种体育活动，是民族形式体育的主要内容。武术的内容极其丰富多采，一般可分为三大类：拳术、器械、对练。

武术的动作丰富多采，舒展大方、刚劲有力，起伏转折、连续多变，使支配动作的神经中枢的协调性得到很好的训练。通过系统的基本功练习，能发展力量，耐力、弹跳力等素质。同时也能对身体各器官系统具有良好的影响。中小学的武术，主要是学基本功、武术操和初级拳，发展学生柔韧、灵敏、迅速、正确协调、力量等身体素质和各关节的灵活性，增强肌肉韧带和内脏器官的机能，以增进学生健康，增强体质。同时通过武术培养学生刻苦、耐劳、勇敢、顽强、爱祖国和民族自豪感等优良品质。

（五）国防体育 国防体育是我国体育运动的重要组成部分，它不仅可以增强体质，培养顽强的意志，还可以增长科学技术知识，增强国防力量。国防体育的内容极为丰富，活动的形式也很生动有趣。一般可为三大类：陆上运动、航海运动、航空运动。

学校体育除以上各种内容外，还有自然力的锻炼，即利用日光、空气和水来锻炼身体对自然环境的适应力和抵抗力。这种锻炼是结合各种运动和劳动进行的。还有长短距离不等的旅行，可使学生多接触户外新鲜空气、日光和自然环境,对学生的身体健康起积极作用。

体育锻炼的原则、组织形式和方法 进行体育锻炼必须遵守合理安排运动量、经常持久、循序渐进等原则。进行体育锻炼,不能超过生理的限度,而必须合理运用运动量。人们的身体健康与机能的提高要求有一定强度的刺激影响。只有具有必要的运动量时,才能对人体发展起积极作用。但运动量只能达到机体可以合理负担的程度。要遵守运动量逐渐加大的要求,由运动量较小的活动到运动量较大的活动。负担量和锻炼的时间都要逐渐增加,人体的各部分器官,必须通过长时间的有系统的锻炼以后,才能逐渐提高其负荷能力。在各部分器官没有得到很好的锻炼以前,勉强加大负担量和练很多难的技术,就容易损害身体,轻则造成疲劳,重则有时还会造成伤害事故。

体育锻炼要讲究经常持久。《体育之研究》一文中说:"凡事皆宜有恒,运动亦然。有两人于此,其于运动也,一人时作时辍,一人到底不懈,则效不效必有分矣。"①生活的经验证明,力气愈用愈大,整个身体愈锻炼愈强壮。人们的胳膊经常锻炼,就会强大有力;心脏经常让它负担剧烈的运动,就会适应各种要求而不失常;肺经常要它供应大量氧气,肺活量就会扩大。人体各种器官,无不循着用进废退的规律而发展和衰退。要增强体质就必须天天锻炼,如停止锻炼,身体就会衰退。人们的日常工作往往固定在呆板的行动上,如脑力劳动者经常伏案阅读写作,打铁工人经常抡大锤,连年累月持久下去,身体上有些不经常使用的器官就会衰退,而经常使用的器官也可能畸形发展。应该经常全面地锻炼身体各个器官,使身体得到全面的、正常的、充分的发展。

锻炼还必须循序渐进,由简到繁、由轻到重、由易到难。即使是一个动作,由认识到转变为动作,由不熟练不准确的动作,逐步改进到最后成熟练的准确的动作,也往往需要一个长时期的锻炼过程,必须踏踏实实,逐步前进。

正因为体育锻炼要经常持久,循序渐进,所以不能采取突击和"一曝十寒"②的办法。依靠突击,忽视经常锻炼,不仅不能有效地发挥锻炼身体、增强体质的作用,可能还会损害身体的健康。

体育锻炼能否增强体质,是和掌握动作技巧有关的。在一般情况下,运动的技巧高,则效果好、进步快、兴趣浓,体质增强也就快,反过来说,体质强了,也

---

① 参见毛泽东:《体育之研究》,人民体育出版社1979年版,第12页。——编校者
② 出自《孟子·告子》。原句为"虽有天下易生之物也,一日暴之,十日寒之,未有能生者也"。后用来指做事没有恒心。——编校者

就更能发挥技术。为了使学生形成正确的动作，教师要正确地示范和精讲，组织学生反复练习，使动作逐步精确熟练。

学校体育锻炼有以下各种组织形式和方法：

（一）**体育课** 体育课是中小学对学生进行体育的基本组织形式。体育课是学校教学计划中规定的必修课程。通过体育课的教学，使学生系统地掌握体育教材中所规定的体育知识技能，增进学生的健康，增强体质，向学生进行社会主义教育。

体育课一般由四个部分组成，即开始部分、准备部分、基本部分、结束部分，也可以分为三个部分，即把开始部分与准备部分合并为准备部分。开始部分包括整队、说明教学内容等。准备部分包括队列队形练习，一般发展身体的准备运动等。基本部分是课的主要部分，巩固提高已学的教材，学习新的教材。结束部分进行有放松作用的运动，并进行课的小结。

上好体育课，提高体育教学质量，要注意基本知识技能的传授，又要注意锻炼身体，同时还要注意对学生进行思想教育。在体育课中要使学生懂得体育锻炼的意义，系统地循序渐进地掌握应有的体育知识和技能，以便在课内、课外，以及在毕业之后进行体育锻炼时运用，这样可使锻炼更自觉，又有科学的锻炼方法，效果就会更好。在体育课中，也要根据学生的生理特点，合理组织教材，安排适当的密度和运动量，使学生全面地有效地锻炼身体。

在体育课中生动形象的讲解和正确、完整的示范具有重要的意义。讲解、示范和实际练习应很好地结合起来。讲不在多，主要是讲清各个关键地方。要贯彻精讲多练的精神。示范的动作要正确，特别要将动作的主要关键表演清楚。纠正学生错误的动作。要热心帮助找出问题的关键，不应多批评。

要教好体育课，教师要钻研教材，明确教材要求；同时要了解学生的体育知识技能的基础和健康情况，从学生的实际出发，进行教学。

小学高年级和男女合班的中学，上体育课时，除了男女学生要分组上课外，在教学内容和教学方法上，对女生应与对男生有所不同。即使是同样的教材，也要提出不同的要求。女学生在月经期间，要避免做奔跑、跳跃等紧张的动作，但也要让她们做适当的体育活动，以改善她们在月经期间的不良反应。女学生做跳跃动作（特别是初中以上的女学生）要特别谨慎，要减少震动较大的跳跃动作（如从高处跳下等），在高度上与男生应有不同要求，而且应当首先掌握正确的落地动作，以避免影响骨盆的发育，或由于骨盆受激烈震荡，引起伤害事故。

上女学生的体育课时,要注意动作的优美、韵律感和柔软性。单纯支撑和耐久跑等教材,也都要比男生要求低一些。

体育课的教学工作要调查研究学生的体质、体能及健康情况,掌握适当的运动量和运动强度,防止过度疲劳,影响健康,同时严格遵守操练方法,切实防止伤害事故。

(二)早操、课间操 学校生活制度中规定每个学生参加每天举行的早操或课间操。经常坚持做早操、课间操,对学生身体的正常发育有很大的帮助。早操能使呼吸、血液循环和身体中一般的新陈代谢作用逐渐增长,为全天生活在身体机能上做好准备,愉快地开始一天的学习和工作;有助于培养组织性、纪律性和激发活泼愉快的情绪,提高学习效率;还能培养学生经常从事体育活动的生活习惯。课间操除具有早操的一般作用之外,它的特殊意义,还在于迅速地消除课堂学习时神经、肌肉的紧张状态,促进血液的循环。它是调节脑力劳动的最有效的活动性休息方式之一。早操和课间操的内容要多样化,除各种广播操和由学校自编的徒手操外,还可以采用跑步、武术和游戏等。但运动量要适当控制,不宜过大,否则会影响下一节课的进行。

小学一、二年级的学生,由于年龄关系,往往不能集中注意听完一节课,所以在一节课的中间,可以做两三分钟的课内操。做这种课内操,可以使儿童暂时地、部分地中断大脑皮层某一区域的活动,用别的区域的活动来代替,伸展久坐不动而疲劳了的手足,加强血液循环,增加大脑的血流。课内操是在教室内课桌之间的过道中进行的。

(三)课外体育活动 课外体育活动是学生进行经常的体育锻炼的一种组织形式。它能增强体质、巩固和提高体育课中所获得的体育知识和技能;扩大学生的体育知识和技能范围,丰富和活跃课外生活,培养学生对各项体育运动的爱好,逐渐养成经常地、自觉地锻炼身体的习惯;在广泛开展群众性体育活动的基础上,提高运动技术水平;通过课外体育活动,对学生进行思想教育,培养学生的共产主义道德品质。

学生的健康情况、体育基础、爱好和要求不同,学校应根据具体情况,尽量开展多种多样的课外体育活动,以满足学生的不同要求。学生参加课外体育活动,必须贯彻自愿原则,不能强制,但自愿不是放任自流,学校要加强宣传教育和组织领导,使学生明确体育锻炼的目的,积极参加锻炼。

课外体育活动有锻炼小组、运动训练、运动竞赛等。

1. 锻炼小组是学生参加课外体育活动的一种形式　学生根据自己的体质状况、技术水平、兴趣和爱好等,自由结合成锻炼小组,小组人数不必强求一律,由小组长带领进行活动,一般人数以不超越班级组成小组为宜,可以便于进行领导和教育。

锻炼小组一般是进行身体的全面锻炼。锻炼的内容应多种多样,可以复习体育课学过的内容,也可以按《国家体育锻炼标准》①进行锻炼,还可以根据需要、爱好和可能选择各种各样的内容,如田径、体操、武术和各种球类等。

锻炼小组要订出切实可行的计划,组内要发扬民主、明确分工,体育教师要有计划地了解他们的锻炼情况,热情地帮助解决问题。

学校还可以根据条件和可能,利用假日、节日和团队的活动时间适当开展一些旅行、游览、野营和行军等有意义的活动。对增进学生健康,向学生进行思想教育、丰富学生的文化生活都有重要意义。

青少年学生正处在长知识、长身体的时期,需要加强身体的全面锻炼。《国家体育锻炼标准》可以促进学生进行身体的全面锻炼,所以学校应有计划地组织学生进行《国家体育锻炼标准》的锻炼,鼓励学生通过体育课的学习和课外锻炼而达到《国家体育锻炼标准》相应级的标准。《国家体育锻炼标准》的测验,主要是在体育课的成绩考查时进行。有的项目可以结合运动竞赛来进行测验,也可以在课外锻炼时进行。

为了鼓舞学生提高运动技术水平,学校也应该对自愿参加运动员等级制测验的学生,在他们平日体育训练的基础上,通过运动竞赛等方法,进行等级运动员的测验。

2. 运动训练　运动训练是学校体育工作的一部分,是根据自愿原则吸收全校体育运动水平较高和对某项运动有爱好的学生参加。运动训练是推动学校体育工作的一项重要措施。这项工作开展得好,不仅可以提高学生的运动水平,培养一部分优秀运动员,而且对开展群众性的体育活动,增强学生体质,具有很大作用。

一般学校采用运动队、代表队和业余体育学校三种形式进行运动训练。以前两种较为普遍。它们的主要任务是在身体全面训练的基础上,使学生系统地

---

① 1975年国务院颁布实施的一项重要体育制度,目的在于鼓励广大儿童和青少年自觉锻炼身体,为实现社会主义现代化培养德、智、体全面发展的人才服务,为提高中国运动技术水平打下基础。——编校者

从事专项体育活动,提高运动技术水平,以便更好地增强体质。

组织运动队和代表队时,应考虑学校富有传统和群众基础的项目、学校场地、设备条件、教师的辅导力量等,不要流于形式。在吸收队员时,不要单从运动成绩出发,还要注意学生的学业和思想品德的情况。队员的人数不宜过多,要精干,以便于训练和提高。为了提高训练工作的质量,必须加强组织领导和思想教育工作。训练工作要发动群众,除由体育教师全面负责外,还应聘请在某项运动技术有专长的其他教师担任业余的教练工作。高年级的同学也可以给低年级的同学担任教练。此外,还要建立必要的制度,如考勤、考查、总结等。

3. 运动竞赛　这是开展群众性的体育活动的一种好形式,不但可以启发和鼓舞学生从事各项运动,巩固经常进行体育锻炼的热情,而且可以推动群众性的体育活动的发展,使体育运动的水平不断提高,更好地增强体质。运动竞赛,分校外和校内两种。校外竞赛一般有两个或两个以上学校参加,另外有区、市、省或全国性的竞赛。校内竞赛是最广泛和富有群众性的,一般以田径运动为主,因为这类运动的项目是其他各种运动的基础,是每个学生经常锻炼的体育活动,同时,也便于更广泛地组织绝大多数学生参加比赛。还有其他专门项目的比赛、竞赛,如篮球、排球等。为了正确地组织比赛,吸引更多的学生参加,可按年龄分组进行,如分青年组、少年组,也可以组织年级与年级之间的比赛。

校内的竞赛,最好形成一个制度,按不同项目,固定在某一时期进行,使之成为学校的传统。如冬季举行越野比赛,夏季举行游泳比赛,每年举行一次或两次田径运动会等。这样可以鼓舞学生经常进行体育锻炼,有计划地安排锻炼内容,使竞赛工作与一般的课外体育活动结合,并且有节奏地开展工作,不断提高运动水平,推动学校的体育运动持续前进。

竞赛的内容要结合课外体育活动和《国家体育锻炼标准》,也可以适当结合课内教学的内容。安排竞赛计划时,以不影响学生的学习、劳动和健康为原则,尽量利用课余或假日举行。在学生临近考试前不应安排竞赛活动。

在校外还有许多单位,如体育场(馆)、青少年业余体育学校、少年之家、公园和文化馆等,开展青少年的体育活动,吸收学生在课余参加。这些校外的体育活动,对增进学生的身心健康,提高学习效率,丰富课余文化生活和向学生进行社会主义教育具有良好的作用。同时对培养青少年体育积极分子和优秀的青少年运动员,都有很大的意义。

这些校外的各种体育活动组织,应与学校保持密切联系,并向学校行政与班主任及时了解和反映学生的思想、学习等情况,同时学校也要主动地了解学生在校外活动的情况,两方面紧密配合,分工协作,作好工作。

第二节 卫生

学校卫生的任务 为了学生健康水平的提高,体质的增强,除了开展体育运动之外,还必须重视学校的卫生工作。中小学学生的身体正是处在发育成长的重要时期。这一时期的儿童、少年及青年身体的各个方面都与成年人不同,其基本特点是身体正在不断地全面地发育着。在人的身体的成长发育过程中,发生着许多重大的质的变化,这个变化的复杂过程,有着三个相互交错的因素:(一)生长——也就是身体的大小和质量的增加;(二)发育——组织与器官的分化;(三)形态构成——生长不是平衡地进行,而是激烈的生长期与缓慢的生长期交错进行的。在激烈的生长期中,各个组织与器官发生着激烈的分化和形态的构成过程。

如果学生的生活不正常,学生的教育工作组织不合理,不符合卫生要求,就会使身体发育受影响。如果周围环境条件符合卫生要求,他们的身体就能正常发育。在这种情况下,生长、组织分化及形态构成,彼此间的相互联系也形成一个统一的协调过程。因此,学校卫生的任务是从保护学生健康的观点来正确地组织学校全部的教育教学工作,创造合理的生活所必需的条件,使学生认识卫生的重要意义,具有基本的卫生知识和技能,养成良好的卫生习惯。讲究卫生可以促进学生正常的生长发育,提高对疾病的抵抗力,保护和增强学生身体的健康,使他们精力充沛,情绪饱满。这不但是顺利进行教育工作的重要条件,也是学生获得正常发育所需要的。不仅如此,保护和增强年青一代的健康,对于逐步提高我国人民的体质,提高整个民族的健康水平,对于建设社会主义,都具有重大的深远的意义。

学校卫生的内容和方法

(一)进行卫生教育,养成卫生习惯。要经常了解学生的健康状况。学生的健康状况,是分析教育质量、检查培养目标的重要内容之一,也是开展体育运动,进行卫生教育、健康指导和疾病防治工作的基础。所以学校应经常调查研究学生的健康情况。调查了解学生健康情况的方法是多种多样的。首先是定期的学生体格检查。学校可规定学生从入学时起,每年进行一次健康检查,并将检查情况记入学生健康卡片。医务室根据健康卡片提供的材料,进行疾病治疗和健康指导工作。在健康检查中发现个别学生有身体发育不良的,也可以进行个别指导。另外,还可以从学生因病缺课登记和卫生室(医务室)及医疗机构的门诊统计去了解。或召开专门会议,听取汇报。

卫生教育是科学文化知识教育的一个方面,是学校贯彻预防为主的方针、开展卫生工作的中心环节。卫生教育的目的,在于用基本的卫生知识武装学生,提高他们讲卫生的自觉性,能应用卫生知识以指导实践,养成卫生习惯和良好的生活习惯,树立"以卫生为光荣,以不卫生为耻辱"①的新风尚。

卫生教育应从先学前期和学前期就开始进行。良好的环境卫生设施是有效的卫生教育的条件之一。教师和家长的卫生素养,对卫生教育工作有很大的意义。教师和家长应成为遵守卫生规则的模范。

课堂教学是进行系统的卫生教育的一种组织形式,中学在生理卫生课程中,小学在自然课程中可以系统地进行卫生教育。还可以利用课外时间组织一些活动,向学生进行卫生教育。例如指导学生阅读有关卫生内容的文艺作品和画报,编唱卫生内容的歌曲,组织学生参加有关卫生教育方面的课外和校外活动以及社会工作等。利用课外时间训练学生作红十字卫生员,是进行课外卫生教育的一种特别形式。通过讲授基本的卫生、治疗和护理常识,学习简易的实际操作,使他们推动学校卫生工作,扩大卫生教育的影响。此外,定期举行全校性的或年级的有关生物学、卫生学问题的座谈会或讲演会,结合晨间检查进行卫生常识讲话(在小学),并组织有关卫生教育的黑板报(或专栏)、通信、电影、展览会、定期广播等等,这些都是向学生进行卫生教育的有效方法。每学期应该指定女教师,或邀请女医生为女生安排有关妇女卫生的知识讲座,进行妇女卫生教育。对性成熟期的学生,要授以有关性的生理卫生知识。

学校要有适当的制度来保证学生能及早地养成各种卫生习惯,按儿童的年龄来讲解卫生习惯的意义,并尽可能创造有利于养成卫生习惯的外界条件,使每个学生都习惯做到早晚刷牙、饭后漱口、按时睡觉、按时起床;饭前便后洗手,饮食定时定量,不偏食、不喝生水;能经常洗头、洗澡、理发、剪指甲;衣服能常换、常洗,并保持衣服、住房的清洁。

关于培养卫生习惯方面的工作,要从入小学起就开始。学生在低年级中养成的卫生习惯,要在中年级和高年级加以巩固、发展。给学生讲授的卫生学基本知识,要和培养他们卫生习惯的工作结合起来。

(二)改善环境卫生　学校的环境、设备要符合卫生要求,以保证学生的正常生活和发育,并能更有利地完成教育任务。

---

① 1960年中共中央发出的《关于卫生工作的指示》中提出"以卫生为光荣,以不卫生为耻辱"。——编校者

学校要有一定的活动场地，房舍中空气要清新，通风要良好，有充足的阳光。

教室和实验室，是学生学习的主要场所，学生每天大部分时间都在这些房屋内度过，而且进行着紧张的学习劳动，因此，保证这些室内符合必要的卫生要求是重要的。

为了保证教室有清新的空气，必须有自然的通风设置。为了教室内有足够的照明，窗户的总采光面积与室内墙壁面积的比例，应不低于1∶5。窗户应开在学生的左方，如果光线是从他们的后面或右方照射来，他们的背或手就会遮住照射到书本上来的光线；如果光线迎面照射，那么，将会使学生晃眼，他们就会看不见黑板上的东西。除自然采光外，在晚自修的教室里还要有人工照明装置，每平方米要得到约24瓦特的照明度，光线要柔和均匀而分散。教室如果没有足够的照明或光线照射的方向不对，对学生的视力是有害的。

教室中课桌椅的高低与学生的身高和身体比例是否合适，关系到学生的正确坐姿和是否影响到脊柱弯曲，损害视力的问题。课桌椅最主要的是要符合学生的身高，而且各部分都应有正确的比例尺寸。在教室里给学生编排坐位的时候，不但要照顾到学生的身高，还要照顾到学生的视觉、听觉的状况及其他一些情况。较矮的或视力差的学生，应坐在前面；听觉不好的学生也应坐在前面。患关节炎的和经常容易患感冒、咽喉炎及其他疾病的学生，最好安排在避风的位置。黑板是学校中一种很重要的设备，对黑板的一些卫生要求是：表面应该是无光泽、不反光、平滑、没有裂痕的。如果在黑板上面装一盏灯，就能保证有充分的人工照明。木制黑板隔一定时期要涂料一次。

为了保护学生的视力，便于阅读课文，对教科书的纸张、字型、排版、印刷、艺术装潢等，都应符合一定的卫生要求。

学校还必须有严格的秩序和卫生制度，为了保持学校环境的清洁卫生，学校可以建立清扫负责制，采取分片包干专人负责的办法。学校的各个角落要经常清扫，要定期进行大扫除。为了鼓励学生清扫工作的积极性，可建立评比检查制度，各班和全校可定期进行检查评比，培养集体舆论，进行表扬批评。这样，不仅对于学校保持环境的清洁卫生是一种有效的方法，而且对于学生对待劳动、对待学校的态度，也会发生良好的影响。

（三）进行体育的卫生监督　体育的卫生监督是学校开展体育锻炼和运动竞赛不可忽视的重要工作，是保证学生正确进行体育运动的重要条件。体育的卫生监督的主要内容和方法如下：

对学生的身体发育、健康状况和参加体育活动的能力进行检查,根据检查结果,一般将学生分为三组：基本组,身体发育正常、健康,或虽有些异常情况,但身体训练程度良好的,可以按照体育大纲的全部内容进行上课,可以参加《国家体育锻炼标准》的锻炼和测验,可以参加运动队和运动竞赛。准备组,身体发育和健康情况有轻微异常,身体训练程度不够,但没有显著的机能变异,可以按照体育大纲上课,但必须更换内容,注意循序渐进原则,可以参加《国家体育锻炼标准》的锻炼,但对个别项目可以不参加锻炼,应延期或免除测验。特别组,身体发育及健康状况有经常的或暂时的显著的异常,但不妨碍文化学习的,不能按体育大纲的全部内容上课,只能选择其中一部分练习或另外选择一些适合身体情况的练习（如医疗体育、矫正体育）,并将体育教学标准降低或免除个别或全部项目的测验。

对运动场所和体育器材的卫生监督。应经常地检查场地是否平坦、有无碎石、器材设备是否保证安全。如遇有炎热、严寒,必要时停止在室外进行各种运动锻炼。

对体育锻炼时的卫生监督,要注意观察学生参加锻炼前后的身体发育及健康状况的变化,必要时进行体格复查。对体育教材教法等要进行研究分析,看是否遵循循序渐进的原则,是否注意学生年龄特征、生理负担以及个别对待。饭前饭后是否有了足够的休息才开始运动。

（四）注意教学工作及劳动、社会活动等方面的卫生要求　身心的发展是相互联系着的,并且是人的形成的一个和谐的过程。整个教学工作的过程,要保证学生身心的全面发展。教学工作的卫生问题,是跟学生的生活作息制度,特别跟学生智力活动的负担密切地联系着。

教学工作中最主要的卫生问题是预防学生过度疲劳的问题。

中小学学生的学习是一种脑力劳动,是大脑皮层和感觉器官的辛勤活动。如果负担过大或过久,就会使大脑皮层及有关器官产生疲劳,使工作能力暂时降低。所以在教学工作中应根据各种年龄的学生脑力工作的负担量,合理安排教材分量及课外作业的负担量。防止学生过度疲劳。

患病的和身体抵抗力薄弱的学生,工作能力低,容易疲劳。教师要经常了解研究学生的健康情况,分别对待不同体质的学生。

在教学工作中要特别注意学生神经系统的生理特点。学生的年龄愈小,大脑皮层就愈容易兴奋,同时也就愈容易疲劳,积极抑制的过程也就更困难,消极抑制的过程表现得愈明显。因此,不同年龄的学生的积极注意的时间也不同。不但要合理地规定学日的长短,一节课的长短,合理安排课表,还要注意课的内容的组织,教学方法的运用和家庭作业的分量等,对不同年龄的学生要不同对待。

在教学工作中,还要注意培养学生阅读、书写的卫生习惯。学生进行阅读、写字、作业时,特别需要有正确的姿势。正确的姿势是学生坐得笔直,头部稍微向前低下。同时还必须使他把身躯靠在作为辅助支点的课椅靠背上,这样就不容易疲劳。不能用胸部靠着课桌面边缘,在学生身躯和课桌面边缘之间,有相当于手掌宽度的距离,这样的姿势,不易疲劳,并且能保证学生的正常视觉和避免脊柱的弯曲。从小学一年级开始,学生就会逐渐学到正确的坐姿,这是教师经常教育和观察、纠正的结果。到了中年级和高年级,如果教师忽视不断的监督,往往许多学生就会出现不正确的坐姿。所以教师在教室里要经常注意学生的坐姿是否正确,随时加以教育矫正。

劳动和社会活动中也要注意卫生,劳动强度要适合学生体力,女生经期不参加过重劳动,并须注意经期卫生。社会活动也不要负担过重。

(五)合理安排作息制度,养成良好的生活习惯　学校生活作息制度规定着教学、生产劳动、社会活动、体育文娱活动、休息睡眠等方面的时间。合理地安排和执行生活作息制度,注意劳逸结合是顺利地进行教育工作和保护学生健康的一个主要条件。学生生活作息制度组织得不合理或执行得不恰当,会引起学生工作能力的减退和过度的疲劳,损害身体健康。

合理的生活作息制度,要恰当地处理工作、休息和各种活动的关系,使之交替轮换。根据巴甫洛夫的学说,人体的生理活动有着一定的节律性,这种节律性,表现为各器官和组织的活动周期与休息周期有规律的依次交替。如大脑神经的兴奋与抑制,心脏的收缩与舒张。这种节律性是人体内部各器官系统保持正常工作能力而不致发生过度疲劳的必要条件。这种机体的内部节律正常活动,在很大程度上是受外部节律活动所决定的。在学校工作中,妥善安排教学、生产劳动与休息、睡眠,可以使学生有劳有逸,有张有弛,劳动与休息之间以及不同作业之间,有节律地交替轮换,有节奏地进行活动,就能够使学生的大脑皮层逐渐地建立良好的动力定型,更好地保持机体与外界的平衡以及机体内部机能的协调一致,保持身体健康,提高工作能力。

由于中小学学生年龄特征的不同,在学习和生产劳动的负担上就不能强求一律。低年级学生的生活作息制度和高年级学生的生活作息制度应有一定的差别。例如一年级学生的学日长短和组织不能跟较高年级的相同,因为一年级学生尚没有具备长时间的注意能力,并且易于疲劳。因此,如何根据中小学学生的年龄特征妥善安排学习、劳动与休息、睡眠时间,既适应他们身心发展的需要,又不负担过重,这是制定合理的生活作息制度的一个基本条件。

生活作息制度包括如下几个主要组成部分:

首先,学生学习时间的规定,学日的长短是学校生活作息制度的一个主要部分。它应当适合学生的年龄。学日过长使学生智力劳动负担增加所引起的大脑皮层活动的过度紧张,会降低工作能力。在一个学日中上课太多,就剥夺了学生有足够时间进行体育运动和文化娱乐的可能性。每天上课数量应当能保证学生大脑皮层有正常活动,为学生顺利学习和保持其力量创造正常的条件。每天上午第一节课开始的时间应该定得适当。如果开始过早,就会使学生害怕迟到而引起神经紧张,以致睡眠不足,每节课后的课间休息,可以使学生在经过一节课的紧张智力活动后及时得到休息,恢复体力。课间休息应该使学生能进行适宜的活动,呼吸新鲜空气。最好学生在课间休息时,都离开教室,同时教室进行通风。编排课表应以学生智力活动规律为依据,要将那些需要更多智力活动的课程排在学生学习能力最强的课时。每周有两三节课的课程,不应当连续排在每周的最初或最后的两三天内;也不应当整天只上人文学科或自然学科的课。不同性质的学科轮换交替,可以减少疲劳,为学习创造更好的条件。

其次,社会活动和课余时间的支配。会议的时间和集体活动、课外活动时间的规定,都不要使学生课外负担过重,影响学习和健康,都应该贯彻大集体小自由的精神。中学生的社会活动时间,在通常情况下每周不超过二小时,晚上和星期日一般不安排集体活动。

再次,饮食、睡眠和休息时间的安排。每天饮食的时间、餐数都要固定。睡眠是遍及整个大脑半球和波及皮层下部的抑制过程,这种抑制过程能够保护大脑神经细胞,不致形成过度疲劳,促使神经细胞和整个身体组织吸收营养物质,积聚能量,恢复组织的正常成分和工作能力,并能预防多种疾病。经常睡眠不足,身体就易疲劳衰竭,精神萎靡不振,学习和工作能力以及对疾病的抵抗能力都会降低。特别是中小学学生正在成长时期,睡眠不足,就会影响正常的发育成长。所以,保证小学生每天必须有 10 小时的睡眠时间,中学生睡足 9 小时,是有重大意义的。

（六）医疗和预防疾病的工作　医疗和预防疾病的工作，要贯彻预防为主，积极治疗的方针，要注意预防急性传染病。如流行性感冒，往往对学生身体健康和学业危害很大。在易发病的季节，要做好预防注射工作。学校还应该有计划地防治学生中常见的慢性疾病，如肺结核病、肠寄生虫病、沙眼、视力减退、龋齿等等。预防肺结核病，可以与结核病防治所配合，进行定期的肺部透视、接种卡介苗等工作。每年还可以定期在集中的时间进行普遍的治疗沙眼、驱除蛔虫的工作。

大的学校可以设卫生室（医务室），有专门的医务人员。一般学校也要设置简单的卫生设备。卫生部门要协助学校防治疾病。

（七）改善饮食的卫生　凡有学生入伙的学校，要认真办好食堂。要加强伙食管理工作，加强伙食管理人员和炊事人员的思想教育，改进食堂和伙食卫生。要保持厨房和食堂的清洁。在走读的学校中，要保证学生喝到开水。寄宿的学校，要注意宿舍卫生。

（八）重视学生安全，加强安全教育　学校要定期进行安全检查，采取必要的措施，预防房屋倒塌、失火、触电、溺水、食物中毒、煤气中毒和在理化实验、劳动、体育活动中的事故。要教育学生注意往返家庭与学校途中的安全，遵守公共秩序和交通规则。对小学低年级学生，教师更应亲自照顾，或组织年龄大的学生照顾年龄小的学生。

第十三章　教师

在建设社会主义的事业中,教师发挥着很大的作用。教师的根本任务是教好学生。对教师的基本要求是:教好功课、爱护学生、以身作则、努力学习。为了发展我国社会主义教育事业,必须建立一支又红又专的教师队伍。

第一节　教师的作用和地位

教师的作用　自从有了学校教育,也就有了教师。教师的专门职责是培养青少年。他不仅向学生传授知识、技能,也培养学生的思想品德。

在阶级社会中,教师所起的作用是具有阶级性的,剥削阶级社会的学校一般掌握在剥削阶级的手中。他们使教师为自己服务。剥削阶级为要维护自己阶级的利益,就要按照自己所规定的教育目的,培养忠实于现存的社会制度的后代。他们严格地控制教师。任命教师,要经过严格的审查。国民党反动统治时期,学校中的反动党团组织、特务组织、校长、训育主任、教育行政部门的督学,严密地监视教师的思想行动,对革命的教师或是撤职或是逮捕。同时还在思想意识上毒害教师,制造派系活动,分化教师队伍,使教师不能团结起来进行斗争。在反动阶级占统治地位的社会里,进步教师是受迫害的。例如,马克思谈到1848年革命失败后法国的情况说:"教师法,使身为农民阶级的思想家、辩护人、教育家和顾问的学校教师受省长任意摆布,像追逐野兽一样把身为学者阶级中的无产者的学校教师从一个村庄赶到另一个村庄。"[①]进步教师的作用要能够得到充分的发挥,只有在消灭了剥削制度的社会主义社会里才有可能。

在社会主义社会条件下,教师的作用从性质上发生了根本的变化。教师不再为剥削阶级服务,而是为全体劳动人民服务,为社会主义事业服务。教师培养着坚强的革命后代,使他们在长期的、复杂的阶级斗争中,经受考验;教师把人类遗留下来的有用的文化科学知识传授给新生一代,使他们在各种劳动岗位上能积极发挥作用。所以教师的工作与社会主义革命和社会主义建设有着密切的关系。教师这支队伍是革命和建设大军中的一个不可缺少的、重要的组成

[①] 马克思:《1848年至1850年的法兰西阶级斗争》,《马克思恩格斯选集》第1卷,人民出版社1972年版,第475页。

部分。中小学教育是整个教育事业的基础。中小学阶段正是一个人在政治道德和科学文化方面打基础的主要时期。中小学教育质量的高低在相当程度上决定着一二十年后我们新的一代的精神面貌和知识水平将会如何,我国的文化科学将会达到什么样的水平,以至我们是否能在一个比较短的时期内,把我国建设成为具有现代工业、现代农业、现代科学文化和现代国防的社会主义强国。可见,中小学教师的工作是具有战略意义的工作,他们在社会主义事业中,是一支极为重要的力量。

中国共产党一贯重视教师在革命中的作用。毛泽东同志早在1945年抗日战争时期就曾指示我们:"为着扫除民族压迫和封建压迫,为着建立新民主主义的国家,需要大批的人民的教育家和教师,人民的科学家、工程师、技师、医生、新闻工作者、著作家、文学家、艺术家和普通文化工作者。他们必须具有为人民服务的精神,从事艰苦的工作。一切知识分子,只要是在为人民服务的工作中著有成绩的,应受到尊重,把他们看作国家和社会的宝贵的财富。"[①]在新中国成立后,党一直认为,建立一支又红又专的教师队伍,对于中小学教育事业有决定性的意义。党和政府十分关心和热情帮助教师在政治上的进步和业务上的提高。教师在社会主义事业中起着愈来愈大的作用。

教师的社会地位 在剥削阶级社会里,小学教师的社会地位是低下的。因为在剥削阶级社会里,衡量人的标准,是势力和金钱。小学教师既不是当权者,待遇又很菲薄,当然在社会上也就被歧视。

列宁在揭露沙皇政府的教育政策时,对当时小学教师的境遇,有一段生动的描述:"如果谈到国民教师的薪俸,俄国也是很穷的。他们只能领到少得可怜的一点钱。国民教师在没有生火的、几乎不能居住的小木房里受冻挨饿。国民教师同冬天被农民赶进小木房里的牲畜住在一起。任何一个地方的下级警官、农村黑帮分子或甘心做暗探和特务的人都可以陷害国民教师,至于来自官僚的各种挑剔和迫害就更不用说了。"[②]

中学教师的地位待遇虽然比小学教师要高一些,但在旧社会中,同是大学毕业生,剥削阶级认为值得尊重的是做官发财的人,而做中学教师则被视为穷途末路。中学教师也年年为聘书发愁。薪资不高,还常常拖欠不发。遇上通货膨胀,物价猛涨,则教师实际所得,往往买不到几升米。生病、怀孕、年老对教师

---

① 毛泽东:《论联合政府》,《毛泽东选集》第3卷,人民出版社1967年版,第1031页。
② 列宁:《论国民教育部的政策问题》,《列宁全集》第19卷,人民出版社1961年版,第128页。

来说,都是可怕的威胁。试看新中国前半封建半殖民地旧中国教师的状况:"中小学教员更不待言,尤其是小学教员,他(她)们的收入早已比不上一个普通苦力。为生活所迫,中小学教员们不得不厚着脸皮,自己开口,自己伸手,向学生要'尊师费',(为求好听一些,近来多已改称'进修费')到必要时,也不得不像难民一样,结队到主管官署或民意机关去请愿,甚而露宿街头如乞丐。"①在这种情况下,教师不能不经常为着起码的生活同反动政府进行斗争。索薪罢教的斗争经常发生。在解放战争时期,蒋管区的教师就进行过大规模的反饥饿运动。

在社会主义社会的条件下,任何职业没有高低、贵贱之分,只要对社会有贡献,就同样受到尊重。因而教师的劳动受到人民、党和政府的尊重,人们把教师称之为"人类灵魂的工程师"。列宁特别强调"应当把我国人民教师提高到从未有过的,在资产阶级社会里没有也不可能有的崇高的地位"。② 我国新中国后,在党的领导和关怀下,教师的社会地位在不断地提高。为社会主义教育事业服务得好的优秀的中小学教师受到普遍的尊敬。从中央到地方,在各级人民代表大会和人民政协中,都有相当数量的教师代表。由于党的知识分子政策的贯彻,教师在政治上有很大的进步,许多教师加入了中国共产党。在物质待遇上,教师永远摆脱了失业的威胁,工资也随着国家建设事业的发展和人民生活水平的提高而逐步提高。他们享受了公费医疗、年老退休等待遇,轻视教师工作,认为教师是"没有出息"、"没有前途"的错误观点,正在逐步改变。

新中国的教师认识到,他们的工作在社会主义事业中具有巨大的意义,这种表面上很平凡的工作,实际上是很崇高、很光荣的工作;也认识到党和人民对教师的热情关怀和殷切期望,因此他们在工作中发挥了很大的积极性。在旧社会中只是消极地混饭吃的教师,在新社会中却忘我地劳动。广大教师都决心把毕生精力献给社会主义教育事业,为祖国培养新人。

第二节 教师的任务和基本要求

教师的任务 教师的根本任务是要把学生教好。他们按照党的教育方针使学生在德育、智育、体育几方面都得到发展,成为有社会主义觉悟的有文化的劳动者,成为坚强的革命后代,成为共产主义事业可靠的接班人。

学校的工作是以教学为主,教师首先要教好功课,认真地对待教学工作,努

---

① 《教师节杂志》(教育消息),《中华教育界》第27卷(复刊第2卷),第9期,1948年。
② 列宁:《日记摘录》,《列宁选集》第4卷,人民出版社1972年版,第670页。

力学习,刻苦钻研,备好课,上好课,改好学生的作业,启发学生的求知欲,养成学生对自己所教的课程的兴趣,组织课外小组,发展和培养学生对革命理论、科学技术、文学艺术等各方面的爱好,为学生打好文化科学知识的基础,具有建设社会主义的实际本领。

但是,教师不能只做"教书不教人"的"教书匠",而要做"管教管导"的教育者,要全面地贯彻党的教育方针,对学生全面负责。因而,教师除了教给学生某一门课程的知识以外,还要关心学生思想品德的成长,使他们具有坚定的社会主义政治方向,坚强的无产阶级革命意志,高尚的共产主义道德品质和热爱劳动、勤勉好学、艰苦朴素的作风。教师要在课内结合教学内容对学生进行思想教育和道德品质教育,同时还要在课外关心学生的言行。对学生的不良行为,教师不能熟视无睹,漠不关心。更不能认为对学生的思想教育工作,只是班主任的任务。教师还要关心学生的健康情况,不要使学生的学习负担过重。

班主任要把一个班级学生的思想政治教育工作和其他各项工作做好,必须依靠班级全体任课教师和团队组织共同的努力。班主任要取得任课教师的协助,团结各科教师,共同教好学生。

但是,任课教师往往要担任几个班级的教学工作,在时间和精力的分配上,不可能对每个班级每个学生的思想、学习、健康状况作全面深入细致地了解,因此,任课教师要教好学生,要得到班主任的帮助。

对教师基本要求　要完成上述的任务,教师的知识、能力和思想品质都应该有高度的修养。要培养学生成为有社会主义觉悟的有文化的劳动者,教师自己必须又红又专。教师若是只专不红,或只红不专,都不能适应社会主义教育的需要。

对教师的基本要求是:

(一)**教好功课**　为了教好功课,教师必须深入钻研教材,掌握教材,应该了解教材的体系,教材的重点、关键和难点。

为了教好功课,教师还必须改进教学方法。教师即使对教材有深刻的领会,也还不能保证教好功课。要把教材传授给学生,就要从学生的实际出发,运用恰当的教学方法来进行教学。教师应该研究,在什么地方运用直观材料,怎样才能把课讲清楚,怎样联系前后的教材,选择怎样的习题进行练习,如何做实验,如何因材施教等等。只有不断改进自己的教学方法,才能把学生教好。

教师要经常检查自己的教学效果。分析学生的知识质量,了解学生理解了哪些,哪些没有理解,是怎样掌握的,为什么没有掌握等等。总结自己的教学经验,探索教学工作的规律,精益求精,不断提高自己的教学质量。

(二)爱护学生　教师对教育工作的热爱应该体现在对学生的爱护上。教师爱护学生,因为学生是社会主义、共产主义事业的接班人,他们是早晨初升的太阳,是祖国的希望和未来。爱护学生就是要对学生热情关怀、耐心教育、严格要求,指导和帮助他们发展智力和体力,提高思想觉悟。

教师要经常深入了解学生在德、智、体等方面的情况,优点和缺点,进步和退步。教师帮助学生进步,决不吝惜自己的精力,努力帮助学生克服缺点,不在任何困难面前低头。教师要耐心教育学生。有的教材教师以为很容易懂,以为自己讲得很透,但学生还是不理解。有时学生犯了错误,经教师苦口婆心的教育,似乎有了转变,但过了一个时期又可能重犯。在这样的情况下,教师都不能失去信心,应该相信,寻找各种方法,不断努力,学生总是可以教育好的。爱护学生不是迁就学生,放纵学生,而要对他们提出严格要求。在学习上要求学生认真学习,不容许草率马虎、粗心大意、懒惰散漫。在思想品德上要求学生不断上进,不容许学生自甘落后,甚至品德败坏。在生产劳动、文体活动和卫生习惯等方面也要有严格要求。要求应该是合理的,学生力所能及的,逐步提高的。学生如果感到教师的严格要求是爱护他们,信任他们,那么,他们就能努力去实现这些要求。

在阶级社会中,师生关系是有阶级性的。在奴隶社会和封建社会里,教师和学生是压制和服从的关系,教师体罚学生是普遍的现象。中国封建社会把"天地君亲师"放在一个范畴之内,学生对老师是和对"天地神明"、君主、父母一样,是只能绝对服从的。

在资本主义社会里,人与人之间的关系是金钱的关系,一切都商品化了,知识也成了商品,教师与学生的关系,实际上也是一种金钱的买卖关系。学生不尊敬教师,教师有着雇佣观点。

社会主义社会条件下的师生关系就完全不同了,这里的师生关系是民主平等的同志的关系。教师对学生不是依靠封建式的统治来维持自己的尊严,而是靠自己的优秀的工作在学生中树立威信;不是专为"束修"①从事教学,而是为了培养"又红又专"的下一代而致力于教育事业。师生在政治上和科学真理的面

---

① "束修"同"束脩",原意为一束干肉,古人用来作初次拜见时的礼物,后引申为弟子初见老师时所呈送的贺礼。《论语·述而》:"自行束脩以上,吾未尝无诲焉。"——编校者

前是平等的。这就为建立良好的师生关系提供了有利的条件。社会主义学校要求教师爱护学生,同时要求学生尊敬教师。尊师与爱生是相互结合的。教师只有爱护学生,才能得到学生的尊敬,在学生中树立威信。学生只有尊敬教师,才能虚心接受教师的指导和帮助。有威信的、被学生尊敬的教师,对学生的教育影响就大,教育效果就好,有的教师在学生中没威信,师生关系紧张,主要原因往往是:教师不能以身作则,不爱护学生,对自己的工作采取了不正确的态度,不仔细备课,工作中缺乏必要的热情和奋发的精神,不注意学生的个别特征,不深入了解学生的情况,错误地表扬或不正确地批评了学生,或对学生不够耐心,在学生犯过错时采取粗暴的态度。对学生要求不严格的教师也不可能享有威信。教师只有真正地关怀和爱护学生,不断地克服自己工作中的缺点和错误,才可能在学生面前经常保持应有的威信。

（三）以身作则　青少年的特点是模仿性强、可塑性大。教师的思想行为对学生的影响很大。加里宁曾指出:"教师的世界观、他的品行、他的生活、他对每一现象的态度都这样或那样地影响着全体学生。这点往往是觉察不出的。但还不止如此。可以大胆地说,如果教师很有威信,那么这个教师的影响就会在某些学生身上永远留下痕迹。正因为这样,所以一个教师也必须好好检点自己,他应该感觉到,他的一举一动都处在最严格的监督之下,世界上任何人也没有受着这样严格的监督。孩子们几十双眼睛盯着他,须知天地间再没有什么东西,能比孩子的眼睛更加精细、更加敏捷、对于人生心理上各种微末变化更富于敏感的了,再没有任何人像孩子的眼睛那样能摸捉一切最细微的事物。这点是应当记住的。"[①]每个教师必须严格要求自己,处处以身作则,在思想、行为等各个方面,力求成为学生的表率。

教师对学生进行思想教育,要通过"言教",但"身教"往往比"言教"更为重要。教师要学生爱护公物,自己就不能随便糟蹋公物;教师要学生写字认真,自己就不能写字潦草;教师要学生不撒谎,自己就要说话诚实。在学生劳动时,如果教师袖手旁观,或指手划脚,这就给学生树立了一个不好的榜样。教师以身作则,学生就会在思想行为上受到教师潜移默化的教育,这是最有力量的说服教育。

（四）努力学习　教师要做好自己的工作,就要努力学习,不断提高政治、文化、业务水平。

[①] 加里宁:《论共产主义教育和教学》,人民教育出版社1958年版,第177页。

教师要提高自己的思想政治觉悟,就要学习马克思列宁主义和毛泽东思想,要关心政治,学习国内外时事、党的方针政策。教师要参加社会的各项重大政治运动,在斗争中接受教育,提高觉悟。教师还要参加一定的生产劳动,向工农群众学习。通过业务实践也是一条提高觉悟的重要途径,教师要在自己的教育、教学工作中锻炼自己的思想品德。要教好学生,教师必须刻苦钻研业务,力求精通所任课程的专业知识。教师的文化和专业知识越丰富越深厚,就越能在教学过程中把知识教活,就会避免"照本宣科"的现象,就能指导学生灵活地运用知识。如果教师知识的根底浅,必然要影响学生的学习质量。一个教师要真正掌握中学或小学所任学科的教材,就必须具有比中学或小学教材高深和广阔得多的知识,这样,才能够居高临下,正确地处理教材,把道理讲得通俗易懂。

教师为了精通专业知识,除了掌握本门学科的专业知识之外,还要懂得一些邻近学科的知识。如数学教师要有一些物理的知识等。

教师的兴趣不能只局限于本学科的知识,还要具有比较广泛的文化修养。学生经常感兴趣的科学、技术、文学、艺术以及各种新事物,教师不能茫无所知。否则就很难从各方面影响、教育学生。教师应比较广泛地阅读通俗的科学、技术、文艺书报等。

人类的科学技术是在不断地向前发展的,尤其是处在原子时代的二十世纪,科学上的发明创造日新月异。虽然中小学教育是基础的教育,但是教材是要不断反映科学最新成就的,学生的程度也在不断提高,他们的兴趣和活动范围不断在扩大,因此,中小学教师必须像海绵一样从各方面吸取知识,注意科学上新的成就,丰富自己的教学内容。如果教师能掌握外文,经常翻阅国外有关新书刊,就会有利于提高自己的业务水平。

为了提高教学质量,教师还必须具有教育理论、教育技能方面的修养。教育工作是有规律性的工作,教育工作的各个方面,如教学、思想教育、体育、卫生、生产劳动等都有它特有的规律。教育工作的对象——儿童,也有其身心发展的规律。以马克思列宁主义为理论基础的科学的教育学,能给教师正确的教育观点,揭露教育工作的客观规律。教师如果掌握了这些规律性的知识,就可避免在工作中走许多弯路,就能使自己的教育工作起到应有的效果。

教师的语言修养在教育工作中占有极为重要的地位。语言是表达思想的形式,在教师的教育工作里,它是传递知识和教育学生的手段。教师的语言要简明,有逻辑说服力和感染力。教师要学会说普通话。

有人认为教师的教育技巧是天赋的,这是不正确的,它是在顽强的劳动中形成的。只要肯下苦功,教育技巧是可以掌握的。原来不善于讲课的教师可以锻炼得很善于运用语言这个工具。原来不善于接近学生的教师,也可以锻炼成为学生对他推心置腹的师长。

由于教育工作的对象是处于发展、变化中的青少年,因而教育工作是一件极为复杂细致的工作。这就需要教师有创造性的工作能力,同时在意志、情感等方面也对教师提出很高的要求。意志坚定的教师能克服工作中的各种困难,对学生能够提出严格的要求,并能坚持到底,对顽皮的学生能够耐心诱导。善于支配自己的情感是教师的重要品质之一,教师不能凭一时的感情冲动而表现自己的喜怒。教师对学生应该永远是热情关怀的。

第三节　必须建立一支又红又专的教师队伍

为了发展我国社会主义教育事业,必须建立一支又红又专的教师队伍。

这支队伍应该是团结的,团结起来才有力量。要注意党与非党教师的团结。党是十分注意团结知识分子的。毛泽东同志说:"凡是真正愿意为社会主义事业服务的知识分子,我们都应当给予信任,从根本上改善同他们的关系,帮助他们解决各种必须解决的问题,使他们得以积极地发挥他们的才能。"[①]我国广大教师是拥护党、拥护社会主义的。他们紧紧地团结在党的周围,和党一条心,忠心耿耿地执行党的教育方针政策。还要注意新老年教师的团结。老年教师有一定的业务专长,有丰富的教学经验;青年教师多数是新中国后培养出来的,人数最多,有热情、有干劲,是教师队伍中的生力军,但是他们还缺乏经验;青年教师和老年教师要互相尊重,互相帮助,取长补短,共同提高。老年教师热心帮助青年教师提高教学业务水平;青年教师要尊敬老年教师,虚心向老年教师学习。

要建立一支又红又专的教师队伍,教师必须不断提高自己的思想觉悟。广大的教师都应该自觉地、积极地学习理论,参加实践,提高认识,联系思想,相互教育。在具体处理教师的思想政治问题的时候,党的政策是必须严格划分人民内部矛盾和敌我矛盾的界限。在人民内部又必须正确划分政治问题、世界观问题、学术问题和具体工作问题之间的界限。凡属于人民内部的问题,必须采用民主的、耐心说服的方法,不能采用简单粗暴的方法。

要建立一支又红又专的教师队伍,教师还要努力提高业务水平。教育行政

---

① 毛泽东:《关于正确处理人民内部矛盾的问题》,《毛泽东选集》第5卷,人民出版社1977年版,第384页。

部门和学校应该重视教师的业务学习。要有计划地组织教师进修,建立和健全教师的进修制度,保证教师的进修时间。教师的文化、业务学习,应该根据不同的对象具体安排。对文化、业务水平较低的教师,首先要求他们认真钻研所任课程的教材和教学方法,使他们能够胜任教学工作。对老年教师则要注意总结推广他们的成功的教学经验。教师应该根据自己的情况,订出进修计划,妥善安排时间,刻苦学习业务,坚持不懈,持之以恒。

第十四章 学校行政

中小学是在当地党委和教育行政部门领导下进行工作的。校长是中小学的行政负责人。他在教导主任、总务主任(或事务主任)的协助下领导、组织和管理学校各方面的工作。中小学的行政工作必须取得党的领导。学校领导干部掌握马克思列宁主义的领导方法,是完成中小学教育的任务的重要条件。

第一节 学校的行政组织及其工作

学校的行政组织 校长是学校行政负责人,他在当地党委和教育行政部门的领导下,负责领导全校的工作。

学校工作的成败,校长是关键。毛泽东同志说过:"一个军事学校,最重要的问题,是选择校长教员和规定教育方针。"[①]军事学校如此,中小学也是如此。党和政府规定的教育方针,教育行政部门的指示,教育部规定的教学计划,就要依靠校长团结全体教职工认真地贯彻执行。

中小学校长的主要职责是:贯彻执行党的教育方针,执行教育行政部门的指示;领导教学工作和进行思想政治教育工作;领导和组织师生参加生产劳动;关心教师、学生、职工的生活,保护他们的健康;管理学校的人事工作;管理学校的校舍、设备和经费,努力改善教学条件。

全日制中学一般设教导处和总务处。规模小的中学,一般只设教导主任和事务员,协助校长领导教学工作、思想政治教育、生产劳动和总务工作。全日制小学设教导主任,并且根据规模大小,酌设事务主任或事务员,协助校长管理教学工作和行政事务工作。

全日制中小学的教导主任是校长领导教学、思想政治教育等工作的有力助手。组织领导教学工作、思想政治教育工作、学生的生产劳动和教导行政事务工作是教导主任的主要工作内容。教导主任是在校长领导下具体进行以上各项工作的。他根据校长的意见,组织安排各项工作,及时了解情况向校长汇报,并提出解决问题的建议。

总务主任(或事务主任)是校长领导学校总务工作的助手。总务主任的主

---

① 毛泽东:《中国革命战争的战略问题》,《毛泽东选集》第1卷,人民出版社1969年版,第161页。

要工作内容是保证教学工作的物质条件,组织安排师生员工的生活和卫生保健工作,负责财产管理和执行财务制度。一般说,总务工作比较繁杂和琐碎,总务主任的工作既要深入细致,又不能陷入事务主义,应重视在总务工作中加强思想领导。总务主任是在校长领导下进行以上工作的,经常向校长请示汇报。

学校行政的主要工作

（一）教学工作的组织和领导　深入领导教学工作,不断提高教学质量,是学校领导工作中经常的重要任务。教学工作的组织领导主要是通过以下各方面工作来实现的：

1. 从学期开始到结束有一系列教学方面的组织工作。做好这些工作有利于保证学校教学的正常秩序,为提高教学质量创造条件。一般说学期开始时的主要工作有：组织和领导教师学习方针政策和上级指示,讨论对各科教学提出的要求,在钻研教学大纲和教材的基础上安排教学进度,备好一、两周的课；组织和领导各教学研究组（简称教研组）讨论和制订教学研究工作计划；办理学生的报到、注册和编班,编制日课表；检查教学设备与教学表册的准备工作,以及对学生进行新学期的任务教育。期中的主要工作一般有：组织期中考查,检查教学进度,检查学生作业负担情况；组织教师分析前半学期的教学质量,提出后半学期的教学要求和措施,有目的地组织教师教学经验交流,有时在中学,尤其在高中,还可以组织学生学习经验交流。学期结束时的主要工作一般有：组织和安排复习、考试；领导教师研究各科教学复习要求和方法,审查试题；组织教师分析研究学生知识质量,做好教学工作总结；审查学生的学业成绩；安排下学期教师的教学任务,以便教师利用假期作好必要的准备。学年结束时,要郑重讨论并决定学生的升留级。

2. 组织教学研究工作是提高教师教学水平的重要手段,是发挥教师集体力量,调动教师积极性,改进教学,不断提高教学质量的有效途径。教学研究工作应以研究教材和教学方法为重点。教学研究工作包括以下一些内容：学习教育方针政策；学习教学大纲,明确教学目的要求；钻研教材,掌握教材体系和教材中的重点、难点和关键并相应地研究改进教学方法,提高教学效果；结合教材、教法的研究,学习有关的科学理论和教学理论,提高教学研究的水平。教学研究要坚持理论联系实际的原则,研究教材、教法要与教学质量分析、教学经验交流等工作结合起来,以便逐步认识和掌握教学工作规律。

组织领导教学研究工作要有明确的要求,不仅要提出一般要求,针对不同课程、教师的具体情况,还要提出不同要求,根据工作发展还要不断提出新的具体要求。在教学工作过程中有专业知识水平问题,有工作经验问题,也有思想观点问题,学校领导应该引导教师通过业务研究,提高专业知识水平和思想认识,总结工作经验,树立正确的教学观点。但又要使不同教研组、不同教师,认识自己努力的主要方向。教学研究活动是教师的集体研究活动,领导要善于帮助教师在集体活动中创造相互尊重、相互学习、共同进步的风气,这就要求领导人根据业务研究特点做一系列思想工作。要重视老年教师积极性的发挥,重视青年教师的培养和提高,鼓励教师开展学术性讨论活动,活跃学术研究气氛。

教师的教学经验是教师辛勤劳动的成果,注意积累经验,及时总结和推广先进教学经验,对提高教师的工作质量有着重大的作用,也是调动教师积极性的有效措施。实践证明,先进经验并不是自然成长的,开始时可能是点滴的、不完善的,而关键在于是否能及时发现并加以扶植和培养。领导的工作就在于善于引导和帮助教师积累点滴经验,通过总结交流促使经验的成熟和发展。

教研组是教学研究的组织形式。它除有计划地组织教师开展各项教学研究活动外,还要组织经常性的备课工作,组织有经验的教师帮助新教师提高业务水平,提高教学质量。教师的备课以个人钻研为主,教研组则组织必要的集体研究,共同解决疑难问题,彼此交流教学经验。学校领导在教师中选拔思想进步的、业务上有一定经验的教师担任教研组组长。培养和提高教研组组长的工作,是领导工作中很重要的一环。

3. 对教学工作的检查与指导,要求学校领导人深入教学实际,及时发现教学上的问题,帮助教师予以解决。它促使学校领导人踏踏实实地领导教学工作,密切领导与群众的关系,更好地调动群众的积极性;它也能使学校领导人更深刻地认识和掌握教学工作的特点和规律,提高领导的业务水平。听课是检查、指导教学工作的主要方式,也是最经常的方式。听课要有明确的目的,如为了了解教师教课的一般情况,为了深入地系统地研究个别教师的教学工作,为了研究教学工作中某一个问题,为了帮助新教师等。由于听课目的的不同,进行的方法也不一样。有时只听一节课,有时听几节课或听一个单元的课。有时校长或教导主任单独去听课,有时与教研组组长或其他教师一起去听课。为了提高听课质量,听课前要做好必要的准备,准备工作的要求是根据目的确定的。一般讲,听课前要熟悉教学大纲和教材,翻阅教师的课时计划。在听课过程中首先应注意教学目的要求的确定和贯彻。教学目的要求的正确与否是决定课堂教学的关键之一,教学目的的达到与否是衡量课堂教学成效的标准。但是,检查教学目的的贯彻必须从教材的组织,教学方法的选择以及师生活动等方面来观察和分析。在听课中要注意教师的工作过程,同时又必须观察学生的反映,听课后要和教师交换意见,肯定教学工作中的成绩和存在的问题,提出教学上的建议。

整个教学工作进程是由各个环节组成的。因此,学校领导人除检查指导上课以外,还要检查指导其他各个环节的工作,主要包括检查指导教师的备课,学生课外作业的批改,教师的课外辅导工作,成绩考查与评定工作。这样才能使学校领导人更全面地了解教学工作情况,更深入地帮助教师提高教学质量。

检查教学的另一方面工作,是对学生的学习情况和知识质量进行检查,检查的方法主要是查阅书面材料,包括学生的练习本、书面测验、作业和成绩册,以及学生的学习态度、学习习惯、学习方法和学习负担等等。

4. 教务行政工作是组织和领导教学工作的一个重要方面,认真做好教务行政工作是提高教学质量不可缺少的条件。如配备教师、编班、编排日课表等是很细致的组织工作,做好这些工作都直接关系到教学的正常秩序和教学质量的提高。

分配教师的教学任务是由教导主任亲自协助校长进行的。为了便于教师早作教学上的准备,最好在学期结束时就做好。分配教师的教学任务时,尽可能按照教师所学习的专业和专长,所任课程,不轻易调换。在各个年级的平行班中有经验的教师和经验尚少的教师,业务水平较高的和业务水平较低的教师配备要适当。在分配教师的教学任务时要同时考虑班主任的配备。总之,分配教师的教学任务时要根据学校人员编制,根据教师的具体情况,从有利于提高教学质量出发全面安排。

编班是招生工作后和新学年开学时一项重要的工作。对学生进行的正确而合理的编班,要从有利于教师的教学,有利于班主任的教育工作,有利于班集体的形成作为基本的出发点。

编排日课表关系到全面贯彻教育方针,建立学校的正常教学秩序,合理地组织教学和其他活动,提高教育质量。在编排日课表时,应根据教学为主、全面安排的精神,合理安排全校的教学、劳动、会议、活动等时间。在编排各学科上课时间时,除注意不同课程的性质和特点,学生作业负担的相对均衡和学习的效率,教师的休息,以及教学设备和实验室等的合理使用外,还要注意为各教研组留出一定的共同时间,便于进行教学研究活动;注意相同课程青老教师的上课时间,便于青年教师有听老年教师的课的机会,向老年教师学习。根据生理卫生方面的要求,合理安排体育课。体育课和生产劳动课不宜排在一天,饭前饭后最好不排体育课。此外,编排日课表时还要照顾到教师的劳逸和他们的某些合理要求。

学籍管理与成绩统计也是教务行政工作的重要内容之一,做好这项工作可以使学校领导掌握学生全面情况,要了解各门课程、各个班级的学习情况以便于教育学生和指导工作,也为办理学生转学、休学、退学、毕业等工作提供条件。图书和仪器对于教师进行教学和从事教学研究,对于帮助学生学习有着重大作用。教导处和教研组要分别做好这方面的管理工作,使它们能充分发挥作用,有效地为教学服务。在教务行政工作中,需要应用一些表册,主要包括教学、招生、注册、考勤和图书仪器等方面的表册,有的是教育行政部门统一制发的,有的则是为了提高教务行政工作效率而自制的。各种表册一般都要简明、实用。长期保留的表册,要妥善保管。

(二)思想政治教育工作的组织和领导中小学的思想政治教育,是在学校党支部的领导下进行的。对学生进行思想政治教育,要充分运用各种思想工作阵地,把思想工作渗透到各项工作中去,深入到学生的学习、劳动、生活中去,从各方面来教育学生。因此,学校领导的基本任务首先在于提高全体教师的思想认识,明确思想教育的重要意义,明确对学生进行思想教育是全体教师的共同任务;同时帮助教师掌握对青少年进行思想政治教育的特点和规律,正确而有效地对学生进行教育。其次,有计划地组织班主任、政治教师和共青团、少先队、学生会等方面的思想工作,并经常进行检查指导,总结经验,提高工作质量。

根据学校工作的特点,在开学初、学期中和学期结束前,学校领导应重视一系列思想政治教育方面的组织、教育工作。开学前后的几项主要工作是:提出新学期的具体要求,对新生介绍学校的优良传统和规章制度;协助团、队、学生会和班级进行改选和建立组织;根据学校工作计划具体安排一学期的思想政治教育工作,并指导班主任和协助团、队、学生会制订相应的工作计划。做好这些工作对于迅速稳定学习情绪,建立正常的教学秩序,有很大作用,也为今后顺利开展工作创造必要条件。学期中间,学校领导在调查研究的基础上,组织有关人员分析研究学生的思想品德和学习情况;指导和协助班主任及团、队、学生会分析研究计划执行情况;根据情况的变化和发展,修改充实思想政治教育工作计划或调整具体的活动安排。学期结束前,首先要组织和动员学生以正确态度对待复习和考试,踏踏实实地做好温课迎考工作。组织班主任做好学生操行评定工作,学校领导要组织必要的审查。对毕业班学生需要在经常教育的基础上,组织力量对他们的劳动和升学进行指导和教育。组织有关人员分析研究一学期(或一学年)来学生思想品德面貌的变化,思想政治教育的经验和问题,做好工作总结。对工作中比较成熟的经验要重点帮助总结。以学校为主取得社会教育机构和学生家长的协助,做好学生假期生活的组织工作。

班主任在思想政治教育工作中担负着重要的责任。选拔和培养班主任,提高班主任工作质量是学校领导在组织领导思想政治教育工作中很重要的一环。学校领导在配备班主任时,应注意选拔政治觉悟较高、在学生中有一定威信并有一定工作能力的教师担任班主任。培养班主任,不断提高班主任的工作水平是学校领导经常的任务。班主任的工作质量首先决定于班主任的思想水平和政策、理论水平,因此必须帮助班主任学习形势,学习党的方针政策,学习教育理论。为了更具体地帮助班主任掌握政策和工作规律,学校领导应该结合工作中的典型事例,引导班主任分析研究,提高思想认识和改进工作方法。班上的团、队组织是班集体的核心,学校领导应教育团队干部协助班主任开展工作。组织领导班主任工作,还必须经常了解班主任工作情况,并给予具体帮助。检查与指导的方式主要有:检查班主任的工作计划和工作手册;听取班主任工作汇报,与班主任共同分析研究班级发展情况与个别学生问题;有目的有准备地参加班级活动和课外活动等。在检查与指导时,应注意班主任对思想政治教育内容的选择与组织,教育方法的选择与运用是否正确;班主任的工作态度与工作作风是否正确;班主任与团、队组织的关系是否密切等。学校领导要有计划地组织班主任总结经验与交流经验,提高他们的工作水平。

要重视对政治课教学的领导。政治课不仅要传授马克思列宁主义基础知识,进行时事政策教育,还要帮助学生解决思想问题,提高政治觉悟,它比其他课程具有更大的现实性和战斗性。根据这个特点,在指导政治教师的教学时,不仅要重视组织教师钻研材料,掌握教材的精神实质,还要帮助教师深入学习形势和分析研究学生的思想实际,使政治课的教学能确当地结合形势,适当地解决具体思想问题。在检查教学效果时不仅要注意学生掌握知识的正确性,还要分析学生思想认识的发展、变化,政治觉悟的提高。学校领导帮助政治教师提高教学质量的工作,虽与领导其他各科教学有共同性,但从它的特点出发,还需要帮助他们有计划地认真钻研马克思列宁主义、毛泽东思想和党的指示文件。同时,结合每一个时期的形势和思想政治教育的任务,帮助他们学习时事和有关的方针政策,分析研究客观形势在学生思想上的反映。为了帮助政治教师更好地了解学生实际,学校领导应组织政治教师深入班级,了解和分析学生的思想品德面貌,并通过一定的方式保持政治教师和团队干部、班主任的联系。

学校中的团、队组织和学生会是协助党和学校行政对学生进行思想政治教育的有力助手。为了充分发挥团、队、会在思想政治教育工作中的作用,学校领导首先应注意保证学校与他们进行思想政治教育工作中的协调。学校领导要与团、队、会干部讨论学校思想政治教育计划和活动安排,并协同制订团、队、会工作计划,做到思想统一、要求统一。其次,学校行政应积极主动地帮助团、队、会开展活动,并帮助它们总结开展活动的经验。对于在团、队、会等组织中担任工作的学生应帮助他们学习群众工作的经验,改进工作作风,关心他们的学习和健康。为了更好地开展班级活动,学校领导要指导班主任重视发挥班级中团、队的组织作用,并关心和指导他们的工作;同时,要教育团、队干部接受班主任的指导,协助班主任开展工作。

青少年不仅在学校里学习和参加各种活动,他们还有很大一部分时间是生活在家庭和社会里。统一学校、家庭和社会之间对青少年教育中的影响是一项重要的工作。在这个工作中学校应发挥主导作用。加强学校和家庭的密切联系和配合的方式有:召开家长会议,在特定的日子接待家长来校参观访问等,和家长共同研究学生的思想行为和教育学生的方法,互相配合,教好学生。学校还应和校外教育机构,建立密切的联系,使学生能获得各种有益的校外活动的机会。

正确而合理的规章制度对于培养学生共产主义的道德品质和行为习惯,对于巩固正常的教学秩序有重大的意义。这些规章制度有:"学生守则"、课堂规则、作息制度、学生请假制度和奖惩办法等。

(三)生产劳动的组织和领导制订劳动计划,安排劳动时间和劳动任务时应注意以下几个方面:全日制中小学组织学生生产劳动应根据教学计划规定的时间有计划有秩序地进行,保证正常的教学秩序;学校组织生产劳动要照顾学生的年龄、性别和身体条件等特点;由于地区不同,学校条件不同,组织生产劳动要因地、因时制宜。

学校要加强对生产劳动的组织管理工作,教导处主要负责生产劳动的组织和教育工作,生产劳动的内容和时间的安排,劳动力的调配,学生生产劳动的评定等。总务处主要负责生产劳动的财务管理、物资供应、劳动基地的有关设备、资产保管等。两处应相互配合。学校建立的车间、农业实验园地应有专人负责管理。学校与工厂或人民公社挂钩应有专人负责联系。

学校领导应重视在组织学生生产劳动过程中的思想领导,思想政治教育要自始至终贯彻在组织劳动的整个过程之中,从分配劳动任务到检查劳动成品,总结劳动收获都不能把它作为单纯的事务性工作来对待。

建立与健全生产劳动的各项制度，不仅是保证生产劳动顺利进行所必需的，而且也是培养学生遵守纪律、认真负责等优良品质以及保证学生的健康和安全所必需的。学校领导应制订有关制度，并检查制度的执行。

（四）体育、卫生保健工作的组织和领导体育、卫生保健工作的组织领导主要有以下几方面：

首先要帮助体育教师明确体育教学的目的、任务，使体育教学和体育活动有正确的方向。在检查体育工作时不仅要重视体育课教学的改进，也要重视体育课外活动组织指导工作的改进。体育课和体育活动的安全问题应特别注意。为了顺利开展体育工作，学校领导应帮助体育教师取得班主任和团、队、学生会的配合，做好学生体育活动的组织工作和思想工作。组织总务部门配合体育教师检查和修建运动器械、场地等设备；组织学校医务人员或保健教师对学生进行体育锻炼的身体检查和其他方面的卫生监督。

组织和领导卫生保健工作。应定期进行学生体格检查，积累和统计有关学生疾病的资料，经常了解和全面掌握学生的健康状况。有计划地向学生进行生理卫生教育，重视环境卫生和个人卫生的检查工作，对教学、体育活动、学生生产劳动、生活管理等方面加强卫生监督。加强疾病防治工作，除采取措施预防急性传染病外，还应有计划地防治学生中常见的慢性疾病。学校可以设立卫生室，配备医务人员或保健教师，在校长领导下负责学校卫生保健工作。卫生保健工作不是少数人能做好的，学校领导应充分发动群众参加学校各项卫生保健工作。

（五）总务工作的组织和领导总务工作是从物质上保证学校教育工作的顺利进行，它直接影响到学校教育工作质量和广大师生的生活。组织领导好总务工作，是办好学校的一个必要条件。坚决贯彻勤俭办学的方针，认真执行为教学服务、为师生服务是总务工作的指导思想。学校领导应根据这个指导思想检查与指导总务工作，并经常以这个指导思想教育职工，使他们认识自己工作的意义，完成工作任务。同时学校领导也要教育师生尊重职工的劳动。

学校总务工作的主要任务是：创造良好的教学环境和不断充实教学设备；有条不紊地管理学校校产和财务，关心和安排好全校师生员工的生活福利；负责做好生产劳动的经营管理，配合搞好学校的卫生保健工作等。

学校的校舍和设备应该注意教育与卫生的要求，但也必须反对脱离国民经济发展水平，求新、求全和不顾实用追求形式的倾向。校舍和设备的管理和使用,要做好以下几方面工作,并经常加以督促检查:建立固定资产表,专人保管,定期清查核对;采取措施充分发挥校舍与设备的潜力,提高其使用率,如对校舍用房的合理安排,对图书、仪器、教具等加强校内流通等;注意校舍与设备的检查维修,防止意外事故,保证安全,并延长使用期限;制定管理校舍和设备的规章制度。

学校领导要加强伙食管理工作,加强伙食管理人员和炊事员的思想教育,改进食堂和伙食的卫生,健全粮食和财务管理制度,定期公布账目。

财务管理的基本任务是贯彻勤俭办学的方针,合理地使用资金,切实为教学、为师生生活服务。为了有计划地使用资金,要做到既节约又合理,充分发挥资金的效能。编制学校财务工作计划,做好预、决算工作和预算的执行。校长对财务工作负全面领导和管理的责任,除审查和批准学校的年度和季度预算、内部执行标准定额以及有关财务方面的重大问题外,还要经常了解和掌握预算执行情况,进行检查和监督。总务主任是校长财务工作的有力助手,统一管理学校的预算资金,检查监督,审批学校的经费开支,具体组织预算的执行。为了管好学校财务工作,维护财政制度,学校应建立财务管理制度,一切经费的支付和报销,工资、人民助学金的发放,职工福利费的使用等均应根据上级有关规定,制度切实可行的财务实施细则。

除以上几项工作外,学校行政领导还必须重视对教师学习的领导。应有计划地组织教师进修,建立和健全教师的进修制度,保证教师进修的时间。

学校行政还有其他方面工作。例如,人事工作也是行政工作的一个方面。教师职工的调配、升级、评优、平时的考勤、考绩、请假以及人事档案的管理等,都属于人事工作。

学校的主要会议 为了发扬民主,集思广益,贯彻民主集中制精神,发挥学校行政的集体领导作用,为了明确任务,提高和统一认识,调动各方面的积极性,讨论、研究和解决重要的问题,全日制中小学需要建立一定的会议。通常在中小学中,有以下几种主要的会议:

校务会议 校长领导下的校务会议,是实现集体领导的重要形式。学校行政工作的重大问题,要提到校务会议上讨论。例如,学习、贯彻党和政府的教育方针、政策、上级党委和教育行政部门的指示和决议;讨论学校的工作计划、工作总结、经费的预决算和重要的规章制度;研究学生思想品德、学习、生产劳动、健康等情况;讨论和决定学生的升留级和奖惩等事项;讨论教职工的晋级以及评优等工作;讨论家长工作以及其他重大的问题。

校务会议由校长主持。在中学,由党支部书记、教导主任、总务主任、教育工会主席、团委书记、少先队总辅导员和教师代表参加,必要时可以邀请班主任和有关的教职员参加。规模小的中学,可以用全体教职员会议代替校务会议。在小学,校长召开学校主要工作人员和教师代表组成的校务会议,或者召开全体教师会议。

要开好校务会议,在很大程度上决定于会前的准备工作。开会前,要使全体参加者知道要讨论什么问题,解决什么问题,并且早作准备。有关人员应根据会议的内容准备好向会议提出的报告或决议的草案。如果等到开会时才临时凑合,好像"兵马已到,粮草未备",这是开不好会的。在会议中,要充分发扬民主,就问题开展讨论。有些问题经讨论决议之后,要责成专人执行。

行政会议　行政会议是学校行政领导人研究日常行政工作的经常性会议,是实现集体领导的重要形式。会议由校长主持,教导主任、总务主任参加,必要时可邀请有关人员参加。会议主要内容是研究和讨论校务会议决议的贯彻执行;处理学校日常行政工作中较大的问题;总结上一阶段的工作和部署下一阶段的工作。使行政领导人统一思想,统一步调,密切配合。

班主任会议　班主任会议是集体讨论和研究思想政治教育工作和班级工作的主要形式,会议的一般内容是结合讨论每一阶段思想教育工作的要求,学习方针政策和有关教育理论;讨论班级工作中共同性问题,交流班主任工作经验;讨论研究班主任工作计划和总结;讨论有关班主任与团、队、会和学生家长协同工作问题等。班主任会议由校长或教导主任主持。

教研组组长会议　教研组组长会议也由校长或教导主任主持,讨论和研究教学工作中的重大问题和组织教学研究活动的有关问题。例如如何在教学中贯彻党的教育方针;如何提高教学质量;交流教研组工作经验;讨论教学工作计划和总结等。根据需要,教研组组长会议可以邀请有关教师参加。

总务工作会议　规模大的中学,也要召开总务工作会议,研究和讨论有关总务工作的重大问题,如学校设备的购置和保管;财务的管理,经费的使用和分配;校舍的修缮和管理;医药、卫生工作;师生的生活和福利等。总务工作会议由总务主任主持,必要时也可以由校长主持。

为了充分调动教职工和学生的积极性,了解他们对学校行政工作方面的意见和要求,改进和提高领导工作,行政领导人也可以不定期召开教师、职工或学生的代表会议。

学校各种会议的召开,必须统一安排,明确会议目的和要求,作好会前准备，不必要的会议要大力精简，以免影响教学工作和其他工作的开展。

学校行政工作必须取得党的领导　共产党的领导是办好学校的根本保证。各级地方党委加强对学校的领导，才能保证学校对教育方针政策的正确贯彻和教育任务的胜利完成。

地方党委不仅为学校调配党员干部，充实学校领导力量，而且贯彻执行上级党和政府有关教育的指示，结合当地学校具体情况，提出具体意见，通过教育行政部门，领导学校。教育行政部门及时地向学校行政传达党的领导意图和指示，具体布置工作。对地方党委的各项正确指示，学校行政应该认真贯彻。

中小学党支部是党在学校中的基层组织，必须在学校中发挥战斗堡垒作用。学校党支部的主要任务，在于贯彻执行上级党委的决议，保证实现上级教育行政部门的指示；领导学校的思想政治工作，作好党的建设工作；领导学校共青团、学生会、教育工会和其他群众组织的工作；教育党员团结群众，正确执行党的方针政策。

学校党支部保证党的教育方针政策在学校中的贯彻执行。学校行政在贯彻党的方针政策时要主动争取党支部的领导。

学校还有教育工会、共产主义青年团、少年先锋队、学生会等组织。教育工会在党组织领导下协助行政在教职工中切实做好团结工作和生活福利工作。共产主义青年团在党的领导下，积极发挥党的助手作用，协助学校行政做好工作。少年先锋队在共产主义青年团的领导下，开展活动。学生会是在党组织领导下的全体学生的群众组织。学校行政组织应该主动争取这些组织在工作上的协助和配合，才能把学校工作领导好。

第二节　学校领导干部的工作方法

学校领导干部根据上级党委的决议和教育行政部门的指示，不仅要向师生员工提出任务，而且要善于运用正确的领导方法，去带领他们完成任务。毛泽东同志曾说过："我们不但要提出任务，而且要解决完成任务的方法问题。我们的任务是过河，但是没有桥或没有船就不能过。不解决桥或船的问题，过河就是一句空话。不解决方法问题，任务也只是瞎说一顿。"[①]这段话非常生动而又通俗地把任务和方法的关系，交代得一清二楚。学校领导干部如果没有正确的

---

① 毛泽东：《关心群众生活、注意工作方法》，《毛泽东选集》第 1 卷，人民出版社 1969 年版，第 125 页。

工作方法,就不能做好工作。

学校的领导干部必须认真执行"党政干部三大纪律、八项注意"。[①] 三大纪律是:(一)认真执行党中央的政策和国家的法令,积极参加社会主义建设。(二)实行民主集中制。(三)如实反映情况。八项注意是:(一)关心群众生活。(二)参加集体劳动。(三)以平等的态度对人。(四)工作要同群众商量,办事要公道。(五)同群众打成一片,不特殊化。(六)没有调查就没有发言权。(七)按照实际情况办事。(八)提高无产阶级觉悟,提高政治水平。

政治挂帅 学校领导干部必须以马列主义、毛泽东思想为指针,观察、分析和处理学校工作中的各种思想问题和实际问题。

这就要求学校领导干部结合学校工作的实际,努力学习马列主义、毛泽东思想,提高师生员工的觉悟。

坚决地正确地执行党的方针政策,才能使学校顺利地实现教育的目的、任务和中小学的培养目标。毛泽东同志说:"政策和策略是党的生命,各级领导同志务必充分注意,万万不可粗心大意。"[②]只有认真学习和深入领会方针政策,才能提高实行方针政策的自觉性,才不至于以个人感情代替党的方针政策。

为了执行党有关教育的方针政策,学校领导干部要进行深入细致的思想工作和组织工作,根据学校的具体情况,采取有效的具体措施,确保方针政策的贯彻执行。这样做,自然会比只作一般号召和采取简单化的方式行事增添一些"麻烦",但是这却是保证党的方针政策得到贯彻,保证学校工作获得成就的必不可少的前提。

为了贯彻党有关教育的方针政策,还必须把方针政策告诉群众。毛泽东同志说:"我们的政策,不光要使领导者知道,干部知道,还要使广大的群众知道。"又说:"有的人认为,党的政策只要领导人知道就行,不需要让群众知道。这是我们的有些工作不能做好的基本原因之一。"[③]让师生员工知道党有关教育的方针政策,是发动他们积极执行方针政策的重要条件。党的方针政策,只有在为广大师生员工所掌握了的时候,才能真正成为自觉的行动。

---

① 中国共产党为总结1958年以来,在社会主义建设中的经验教训和党内生活存在的问题,于1962年八届十中全会通过的《农村人民公社条例(修正草案)》中对党政干部所规定的要求。——编校者
② 毛泽东:《关于情况的通报》,《毛泽东选集》第4卷,人民出版社1969年版,第1241页。
③ 毛泽东:《对晋绥日报编辑人员的谈话》,《毛泽东选集》第4卷,人民出版社1969年版,第1261页。

群众路线 领导与群众相结合,就是要实行从群众中来,到群众中去的领导方法。认识来自实践,又为实践服务。实践主要是群众的实践。"从实践中来,到实践中去"和"从群众中来,到群众中去"①是一件事情。

师生员工是学校的群众。在学校中实行"从群众中来,到群众中去"的工作方法,要求学校领导干部深入师生员工和他们打成一片。学校领导干部要深入群众,就要以平等的态度对待师生员工,保持谦虚、谨慎、不骄、不躁的工作作风。这样,师生员工才会知无不言,言无不尽,讲出自己的心里话。学校领导干部要善于倾听师生员工各种意见。"兼听则明,偏信则暗",②正确的领导,不仅要虚心地倾听多数人的意见,而且要尊重个别或少数人的意见,不要轻易地否定他们的意见。学校领导干部不仅要善于团结和自己意见相同的人,而且要善于团结和自己意见不同的人一道工作。

学校领导干部的责任,就在于把分散的和不系统的,正确的和不正确的意见和经验集中起来,用马克思列宁主义的方法进行分析、研究,将这些意见加以去粗取精,去伪存真,由此及彼,由表及里的改造制作功夫,使它成为集中的、系统的、有条理的意见和经验。

凡是被群众实践证明是正确的东西,学校领导干部都要坚持;凡是被群众实践证明是错误的东西,不切合实际的东西,都要坚决改正。如果领导有了缺点或错误,就应当虚心接受群众的批评,勇于改正。这不仅不会损害学校领导的威信,丧失群众对他们的信任,反而会使师生员工亲切地感到他们是对社会主义教育事业严肃负责的态度,从而更加信任学校领导。

中小学领导干部担任教学工作,这有利于更多地了解教师的教学情况与学生的学习情况,便于倾听教师和学生的意见。有的学校领导干部,不仅兼课,而且经常在教研组办公。这些做法都有助于与教师打成一片,共同商量问题,有助于听取他们的意见和要求。

群众路线的工作方法,要把一般号召与个别指导结合起来。学校领导不能光发号令,而要处理许多具体的问题。对于每一个问题,他们需要了解情况,加以分析,然后决定解决的办法。

学校领导有计划、有选择地蹲一个点,比如一个教研组,或者一个班级,对

---

① 毛泽东在《关于领导方法的若干问题》一文中对党的群众路线的概括。——编校者
② 语出《资治通鉴·唐太宗贞观二年》。——编校者

一些重要问题,亲眼看看,亲耳听听,也亲手做做,"解剖麻雀",①进行系统的调查研究,经过试验,及时总结,逐步推广。这是既积极又稳妥的领导方法。

各个学校都有共同的问题,但是又有各自的特点,各自的具体情况。一个学校经过试验证明为正确的经验,是否适合于另一个学校,或者在多大程度上适合于另一个学校,还是要经过试验才能解决。如果学校领导简单地把另一个学校行之有效的经验,原封不动地搬到自己的学校中来,这是一种不严肃认真的态度,而且是一定要碰钉子的。

教学为主,全面安排 在领导工作中,要经常注意中心工作与一般工作的关系,工作中的主次、轻重、缓急、先后的关系,突击工作与经常工作的关系。为了把全盘工作组织成为一个有中心、有配合和有节奏的协调一致的有机整体,毛泽东同志形象地指出一种工作方法是必须学会的,这就是"弹钢琴"的方法。②

我们的教育是为无产阶级的政治服务的。但是并不是要求全日制中小学以社会活动为主。政治是学校中一切工作的统帅,一切工作的灵魂。政治统率一切,渗透一切,而不是占据一切,代替一切。我们的教育是与生产劳动结合的,但是并不是要求全日制中小学以生产劳动为主。从全日制中小学具体活动的时间安排来说,大量的活动是教学活动。因此,在全面安排学校各项工作时,必须以教学为主。

学校要组织学生参加必要的社会活动。要根据教学计划的规定,安排学生的生产劳动;要适当开展学生课外的体育、文化娱乐的活动;还要指导学生的假期生活;等等。但是学校领导同时要注意适当控制非教学活动,保证学生有充分时间进行学习,教师有足够的时间用于备课、上课、批改作业和进修,保证合理安排师生的作息时间,做到有劳有逸,劳逸结合。

根据学校工作的特点,以教学为主,全面安排各方面的工作,建立和健全有关工作、学习、劳动、生活方面有关的规章制度,对保证师生的教学活动,以及其他各项活动的正常进行,是有积极作用的。学校除了认真执行教育部规定的教职工工作条例、学生守则、学生成绩考核办法、学生奖惩办法、学籍管理办法外,根据需要,还应建立一些必要的规章制度。学校的规章制度,是为全面提高教育质量而建立起来的。随着党的教育方针进一步贯彻,随着对社会主义教育规

---

① "解剖麻雀"是一个比喻,比喻通过研究具体典型,从中找出事物规律的领导方法。——编校者
② 参见毛泽东:《党委会的工作方法》,《毛泽东选集》第 4 卷,人民出版社 1969 年版,第 1332 页。——编校者

律性认识的深入,学校的规章制度就需要作适当的改革和调整,保留其适用的部分,革除其陈旧的部分,或建立一些新的规章制度。

学校的工作计划、检查和总结 学校的工作计划、检查和总结,是学校领导工作相互联系的三个环节。

学校的工作计划是全校工作在一定时间内(如一学期或一学年)的行动纲领。它提出了学校工作明确的任务,使学校各方面的工作统一和协调地进行,具体地体现了抓住中心,全面安排。

学校的工作计划是制订教导处、总务处以及教研组、班主任等工作计划的基础。共青团、少先队、学生会、教育工会和其他群众组织,在党支部的领导下,根据本身的任务制订工作计划时,要结合学校工作计划的要求,协助学校行政任务的完成。

学校的工作计划是根据党和政府的教育方针政策,上级党委和教育行政部门对学校工作的指示,结合学校的具体情况制订的。一般包括以下一些部分:首先是对上一学年或学期学校工作的全面分析,并提出本学期或学年的总任务。其次是学校各个方面工作的主要任务和基本要求,并确定具体执行的负责人和完成期限。

制订学校工作计划,既要全面,又要有重点。学校各方面的工作,都要照顾到,不能只注意某些工作而把别的丢掉。同时,制订学校的工作计划,既要鼓足干劲,又要留有余地,使工作计划建立在积极稳妥的基础上。

工作计划制订的过程,也是动员全校工作人员的过程,统一认识,统一步调的过程。它应提到校务会议或全体教职员工会议上充分讨论,集中各方面的意见,修改后定稿。

一般说来,原定的学校工作计划要毫无改变地实现的事是很少的。由于在实践中发现前所未料的情况,主观不尽符合客观,因而部分地改变工作计划是常有的。

有了工作计划,还要有工作检查。工作检查是实现工作计划获得预期效果的重要保证。如果只有计划,缺少检查,计划就易落空,易于流为形式。工作检查的过程,是学校领导深入实际、深入群众,了解情况,发现问题,指导与帮助群众改进工作的过程。通过检查,也使领导根据情况,部分地对原定计划作必要的修改和补充,使计划更加符合于实际的变化发展,保证学校工作的顺利进行。

学校的工作检查,既要学校领导亲自动手,又要发动群众,采用领导与群众相结合的方法;既要注意全面检查,又要个别深入,采用一般与个别相结合的方法。

根据检查时间,学校的工作检查可分为经常检查和定期检查(如期中检查、期末检查等)。根据检查的范围,可分为全面工作的检查和对部分工作的检查。根据工作的内容和检查的要求,一般采取观察、谈话、听取汇报、参加各种会议和分析书面材料等方式。对于某些工作中重大的问题,还可以根据情况组成专门组进行检查。如果学校领导平时深入学校工作的实际,就可以使检查在比较自然的情况下进行。平时的,尤其是不拘形式的检查,常能反映工作的真实情况。但定期的、集中的检查,由于充分发动群众参加检查,往往能收到很大的效果。

工作检查的过程,也是调查研究的过程。学校领导在检查中,要有与人为善的态度,要有实事求是的作风。这就必须客观地、全面地、深入地进行检查。

客观地进行检查,就是要在客观事实面前老老实实,既不夸大也不缩小。要分清成绩和缺点、正确和错误的界限,要有一个正确的根本的估计。对工作要采取分析研究的态度,而不要作绝对肯定或绝对否定的简单结论。

全面地进行工作检查,就是说,既要了解工作的这一方面,又要了解工作的另一方面。在检查中,对工作上的成绩,即使是点点滴滴,也应作如实的肯定,加强群众对工作的信心;对工作上的缺点,应作具体分析,热情的帮助,加强群众对工作的责任感。对新事物、新经验,在检查中要善于发现,加以支持,鼓励群众敢于试验,敢于创造,同时又要看到它们的完善和成熟有一个成长的过程。

深入地进行检查,就是要深入到工作里面去,了解它各个方面及其内在的联系,要穷根究底,不要粗枝大叶,仅仅看到一点表面现象就下判断、作结论。

工作总结是检查的结果,而检查和总结又是以工作计划为依据的。学校的工作总结,是根据既定的计划,通过检查中发现的成绩和缺点、经验和教训,探索学校工作的发展规律,增加工作中的预见性和自觉性,指导学校今后的工作。

学校的工作总结,有全面的总结和专题的总结。学校在学期末或学年末进行全面的工作总结时,应该提到校务会议或全校教职员工会议上充分讨论。这样做,不仅可以广泛地征求意见,使总结更为全面、准确,而又可通过总结,提高群众的认识,有利于把今后的工作推向前进。

学校领导的马克思列宁主义的工作方法和作风,是办好社会主义学校的一个极其重要的条件。为了逐步地、深入地认识我国社会主义普通教育的客观规律,不断提高教育质量,学校领导就要深入实际、深入群众,经常进行调查研究。认真地学习马克思列宁主义、毛泽东思想,提高思想认识和理论水平。

附录一　教育与经济发展[①]

教育与经济发展有着密切的联系。教育是经济发展的重要条件,而经济的发展又是教育事业发展的物质基础。毛泽东同志说:"随着经济建设的高潮的到来,不可避免地将要出现一个文化建设的高潮。"[②]研究教育与经济发展的关系,以便根据我国实现四个现代化的需要和实际可能,加快教育的普及和提高,有计划地培养各级各类又红又专的建设人才,是新时期教育科学研究的一项重大任务。

第一节　教育与经济发展的相互关系

教育是经济发展的必要条件　教育同生产活动有着直接的联系,它担负着再生产劳动力的任务。

要进行生产活动,劳动力、生产工具和劳动对象是必须具备的基本条件。其中劳动力是最基本的要素。生产工具是由人去制造和使用的。只有当人使用生产工具,作用于劳动对象,才能构成生产力,创造出使用价值来。要维持和发展生产,就必须不断地再生产劳动力。劳动力的数量增加了,水平提高了,生产才有发展的希望;而劳动力水平的提高尤为重要。

劳动力是什么?"我们把劳动力或劳动能力,理解为人的身体即活的人体中存在的、每当人生产某种使用价值时就运用的体力和智力的总和。"[③]劳动力的发展,无论是体力方面还是智力方面,固然同人的生理方面的成熟有关,但是主要是靠教育和训练。马克思说:"要改变一般的人的本性,使它获得一定劳动部门的技能和技巧,成为发达的和专门的劳动力,就要有一定的教育或训练"。[④]

机器大工业生产兴起后,教育的作用就更加突出了。由于"劳动资料取得机器这种物质存在方式,要求以自然力来代替人力,以自觉应用自然科学来代替从经验中得出的成规。"[⑤]科学技术成了主要的生产力,成了大工业生产的必

[①] "经济"在这里主要是指社会的生产和再生产。
[②] 毛泽东:《中国人民站起来了》,《毛泽东选集》第5卷,人民出版社1977年版,第6页
[③] 马克思:《资本论》第1卷,单行本,人民出版社1968年版,第190页。
[④] 马克思:《资本论》第1卷,单行本,人民出版社1968年版,第195页。
[⑤] 马克思:《资本论》第1卷,单行本,人民出版社1968年版,第423页。

要条件。管理、经营现代化的生产需要知识；即使从事体力劳动的工人，也需要一定的文化和技术知识。于是，普及科学、技术知识，提高职工的教育程度，培养各种管理现代化生产和从事科学研究的专门人才，就成了发展生产的基本条件。

教育不仅起着传播文化、科学、技术的作用，而且还起着促进科学、技术发展的作用。学校，特别是高等学校集中了一批科学家，设立了各种实验室，推动科学研究。多年来，一些先进的工业国都把大学办成教学中心和研究中心，既培养专门人才，又承担科研任务。如美国的一些高等学校，接受国家主管部门和私人企业单位选定的科研任务，其中包括与各私人企业单位共同编制科学技术规则；广泛地给国家主管部门和私人企业单位提供科学方面的意见，并协助工业部门和国家机关培训人员；给学生扩大工业方面的生产实践机会；根据经济和科学部门所需要的人才，编制培训计划；在各种共同的会议上同生产、技术人员交流先进的科学技术知识。美国高等学校里集中的科研力量是相当可观的。据1972年统计，在高等学校里从事科学研究的科研人员要占全国研究人员的15％。高级科研人员大多集中在高等学校里，全国科学博士的60％是在高等学校里。高等学校主要从事基础理论的研究，也承担应用科学的研究和试验设计研制工作。高等学校的科研，往往直接和间接地运用于生产过程，促进了社会生产的发展。

教育，从它产生的时候起，就同生产力的发展有关。在技术革命的时代，教育越来越成为经济的因素。日本政府就把日本近几十年来经济高速度的发展归功于教育。1962年，日本文部大臣说："明治以来，直到目前，我国社会和经济的迅速发展，特别是战后经济发展的速度非常惊人，为世界所注视。造成此情况的重要原因，可归结为教育的普及和发达。"[①]

教育的经济效果 在资本主义上升时期，资产阶级的经济学家就已经注意到了教育的经济效果。十八世纪七十年代的制钉业，不满二十岁的青年工人，在尽力工作时，每人每天能制钉2 300多枚。而惯于使用铁锤但不曾练习过制钉的普通铁匠，必须制钉时，一天至多只能做出二、三百枚钉来，而且质量还低劣不堪。根据这些事实，亚当·斯密认为："学习一种才能，须受教育，须进学校，须做学徒，所费不少。这样费去的资本，好像已经实现并且固定在学习者的身上。这种才能，对于他个人自然是财产的一部分，对于他所属的社会，也是财

---

① 〔日〕文部省调查局编：《日本的经济发展和教育》，序，吉林人民出版社，1978年版。

产的一部分。工人增进的熟练程度,可和便利劳动、节省劳动的机器和工具同样看作是社会上固定资本。学习的时候,固然要花一笔费用,但这种费用,可以得到偿还,兼取利润。"①在其他经济学家的著作中,也有不少类似的论述。他们力图证明:国家支付教育经费是必要的,这笔费用决不是单纯消费的,它可以提高生产率,可以带来物质的经济效果。

到了二十世纪五十年代末,教育的经济效果更加明显了。一些学者拿出了具体的数据,证明教育的经济效果是很大的。

下面简要地介绍一些国家的学者对这个问题的研究。

美国学者在比较美国 1889—1919 年这三十年间,同 1919—1957 年这四十年间这两段时间的经济发展情况时,发现了一个奇怪现象:在第二段时间里,无论是劳动力的增长率,还是物的资本的增长率,对国民收入增长率所起作用的比重都明显地下降了。

美国国民收入、物的资本、劳动力每年平均增长率(%)

	1889—1919 年	1919—1957 年
(1)总生产量	3.9	3.1
(2)劳动力	2.2	0.8
(3)物的资本	3.4	1.8
(4)总投入量	2.6	1.0
(5)(4)/(1)	67	32

上表表明:在前期,产量的提高主要是由于物的资本和劳动力的增长所引起的,物的资本和劳动力的增加在发展生产中起的作用的比率为 67%。在后期,物的资本和劳动力增长的比率都减少了;两项合计不过增加 1%,但总产量的增长还是相当快,达到 3.1%,在这里物的资本和劳动力的增加在发展生产中所起作用的比率减少为 32%。其余 68% 的增长是由哪些因素引起的呢?

为了揭开这个秘密,他们具体分析了美国 1929 年和 1957 年这两年之间经济增长的情况。以 1956 年的货币价值折算,1929 年国民收入为 1 500 亿美元,而 1957 年为 3 020 亿美元,比 1929 年增加了 1 520 亿美元。劳动总收入,1929 年为 1 125 亿美元,1957 年时达到 2 265 亿美元,比 1929 年增加了 1 140 亿美元。在这段时间里,劳动力并没有那么大幅度的增长。1929 年时,劳动力为

---

① 亚当·斯密:《国民财富的性质和原因的研究》,商务印书馆,1974 年版,第 257—258 页。

4 920万人,1957年时为6 800万人,不过增加1 880万人。如果按1929年的标准(每个劳动力平均收入为2 287美元)计算,1957年时的6 800万人,总收入应为1 555亿美元。但实际上1957年的劳动总收入是2 265亿美元,即比1929年多得了710亿美元。

这710亿美元又是怎样多得的呢?他们分析了这期间影响劳动力价格的各种因素,发现在这几年内变化最大的是教育经费增加了,人民的教育水平提高了。这710亿美元可能就是教育的成果。

为了确证这一点,许多学者进行了各种分析,如其中一种方法是统计了这段时间里教育费用增长的情况(他们把它称为"教育资本",包括国家和地方的教育经费和家长付出的教育费);同时,还统计由于劳动力教育程度提高所带来的工资水平的提高。经过分析,他们认为教育投资的总收益率为17.3%。

按照这个收益率计算,到1957年时所花的教育资本应得的收益数是495亿美元(2 860亿美元×17.3% = 495亿美元)。这495亿美元是710亿美元的70%。这是提高教育水平的实际收益。

教育收益495亿美元,相当于国民总收入增长部分中的33%。

由此,他们得出结论:根据1957年的情况,国民总收入增长部分中的33%是由教育带来的;教育资本的收益率是17%。这个结论是很惊人的。

其他国家也曾进行过类似的研究。他们所使用的方法虽不完全相同,但是,结果都证明教育的经济效果是很大的。

苏联学者分析了1940年、1950年和1960年的经济发展情况。根据他们的统计,1940—1960年,苏联的国民收入按1961年的货币价值计算,从335亿卢布增加到了1 466亿卢布,即增加了438%,按金额计算增加了1 131亿卢布。另一方面,在这二十年间创造国民收入的生产者,其人数由5 460万人,增加到6 840万人,仅增加25%(如果把复杂劳动换算为简单劳动,则劳动力的增加数为94%)。在这期间,物的资本也只增加了212%。从而他们推断,国民收入增加部分中,大约有50%是由物的资本增加造成的,有30%是由提高劳动者的教育水平所造成的。

日本文部省也进行过类似的推算。他们比较1930年和1955年的经济情况,认为国民收入的增长部分中,约有25%是由于增加教育资本所得到的。

在生产过程中,人的因素是基本的。我们要发展生产,最根本的是要提高劳动者的劳动生产率。我国的历史也证明:提高劳动生产率是多快好省地发展生产的根本性措施。据劳动总局的统计,第一个五年计划期间,工业总产值每年平均递增远扫除不了的成年文盲。① 现在第三世界的经济力量不强,教育经费就不能大幅度增加。如果不从根本上发展经济,要发展教育就很困难。

第二节　社会主义教育要与社会主义建设相适应

教育为社会主义建设服务是党的一贯方针　在全国解放的前夕,毛泽东同志指出:"在革命胜利以后,迅速地恢复和发展生产,对付国外的帝国主义,使中国稳步地由农业国转变为工业国,把中国建设成一个伟大的社会主义国家。"②因此,各项工作(包括文化教育工作),"都是围绕着生产建设这一个中心工作并为这个中心工作服务的"。③

新中国后,我们又明确规定:"教育为生产建设服务"是党的教育建设方针的重要组成部分。④ 要求根据国民经济计划的需要,来制订教育事业的发展规划,并改革旧的教育制度,使教育逐步同经济建设的需要相适应。1958年,党中央和国务院进一步指出:"党的教育工作方针,是教育为无产阶级的政治服务,教育与生产劳动结合",社会主义教育必须"很好地为社会主义革命和社会主义建设服务"。⑤

教育为无产阶级的政治服务同教育为社会主义建设服务是一致的。无产阶级在夺取政权以前,它的经济利益作为阶级的基本利益集中起来就是推翻资产阶级的统治,建立无产阶级专政,正如列宁所说:"无产阶级的基本经济利益只能经过用无产阶级专政代替资产阶级专政的政治革命来满足。"⑥而在"无产阶级取得国家政权以后,它的最主要最根本的利益就是增加产品数量,大大提高社会生产力"。⑦ 所以,在新中国成立后,特别是生产资料所有制的社会主义改造基本完成以后,教育为无产阶级政治服务主要就是为社会主义建设服务,为实现农业、工业、国防和科学技术现代化培养各种人才。1957年,毛泽东同志曾经说:"为了建成社会主义,工人阶级必须有自己的技术干部的队伍,必须有

---

① 〔法〕让·托马斯:《世界重大教育问题》,上海师范大学印刷厂1978年印,第5页。
② 毛泽东:《在中国共产党第七届中央委员会第二次全体会议上的报告》,《毛泽东选集》第4卷,人民出版社1960年版,第1327页。
③ 毛泽东:《在中国共产党第七届中央委员会第二次全体会议上的报告》,《毛泽东选集》第4卷,人民出版社1960年版,第1318页。
④ 钱俊瑞:《当前教育建设的方针》,《人民教育》1950年第2期。
⑤ 中共中央、国务院:《关于教育工作的指示》,1958年9月19日。
⑥ 列宁:《怎么办?》,《列宁选集》第1卷,人民出版社1972年版,第262页。
⑦ 列宁:《工会在新经济政策条件下的作用和任务》,《列宁选集》第4卷,人民出版社1972年版,第586页。

自己的教授、教员、科学家、新闻记者、文学家、艺术家和马克思主义理论家的队伍。这是一个宏大的队伍,人少了是不成的","共产党员、青年团员和全体人民,人人都要懂得这个任务,人人都要努力学习。有条件的,要努力学技术,学业务,学理论,造成工人阶级知识分子的新部队(这个新部队,包含从旧社会过来的真正经过改造站稳了工人阶级立场的一切知识分子)。这是历史向我们提出的伟大任务。在这个工人阶级知识分子宏大新部队没有造成以前,工人阶级的革命事业是不会充分巩固的。"①

林彪、"四人帮"横行时,他们把政治与经济割裂开来,说教育为无产阶级政治服务,就不能为经济建设服务,只能为阶级斗争服务,实际上是要使教育为他们篡党夺权服务。几年来,在他们的干扰下,教育质量严重下降,拉了四个现代化的后腿。现在,拨乱反正,党中央明确声明:"我们要掌握和发展现代科学文化知识和各行各业的新技术新工艺,要创造比资本主义更高的劳动生产率,把我国建设成为现代化的社会主义强国,并且在上层建筑领域最终战胜资产阶级,就必须培养具有高度科学文化水平的劳动者,必须造就宏大的又红又专的工人阶级知识分子队伍。这些要求本身就是为无产阶级政治服务。"②

教育要兼顾经济建设的近期需要和长远需要

首先,从二十世纪五十年代起,科学技术进入了一个飞速发展的时代。大约每十年知识总量要增加一倍。据统计,六十年代的发明创造比以往两千年的总和还要多。发明创造的数量,在今后几十年内还将成倍地增加。研究的周期,即从一项新技术从出现到它被投入实际应用之间的时间,也大大地缩短了。下表是德国学者的统计:

研制和掌握新技术设施的持续时间

时间	潜伏期(年)	经济上掌握(年)	总的持续时间(年)
1890—1919 年	30	7	37
1920—1944 年	16	8	24
1945—1964 年	9	5	14

其次,随着科学技术的发展,直接参加工农业生产劳动的人数将逐步减少。

---

① 毛泽东:《一九五七年夏季的形势》,《毛泽东选集》第 5 卷,人民出版社 1977 年版,第 462—463 页。
② 邓小平:《在全国教育工作会议上的讲话》,1978 年 4 月 22 日。

特别是从事农、牧业劳动的人数将大量减少。服务部门的人数将相应增加。这种现象已在先进的工业化国家发生。例如,在六十年代美国的全部劳动力中,约有20%从事于商业,约有35%—40%在服务部门工作。在其他发达的资本主义国家,商业和服务部门也要占劳动力的35%—40%。在生产领域和非生产领域之间的对比关系已发生了重大变化。

就生产领域里来说,各部门之间发展也是不平衡的。有的部门发展很快,有的部门发展缓慢,有的甚至大量削减。下表是工业生产内部各部门结构变化的情况。

1938—1973年资本主义世界经济中工业生产的部门结构变动

	1938—1973年的增长率 (1938=100)	各部门的比重(%)	
		1938年	1973年
所有部门	585	100	100
其中:			
采掘工业	365	11	7
动力工业	13 810	4	8
轻工业部门	365	45	27
其中:			
食品工业	345	16	10
纺织工业	300	9	4
重工业部门	850	40	58
其中:			
化学工业	1 320	7	15
冶金工业	510	8	7
金属加工工业	960	20	32

在一个部门里,也往往是运用新技术新工艺的工厂迅速地取代老厂。生产更加集中,而工人的需要量又大为减少。

上述这些变化都会引起劳动力的流动、变换。据有的学者估计,今后将有更多的人不可能终生只从事一种职业。这就要求人们有较大的适应职业改变的能力。过去教育只培养能从事一种职业的人,已经不能适应时代的要求。

第三,科学技术的进步,生产日益现代化。这就要求工人有较高的熟练程度,职工中科技人员的比例增长更为迅速。下面两张表反映了美国专业和技术人员在就业人口中的比例和增长情况。

美国 1950 年和 1969 年按职业划分的就业人数　　　　（单位：千人）

	1950 年	1969 年		1950 年	1969 年
专业和技术人员	2 700	6 800	技工和工头	7 500	9 900
经理、高级职员和业主	5 400	6 700	机械操作工	8 800	9 900
办事员	3 000	3 400	杂工	3 400	3 500
销售人员	2 400	2 700	服务人员	2 700	3 300

美国 1969 年男性主要职业类别：

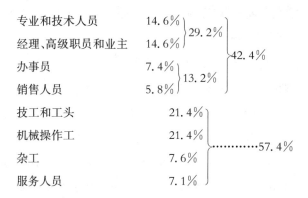

专业和技术人员的需要量激增，要求迅速发展教育事业，高等教育的发展又应处于优先的地位。这就是近几年来，工业化国家大力发展高等教育的原因。

第四，科技革命，使工人在生产中的地位和作用也变化了。"从直接参加生产劳动转到主要地负责控制生产。人把完成生产中的一些逻辑思维职能交给技术手段（电子计算机等），便使人从直接生产过程（不是从一般生产）中解放出来，体力劳动的比重减少，脑力劳动的比重增加，生产劳动逐步变为科学劳动，社会劳动不断智力化。'人的科学创造性的发明活动相应地具有越来越大的意义'。"[①]

由于这些变化，现在许多学者认为，教育的概念应当发生变化，不能局限于学校，而应当贯穿终生，应当使教育社会化；教育的作用也应不再局限于传授知识为目的，应当着重教会人们怎样学习，培养强烈的求知欲望；教育的手段、方法也应当现代化。

[①] 潘辉平：《"现代科学技术革命问题"——苏联学术界讨论情况综述》，《国外社会科学》1978 年第 1 期，第 31—32 页。

上述是学者们认为现代化所带来的变化，教育应当注意到这些变化，应当适应这些变化。我们要实现现代化，自然不能不考虑到这些方面。但就实际情况来说，目前我国离四个现代化还有很大的距离。在规划教育工作时，我们不能不立足于现实。譬如说，我国现在还有三亿劳动力在从事农业劳动。许多工业劳动，还是机械化程度很差的。我们的教育事业要照顾到这样的现实情况。但是，我们又应当展望未来，要看到我国要在较短的时间内实现四个现代化，在教育上要预作准备，使广大的年轻一代能够掌握必要的新的科学技术基础。

多快好省地发展教育事业 多快好省地、有计划按比例地发展教育事业，最主要的是处理好几种关系。

（一）经济建设同文教建设的关系

教育事业的发展要同经济发展相适应。教育事业的发展如果跟不上经济发展的步伐，或者超越了客观可能性，过多地占用国家的财力、物力和人力，都会拖经济建设的后腿。我国在1958年，各级各类学校盲目发展，在校学生人数大幅度增加，同1957年相比，高等学校由44万增至66万，中专由77.8万增至147万，普通中学由628.1万增至825万。1959年又在这个基础上再发展。结果，超过了国家经济所能负担的程度。于是，不得不通过调整停办一批学校，压缩各级各类学校的规模，浪费了人力、财力和物力。可是，经过这次挫折以后，我国的教育经费在国民经济中所占的比重又偏小了。特别是由于林彪、"四人帮"的破坏，国民经济濒于崩溃的边缘，国家拿不出足够的钱来办教育，教育经费在国家预算中所占的比例，比第一个五年计划时期还低。如果同工业发达的国家相比，我国的教育经费就显得过少了。

按每一人口平均教育经费计算，我国也远低于其他工业发达的国家。

教育经费固然要受到经济发展水平的限制，只能随着经济的发展而逐步上升，但在教育经费比重显然较低的情况下，其增长速度应略高于工农业生产发展的速度。因为教育经费的支出实际上也是一种投资。在科学技术飞速发展的时代，单纯增加机器设备和就业人口，不如提高工作人员的科学技术水平对于促进生产发展来得更为迅速，教育这种投资就显得尤其重要。据《学会生存》一书的计算，1968年世界教育经费达1320亿美元，比1960年增加150%（不包括中、朝、越以及私立学校经费、校外教育事业开支等），教育经费在国家预算中所占比例不断上升，平均从1960年的13.5%增加到1965年的15.5%。世界教育经费的支出超过国民生产总收入增长的水平（不包括中国）。入学人数每年增长4.5%,而教育开支则增加11.7%。我国要以比资本主义国家更快的速度来建设社会主义,就应该给予教育事业的发展以优先的照顾。

（二）大、中、小学之间的比例关系

教育事业中大、中、小学之间的比例,反映了一个国家的经济发展水平。工业越发达,高级技术人员和熟练工人在就业人口中的比例就需要提高,这就必然促进中等和高等学校的发展,因而中等和高等学校在整个教育事业中的比例就增加。见下表：

一些国家各教育阶段学生数的比率(1960年)

国别	初等教育	中等教育	高等教育
美国	60%	32%	8%
苏联	49%	46%	5%
日本	56%	41%	3%
西德	74%	23%	3%
法国	79%	18%	3%
意大利	79%	19%	2%
以色列	87%	9%	4%
澳大利亚	71%	25%	4%
瑞典	72%	26%	2%
缅甸	85%	4%	1%

采用：日本文部省调查组：《日本的经济发展和教育》

我国新中国前是一个半封建、半殖民地国家,经济和文化都很落后。在五亿人口中在校学生只有2 500万,而其中95.4%是小学生,中学生占4.1%,大学生只占0.46%。新中国后,根据经济建设的需要,在普及小学教育的同时,大力发展高等和中等学校,高校招生数在招生总数中的比例逐步有所提高。1956年为0.58%,1957年达到0.61%。可是,后来由于林彪、"四人帮"的严重破坏,我国大、中、小学的比例出现了极不正常的现象。在大中小学之间,大学发展最慢,1966年后的十年间,甚至发生了倒退现象。大学生在校学生总数中所占的比例大幅度下降。因而造成了各条战线建设人才大量缺乏,科技人员和大中学校教师青黄不接的严重状况。另一方面,又脱离我国的经济发展水平,盲目发展普通中学,追求那个普及中学教育的目标。从1944年到1977年,大学生在校学生数只增加了3.9倍,而中学在校学生数却增加了64.3倍(在文化大革命中,许多中专和技校都被迫停办,发展的都是普通中学)。以致每年有几百万的普通中学毕业生绝大部分不能进入高等学校,中学毕业生的出路问题成了严重的社会问题。同时,由于中学毕业生没有经过职业训练,就业后必须重新训练,造成了人力、物力的浪费。

我国大中小学在校学生数发展情况比较表

年度	在校学生(万人)			比1949年增长		
	全日制高等学校	中学	小学	全日制高等学校	中学	小学
1949	11.7	103.9	2 439.1	—	—	—
1965	67.4	1 337.0	11 614.2	4.7倍	12.3倍	3.7倍
1977	57.4	6 780.4	14 616.42	3.9倍	64.3倍	5倍

根据我国目前大中小学比例严重失调的情况,今后一段时间内应重点发展高等教育,同时要改变中等教育的结构,把大多数普通中学改为中等技术学校和半工(农)半读职业学校,以利于加速培养实现四个现代化迫切需要的各种建设人才。

（三）成人教育和青少年教育的关系

在发展以青少年为对象的大中小学普通教育的同时,大力发展职工和农民的业余教育,提高广大工农群众的文化科学技术水平,是实现四个现代化的重要条件。在现代化生产中,由于新技术不断地取代旧技术,各个产业部门之间的比例也在经常发生变化,职工的继续学习和重新培训,就成了发展生产的一种必要条件。所以,近几年来工业发达国家都在大力提倡、发展在职职工的教育,许多现代化的工厂都设有培训职工的机构。如日本的松下电器公司,企业内就设有工学院与制造和技术研究所,负责培训本企业的工人、技术人员,每年花的经费达十亿日元左右。参加学习的工人、技术人员的学习费用、住宿费都由选派的单位负责。

同时,发展成人的在职教育,也是加速培养科学技术人才的一个重要途径。苏联从65/66年度起,广泛发展高等教育的夜校和函授。近几年来,这类学校招收的学生已占高等学校招生总数的40%左右。它还鼓励职工在企业、机关、农场中不脱产地学习新专业,参加这种学习的人数,76/77年度已达到3,410万。这样就迅速提高了就业人口的教育程度。苏联全国每千人中受高等教育的人数,1959年仅33人,到1970年为65人,1976年已增至87人。

从我国的实际情况看,发展成人的在职教育就更为迫切。这是因为:1.我国目前经济还比较落后,教育经费不可能大幅度增加,为实现四个现代化加速培养人材就要两条腿走路,在发展全日制学校的同时,依靠工矿企业和人民公社,广泛开展职工和农民的各种形式的业余教育。在第一个五年计划期间,我们就通过这条途径培养了大批建设人才,现在这些同志都已成了各条战线骨干力量的一个重要部分。2.由于林彪、"四人帮"横行期间推行愚民政策,造成了我国在职职工的实际文化水平严重下降。这几年来,四年制中学毕业生中有相当部分达不到标准,有的还是半文盲、文盲。再加上近十年来业余教育遭到破坏,不少青壮年复盲。这种状况如果不加改变,就会严重阻碍四个现代化的实现。所以,我们一定要采取有力措施,广泛开展各种形式的工农教育,迅速提高职工和农民的文化科学技术水平。

附录二　电化教育

华国锋同志号召我们："要极大地提高整个中华民族的科学文化水平。"①为了完成这一宏伟的历史任务,我们必须采取强有力的措施,扩大和加快各级各类教育事业发展的规模和速度,提高教育质量。实现教学手段现代化,普及在电声、电影、电视技术基础上发展起来的电化教育,是重要措施之一。因此,认识电化教育的重要性与迫切性,抓紧电化教育的理论与实践研究,尽快采用各种现代电教设备来武装我国的教育事业,是摆在我们每一个教育工作者面前的一项重大课题。

第一节　电化教育的发展

在教育教学过程中,使用视听教材,采用电气声光设备,把声、形、色结合起来,使事物化小为大(或化大为小)、化静为动(或化动为静)、化虚为实(或化实为虚)、化远为近(或化近为远),借以直观地揭示事物的本质和内在联系,引导学生从感性认识上升到理性认识,促进学生多快好省地掌握知识与技能的教学技术,在国外称为视听教育,也就是我们习惯所说的电化教育。电化教育是扩大和加快教育事业发展的规模和速度,提高教育质量的先进教学手段。

电化教育的发展道路　现代教学技术手段是在视听教育、程序学习的基础上发展起来的。将视听设备应用于教育过程,在国外已有半个多世纪的历史。尽管西方有人把夸美纽斯编写《世界图解》(1958年,载有150幅插图)看作是"视听教育"的发端,奉他为"视听教育之父"。不过,幻灯、照片等视听手段在教育过程中的应用,还是上世纪后半叶开始的。本世纪二十年代开始盛行电影与广播等视听教育的研究,无声电影、幻灯、实物投影、唱片、无线电收音机逐渐普及于学校。美国俄亥俄州立大学心理学教授普莱西在1926年试制成功了第一架教学机器。可以说是教学手段现代化的一个重大步骤。但是,当时普莱西的这一努力并未引起世人的重视。到了五十年代中期,美国哈佛大学心理学教授斯金纳论证了教学机器与程序教学的心理学依据,推动了教学机器的发展。六十年代电子工业和信息技术的飞跃发展,加速了视听手段的更新,8毫米和超

---

① 华国锋在1978年3月24日全国科学大会上的讲话。——编校者

8毫米电影机相继问世,并且出现了闭路电视教学。六十年代以来,同程序教学的发展直接有关的应用电子计算机的兴趣和实验开始兴起。七十年代进入电子计算机辅助教学的实用研究。总之,半个多世纪以来,基本上是每当有新的工艺设备问世,就有人尝试应用于教育领域。电化教育的设备随着工业技术的进展而经历了实验、成熟、实用的过程。日本有人对电教设备的发展历程概括为:

幻灯	十九世纪后半叶	电视	
无声电影 唱片	}二十世纪初	磁带录音机 语言实验室 程序教学与教学机器	}五十年代
无线电收音机	二十年代	闭路电视	六十年代
有声电影	三十年代	电子计算机	七十年代

一定的教学手段是社会生产方式和教学方式发展到一定历史阶段的产物。在生产力尚不发达的古代,教育可以局限在狭隘的家庭或师徒之间个别进行。随着资本主义生产方式的发展,出现了班级授课制,这是一大进步。但这种以一个教师为中心的班级授课的教学过程,也有很大的局限性。现代教育学认为,在生产力高速度发展的今天,唯有借助反映最新科学技术成果的教学手段,知识的传授才能完成。随着教学手段的现代化而涌现出来的"教育媒体",为发展教育事业的规模和培养尖子人才提供了新的物质基础。所谓"教育媒体",是指直接介入教育活动,作为教育过程——教育信息的变换过程中的传输信息的手段。多种教育媒体的特点使它具有远远超过书面语言的巨大威力。它直接诉诸人们的感官,使人们深入到大至宇宙的宏观世界,小至电子的微观世界,成为各种知识的源泉。多种教育媒体的出现引起了教学方式的变革。教学工具已从中世纪开始采用的粉笔加黑板,文艺复兴时期大量采用的书籍印刷物,发展到各种教育媒体所提供的生动活泼、丰富多彩的视频信息与音频信息。教学方式也从单纯的教师讲述,发展到综合了各种视听设备、印刷物、实验仪器在内的可供学生集体或个人学习的多种媒体的教学了。这样,一个教员可以教成千上万的学生,一个学生则可以向成百上千的教员学习,从而使教育摆脱"手工业方式"的束缚,真正成为充分地发挥教师特长的集体事业。因此有人认为,今日教学技术的发展,已经进入和发明印刷术、大量生产书籍等技术同等重要的转

折点。教学,正在经历着一场革命。

电化教育设备的应用 现代科学技术日新月异,生产设备不断更新,生产工艺迅速发展。有人估计,近十年来所出现的创造发明比以往两千年的总和还要多。新技术的发明到它应用的时间大大缩短了。同时,十年内知识的陈旧部分占30%(电子学占50%)。知识的急剧陈旧与更新,要求教学内容乃至整个教学制度必须有所更新,学生在有限的时间内必须掌握更多的知识,学校必须更有效率地为社会提供更多的合格的科技人才和劳动后备军,并且为各行各业的成人提供"终身教育"的机会。电化教育正是适应这种要求发展起来的。目前国外使用的电教设备大体可以归纳为如下三个方面:

(一)用于促进学生的感知过程,提高教学效率的各种视听器材、教材。这些器材、教材,有的供课堂教学用,有的供学生个别用;有的作用于一种感官(如视觉或听觉),有的作用于两种或两种以上的感官(如视、听、触觉等)。日本有人将它们分作光学设备(如幻灯机、投影器)、音响设备(收音机、磁带录音机)、图像设备(电视接收机、磁带录像机)和教育工艺学实验设备(语言实验室、集体学习反应分析机等)四大类。但也有人为方便计,分作小型的轻设备和大型的重设备两大类。一般说来,前者发展异常迅猛,普及率高,后者发展比较缓慢,普及率低。前述的光学设备、音响设备、图像设备都是常见的电教设备,统称为轻设备。近年来轻设备趋向自动化,微型化。盒式放映机、盒式电视机、盒式录音机、盒式录像机在不少国家已有很多产品可供教学之用。常见的重设备则有程序教学与教学机器、语言实验室、自动化教室以及一般附设于学校图书馆的媒体中心。实际上,这些重设备是一种综合了各种教育媒体的教育系统设计。

(二)用于大规模传播知识的广播媒体。广播媒体教育包括无线电广播教学和电视教学。电视教学又分开路电视、闭路电视以及卫星传播电视教学三种。所谓开路电视是用天线发射的方式输送节目的电视系统,一般观众都可以接收。所谓闭路电视则是用同轴电缆输送节目的电视系统。小型的可供一个班级使用,大型的可扩大到全校甚至校际使用。这种除了适于普通的课堂教学外,还特别适于观摩教学,特别是师范学校的"微型教学"实习。采用卫星直接播送电视节目,能够有效地解决电视覆盖问题,因此是一种经济有效、适应面广的教学手段,它使教育超越传统学校的范围而具有广泛的社会性。目前广播和电视教育不仅为工业发达国家所应用,而且越来越多地为许多第三世界国家所应用。

(三)用于实现自动化教学的电子计算机辅助教学系统。六十年代初开始进行电子计算机用于教学的研究。应用范围越来越广,包括:1. 计算——科学技术的数值计算,数据处理;2. 实验——控制实验步骤、模拟实验等;3. 管理——学校事务管理和图书馆的情报检索等;4. 教学。目前利用电算机进行教学主要有两种模式。一种模式叫电子计算机管理教学系统(CMI),主要是纪录和再现信息、调整教学过程,使教学"电算机化"。因此,在 CMI 中,教师是电算机处理信息的主要接收者。另一种模式叫电子计算机辅助教学系统(CAI),这是一种学习者利用电传打字机或电视显示屏幕等装置,直接与电算机对话进行教学的方式。因此,在 CAI 中,学生是电算机提供的信息的直接接收者。由于电算机能以极高的速度,大量地合理地收集、贮存、处理、积累、交换和传递信息,这就使得适应学生个别差异的个别化和多样化教学成为可能。电子计算机辅助教学的研究已经成为现代教育科学的重要课题,它为教育的深度与广度提供了无限的可能性,必将在各级各类学校中得到愈益广泛的应用。

各种电教设备的发展与应用,推动了传统的学校图书馆的改造与发展。于是"教育情报资料中心"应运而生。它的职能一般是:1. 收集与保存教育情报资料;2. 收集与保存软片、幻灯片、录像磁带等视听教材;3. 开展教学性的课题研究小组的活动;4. 设计新的教材教具;5. 制订所属学区的教材建设计划。今日情报手段的现代化,出现了教育情报工作—电子计算机—现代通讯技术三者结合而成的情报网络技术。其主要设备是电子计算机和成套的现代化印刷机、复印机、缩微—放大设备。任何人可以利用它的终端装置查阅网络系统内的任何方面的情报资料。有人认为,今后"教育情报资料中心"将是"学校工作的中坚,教学革新的基石"。①

教育工艺学的研究 现代科学的发展,使各个学科之间日益相互渗透。从本世纪五十年代以来,美、英、法、日、苏、瑞典等国在相当广泛的范围内研究和应用了新锐的电子技术手段,促进了视听教育的发展,程序设计和教育媒体的多样化,电子计算机信息处理能力的扩大以及教育的现代化运动。这些因素又促使人们对"教育"这个信息传输与控制的过程进行"系统分析",对影响教育过程的所有因素——诸如教育和教学目标、教材教法、教育环境、教育行政财政、教育情报的收集与整理、利用等等,进行实际研究,以便设计最优的教育策略,达到最优的教育效果。在这个背景下,六十年代出现了一门新兴的边缘科学——教育工艺学。它是综合地应用教育学、心理学、生理学、工艺学、建筑学

---

① 参见张人杰:《西欧的"视听教学中心"》,《光明报》,1978 年 8 月 30 日,第 4 版。——编校者

及其他有关科学知识,研究"教育最优化"的理论、技术与实践的一门综合科学。

这门科学主要研究下述三大领域的课题:

(一)利用自然科学、工程技术学的成果借以提高教学效率的研究课题。其中有两个分支。第一个分支是视听教育研究。它是以通信媒体论与视听教育论为理论基础,把工业技术中的硬件研究成果应用于教育的一个研究领域。包括诸如投影机、录音机、录像机、闭路电视、语言实验室等各种视听设备和训练机器的应用研究。第二个分支叫做信息科学的教育工艺学。它是以 CAI 和 CMI 为中心的信息科学技术的应用。包括教育系统模拟、教育情报检索和教育数据处理三个方面的研究。

(二)利用心理科学关于学习理论的研究成果,研究教学内容、教学方法,借以提高教学效率的研究课题,欧美各国尝试的程序学习、发现学习、小队教学和不分级制等教学方式以及教学系统化的研究都属此列。

(三)利用人类工程学的知识,开拓便于为教育现场使用的设施设备和教材教具等,借以提高教育效果的研究课题。例如,学校建筑、教室结构、黑板、课桌椅、计算尺、实验仪器、反应分析装置等教学设备和教具的设计制作研究。

教育工艺学要综合上述三大课题的研究,提高教学过程、学校管理和教务行政的效率。目前主要的研究课题是软件技术研究、教育管理系统化、教育数据处理的研究。近年来,不少国家拨出大量经费,加强卫星电视教育网、计算机辅助教育网及其他器材、教材的研究,使电化教育构成了一套完整的体系和网络。

教育工艺学的产生和发展意味着什么呢?意味着教育的"科学化"和"机械化"。参与教育、教学过程的各种各样的人与物的因素是浑然交织在一起的,影响着教育过程的诸多本质因素往往被现象所掩盖。教育工艺学运用观察、调查、实验等手法,可以比较翔实地得到有关资料,有助于揭示教育过程的内部规律,发展新锐的教学技术手段,从而开拓科学教育学的知识领域。具体地说:第一,教育工艺学为研究教学过程的最优条件提供了可能。程序就是探求有计划的教学的最优方法,教学机器就是教学过程系统化的具体装置。程序教学和教学机器为完全控制学生的活动并充分发挥学生的能力提供了可能;第二,教育工艺学必然会促进教学程序的制订与学校课程的改革;第三,教育工艺学必然会引起教学方法的进一步革新。电教设备和教育媒体的多样化,使教学过程的各个环节乃至学校行政事务管理统统可以实现"机械化"、"自动化"。例如板书(图示)的机械化,演示的机械化,说明的机械化,练习的机械化,反馈的机械化,制订课表的机械化,试卷批改与图书管理的机械化等等。

总之,现代科学技术的迅猛发展,一方面要求拔尖教育,另方面要求普及教育。这两者构成了现代教学技术手段发展的直接牵引力。而教育工艺学的研究则为发展现代教学技术手段提供了理论基础。

第二节 电化教育与教育改革

建国以来,随着教育事业的发展,教学手段不断地有所改善。五十年代开始,特别是1958年以后,电化教育也有一定程度的发展。十多年来,林彪、特别是"四人帮"的干扰和破坏,使教具生产受到严重摧残。教学仪器厂下马下放,教学电影厂拆散停办,学校实验室严重毁坏,电化教育处于停滞不前的状态。这就形成了教学手段陈旧落后、与教育革命发展的要求严重不相适应的局面。为了使教育配合各项经济事业和科学技术事业的发展,适应四个现代化的需要,我们一定要彻底批判"四人帮"散布的"崇洋媚外论"、"工具无用论"之类阻挠和破坏我国电化教育事业发展的反动谬论,大力振兴和发展电化教育。

电化教育发展规划及其观察意义 我国教育部门关于电化教育工作的初步规划提出的奋斗目标是:在本世纪末或更短的时间内,各级各类学校普遍采用各种电教设备和新技术,实现教学手段的现代化。根据规划要求,我们要在1980年以前,为发展我国的电教工作打下基础。在各级各类学校推广幻灯、录音、电影教学;部分重点中学开展电视教学并装备语言实验室;试验录像教学;开始建立面向社会的广播电视教育网;逐步形成全国电教资料交流网;大力研究和生产适应我国需要的电教设备和资料,着手电子计算机辅助教学和卫星教育网的科学研究。到1985年以前,要在原有基础上有一个较大的发展,在各级各类学校普及幻灯、电影、录音教学,积极开展录像和电视教学,把部分学校装备到国际先进水平。健全全国广播电视教育网,积极开展卫星教育网与电子计算机辅助教学系统的研究与试点工作,逐步建立我国电教资料设备的研究、生产、供应体系。

电化教育是符合马克思主义的认识论的。毛泽东同志说:"认识的过程,第一步,是开始接触外界事物,属于感觉的阶段。第二步,是综合感觉的材料加以整理和改造,属于概念、判断和推理的阶段。只有感觉的材料十分丰富(不是零碎不全)和合于实际(不是错觉),才能根据这样的材料造出正确的概念和论理来。"[1]电化教育正是作为一种有效的直观手段,向学生提供十分丰富而又合乎

---

[1] 毛泽东:《实践论》,《毛泽东选集》第1卷,人民出版社1969年版,第267页。

实际的感性材料,通过视觉感官、听觉感官等的作用,促进学生从生动的直观到抽象的思维,并从抽象的思维到实践这样一个科学的认识过程。采用电化教育手段能显著地提高教学效率。有研究表明,人们从听觉获得的知识,能够记忆15%,从视觉获得的知识能够记忆 25%。如果视听结合起来,能够接受知识内容的 65%。电化教育可以打破传统学校教育在时间、空间和地域上的限制,根据教学的需要,表现宏观世界和微观世界,呈现高速运动和低速运动,模拟危险性的实验如爆炸、辐射、原子反应等;也可以代替教师完成一部分重复性劳动,如技能训练、作业批改、成绩记录等文牍工作;还可以有效地记录教学活动与科研成果,便于推广与交流。电化教育可以在各级各类学校的各科教学中施展威力。电化教育的发展将会促进教学内容、课程设置、教学体系、乃至班级和学校组织管理的改革,使青少年一代的智力和才华得到更好的发展。

电化教育也是发展校外教育、业余教育、在职人员的训练以及普及科学文化知识等方面的有力手段。以业余大学为例。全国已有"七·二一"工人大学①33 000 余所,学员 140 万。"五·七"大学② 7 500 所,学员 50 多万。如果把普通高等学校教师讲课的录音磁带或影片提供给这些学校,不仅解决了基础课师资不足的问题,还可以保证教学质量,有利于这些学校的巩固、提高与发展。又如在我国 7 600 万职工中倘能保证 1%的职工参加电视大学的学习,那就是 70 多万,这个数字比全国现有 400 多所普通大学的在校学生数还多。我国千百万劳动者具备越来越高的科学文化水平,掌握日益先进的劳动技能,这对加速实现四个现代化的影响将是不可估量的。

我国常见电化教育设备析例　我国目前最普遍采用的电教设备,主要是轻设备。这是因为轻设备操作简便、价格低廉、机动性强。

（一）幻灯机　幻灯机是使用最广泛的一种电化教具。它是一种由光源和光学镜片等组合而成的提供静止画面的映像装置,结构简单,但种类繁多。

---

① 1968 年 7 月 21 日,毛泽东在《人民日报》关于《从上海机床厂看培训工程技术人员道路》的编者按清样中加写了"走上海机床厂从工人中培养技术人员的道路"等一段话,后称之为"七二一指示"。1968 年 9 月,为贯彻"七二一指示",上海机床厂创办"七二一工人大学"。此后,全国各地相继创办这类学校。"文革"后,这些学校大部被撤消,少数经过整顿改造成为各种职工学校。——编校者

② 1966 年 5 月 7 日,毛泽东在看了解放军总后勤部《关于进一步搞好部队农副生产的报告》后,给林彪写了一封信,这封信通称"五七指示"。按照该指示创办起来的非正规学校,称为"五七大学"。多数设在县城,学员由公社或大队推荐,免试入学,实行半耕半读。"文革"结束陆续停办,或改制为其他类型学校,如农业技术学校、农业中学等。——编校者

工作原理大致相同,一般都是幻灯片或实物经光源的透射或反射,通过透镜的聚集、成像和放大而放映出来的。常见的幻灯机有下列几种:1.通用简易幻灯机。一般是单镜头的,也有双镜头、三镜头的。2.自动幻灯机。它可以用录音信号、时间和远距离手控换片,操作简便。这种幻灯机和录音机同步组合使用,可以做到有声有色、形象生动。3.投影幻灯机。这种幻灯机镜面大,采光面也大,所以画面较其他幻灯大得多。适于放映各种类型的大片和活动片,还可做一些理化实验,形色逼真。如果把这种幻灯机安置在讲台上,教师可以坐着书写和使用,起代替板书的作用。4.显微幻灯机。是由一架显微幻灯机和一个光源箱组合而成的。适于生物、物理学科的课堂教学使用。5.实物反射幻灯机。图书、报刊、文件资料与扁平物体都可直接放入机腔里进行放映。放大的映像与原实物的形体、色彩完全一样。6.屏幕幻灯机。它的特点是机身自带屏幕,携带方便,受外界光线的影响不大,适于小范围使用。

在幻灯教学中,常用的幻灯片从规格看,有大镜片、小镜片和卷片。从色别分有黑白与彩色两种,从制作分有绘制、洗印和印刷等几种。

(二)磁带录音机　用磁带来进行磁性录音的整套仪器叫做磁带录音机。机中包括:各磁性头(录音头、放音头、抹音头)、放大器、整流器、扬声器、电动机和磁带。在放音和录音时,由电动机策动的磁带驱动机械(走带机构),将磁带以等速从一个磁带盘沿着磁性头移动而卷至另一个磁带盘上。一卷磁带可进行无数次的录音、抹音和重新录音,剪辑方便,经济实用,这是磁带录音的最大优点。除了普通录音机可以用在教学上以外,还出现了有"跟读"功能的教学录音机。它是双轨录音机,按一下跟读键,上轨放音(放出教师示范读音),下轨录音(记录学生模仿读音),以资对照分析纠正。盘式机使用6.25毫米宽磁带,盒式机使用3.81毫米宽磁带。由于规格统一,有利于互换交流。

(三)无线话筒　一种小型的无线电发射机。它能将演讲者音频信号经过调制用电磁波发射出去,再用一架专用的接收机接收下来放大扩音。任课教师可以随身携带它和扩音器之间保持无线联系。因此,讲课者可以随时走动不受限制,使用距离一般在100公尺以内,有单通道和多通道的设计。它也可以用于室外活动作移动式指导扩音。

(四)电影放映机　用于教学的电影机目前主要是8毫米、16毫米和35毫米三种制式。超8毫米电影放映机的出现,使设备体积更小,影片的制作费用更低。鲁迅先生曾经预言:"用活动电影来教学生,一定比教员的讲义好,将来恐怕要变成这样的。"①这是因为电影具有活动性和声画并茂、视听结合的特点。它拥有许多特殊的表现手法,如高速、定格、显微、动画、特技摄影等。因此可以根据教学需要,拍摄各种各样的教学影片。例如外语基本句式的教学,可以用一个故事把对话串连起来,拍成电影,学生边看边练,既有趣又深刻;历史教学用电影,可使历史事实再现出来,如此等等。教学片的长短不受本数的限制。一般是一两本或两三本。如"内燃机",除了讲构造、原理外,还介绍一些内燃机的类型与应用。

（五）电视接收机　分黑白与彩色两种。目前我国的电视技术主要还处于发展黑白电视阶段。作为教学用的电视接收机,一般应使用大屏幕的,至少以19吋—24吋为宜,以保护学生的视力。电视接收机的教育功能与特性是:它拥有无线电收音机具有的速报性、同时性、广泛性,同时兼有电影具有的视觉上的具体性与叙述性。电视能驱使所有的视听手段,发挥多种多样的表现效果,给视听者提供强烈的亲切感、现实感与逼真感。电视教学（包括开路电视和闭路电视）可以挑选高水平的教师、教育专家和科技人员,组成最优的教学班子进行讲授。在讲授过程中,可根据需要穿插实物、图表、实验、幻灯片、电影片以及录像磁带贮存的图像资料等,在电视屏幕上显示出来。

（六）语言实验室　语言实验室是供语言教学,主要是外语教学进行大量实践所用的专门教室。一般的语言实验室有学生的隔音座位,教师用的控制台和放映设备。隔音座位是装有隔音玻璃的课桌,装有耳机、话筒或耳机话筒组、录音机和选择键,通过线路同控制台联结起来。我国目前使用的语言实验室一般有20几个座位,个别也有30个座位的。放映设备一般有投影器、自动幻灯机、有的还有电影机、电视机等。控制台即讲台,装有耳机、话筒,一般有两台录音机,有控制隔音座位的线路和控制幻灯机、电视机、投影器等的开关,有同电影放映室联系的信号装置。教师通过控制台的这些设备进行教学。目前不少学校因陋就简,自己安装了简易的语言实验室。这种教室有幻灯机、投影器、控制台,但隔音座位只有耳机和话筒,效果也不错。利用语言实验室进行外语教学,有利于发挥师生两个方面的积极性。教师可将共同的问题、机械性的练习,通过循环播放的幻灯机与录音机去播放。学生则可以跟读、检验和回答,教师通过监听设备,检查并发现问题,通过个别对讲的设备加以纠正和解答。这种

---

① 出自鲁迅的《"连环画"辩护》,参见《鲁迅全集》第4卷,人民文学出版社1981年版,第445页。——编校者

设备还便于学生自学。

促进电化教育发展的几个问题　电教设备靠人去制造与应用,电教方法靠人去探索与创造。因此,要使电化教育有一个健全的发展,迅速取得实效,必须正确认识并处理如下几个关系。

（一）普及与提高　我国的电化教育起步较迟,同国外相比还有一段差距。我们必须从加速培养又红又专人才、早日实现四个现代化的高度,充分认识搞好电化教育的重要性和紧迫性,加强规划,群策群力,自力更生,讲求实效,积极地开展电化教育活动。电化教育需要普及,也需要提高,目前普及是迫切任务。不少学校和校办工厂,在缺乏设备、资料、经验的情况下,经过努力已制作出自动幻灯机、显微幻灯机、投影器、盒式录音机、录音磁带、幻灯片、电影片、唱片等,充分显示了群众的积极性和创造性。许多中小学积极利用现有电教手段,注意抓"土电化"教学,取得了可喜的成绩。例如,有的中学设计了一种"土电影"——一种多镜头的电影化的幻灯,它的画面可以像电影一样活动,经过编导、绘片等制作人员的巧妙构思与精心制作,从刮风下雨、雷鸣电闪,到人物动作以及物理变化,"土电影"都可以逼真地表现出来。对于那些不需要活动的片子,又采取不同绘画,经过远景、中景、近景、特写镜头的组合,缩短在银幕上的停留时间,达到"多变"的效果,避免了枯燥感。这种"土电影"已经在政治、语文、外语、数学、物理、化学、史地等许多学科施展着它的威力。有的小学,利用各种边角旧料,制作了诸如摹拟电视屏幕幻灯、宽银幕幻灯、小型盒式幻灯、声波演示器、无线电发射原理演示机等等,使教学收到事半功倍的效果。因此,从实际条件出发,从推广普及适应于教学的各种幻灯、录音、电影做起,同时有计划、有目的地引进一些外国的先进技术设备（包括软件）,做为借鉴,少走弯路,就能使我们的电化教育,由试点推向普及,由普及推向提高,稳步地实现教学手段的现代化。

（二）分工与协作　电教工作是一项思想性、技术性、业务性都比较强的工作。从事这项工作的专业人员既要熟悉器材设备,又要懂得教育、教学。因此,必须迅速培训一支专职与兼职相结合的又红又专的电教专业队伍。另一方面,还要注意宣传群众、动员群众、组织群众,电化教育的发展并不意味着取消教师。恰恰相反,而是对教师提出了更高的要求。从某种意义上说,电化教育能否显示其威力,归根结底,是由教学第一线的广大教师的教学能力来决定的。当然,教师初搞会有许多困难,这就需要专业队伍多作介绍、宣传,举办短训班、讲习会、交流会，大力扫除"科盲"，尽量为教师提供方便。电教资料的编制要靠教学人员、技术人员的合作。诸如幻灯片的编写、电影的译配、资料的收集、文字的打印，都可以采用分工协作的办法；电教器材设备的研制、生产与供应，则需要研究部门和工业部门（教具厂）的配合支持，生产各种价格低廉、使用方便、经久耐用的幻灯机、录音机、话筒、耳机等等。又如卫星直播电视教学与计算机辅助教学等专题研究，也应将有关部门与单位组织起来共同攻关，以求早日完成。

（三）硬件与软件 电教手段可分为硬件与软件两大类。硬件指各种设备，软件指各种资料，两者结合起来构成电化教育。从国外来看，硬件随着机械工艺学、工程学、信息科学的发展，发展快，品种齐，不但生产直接用于视听的设备，还生产各种外围设备。这在我国也容易办到的。例如幻灯类，除各种幻灯机外，从摄影、翻译、冲印设备，到电子自动拷贝机、贮藏幻灯片的片夹、储片柜等等全都有商品生产，实现了系列化。各种电教设备的生产一方面追求微型化、自动化，一方面要加速实现标准化，以增加通用性、互换性。有了硬件，还要有软件。没有资料，设备再好也不能发挥功效。甚至以最现代化的计算技术为依据的最新设备，如果不给它们写出高质量的教学程序，如果没有周密考虑的教学计划，如果不"提示"机器本身在怎样的教学阶段应当向学生传输怎样的信息，那不过是一堆废铁。总之，硬件的发展提高了对于软件的需要。电教资料的搜集、编辑、积累乃至引进，确实是一个突出的问题。

（四）目标与手段 电教设备不过是一种手段，而手段的采用是取决于目的、目标（教学内容）的。电化教育的开展必然要求空前深入地研究和分析教学过程本身，否则，电教设备的任意滥用或者弃而不用，对于教学毫无益处。因此，要组织有经验的中小学教师对各种电教设备和电教方法进行研究，总结经验。事实上，我们需要研究的课题是很多的。例如，电化教学同传统教学的关系如何；怎样综合地应用电教设备；如何编写电教资料；在我国当前的学校教育中，主要教材依然是教科书（不管电化教育如何发展，书籍总是一种重要的教育媒体）。那么，电化教育如何配合教科书，作为辅助工具来有效地使用呢？总之，如何从认识论的角度，从教育学、心理学、生理学、工程学的角度来探讨电化教育，把教学质量迅速提高一步呢？这是需要广大教育工作者悉心研究的。

电化教育是一项新事物，为了使之多快好省地发展，还必须在实践中不断地总结经验，摸索规律，利用科技成就，开拓新的领域，为教育事业的发展发挥其应有的作用。

附录三 美育

第一节 美育的意义和任务

美育的意义 美育即审美教育。它要求培养年轻一代感受美、鉴赏美和艺术创作的能力。

美育一般当作"艺术教育"的同义语,因为美育主要是通过艺术的手段来进行的。但是美育这个概念比较广泛些,因为美育除了借助于艺术的手段以外,还借助于现实本身(包括自然界及社会生活等)来进行的。凡现实本身各种美的事物都为学校美育提供丰富的源泉。

美育能丰富审美的感情,发展审美的能力,能给人带来活泼舒畅的情绪和乐观主义的精神。社会主义的美育鼓舞人们的革命斗志,为建设社会主义,实现宏伟的共产主义理想而奋斗。

艺术是认识世界和改造世界的有力工具。我们可以从艺术上认识世界,也可以从科学上认识世界。科学是以抽象概念的形式来反映世界,而艺术是以具体的生动的形象来反映世界的。马克思在评论十九世纪英国小说狄更斯、萨克雷等现实主义的作品时写道:"现代英国的一派出色的小说家,以他们那明白晓畅和令人感动的描写,向世界揭示了政治的和社会的真理,比起政治家,政论家和道德家合起来所作的还多"。[①] 恩格斯对于巴尔扎克的作品《人间喜剧》也作了同样的评价。[②]

艺术用自己的特殊的手段,给予我们具体的形象,使我们好像接触到实际的事物一样,从而加深我们审美的感受和体验。艺术不仅帮助人认识世界,增长人的智慧,而且能鼓舞人,激动人的心灵,影响着人的感情、思想意识和道德面貌。艺术反映现实,同时也评价现实。艺术家在创造形象的过程中总是体现出自己的思想、感情和对现实的评价。优秀的艺术作品正是用这种评价来影响人、教育人。正因为这样,先进的艺术家总是把艺术作为传播进步思想的武器。

[①] 马克思:《一八五四年八月一日在(纽约论坛)上的论文》,《马克思恩格斯论艺术》第2册,人民文学出版社1963年版,第402页。
[②] 参见恩格斯:《致玛·哈克奈斯》,《马克思恩格斯选集》第4卷,人民出版社1978年版,第462页。——编校者

鲁迅在他的早期著作中曾指出文学艺术的特点，在于"能启人生之闷机，而直语其事实法则"，使人昭然"直解"，"灵府朗然"，从而产生"自觉勇猛发扬精进"的精神。① 鲁迅自己就是以高度现实主义的精神，向着敌人冲锋陷阵，创造了许多生动的艺术形象，深刻地感染了人们。新民主主义革命时期不少知识青年就是通过当时进步的文学艺术作品，接受了革命思想，奋不顾身地走上革命事业的道路。

为什么优秀的艺术形象会起着那样多方面的教育作用呢？这主要的是艺术形象并不是简单地消极地再现生活，而是积极地揭示生活的真实，概括并显示出现实生活中本质的东西。正如毛泽东同志说的："人类的社会生活虽是文学艺术的唯一源泉，虽是较之后者有不可比拟的生动丰富的内容，但是人民还是不满足于前者而要求后者。这是为什么呢？因为虽然两者都是美，但是文艺作品中反映出来的生活却可以而且应该比普通的实际生活更高，更强烈，更有集中性，更典型，更理想，因此就更带普遍性。"②

马克思说："如果你想欣赏艺术，你必须成为一个在艺术上有修养的人。"③ 为了给予年青一代以一般艺术的修养，使他们能够欣赏艺术、创造艺术，使他们的个性获得应有的全面的发展，广泛地进行艺术教育是我们学校中当前的一个重要任务。

阶级社会中的美育　美的感受和艺术跟其他社会意识形态一样，是受一定的社会历史条件所制约，反映一定的阶级利益的。每个时代和每个社会阶级都有自己的美的理想、审美的趣味以及关于什么是美、什么是丑的标准。阶级社会中历代的统治者都很重视美育，并企图按照他们的世界观和审美观点去进行教育，为自己的阶级利益服务。

在西方，斯巴达为了把奴隶主阶级子弟培养成为坚强的战士，要教儿童学唱各种赞美歌和军歌；他们把舞蹈跟军事体操结合起来，以锻炼儿童的体魄。雅典的奴隶主阶级为7—14岁儿童设立弦琴学校，学生在那里学习音乐、唱歌、朗诵，主要是学习歌颂早期奴隶主贵族的英勇和智慧的荷马史诗的片段。柏拉图认为音乐有潜移默化、美化心灵的作用，因而主张儿童从小就要学习音乐，而且认为音乐比其他教育重要得多。但在奴隶主阶级中贵族和平民尖锐斗争的

---

① 鲁迅：《摩罗诗力说》，《鲁迅全集》第1卷，人民文学出版社1956年版，第203—204页。
② 毛泽东：《在延安文艺座谈会上的讲话》，《毛泽东选集》第3卷，人民出版社1953年版，第818页。
③ 参见马克思：《1844年的经济学-哲学手稿》，人民出版社1956年版，第119页。——编校者

时代,柏拉图作为贵族奴隶主阶级利益的代表,生怕像荷马那样描绘神,会破坏对神和宗教的信仰,动摇贵族奴隶主的阶级统治。因此,主张把荷马从"理想国"中驱出去。亚里士多德认为音乐不仅有助于精神上的修养和享受,而且有"净化"灵魂、陶冶德性的作用,因而坚决主张把音乐作为教育的一部分,但是认为学习音乐只是"自由人"即奴隶主阶级的子弟的事情,并特别强调音乐的教材应选择那些富于伦理性的调式,以维护奴隶社会的统治秩序。

在中世纪里,学校为教会所垄断,哲学、艺术为宗教的奴仆,学校中把艺术作为训练儿童对神的信仰的工具。而把一切追求现世的生活幸福的文学、艺术都视之为邪恶,不许儿童接触。

资产阶级文艺复兴时期艺术的主要任务,是在肯定人的价值的乐观主义精神基础上,反映活生生的现实、人和自然。这时期里,许多人文主义思想家、教育家如维多利诺、蒙旦、拉伯雷等,从新兴资产阶级利益出发,主张把人从封建制度束缚下解放出来。他们都很重视美育,要求儿童学习音乐和唱歌,要求儿童到自然中去,欣赏自然、观察自然。并把希腊罗马时代的那些对人生采取的积极热情的态度的文学艺术介绍给儿童欣赏。

十八世纪资产阶级上升时期的启蒙思想家都强调文艺的思想教育作用。他们把资产阶级制度理想化,用为资产阶级"共和国"理想而斗争的热情来教育人民。狄德罗①强调艺术必须追求道德的目的。他认为:每一件雕刻和每一幅绘画必须是有原则的,都必须是对欣赏者有教育意义的。没有这种教育意义,一件作品就是毫无价值。他把艺术看作宣传启蒙思想的手段。认为艺术应该对邪恶作出判决,使"暴君"丧胆。卢梭针对着十八世纪封建秩序上下层社会的虚伪与腐朽进行了尖锐而深刻的攻击。他虽然认为科学与艺术的进步不是敦风化俗,而是伤风败俗,但他并不否定生活中存在着审美的因素,相反地,他坚持艺术活动应当成为他所向往的那种自由国家中社会生活的组成部分。他在《爱弥儿》里很重视美育。卢梭设想,使儿童感受种种的美,是为了培养他们对美的事物的兴趣和爱好,使他们的自然素质不至于腐蚀。德国诗人和启蒙者席勒,②同卢梭一样,敏锐地感觉到阶级文明的条件下文化发展的矛盾性。席勒在其主要美学著作《美感教育书简》里,揭露了资本主义发展过程中人的精神的空

---

① 狄德罗(Denis Diderot,1713－1784),法国启蒙思想家、哲学家、文学家、美学家、百科全书派领袖。著有《对自然的解释》等。——编校者
② 席勒(Johan Christoph Friedvich von Schiller,1759－1805),德国剧作家、诗人、文学理论家、新人文主义教育家。在西方近代史上首次提出"美育"概念。著有《审美教育书简》等。——编校者

虚,并表达了对完整和谐的个性无限向往。但他希望通过美育来提高人们审美意识的水平,恢复"完整无缺的性格"。这些有关美育的主张尽管谈论抽象的人性,或是企图利用艺术来逃避社会矛盾,但在当时都具有进步的反封建的意义。

十九世纪俄国革命民主主义者都高度评价艺术的认识作用和思想教育作用。要求艺术为民主斗争服务。别林斯基①认为教育儿童必须从儿童幼年时期起,用诗歌和音乐培养美的感情。车尔尼雪夫斯基②要求把真正的美跟理想的生活联系起来。他的"美是生活"这个公式,反映了他对人类能够使生活成为美的生活,能够按照新的原则改造生活这一深刻的思想。他同别林斯基一样,反对"纯艺术"观点,要求使艺术成为人民的"生活教科书"。

十九世纪中叶以后,英、法、德、美各资本主义国家开始设立许多美术馆、工艺馆及艺术学校,并在普通学校中加强了工艺美术教育。设立了手工、美术等课程。这是资本主义国家为了发展工业,掠夺海外市场,倾销商品而引起的。特别是当时在各国举行的博览会,如1877年伦敦博览会,1876年的费城博览会等给予了直接的刺激,使各国资产阶级认识到要生产精美的工业品,就必须使劳动者掌握一定的艺术修养,而这种修养是应该在普通学校中就打好基础的。这也说明了学校美育的发展是同经济、政治的需要分不开的。

这时期中,许多资本主义国家为了对青少年们灌输资产阶级狭隘的爱国主义和沙文主义的精神,很重视所谓爱国歌曲和军乐。各国国民小学中都设立了音乐课。有些国家,如美国一些州,甚至用法律规定,学校必须在晨会或其他例行的集会上唱国歌。许多国家在文学课文中宣扬沙文主义以及其他资产阶级思想意识。

在资本主义制度下,艺术家变成资产阶级的雇用劳动者,艺术家只是为了投合资本家唯利是图的趣味。马克思说过:"资本主义生产就同某些精神生产部门如艺术和诗歌相敌对。"③帝国主义时期资产阶级的艺术陷于腐朽、堕落的境地,各种反动的艺术流派如形式主义、抽象主义等广泛流行。没落的资产阶级所需要的是逃避现实、色情的刺激、战争的狂热等等。结果就在资本主义世

---

① 别林斯基(Vissavion Belinsky,1811-1848),俄国革命民主主义思想家、社会活动家、文学评论家。俄国文学批评与文学理论的奠基人。著有《文学幻想》等。——编校者
② 车尔尼雪夫斯基(Nikolaj Gawilovich Chernyshevskij,1828-1889),俄国革命民主主义者、哲学家、美学家、作家。著有《生活与美学》等。——编校者
③ 马克思:《剩余价值理论》,《马克思恩格斯全集》第26卷第1册,人民出版社1974年版,第296页。

界里出现了大量诲淫诲盗的肮脏东西，一部分艺术家躲到所谓"象牙之塔"里，"为艺术而艺术"，走上颓废的道路。帝国主义国家中广泛地流行着各种色情的、犯罪的、不健康的小说、电影、电视、音乐、跳舞等。垄断资产阶级利用这种艺术来腐蚀和毒害劳动人民子女的心灵，麻醉他们的斗争意志，消灭他们的政治积极性。

在我国古代的统治者早就把美育作为学校的重要任务之一。在周代奴隶社会中，教育的内容是礼、乐、射、御、书、数。乐是教育内容之一。《礼记·王制》："乐正崇四术，立四教，顺先王诗、书、礼、乐以达士。春秋教以礼乐，冬夏教以诗书。"可见周代学制，亦以乐师为教师，而且把礼、乐、诗、书作为培养人和达到政治目的的手段。我国古代总是把"礼"、"乐"并提。所谓"礼别尊卑，乐和上下"，即是用礼来划分社会的等级，再用乐来调和等级之间的矛盾。《乐记》："乐者为同，礼者为异，同则相亲，异则相敬……礼义立则贵贱等矣，乐义同则上下和矣。"就是这个意思。

我国古代封建社会中许多教育家都很重视封建的美育，因为儒家的美育主张都渊源于孔子。孔子说过："兴于诗，立于礼，成于乐。"①"小子！何莫学夫诗？诗可以兴，可以观，可以群，可以怨，迩之事父，远之事君；多识于鸟兽草木之名。"②荀子主张化性起伪，礼乐相济，把乐作为重要的教育手段。他说："夫声乐之入人也深，其化人也速，故先王谨为之文，乐中平，则民和而不流，乐肃庄，则民齐而不乱。"③封建社会历代儒者都重视美育。如王守仁主张以歌诗诱导儿童。他说："大抵童子之情，乐嬉游而惮拘检，如草木之始萌芽，舒畅之则条达，摧挠之则衰萎，今教童子，必使其趋向鼓舞，中心喜悦，则其进自不能已。譬之时雨春风，沾被卉木，莫不萌动发越，自然日长月化；若冰霜落剥，则生意萧索，日就枯槁矣。故凡诱之歌诗者，非但发其意志而已，所以泄其跳号呼啸于咏歌，宣其幽抑结滞于音节也。"④(《语录》)但是封建统治者对那些颂扬反抗，鼓舞战斗，赞美个性解放，反对封建束缚的文学艺术则是深恶痛绝的；他们主张用所谓乐而不淫，哀而不伤，怨悱而不乱，"温柔敦厚"的文学艺术来颂扬忠孝节义，为封建秩序服务。他们的美育主要是培养规矩的封建奴才。

我国在近代设立新学校后，也仿外国学校设立了图画、唱歌等课程。王国

---

① 《论语·泰伯》。
② 《论语·阳货》。
③ 《荀子·乐论》。
④ 《王文成公全书·训蒙大意示教读刘伯颂等》。——编校者

维、蔡元培等提出了重视美育的主张。蔡元培在1912年发表的《对于教育方针之意见》一文里,提出了以国民教育、实利教育、德育、世界观和美感教育为内容的教育方针,这个方针是反映当时资产阶级的要求的。以后在他发表的著作里,仍然把美育与体育、智育、德育并列为四育之一。他认为美具有普遍性和超越性,在美的事物之中,决无人我的差别和利害得失的计较渗入其中。美育可以超越利害得失,可以"泯营求""忘人我"。他反对宗教,而认为美育可以提供一种意境,引导人们超越现象世界达到实体世界。他的美学和教育理论显然是在康德唯心主义美学的影响下形成的。它企图利用美育来调和阶级间的利害冲突。

新中国前,一些资产阶级学者在关于美学和文艺理论方面的著作里,也都把艺术看成是超阶级、超政治的东西,认为艺术和游戏一样,"都是为着享受幻想世界的情趣和创造幻想世界的快慰",①它的作用只在帮助苦闷的个人逃避现实。它在旧中国曾广泛传播,诱使许多青年逃避现实,屈服于反动的统治。

社会主义社会中的美育 在社会主义社会中,美育是为无产阶级利益服务的。同时,社会主义社会中文学艺术的空前繁荣,现实生活的丰富多采以及人们观察审美关系的广泛和多样化,已为学校美育创造了有利的条件。

我们的文学艺术是为工农兵服务,为社会主义服务的。自从1942年毛泽东同志发表《在延安文艺座谈会上的讲话》以来,文学艺术为工农兵服务,一直成为我国革命文艺的坚定不移的方向。在艺术方法上,我们要求把革命现实主义与革命浪漫主义结合起来,真实地反映革命现实和理想。我们的文艺是革命的、生气勃勃的文艺,是鼓舞劳动人民起来改造世界,进行革命斗争的文艺。这种文艺描绘了广阔的人民的世界,表现了劳动群众的伟大斗争,反映了社会主义新世界的兴盛,反映共产主义新人的诞生和成长。

社会主义的美育,就是要使人们通过文艺的欣赏、创作,既提高自己的思想觉悟,又提高自己的审美能力,使人们更好地为社会主义事业斗争。我们的文艺,既要培养人们的共产主义道德品质,又要丰富人们的精神生活,使人增长智慧,提高审美能力。我们的文艺应当使人变得更崇高、更聪明和更优美。审美教育是共产主义教育的一个重要方面。

在社会主义社会中,艺术从为少数人所垄断变为劳动人民群众的共同财富。新中国以来,我国的社会主义文学艺术,随着社会主义的革命的胜利和社

---

① 朱光潜:《文艺心理学》,开明书店1947年版,第195页。

会主义建设全面的持续跃进,在党的百花齐放、百家争鸣方针的鼓舞下,取得了辉煌的成就。革命的文学、戏剧、音乐、电影和其他各种艺术,已经深入人民群众的心灵。同时,不少为历史上无数的先进人物所创造的优秀的古典文学艺术,根据推陈出新的原则,取其精华,弃其糟粕,不仅仍然保有艺术的光辉,而且获得了新的生命,成为广大劳动人民生活中必需的东西。社会主义社会中文学艺术与劳动人民的关系这种历史性的改变,不能不对学校美育提出了新的任务和要求。

在共产主义社会中,人们的物质生活需要将得到满足,体力劳动和脑力劳动的本质差别以及社会成员经常被固定于某种职业的旧的分工将会消失,使人们有可能全面地充分地发展自己的才能。如马克思说的那样,这时候,将创造出一切条件,使"每一个有拉斐尔的才能的人都应当有不受阻碍地发展的可能"。① 随着从社会主义向共产主义的逐渐过渡,美育在人的全面发展教育中的地位和作用将越来越显出它的重要意义。

中小学美育的任务　我国普通中小学校的美育,须完成下述三方面的基本任务。

(一)培养学生充分感受健康的、进步的、革命的事物的美的能力。儿童对于美的事物的感受表现得很早。心理学的研究证明:在外部条件的影响下,四个月的婴儿中有的已喜听钢琴的声音,一岁末的婴儿喜看颜色鲜艳的衣服,两岁多的儿童已经有他们喜爱和不喜爱的颜色(如一个两岁半的男孩喜欢淡蓝色而不喜欢黑色),五岁的儿童鉴赏着色彩明暗的配合,欣赏着落日;从幼儿园高级组儿童看马的图画试验中,还发现儿童们审美感受的特殊性,即色彩的鲜艳和鲜艳色彩的配合,最能引诱他们。儿童美感能力的培养是美育的起点。

审美感受的范围很广,它包括简单的、初级的内容和形式,也包括复杂的、高级的内容和形式。前者是很简单的,即对声音、颜色、形状等的感知,并从感知中得到快感。这些感受是有限制的,但是很重要的;离开了它们,对艺术作品的任何感知都无法存在。复杂的美感,如对一首交响乐曲或一幅山水画的欣赏,或对崇高人物及其艺术形象的景仰,其内容和形式都是非常复杂的;但这些复杂的美感也都是在简单的美感的基础上发展起来的。因此,美感能力的培养要使学生从具有初级的、简单的美感能力发展到具有高级的复杂的美感能力。

---

① 马克思、恩格斯:《德意志意识形态》,《马克思恩格斯全集》第3卷,人民出版社1960年版,第458—459页。

美感的对象很多，既包括现实，又包括艺术。现实美是指自然界的美，社会生活的美等。美丽的山水花鸟、自然景色，都能引起儿童们的美感；健壮的形体、优良的性格、文明的举止，也能激起青少年的爱好。特别是社会生活中的人物和事件，如反抗压迫、剥削、侵略等所进行的英勇的、壮烈的战斗，为人民的幸福而不惜牺牲一切的、伟大的、高尚的人物等等，更能激动人们的心弦，感到它们是世界上最美好的人物和事件。现实美是最生动、最丰富、最基本的东西，是一切美取之不尽、用之不竭的源泉，因而它是培养学生美感能力的重要手段。我们的国家有壮丽的山河，有许多雄伟的建筑物，历史上有无数可歌可泣的人物和事件。特别在社会主义阶段，我国现实生活中到处都有忘我的劳动，艰苦的努力，英勇的战斗，到处都有毫不利己专门利人的新人。应该引导学生感受这些现实的美。艺术美是指艺术作品、工艺用品等的美，如文学、音乐、图画等作品的感知，特别是富有思想感情而又具有艺术性的作品的欣赏，给孩子们以深刻的审美感受和审美享受。艺术美是现实美的积极反映，是比现实美更有集中性、更典型、更理想，因此更带普遍性的东西，它是培养学生美感能力的主要手段。我国历史上有不少进步的文艺。特别是从五四以来，在党的领导下，我国的革命文艺有很丰硕的成果。出现了很多思想性和艺术性都很好的作品。在国外，也有许多进步的、革命的文艺，曾在我国革命中起过积极的作用。应该让学生接触这些文艺，使他们能感受这些作品的魅力。因此，美感能力的培养要注意学生对艺术美的感受能力；但也不能忽略他们对现实美的感受能力。

无论初级或高级的审美感受，都必须通过审美感知的过程，都是审美感知的结果。因此，审美感受能力的培养实质上就是审美感知能力的培养。审美感知不同于一般的感性认识，即使最简单的审美感知就有比较、想象、联想等理性认识因素，以区分美的各种不同属性和辨别美和丑的不同对象；但它与感性认识又有着不可分割的联系，如离开了感性认识，审美感知就不存在了。要想欣赏音乐，需有会听音乐的听觉；要想判别形态的美，需有锐敏的视觉。同时，审美感知不仅具有认识的因素，还渗透着情绪的因素：如在最简单的审美感知中，就有欢喜色彩的快感；在最复杂的审美感知中，则有革命乐观主义等情绪。根据审美感知的这些性质，美感能力的培养应该包括以下三项：

1. 应该使学生具备发达的对美的事物和其属性的感觉能力。充分的感知、感受必须建立在发达起来的感觉能力的基础上；只有通过感觉的"大门"，具有美的属性的对象才能对学生的心灵起作用，才能在他们的意识中产生美感。因此，中小学校里必须注意保持学生感觉器官的正常发展状态，如保护视力、声带等;并利用自然界的现象的观察以及艺术课中的各种作业,训练学生观察、聆听和辨别各种对象的美的属性(如颜色、形状、声音等),以培养他们充分感受的感觉能力。

2. 应该发展学生的对美的事物及其属性的比较、想象、联想等能力。充分的感知、感受又必须具备发达的比较、想象、联想等能力。没有发达的比较能力,就不可能有美的属性的细致区分,美和丑的对象的正确辨别;没有发达的想象、联想等能力,就不可能掌握许多艺术形象。因此,中小学校里要使学生接触各种各样的现实中的美好事物和艺术作品中的艺术形象,丰富学生的审美印象,把他们引向丰富多采的现实世界和艺术世界,以发展他们充分感受美的比较、想象和联想等能力。

3. 应该培养学生对美的事物的情绪体验。一切美都能触动人的感情深处,美感的特点就在美的情绪体验;通过此种情绪体验,就能陶冶学生的性情。因此,中小学校里应该利用祖国的自然美,社会生活中的英雄人物,模范事迹和优秀的文艺作品等,感染学生的思想感情,使他们产生对于祖国的热爱,对于新社会以及新人新事的热情和对于美好未来的景慕。这就培养了他们的情绪体验,同时为他们的政治思想和道德品质的培养打好了基础。

我国中小学美育的第一个基本任务是:发展学生对健康的、进步的、革命的事物的美的感觉能力和比较、想象、联想等能力,培养他们的情绪体验;在这些能力的基础上,培养学生充分感受现实美的艺术美的能力,为审美教育奠定基础。

(二)培养学生正确鉴赏美的能力。儿童们在日常生活中,识别美和丑的物体,欣赏美丽的服装和器皿,已经表现了鉴赏美的能力;但这种鉴赏是比较简单的、低级的,更复杂的、高级的鉴赏是美学中的鉴赏,是审美感受进一步的发展。美学的鉴赏是对优美事物的鉴别和评价;它不仅识别事物的美和丑,更要鉴别美的种类和美的程度,而加以评定。这就需要培养审美的趣味和审美的观点。

审美趣味在美育中的重要性应当予以足够的估计;因为正确的艺术趣味(审美趣味的核心)能使学生明辨艺术作品的美丑、工拙,不仅提高他们的美感能力,还有更巨大的教育意义。如果学生养成了正确的艺术趣味,他们一方面能够鉴赏真正完美的艺术作品,而受其影响和指导,而这些艺术作品中的完美形象就成为他们立身处世的活生生的榜样;另一方面,他们很容易嗅出低级、庸俗的艺术作品,而发生反感,而这种艺术作品中的丑恶形象也就成为他们立身处世的最好的反面教员。审美趣味是有阶级性的。剥削阶级认为美的,被剥削阶级不一定认为美。资产阶级认为美的,无产阶级往往认为丑。无产阶级认为辛勤的劳动、革命的斗争和各种健康的、进步的东西是美的,资产阶级则认为寄生的悠闲生活、病态的情绪是美的。我国中小学美育,应该培养无产阶级的审美兴趣。在我国目前资产阶级的艺术影响仍在侵蚀青少年和儿童的思想感情的时候,养成他们无产阶级的艺术趣味,以与资产阶级的低级艺术趣味作斗争,有其特殊重大的思想政治教育的意义。

许多人能欣赏美好的事物;但这不等于说,他们都能从事深入细致的鉴赏,尤其对于艺术作品的鉴赏,需要具有一定的艺术修养,才能正确地评价它,发现它有什么优点、缺点,为什么会产生这些优点和缺点等。这种修养包括对现实美和艺术美的基础知识、对艺术作品的内容和方法的熟悉,对艺术作品的分析、综合和判断的能力。所以评价美的能力是鉴赏美的能力另一重要因素,必须加以正确的培养。评价美要有一定的审美观点和审美标准。我们的审美观点与标准是马克思列宁主义的审美观点和标准。我们在评论文艺时,有两个标准,一个是政治标准,一个是艺术标准。按政治标准说,对无产阶级和人民大众革命事业有利的,才是好的作品。按艺术标准说,一切艺术性较高的是好的作品。我们也把无产阶级的政治标准放在第一位,以艺术标准放在第二位。但又力求政治和艺术的统一,内容和形式的统一。在中小学里,必须通过艺术课程及课外活动,指导学生了解文学名著,电影、戏剧、音乐、美术作品的内容及其风格、体裁和描绘手段,根据马克思列宁主义的立场、观点进行分析,在这些修养的基础上,就可逐步形成正确的审美观点和审美标准。

美育的第二个基本任务是:培养学生正确鉴赏美的能力,形成他们无产阶级的审美趣味,马克思列宁主义的审美观点和审美标准,为审美教育达成进一步的发展。

(三) 发展学生主动表达美的才能。审美感受同一切感受一样,通过表达就愈明确、愈巩固、愈提高;"因为表达可以使思想定形,使感情深化。一个人在表达自己的思想感情时,本身也随着提高了。正如一个人在形成口头和书面语言的过程中能够更好地了解自己的思想一样,当他通过歌曲、舞蹈、面部表情来表达自己的感受时,他也能够更好地认识自己"。①

思想感情的表达,在学校美育中,可分为两个方面:一方面是学生生活与

---

① 克鲁普斯卡雅:《论艺术教育的任务》,《克鲁普斯卡雅教育文选》(下册),人民教育出版社1959年版,第599—606页。

环境的美化,如学生衣履的整洁,对人有礼貌,学校的绿化,教室的布置,在工作、劳动和生活中表现美好的思想行为;另一方面是艺术作品的创作,如音乐、图画、文学等的创造。这两方面的表达均须具有一定的才能,这些才能的培养又须通过系统的教育;要特别注意,在培养过程中,给全体学生以充分表达的机会,适合他们表达的特点,发挥他们表达的主动性,如克鲁普斯卡雅所多次强调的:"在进行艺术教育的时候,应该特别注意的是,不要阻碍通过歌曲、节奏、音乐、舞蹈来表达自己思想的自然成长,不要把成人表达时所采用的复杂而又发展的形式强加给儿童。"[1]

表达才能的培养也可分为两个方面。一方面要为学生创造必要的条件,让学生有机会把审美趣味创造性地运用到学习、劳动和日常生活中去,这就必须有系统地和坚持不懈地形成他们的爱美习惯,养成他们积极行动的初步技能、技巧。另一方面,要组织各种审美活动、艺术创作活动,吸引学生参加,既使所有学生从多方面尝试艺术创作的滋味,作为将来选择创作途径的准备;又使部分学生在某一艺术领域中,具有一定的知识和技巧,为专门深造打好基础。在培养学生表达美的能力时,要注意美的表达的方向。应该使学生多听进步的、革命的歌曲,多画能表现社会主义生活的图画,多表演颂扬先进人物和事迹的戏剧等。必须防止学生去表演、练习那些不健康的、有害的东西。

美育的第三个基本任务是:鼓励学生美化自己和环境,吸引他们从事艺术作品的创作;从而发展学生主动表达反映社会主义内容的美的才能,巩固和提高他们感受美和鉴赏美的能力。

以上三方面的美育任务是密切联系着的。培养学生充分感受美的能力,是学校美育的基础;培养学生正确鉴赏美的能力,是学校美育进一步的发展;发展学生主动表达美的才能,是学校美育的巩固和提高。

第二节 美育的内容和方法

美育的内容和方法,范围广泛,多种多样,非教育学中所能详论,现只就其基本方面加以原则性的阐述。

对美育的内容和方法的基本要求 学校美育选择内容和采取的方法必须符合美学的特性和教育的特点,遵守以下一些基本的要求。

---

[1] 克鲁普斯卡雅:《论艺术教育的任务》,《克鲁普斯卡雅教育文选》(下册),人民教育出版社1959年版,第600页。

(一) 美育内容的思想性与艺术性必须紧密地联系。社会主义美育内容的思想性是与社会主义的方向性分不开的,也就是美育要利用艺术手段,鼓舞年青一代,为实现社会主义、共产主义而奋斗。学校美育主要是通过艺术手段进行教育,使他们具体地认识阶级斗争,热爱社会主义制度,热爱党和领袖,热爱祖国的锦绣河山和优秀的革命传统;从而树立革命的崇高理想,养成高尚的革命情操。但各种艺术作品的思想内容又必须通过一定的审美形象揭露出来,才能生动鲜明而有感染和说服的力量,才能激动学生的想象和情感而发生鼓舞的作用。因此,美育的实施必须选择这样的艺术作品,它们的内容既富有思想意义,又具有高度的艺术性;正如毛泽东同志所指示的:"我们既反对政治观点错误的艺术品,也反对只有正确的政治观点而没有艺术力量的所谓'标语口号式'的倾向。"[①]这样,就把美育内容的思想性与艺术性紧密地联系起来,就能发挥艺术教育的巨大作用。在学校中特别要注意政治上有害、而艺术性很强的作品。这类作品对学生产生的害处最大。

在美育中,应该有丰富多采的内容和形式。学生应该接触在政治上进步的艺术作品,也可以接触一些政治上无害的,能使精神愉快的文艺作品。这样才能适应青少年精神生活中的多样化的需要。但教师在这方面必须加强指导。有害的作品应该避免使学生接触,只能在教师指导下作为反面教材,引导学生分析。无害的作品和活动也不能占太大的比重。应该使政治上进步的东西成为学生美育的主要内容。这样才能培养坚强的革命后代。

(二) 情绪的体验与逻辑的思维要正确地结合。美感是一种情绪体验,各种形式的美都能动人情感,而艺术美更是培养情感最有力的手段;但不能把美育认为只是情感的陶冶,而忽视思维在美育中的作用。其实,审美活动是情感与思维交织的过程;无论在审美感受的基础阶段,或在鉴赏美和表达美的深入、提高阶段,都包含有情绪的体验和思维的活动,而在理解美的内容时特别要通过逻辑的思维。美育在重视情感陶冶的同时,要注意逻辑思维的发展。美育是人们形象地认识世界的重要途径。这就要求教师在进行美育时,既注意学生对美的直接感受和享受,也注意他们对美的形式和内容的分析和理解,注意如何通过艺术作品扩大学生对现实的认识。

(三) 艺术的内容与表现的方法必须统一掌握。教师在组织教学时,要统一

[①] 毛泽东:《在延安文艺座谈会上的讲话》,《毛泽东选集》第 3 卷,人民出版社 1967 年版,第 826 页。

掌握艺术的内容和艺术表现的方法、技能和技巧,不让它们发生分离,才能保证艺术价值的表现和艺术教育的效果。例如练习唱歌,既要使学生理解歌词的内容,又要使他们学会演唱的方式,才能有力地表现歌曲的艺术价值,获得唱歌的美育效果。如果教师对歌词的内容不能使学生深入理解,他们演唱时就没有思想感情,就会失去必要的表现力;反之,如果教师对演唱的方式、技巧不能使学生掌握,歌词的内容就无从表达,就不可能表现出歌曲的艺术价值。在这两种情况之下,唱歌练习活动的美育效果都会落空;唱歌如此,绘画、表情朗读等都是如此。

(四)美育要和学生的实践相结合。学生对美的事物和艺术作品的感受、鉴赏和表达都和学生的实践有联系。例如,没有从事过劳动的学生不可能领会一个歌颂劳动的歌曲,不能评论这个歌曲是否真正表达了劳动人民的感情,在演唱这个歌曲时,也不可能表现应有的感情。所以,要使学生能感受、鉴赏、表达进步的、革命的事物和艺术作品,就要使学生从事各种有关的实践,让学生为社会主义事业而学习、劳动,从事社会活动等。反过来说,学生在受了革命的美育以后,也能鼓舞他们更好地从事革命的实践。

(五)在全面发展的前提下因材施教。审美教育应当使所有学生的审美才能都得到发展,例如通过视觉的艺术(如造型艺术)、听觉的艺术(如音乐)、身体动作的艺术(如舞蹈)、文字的艺术(如文学),以及各种综合性的艺术(戏剧、电影等),可以发展与各种心灵能力有关的艺术才能。但是每个学生对各种不同艺术的感受、鉴赏和表达,也有其不同的天赋素质:有人长于绘画,有人爱好音乐,更有人欢喜舞蹈;而且这些不同素质往往表现很早,必须在学生全面发展的前提之下,注意因材施教。

在美育中的因材施教主要在于教师运用多种多样的艺术手段,组织丰富多采的艺术活动;随时注意和发现学生在一定艺术领域中所表现的才能和天资,及时加以鼓励和指导,并由学校尽早把他们送往适当的艺术教育机关,进行深造,使他们的才能得到充分的发展。这一要求对于富有创造性的艺术教育的实施是有其特殊的指导作用的。

(六)美育应顾及学生的年龄特点。在美育的教学中有几种重要的心理过程,均在学生发展的不同年龄阶段,表现不同的特点,教师要予以注意。例如审美情绪的发展,一般地说,学龄初期的儿童在知觉艺术作品时所产生的情绪体验,更多地与作品内容相联系,而对作品的质量很少注意;在绘画中他们所注意的是画画上所呈现的东西,在音乐中他们所喜爱的是声音大、拍子快、旋律激变,在文学中他们所感兴趣的是故事的情节;但他们不能恰当地估评艺术作品的价值。学龄中期的学生在审美能力的表现上不同了:一方面,他们能理解和评价艺术作品所描绘的现实;另一方面,他们也能理解和评价艺术作品中所运用的艺术手段、艺术作品的表现力。学龄晚期的学生则对于绘画、音乐等艺术作品有了比较深入的理解和或多或少的正确评价,又如思维的发展,学龄初期儿童的思维带有更多的具体性、形象性,他们的形象思维多于逻辑思维;因此,他们对于艺术作品的感受,长于具体的、整个的把捉,而不善于抽象的、分析的理解,因而不能作出恰当的评价。学龄中期的少年,理解力加强,抽象思维发展,能够进行分析、判断,因而也能对艺术作品作出评价。学龄晚期的青年,思维具有更高的抽象性、严密性;因此,他们对于艺术作品能有更全面的理解和更正确的评价。在美育教学中,学生的想象是很重要的,它是新观念和新形象的创造活动;学龄初期儿童的想象是很自由的,但也很简单;学龄中期和学龄晚期的学生,想象的指向性比较稳定了,内容也更丰富了。克鲁普斯卡雅告诉我们:"如果我们不了解儿童的年龄特征,不了解各种年龄的儿童的兴趣所在以及他们怎样认识周围的环境,那么我们就不能在工作中取得成绩。"①

根据学生的年龄特点,可以把艺术教学分为三个阶段:

1. 整体性的教学阶段　学龄初期的儿童对于艺术作品的感受,是长于具体的、整个的把捉,所以他们总是把内容和形式看成为一个不可分割的整体;正如克鲁普斯卡雅所说的:"成人往往不了解儿童,不了解儿童理解上的特点及其表达自己思想感情的特点……比如说,儿童认为内容和形式是一个整体,成人是否理解这一点呢?我们看看儿童是怎样听故事的;当你重讲这个故事的时候,他不许你更换一个字;如果第一次讲的是女孩子穿着浅蓝色的衣服,那么你等一会无论如何也不能说这个女孩子穿的是玫瑰色的衣服……儿童认为形式和内容是完整无缺的……。""儿童的这种对形式上的完整性和不可分割性的概念也表现在绘画中。儿童从来不画人身的个别部分(如头或手),他尽量画风景画,画轮舞的整个场面,画得如他所牢牢记住的那样。"②因此,学龄初期的艺术教学工作应当根据此种整体性进行,在内容的安排上和方法的选择上,均应保持儿童感受和表达的完整;课程不宜分化过早,方法宜重视概括。

---

① 克鲁普斯卡雅:《关心儿童的全面发展》,《克鲁普斯卡雅教育文选》(下册),人民教育出版社1959年版,第745页。
② 克鲁普斯卡雅:《论艺术教育的任务》,《克鲁普斯卡雅教育文选》(下册),人民教育出版社1959年版,第600页。

2. 分析性的教学阶段 学龄中期的少年善于抽象的、分析的理解,所以他们要求区分和深入钻研;也如克鲁普斯卡雅所观察的:"第二级学校的儿童(12—15岁)处于一种过渡年龄的时期,这时少年儿童非常渴望分析。这种愿望也反映在图画中。他们开始对概括性的绘画感到不满足,少年儿童把注意力集中在一些细节上,注意这些细节的描绘。"①因此,这一阶段的教学应当根据此种分析性进行,应让学生停留在概括上,而应要求他们技术上的准确;同时要发展他们对各种艺术领域的认识和对某种所爱好的艺术的能力。

3. 综合性的教学阶段 学龄晚期的青年能对艺术作品作正确的理解和评价;所以他们要求对整个艺术作品表示态度,也要求在某个艺术领域中表现自己,如心理学中谈到关于青年的特征所指出的:青年对于艺术的兴趣,对于艺术作品的美术方面、对于这些作品的思想内容的兴趣显著地增长着和加深着。除了对于作品本身的兴趣之外,还表现着对于某位作家整个的创作、对于他们的人格、对于他的美术发展史的兴趣。对于艺术的一定领域、对于这领域的历史、对于这领域的巨大代表们、对于他们在艺术中的生活都发生着兴趣。因此,这一阶段的教学应当注意青年鉴赏美的能力和表达美的才能的培养。使他们能在某一艺术领域中有深造的基础。

学校如何根据以上的基本要求来选择适当的美育内容,以实现美育的任务,需要作进一步的分析和说明。

通过艺术手段进行美育 在美育中,艺术教育是居于核心的地位;因为它能增进学生的审美感受,培养他们鉴赏美的能力,发展他们表达美的才能。所以各种艺术形式——音乐、图画、文学等——都是最有力的美育手段,成为进行美育的主要手段。这些手段的特点、教育作用及其具体内容各有不同,需要分别予以说明。

(一)音乐 音乐是"心灵的直接语言"②的艺术。它的特点是直接诉诸人的感受世界,来最广泛和最全面地反映现实;它用音响的魔力,唤出人们的各种感受;并力求通过这些感受唤起人们心中某种思想和观念,以领会曾经引起的相类似的事件(如自然现象中蔚蓝的天空、平静的湖水,或社会现象中现实的苦难、光明的到来等等)。

---

① 克鲁普斯卡雅:《论艺术教育的任务》,《克鲁普斯卡雅教育文选》(下册),人民教育出版社1959年版,第606页。
② 俄国作曲家亚·尼·谢洛夫的说法。——编校者

音乐的教育作用是巨大的。首先是对儿童听觉的发展。音乐中的节奏、旋律等,不仅通过听觉给儿童们以极大的情感,也使儿童们的听觉本身更灵敏、更细致、更丰富、更"富于灵感";从而帮助他们获得更大的审美感受和审美享受。其次是对儿童语言的影响。唱歌时的发音咬字,要使他们口齿清楚;听觉的发展也影响语言的能力。再次,音乐的节奏、旋律等还能引起人的情感共鸣,鼓舞人的劳动热情;音乐的曲调、歌词等能丰富儿童的想象,启发他们的思想,陶冶他们的性情。最后,优美的歌曲更能以统一的意志和共同的感情,团结学生集体、充实学校生活。

由于音乐的巨大教育作用,早被列入教学计划,并有着系统的教学内容。音乐教学的内容包括儿童歌曲、民间歌曲、古典作品等音乐形式;这些形式中的艺术形象都具有鲜明性和简洁性,易于为学生所领会。学生应该多唱革命的进步的歌曲。

(二)图画　图画是一种造型艺术;它通过平面描绘的方法,来制造人的形象和表达人的周围现实情景。它的特点是直观性,它利用视觉的直观形象,来反映社会生活和自然现象。

图画的教育作用同音乐一样重大。首先是对儿童的视觉和观察力的发展。图画中的线条、色彩、形状等最能锻炼学生的视觉敏感,增进他们的观察能力。这种作用的影响很广,一方面,视觉和观察力的发展,影响着技术工作的准确性和精确性,也影响着发明创造能力的发展和发明创造的质量;另一方面,锐利的观察力能使学生感受和理解图画中的事物形象、生活境界等所反映和提炼的复杂内容,从而加深学生的认识和丰富学生的想象。其次,图画中的色彩配合、明暗变化、线条和形式的节奏等具有巨大的情绪表现力,因而从图画的欣赏中丰富了学生的感情。最后,绘画的基本知识和技能的培养,直接帮助学生适应参加生产劳动的需要,间接促进工业艺术的发达;这对我国生产建设事业的关系非常重大。

普通中小学的图画课包括写生画、命题画、图案画等形式;这些形式各有其不同的内容。应该让学生多面社会主义社会生活中有意义的事物和现象。

(三)舞蹈　舞蹈也是一种通过艺术形象来揭示人的思想感情的艺术,其艺术形象是由一定体系的人体姿态有节奏和有组织的变换所构成的。它的特点是把人体动作的形式和节奏变换在情感上的丰富性和表现力与造型美结合起来。舞蹈感人至深的力量在于它有深刻意义的、富于表现力的节奏,它的每一动作和面部表情都带有特别的情感和"音调的"色彩;它把活的人体的造型提高到艺术完美的程度。

一般性的舞蹈的作用在于增进人的整个身体的灵活性和各部器官的敏感性,它表达人民无穷丰富的思想感情的生活经验(如民间舞)。艺术性的舞蹈(如芭蕾舞)则以运动的复杂形式和高度的节奏变换,反映戏剧情节和日常生活,给人以完美的感受和高度的欢愉。各种集体舞均可以增强学生的体魄,培养他们活泼舒畅和团结友爱的精神,养成他们的敏捷动作、优雅举止和文明行为。

学校美育中的舞蹈包括民间舞、古装舞、集体舞等形式;而吸取民间舞因素编成的群众性舞蹈、交际舞等是学生进行舞蹈活动的好资料,因为简易的群众性舞蹈容易为没有训练的学生所掌握。

在一般中小学里,舞蹈很少列入教学计划,仅在课外校外进行。舞蹈应该是健康的,尽量表现社会主义生活。

(四)戏剧和电影　戏剧和电影都是综合性的艺术。

戏剧综合文学、歌曲、音乐和舞蹈,成为一种可以表演的艺术。它的特点是演员按照剧本进行表演,演员的表演赋予剧本以生命,决定戏剧的艺术魅力,也规定了戏剧的特殊性。

戏剧的特殊性对年青一代的教育作用是不可忽视的,有选择、有指导地组织学生去观看戏剧,都有助于发展他们的鉴赏能力,认识复杂的生活斗争;而高年级学生从事戏剧的排演,更是发展他们表达能力和创作才能最有效的方法。

戏剧形式有话剧、歌剧、哑剧、木偶戏、皮影戏等,而我国更有名闻世界的京戏和品种繁多的地方戏。

电影不只是综合性的也是大众化的艺术。它的特点在于把造型因素与表演因素结合起来。电影作品,由于拷贝的洗刷,能在同一时间影响几百几千几万人,又能保持原作的一切艺术素质,它使广大的群众有享受的机会。

由于电影的许多特点,它对于传播知识、进行宣传和教育都有着巨大的作用;有选择和有指导地组织学生去观看进步的、革命的电影,对扩展他们的知识、提高他们的认识、丰富他们的思想感情和培养他们的审美能力,既容易接受,又感染深刻。

(五)文学　文学是语言艺术,它的特点在于全面、充分地反映社会生活。尽管在再现生活的某些方面,在具体程度上不及其他许多艺术(如描写事件或人的面貌,没有绘画的视觉直观性);但它可以从最多的侧面去把握生活,能再现社会生活和斗争的重要方面——从发展中表现生活的冲突，作深切的心理分析，表达细腻的思想动作，这就是因为文学所运用的材料是语言——"思想的直接现实"，①换句话说，凡思想办得到的，语言都可以办到，而思想是能够触及现实的各个领域和各个方面的。所以文学既全面地刻划出具有独特个性的人——心理和生理特点、语言和行动风格及其所处的家庭、社会和自然的环境，又完整地描绘出决定这些性格的形成和发展的生活过程；这就不仅指明了文学反映生活的高度表现力，也指明了文学具有无比的巨大感染力。对年青一代来说，就成为艺术教育的主要手段，它不仅影响学生的思想、感情和意志，还可以指导他们整个人格的发展。通过文学的阅读和故事的表演还有助于语言能力和表演技能的培养。

文学的形式，由于社会生活的十分复杂，是非常多样化的。在普通中小学里所教学的文学形式分类不甚严格，有儿童文学（故事、童话、诗句、短篇小说等）、民间创作（民歌、民谚、民间故事等）、古典文学（童话、诗、短篇小说等）等等。文学的教育是在语文课及课外活动中进行的。应该让学生接触进步的、革命的文学作品，逐步培养学生对古典作品的分析和批判能力。

艺术教学的组织形式 教学组织形式主要是上课，而辅以课外活动。高中的音乐、图画等则以课外活动的形式为主。

关于中小学的上课，在内容上一般都分为三个部分，即技巧训练（如唱歌、绘画等技巧）、知识传授（如乐谱知识、有关颜色和形状的知识）和艺术欣赏（如音乐、美术等作品的欣赏）。教学方法一般分三个小阶段，即从整体入手，然后分析，最后综合。例如唱歌，先由教师示范，给学生一个美好鲜明的完整印象；然后学生练习，在练习过程中，不仅分段、分方式（如单唱、合唱、齐唱等）进行，并须解释歌曲形象和说明音乐表现手段；最后完整而有表情地歌唱全曲，使学生获得歌曲所具有的完整的艺术形象。唱歌如此，音乐知识和音乐欣赏亦然。又如图画教学，先教学生画物象的一般形象；检查正确之后，才教他们描绘物象的个别细节；最后全部形象进行全面的加工。

课外活动在艺术教育方面是一种重要的形式。例如音乐课外活动、有音乐小组、合唱小组等的活动；有唱片欣赏、无线电音乐广播、看音乐影片、听音乐会、组织关于音乐的报告等。在造型艺术方面，课外活动有图画小组、雕塑小

---

① 马克思的言论。参见马克思，恩格斯：《德意志意议形态(1845—1846年)》，《马克思恩格斯全集》第3卷，人民出版社1960年版，第525页。——编校者

组、工艺美术小组等的活动；有参观美术馆、博物馆、展览会，进行野外写生、举行作品展览，布置戏台等。文学方面有故事会、作品朗诵会、作品讨论会、关于文学作品的报告等。电影、戏剧、舞蹈等更主要是在课外活动中进行的。

课外活动必须有组织地进行。一般采用小组形式，按自愿原则组成。小组必须聘请本校或校外人士担任指导，活动的内容都应该是健康的、有益的、引人入胜的。应该设法使他们多接触艺术作品，并增加有关艺术的知识。在活动之后，如看了展览会，听了音乐会之后，最好能组织学生座谈，加深他们的印象，并培养他们评价作品的能力。应该吸引他们参加一些创作或表达的活动。注意培养他们的技能、技巧、学校还应在节约原则下适当供给活动的条件，如乐器、舞蹈服装、戏剧道具等。

通过自然进行美育　自然是美育实施取之不竭的一个源泉，它的影响表现在美育方面非常明显。自然为发展观察、想象和情感提供了极其丰富的材料；对自然现象的直接感知，有助于更深刻地理解和评价反映自然的艺术；文学、诗歌等，在与自然现象对照下，会使儿童感到亲切和易于理解。

宇宙的奇异美景、祖国的锦绣河山，都是激发学生美感的直观材料；不仅使他们产生深刻的审美体验和获得生动的艺术创作素材，并且使他们热爱美丽的祖国和享受祖国的天然图画。

对自然的审美感受和审美享受，有各种活动形式，如远足旅行、野外参观等；这是对自然现象的直接观察，是培养感受和鉴赏自然美的能力的最好手段。此外还可通过自然课程（如自然学科、地理）的教学和课外活动（如自然活动室的布置、暑期作业的装潢、标本集的整理等）以及直接感知与艺术作品的联系，使美育与智育、自然手段与艺术手段双方都加强起来。

通过日常生活进行美育　学生的日常生活占据他们生活的一大部分，是美育内容取之不竭的另一重要源泉，学校美育工作必须加以注意。即如组织学生参加生产劳动、社会活动等社会实践，使他们从现实生活中感受和鉴别事物的美和丑，在现实生活上创造性地运用他们的表达才能。例如应使学生注意劳动产品的美观，游行或节日活动中的美丽的队形、服装等，在学习中应注意教科书、练习本等的整洁美观。在社会实践中并应帮助他们体验劳动人民的思想情感的美，祖国社会主义建设和生活的美。

学生审美趣味和习惯的形成，往往由于日常生活的无形之中，受到优美的物质环境和社会环境的影响；因此，学校美育要注意学校环境的美化工作。这种工作是多方面的，如教室的布置，校园的绿化，师生的服装、举止、习惯、行为等,都要做到整齐清洁、朴素、大方、有秩序、有礼貌,务使年青一代在学校生活中感到精神舒畅。

在日常生活中进行美育,应和艰苦朴素的教育结合起来,应该首先注意俭朴节约;然后在这个前提下,从实际出发,适当地注意生活环境的美化。要防止学生受资产阶级思想的影响,追求资产阶级的生活方式,一味注意打扮自己和生活环境,因而丧失革命的意志。

利用自然和日常生活进行美育,虽可以并必须与课堂教学结合;但主要是通过课外活动来实现,通过所有学生集体的全面安排来实行。首先,学校应当在每个年度开始前,订出一学年的课外活动计划;如按照不同的季节,安排性质不同的活动;配合节日、假期等,排定活动的项目等等。其次,学校应当通过各种学生组织进行活动,如少先队、青年团、各个班级、各种小组等。务必使整个学校充满着美育的因素,使学生的日常生活洋溢着节日的气氛和朝气蓬勃的精神。

进行美育的三类手段及其所包含的丰富多采的形式都有着复杂错综的关联;因此,在运用时,要注意它们之间的相互影响和紧密配合,才能收到更大的教育效果。

刘佛年主要著述目录

（一）著作

序号	书名	出版社	出版时间	备注
1	物理学的进化（译著）	商务印书馆	1943	爱因斯坦、英非尔德著
2	罗素论	商务印书馆	1950	
3	《关于正确处理人民内部矛盾的问题》对高等学校工作的指导意义	上海人民出版社	1958	与杨西光合著
4	教育学（讨论稿）（主编）	人民教育出版社	1979	
5	当代教育新理论丛书（主编）	江苏教育出版社	1990	
6	回顾与探索——论若干教育理论问题（主编）	华东师范大学出版社	1991	
7	中国教育的未来（主编）	安徽教育出版社	1995	
8	刘佛年学述	浙江人民出版社	1999	金一鸣整理
9	刘佛年教育文选	华东师范大学出版社	1999	金一鸣、黄荣昌、陆敏福整理
10	刘佛年教育文集	江苏教育出版社	2010	金一鸣著

（二）文章

序号	篇名	刊名	卷（期）	发表时间	备注
1	论张东荪先生的思想	时与文	2(12)	1947	
2	忠孝仁义解	时与文	2(12)	1947	
3	杜威教育思想的再认识	大学	6(3—4)	1947	
4	进步教育与民主政治	时与文	3(4)	1948	
5	唯物论与教育	启示		1949 第 2 号	
6	论杜威	新教育	1(4、5)	1950	
7	人类生来究竟有没有天才	新教育	1(6)	1950	

续表

序号	篇名	刊名	卷(期)	发表时间	备注
8	自学辅导制在小学里是否适用	新教育	2(2)	1950	
9	怎样使学生不随便提问题	新教育	2(6)	1951	
10	为肃清美国文化侵略影响而奋斗	新教育	3(2)	1951	
11	怎样迎接考试？实事求是，防止偏向	华东师大校刊		1952年7月29日第3版	
12	针对教学改革的几点认识	华东师大校刊		1952年8月11日第4版	
13	改造自己，迎接祖国大规模建设——纪念第三届国庆节	华东师大校刊		1952年10月1日第1版	
14	关于目前阶段的教学改革工作	华东师大校刊		1952年10月22日第1版	
15	关于教学改革第一次总结工作的几句话	华东师大校刊	(15)	1953年1月14日	
16	向苏联专家杰普莉茨卡娅学习	华东师大校刊		1954年11月10日第2版	
17	掌握新考试制度的精神，防止形式主义	华东师大校刊		1954年12月28日第2版	
18	华东师范大学第三届教育实习总结	华东师大校刊	(60)	1955年2月21日	
19	什么是反动的实用主义教育思想	文汇报		1955年6月4、5、6日	
20	实用主义教育思想批判提纲	华东师范大学学报	(1)	1956	
21	关于培养学生独立思考和独立工作能力问题的意见	华东师大校刊	(108)	1956年11月9日	

续表

序号	篇名	刊名	卷(期)	发表时间	备注
22	决心为党的事业献出我的一切	文汇报		1956年3月17日	同时发表于《华东师大校刊》第91期,题目是《我一生中最大的光荣》,1956年3月17日
23	关于个性全面发展教育的几个问题	学术月刊	(1)	1957	
24	教育应走社会主义道路	解放日报		1957年10月10日	
25	谈谈文科大学生的勤工俭学	文汇报		1958年5月19日	
26	教学工作中的群众路线问题	文汇报		1958年10月14日	
27	关于两类社会矛盾问题的座谈会上的发言	学术月刊	(4)	1958	
28	专家路线还是群众路线	解放	(10)	1958	
29	联系实际与系统性	学术月刊	(10)	1958	
30	既是劳动者又是知识分子	学术月刊	(11)	1958	
31	投入战斗大闹文化革命——在上海市文化革命跃进大会上的发言	华东师大校刊		1958年8月27日第2版	
32	谈谈《伟大的创举》				载于华东师大中文系现代文学与文艺理论教研室选编:《论说文分析》,华东师范大学出版社1958年版

续表

序号	篇名	刊名	卷(期)	发表时间	备注
33	人民教师是光荣的岗位——写给本届高中毕业同学的一封信	人民日报		1959年6月13日第6版	原载于《解放日报》
34	重视青少年的道德教育	解放	(16)	1959	
35	提高教学质量的几点体会	人民教育	(11)	1959	
36	教学工作中的理论与实践的联系问题——学习《毛泽东同志论教育工作》的体会之一	学术月刊	(3)	1959	
37	再论教学工作中理论与实践联系的问题——学习《毛泽东同志论教育工作》的体会之二	解放日报		1959年7月16日	
38	在教育工作中坚持总路线	华东师大校刊		1959年9月23日第1版	
39	八年来的教学工作	华东师大校刊		1959年10月1日	
40	推广普通话必须大搞群众运动——在推广普通话广播大会上的讲话	华东师大校刊		1959年11月22日第3版	
41	大搞群众运动,实行共产主义大协作,为中小学课程革新而斗争	人民教育	(6)	1960	
42	开展教育科学研究的几个问题	文汇报		1962年2月24日	
43	党的教育方针的光辉	文汇报		1963年9月19日	
44	下大决心把师范教育搞上去	文汇报		1978年1月18日	
45	突破教学上的一个难题——谈如何夺取"大面积丰收"	文汇报		1978年10月5日	

序号	篇名	刊名	卷(期)	发表时间	备注
46	教学要讲究科学性	文汇报		1978年12月16日	
47	要探索提高教育质量的规律	光明日报		1978年12月19日	
48	掌握教学规律，提高教学效果	人民日报		1979年2月18日	
49	教育改革和教育科研	文汇报		1979年5月2日	
50	教育部门不要只用行政手段管学校	人民日报		1979年12月6日	
51	三十年来我国对教育规律的探索	教育研究	(4)	1979	
52	为培养"尖子"人才积极创造条件	文汇报		1980年1月15日	
53	了解儿童世界				《儿童世界》序，人民出版社1980年版
54	全面发展和教学改革	教育研究	(5)	1980	
55	要把重点高等师范院校真正办成重点	解放日报		1980年6月12日	
56	上海师范大学校长刘佛年谈办好重点师范大学的几个问题	人民日报		1980年7月17日	
57	谈谈全面发展的方针和教学改革的问题——1980年7月27日在全国重点中学工作会议上的报告	教育研究	(5)	1980	
58	有关发展学生智力的一些问题	教育研究	(3)	1981	
59	关于高等教育科学研究问题	上海高教研究丛刊		1981年第1辑	
60	教育应是"五讲四美"的表率	上海教育	(5)	1981	

续表

序号	篇名	刊名	卷(期)	发表时间	备注
61	什么是全面发展	江苏教育	(3)	1981	
62	关于学校行政工作的报告	校档案馆		1981年1月20日	
63	1981—1983年华东师范大学学校工作的打算	华东师大校刊		1981年4月1日第3版	
64	有关发展学生智力的一些问题	教育研究	(3)	1981	
65	我校讨论《关于拟订"六五"计划和十年设想需要研究的问题的通知》情况			华师(81)第018号，1981年5月10日	
66	在庆祝华东师范大学建校三十周年大会上的讲话	华东师大校刊		1981年11月10日第2版	
67	《了解儿童世界（代序）》				原载《儿童世界》，[美]黛安·E·帕普利、萨莉·W·奥尔兹著，曹秋平等译，人民教育出版社，1981年版
68	学校行政工作报告	华东师大校刊		1982年2月18日第2版	
69	一年半以来学校行政工作的主要情况和下学年度学校行政工作的基本打算——1982年6月21日在第一届教职工代表大会第二次会议上的报告	华东师大校刊		1982年6月21日	
70	刘佛年谈办学思想	江西教育	(9)	1982	
71	改革与提高	华东师范大学学报（教育科学版）	(1)	1983	

续表

序号	篇名	刊名	卷(期)	发表时间	备注
72	华东师范大学校长刘佛年教授在临汾作重要讲话	语文教学通讯	(6)	1983	
73	教改要着眼于培养"现代化"型人才——刘佛年说静安区一中经验对大中学有启发			1984年2月22日	
74	从新的技术革命看师范教育的改革	中国教育报		1984年6月26日	
75	教育应进行管理体制的改革	人民教育	(7)	1984	
76	关于教育理论的几个问题——刘佛年教授回湘讲学摘要	湖南师范学院学报(哲社版)	(3)	1984	
77	"三个面向"与教育科学研究				载于华东师范大学教育科学学院、教育科学资料中心编:《新技术革命与教育》,华东师范大学出版社,1984年版
78	贯彻"三个面向",培养具有新的素质的人才				载于中国教育学会、中央教育科学研究所编:《三个面向与教育改革——中国教育学会第一次全国学术讨论会文集》,教育科学出版社,1984年版

续表

序号	篇名	刊名	卷(期)	发表时间	备注
79	幼儿创造教育门外谈	幼儿教育	(3)	1985	
80	他山石	早期教育(教师版)	(5)	1985	
81	开展对陈鹤琴教育思想的研究	人民教育	(11)	1985	
82	《未来小学教育探索——低年级教育实验报告集》序			1985年3月23日	
83	创造型人才从小就可培养	上海教育(小学版)	(1)	1985	
84	高师教育的展望	上海高教研究	(2)	1985	
85	谈新人的素质	河北教育	(2)	1985	
86	谈谈创造教育	上海教育(小学版)	(3)	1985	
87	知识 能力 态度	教育科学研究	(7)	1985	
88	教育改革中的教育科学研究工作	红旗	(9)	1985	
89	中小学教师应做些教学研究工作	光明日报		1985年9月6日	
90	《现代教育学基础》序				[日]筑波大学教育学研究会编,钟启泉译,上海教育出版社,1985年10月
91	谈谈教育科学研究的问题——在中国教育学会第二次全国研讨会闭幕大会上的讲话				1985年记录稿,刊于《教育家》2003年第10期

续表

序号	篇名	刊名	卷(期)	发表时间	备注
92	《高等教育学》序				郑启明、薛天祥主编，华东师范大学出版社，1985年版
93	大面积提高教学质量的探讨	教育评论	(1)	1986	
94	教育思想的发展与改革	上海高教研究	(4)	1986	
95	青浦经验的重要意义	上海教育(中学版)	(5)	1986	
96	在普及义务教育中提高教学质量	红旗	(7)	1986	
97	片面追求升学率与人才培养	光明日报		1986年7月11日	
98	布卢姆与教学改革	光明日报		1986年10月17日	
99	关键是教育思想问题	文汇报		1986年10月29日	
100	关于学生学习潜力的探讨	人民教育	(4)	1986	
101	关于制订教学大纲的几点想法——在全国中小学教材审定委员会闭幕大会上的讲话	课程・教材・教法	(11)	1986	
102	在全国普通教育整体改革学术讨论会上的发言			1986年12月6日	
103	《布卢姆掌握学习论文集》前言			1986年5月	
104	努力提高全体学生的成绩	红旗	(7)	1986	

续表

序号	篇名	刊名	卷(期)	发表时间	备注
105	在普及义务教育中提高教学质量	红旗	(7)	1986	
106	《范寿康教育文集》序				宋恩荣编,浙江教育出版社,1987年版
107	《现代教育丛书》序				四川教育出版社,1987年版
108	要为校长成为教育家创造条件	上海高教研究	(2)	1988	
109	十年来教育观念的变革	教育研究	(11)	1988	
110	《教育经济学导论》序				邱渊著,人民教育出版社,1989年版
111	百年大计教育为本——学好十三大文件深化教育改革	江西教育科研	(1)	1988	
112	《现代课程论》序				钟启泉编著,上海教育出版社,1989年版
113	从中小学生流失现象所想到的	人民教育	(2)	1989	
114	"人本主义"要的是极端个人主义	光明日报		1989年12月13日	
115	《曹孚教育论稿》序言				曹孚著,瞿葆奎等选编,华东师范大学出版社,1989年版

续表

序号	篇名	刊名	卷(期)	发表时间	备注
116	关于教育工作的"社会本位"与"个人本位"	中国教育学刊	(2)	1990	
117	《当代教育新理论丛书》序				刘佛年主编，江苏教育出版社，1990年版
118	《新编教育学教程》序				叶澜主编，华东师范大学出版社，1991年版
119	《邱学华小学数学教育文集》序				邱学华著，江苏教育出版社，1991年版
120	《整体优化教育的理论与实践》序				杭州市天长小学、杭州大学教育系综合实验组编，浙江教育出版社，1991年版
121	《学校的变革》序				克雷明（Cremin L. A）著，单中惠、马晓斌译，上海教育出版社，1992年版
122	《教育小品》序				李楚材著，上海教育出版社，1993年版

续表

序号	篇名	刊名	卷(期)	发表时间	备注
123	谈谈教育科学研究的问题——在中国教育学会第二次全国研讨会闭幕大会上的讲话	教育家	(10)	2003	

图书在版编目(CIP)数据

大夏教育文存.刘佛年卷/杜成宪主编.—上海:华东师范大学出版社,2016
ISBN 978-7-5675-6037-6

Ⅰ.①大… Ⅱ.①杜… Ⅲ.①教育学-研究-中国 Ⅳ.①G4

中国版本图书馆CIP数据核字(2017)第005797号

本书由上海文化发展基金会图书出版专项基金资助出版

大夏教育文存 刘佛年卷

主　　编	杜成宪
本卷主编	孙丽丽
策划编辑	王　焰
项目编辑	金　勇
审读编辑	余　强
责任校对	林文君
装帧设计	高　山

出版发行　华东师范大学出版社
社　　址　上海市中山北路3663号 邮编 200062
网　　址　www.ecnupress.com.cn
电　　话　021-60821666 行政传真 021-62572105
客服电话　021-62865537 门市(邮购)电话 021-62869887
地　　址　上海市中山北路3663号华东师范大学校内先锋路口
网　　店　http://hdsdcbs.tmall.com

印　刷　者　上海中华商务联合印刷有限公司
开　　本　787×1092　16开
印　　张　21
字　　数　336千字
版　　次　2018年11月第1版
印　　次　2018年11月第1次
书　　号　ISBN 978-7-5675-6037-6/G·10044
定　　价　96.00元

出 版 人　王　焰

(如发现本版图书有印订质量问题,请寄回本社客服中心调换或电话021-62865537联系)